华信经管创新系列

招聘与培训

郭文臣　主　编

鲍晓娜　副主编

電子工業出版社

Publishing House of Electronics Industry

北京 · BEIJING

内 容 简 介

本书将招聘与培训理论与实践中的经典案例、情景故事、实务操作等有机结合起来，比较全面地展示了招聘与培训的理论、技巧和发展趋势，构建了独特的招聘与培训管理体系。全书内容深入浅出，特别注重系统性和实用性。

本书适合作为普通高等学校工商管理类本科生、研究生教材，也可供企业管理人员，尤其是从事人力资源管理工作以及从事招聘与培训研究的人士参考使用。

未经许可，不得以任何方式复制或抄袭本书之部分或全部内容。
版权所有，侵权必究。

图书在版编目 (CIP) 数据

招聘与培训 / 郭文臣主编. — 北京：电子工业出版社，2019.12

ISBN 978-7-121-36720-5

I. ①招… II. ①郭… III. ①人才—招聘 ②职工培训 IV. ①C913.2 ②C975

中国版本图书馆 CIP 数据核字 (2019) 第 106680 号

责任编辑：王二华
印　　刷：北京盛通数码印刷有限公司
装　　订：北京盛通数码印刷有限公司
出版发行：电子工业出版社
　　　　　北京市海淀区万寿路 173 信箱　　邮编：100036
开　　本：787 × 1 092　1/16　印张：17.5　字数：448 千字
版　　次：2019 年 12 月第 1 版
印　　次：2024 年 8 月第 8 次印刷
定　　价：55.00 元

凡所购买电子工业出版社图书有缺损问题，请向购买书店调换。若书店售缺，请与本社发行部联系，联系及邮购电话：(010)88254888，88258888。

质量投诉请发邮件至 zlts@phei.com.cn，盗版侵权举报请发邮件至 dbqq@phei.com.cn。

本书咨询联系方式：(010) 88254532。

前　言

近来一直在关注、学习和品味海尔的“人单合一”模式，不仅被海尔连续多年蝉联全球大型家用电器第一品牌而折服，更被海尔集团董事局主席、首席执行官张瑞敏的中国管理理论所吸引。作为中国最成功的企业家之一，张瑞敏基于多年的企业实践，提出“在企业里人的价值第一，即所谓‘企业即人，人即企业’，企业里最核心的就是人”的论断。

在研究管理学，尤其是人力资源管理的学者之中，有一个观点几乎无人不晓，即人力资源是企业的第一资源，因为人力资源是唯一能够扩大资源的资源。国际知名咨询公司——德勤公司对全球200家成长最快的公司的调查统计结果显示，企业领导人最为头疼的事情依次是：如何吸引高素质的人才、如何留住主要雇员、如何提高现有员工的技能。由此可见，人的“选、育、用、留”永远都是企业的头等大事。

作为研究组织行为和人力资源管理的学者，近几年一直围绕着“人”和“组织”的关系展开研究。随着研究的逐步深入，愈来愈感觉到“人”和“组织”关系之深奥。伴随着管理理论而产生的“经济人”“社会人”“复杂人”等理论，一直被理论界和实践界所津津乐道。而今，以“新生代”“机器人”为代表的“新人”的出现，又给我们提出了新的研究课题和挑战。

正是在这样的社会大背景下，带着对“人”和“组织”深奥关系的好奇，本着“人的价值第一”的宗旨，尝试对企业中人的“选”“育”（即招聘与培训）两个环节进行一次系统的探究。

本书是在作者10多年教学实践的基础上编撰而成的。本书分为两大部分——招聘、培训。其中招聘部分有5章，内容包括招聘导论、招聘基础、招聘计划、招聘标准与人员选聘、招聘面试与效果评估；培训部分有4章，内容包括培训与开发、培训与开发体系、培训方式与培训方案、管理人员培训与领导力开发。

本书将招聘与培训的理论与实践中的经典案例、情境故事等有机地结合起来，深入浅出；注重系统性、应用性和前瞻性，比较全面地展示了招聘与培训的理论、技巧和发展趋势；构建了独特的人才选聘、培训和开发结构体系，突出了“人的价值第一”的核心理念。

在编撰过程中，我们参考了大量国内外已有研究成果，也得到了国内同行的大力支持。书中采用了北京航空航天大学苏文平老师、南京林业大学陈益民老师、西南科技大学张宏亮老师等采编的案例，研究生王琳、王思、金蕴哲、谢树强、崔晓跃和本科生李婵、冯志茹等也为本书的编写做了很多贡献，电子工业出版社的王二华编辑对本书的出版出力甚巨，在此一并表示由衷的感谢！

郭文臣

前　言

近年一直在关注、学习和品味海尔的"人单合一"模式，不仅欣赏[illegible]，[illegible]。作为中国最成功的企业家之一，[illegible]，提出"[illegible]"的价值第一，[illegible]"企业即人，人即企业"，[illegible]"的思想。

在现代管理学中，[illegible]有一个观点几乎无人不晓，即人力资源是企业的第一资源，[illegible]。[illegible]对全球 200 家跨国公司[illegible]结果显示，企业领导人最为关注的[illegible]，[illegible]的人才，[illegible]。由此可见，人的"选、育、用、留"是成就企业的头等大事。

[illegible]"人"和"组织"[illegible]。[illegible]"经济人""社会人""复杂人"[illegible]，[illegible]"人"[illegible]。[illegible]"人"和"组织"[illegible]"人"的价值第一"的本质，[illegible]的结论。

本书是在作者 10 多年教学实践的基础上编撰而成的。全书分为两大部分——[illegible]，其中[illegible]分为 5 章，[illegible]；[illegible]分为 4 章，[illegible]。

[illegible]，[illegible]"人的价值第一"[illegible]。

[illegible]，[illegible]大学[illegible]，[illegible]科技大学[illegible]，[illegible]。

[illegible]

[illegible]

目　录

第1章

招聘导论

学习目标

1. 了解招聘及其作用；
2. 了解招聘的由来与发展；
3. 掌握招聘相关理论；
4. 了解和掌握现代招聘的发展趋势。

引导案例

乔布斯的选人法则

乔布斯："我过去常常认为一位出色的人才可顶两名平庸的人才，现在我认为能顶50名。我大约把四分之一的工作时间用于招募人才。"

乔布斯说，他花了半辈子时间才充分意识到人才的价值。如果留意12年来苹果公司管理团队的人员组成，那么，你会发现有些人一直待在这儿，有些人离开了，但每个位置上都有一名优秀的员工。网罗顶尖人才，或者说组建由顶尖的设计师、程序员和管理人员组成的"A级小组"，一直是乔布斯的核心工作。

法则一：全力争取A级人才

2001年，乔布斯在开设苹果专卖店时，接受《财富》杂志记者的采访。他说："拥有出色的人才，是公司的一大竞争优势。这一优势能让公司超越竞争对手。这或许不是一件容易的事，但如果能够找到顶尖高手，对我们而言就轻而易举了。因此，接下来，我开始打听当时最优秀的零售经理是谁。许多人向我推荐米勒德·德雷克斯勒，他当时正负责经营美国品牌时装Gap。"

1999年，这个在纽约布朗克斯区出生的零售界大亨被乔布斯正式拉进了苹果公司的董事会，担任CEO。

乔布斯在网罗优秀人才上似乎有非凡的力量。他一直在积极寻找世上最优秀的人才，并使他们成为公司的员工。如果乔布斯认为某个人非常重要，他就会千方百计地邀请对方加入。布鲁斯·霍恩就是这么一个例子。

某个星期五的晚上，当时非常优秀的程序设计员布鲁斯·霍恩接到了乔布斯的电话："布鲁斯，我是乔布斯，你觉得苹果公司怎样？""非常棒！但是很抱歉，我已经接受了其他公司的工作。"布鲁斯回答道。"别管它！明早你来我们公司，我们有很多东西要给你看。就在早上九点，你一定要来！"当时，布鲁斯·霍恩刚刚接受了另一家公司的聘请，所以他并未认真对待乔布斯的邀请。他心里想的是：乔布斯或许只是心血来潮，但我应该去一趟苹果公司，应付一下。我会漫不经心地听他讲完，然后坚定地告诉他，我不能毁约。

但是，第二天乔布斯的表现彻底改变了布鲁斯·霍恩的初衷。乔布斯召集了麦金塔电脑小组的每个人，包括安迪、罗德·霍尔特、杰里·默罗克及其他软件工程师。在乔布斯的带领下，他们进行了整整两天的演示，将各种不同设计的绘图及市场营销计划展示在布鲁斯·霍恩眼前。布鲁斯·霍恩彻彻底底被征服了。因为，这些计划让布鲁斯·霍恩非常感兴趣，他从中看到了自己梦寐以求的未来。星期一一大早，布鲁斯·霍恩就打电话给之前他想去的那家公司说他改变主意了。

20 世纪 80 年代初，为了研发第一代麦金塔电脑，乔布斯亲手打造了苹果公司的第一支“A 级小组”。小组的所有成员都是乔布斯亲自招聘来的。为了成功说服布鲁斯·霍恩加盟，乔布斯不但花费了两天时间向布鲁斯·霍恩介绍苹果公司，还为他提供了 1.5 万美元的签约津贴。

乔布斯十分重视人才，他认为在寻求世界上最优秀的人才方面，他做的每件事情都是值得的。在他看来：“保持我所在的团队的一流水平，是我工作的一部分。为团队招募 A 级人才，是我应该做出的贡献……优秀的设计师要比糟糕的设计师好上 100 倍甚至 200 倍。在编写程序方面，优秀程序员与普通程序员之间也有着天壤之别。”正是这种理念，促使他总是全力争取某一特定领域的最优人才。

法则二：选错人就会满盘皆输

乔布斯 2008 年接受《财富》杂志采访时说道：“如果要招一个真正的资深人士，那么此人能否胜任就像在赌博。他们必须非常聪明。但我最大的疑问是，他们会爱上苹果公司吗？如果他们爱上了苹果公司，那么其他事情就会迎刃而解。他们会把苹果公司的利益摆在第一位，而不是首先关注个人利益、史蒂夫的利益或者其他某个人的利益。”

“招聘绝非易事，就像是大海捞针一般。我这辈子经手过的应聘人数大概在 5000 人以上。我对待此事的态度非常认真。你无法在一个小时的面试里了解足够多的信息。所以说到底，你只能凭借直觉做出选择。我对这个人印象如何？他们在面对挑战时会如何反应？他们为什么想要进入苹果公司？我会问每个人‘你为什么来这里’。我寻找的并不是答案本身，而是他们给出答案的方式。”

乔布斯一直在努力寻找不同领域的优秀人才。只有不断发现人才，才能打造一个强大的 A 级团队。乔布斯一生面试过 5000 多人，然而真正被他看中的人并不多。乔布斯挑选人才的一个重要法则就是，看应聘者的特质与价值观是否与公司的“基因”吻合。为此，乔布斯动了很多心思。比如，他必问的问题：“你为什么来这里？”目的是从中判断此人是否具有激情及他应对压力的能力如何。1982 年，乔布斯在为麦金塔电脑小组招聘员工时，问了一个让所有应聘者措手不及的问题：“你在何时丧失童贞的？”其实，乔布斯并不在乎答案，而是看应聘者被问到这类隐私问题时的反应，以及他们给出的答案是否具有创意。因为，他要为麦金塔电脑小组选出百里挑一的精英。他需要的是能完全胜任麦金塔电脑计划，真正具有创新思维的员工。“道不同不相为谋”，“道”就是一个企业的文化与价值观。一个卓越的团队必须有共同的“道”。作为团队领导者，必须具备发现与公司具有相同基因的人才的能力。乔布斯深知，选人就像在赌博，选错人就会满盘皆输。

1.1 招聘及其作用

当今时代，组织的管理重心已经从发展物质资本逐渐转变为发展人力资本。随着知识经济、社会信息化的不断深化，创新型人才慢慢成为组织核心竞争力的重要基础。诺贝尔经济学奖获得者 Garys Becker 曾指出：“人力资本包括个人的技能、学识、健康等诸多因素，我们不能把一个人与他的知识、他的健康和他通过受培训所掌握的技能分割开来，这就是我们所指的人力资本。”人力资本是现代经济增长的重要保障，因为现代社会的进步依赖于技术进步和知识的快速换代更新，这也要求作为人力资本载体的人具有适应能力和专业能力强的特质，而不是在数量上具有优势。

招聘与录用是组织补充新鲜血液、更新管理理念的重要途径，合理的招聘录用制度，是组织维持和提升人力资本竞争优势的必要方法。

1.1.1 招聘概念的界定

社会出现雇用关系时，人类的招聘活动也就随之出现。随着社会分工的不断完善，招聘模式和理念也随之改变。招聘，也称人员招聘，是组织获取人力资本的渠道，即组织通过招聘活动挑选岗位匹配度最高的员工。人才招聘关系到组织的生存与发展，是组织打造核心竞争优势的重要基础，因此，招聘是人力资源管理的重要职能之一。结合人力资源规划和工作分析中对特定岗位的数量、质量要求，组织制定合理的招聘录用制度，通过最合适的成本投入来获取所需的人才，并安排上岗，创造价值。

美国学者 Mondy 和 Nove 于 1998 年在其出版的《人力资源管理》中首次对招聘概念进行了界定。他们认为，招聘是能及时地、足够多地吸引具备资格的个人，并鼓励他们申请加入组织中工作的过程。Robert L.Macis 等认为，招聘与选拔就是选择潜在的任职者。美国学者 George T.Milkovich 曾在其所著的《人力资源管理》一书中对招聘做了如下定义：招聘就是吸引大量应聘者并挑选符合雇用要求的人的过程。Simon Darren 等认为，招聘是指组织依据一定的制度与法规通过一系列的活动和过程，从大量高素质人员中挑选出最佳人选，在满足组织需要的同时，也满足申请人个人的需要，以增加他们留在组织中的可能性。Edward Lazear 认为，招聘与雇用是指根据预先制定的招募、用人、报酬等标准，通过一系列活动，能够使企业以最低的成本吸引，筛选到高质量的、喜欢该工作又适合该职务的求职者的过程。

我国学者曹亚克等(2004)认为招聘就是通过各种信息，把具有一定技巧、能力和其他特性的申请人吸引到企业或组织空缺岗位上的过程。商敏(2004)将员工招聘看做人力资源管理工作的一项基本内容，企业通过这项工作，可以为特定的岗位配置符合要求的工作人员。吴志明(2006)认为员工招聘是企业人力资源管理的一项重要工作，它是企业成败的关键。对新成立的企业来说，如果招聘不到合乎企业需要的员工，企业的物质、资金、时间上的投入就会成为浪费，完不成最初的员工配备，无法进入运营。

综上所述，员工招聘就是组织为了满足自身生存与发展的需要，通过符合政策和法规要求的一系列流程，挑选出适配岗位需求的高素质人才的过程。这一过程不仅满足了组织的发展需求，也满足了任职者对于自身职业生涯规划的需求。组织通过有效的招聘活动选拔具备最适合技能需求、最有应职意向、忠诚度最高的人才，实现组织与个人的有效匹配。

1.1.2 招聘的特点

随着知识经济时代的到来，人力资源已经成为企业等组织的重要生产力。企业能否吸引一流的人才，关系到企业是否具有运用知识发展生产力的能力，关系到企业是否具有创造新知识、赢得新优势的能力，也关系到企业是否具有持续健康发展的能力。因此，现代组织都希望能够通过多渠道、多措施网罗人才。市场经济社会发展到今天，招聘已成为组织吸引人才的最主要方式。

1. 内部招聘及其特点

内部招聘通常是指组织内部出现职位空缺时，通过晋升、工作调动、工作轮换、人员重聘等方式挑选合适的员工填补职位空缺的过程。这种招聘方式具有如下特点。

(1)精准性更高。由于内部招聘是在组织内部寻找合适的员工填补职位空缺，组织对参与招聘活动的人员具有一定程度的了解，因此能够更为精准地挑选到适合空缺职位的员工。同时，内部招聘在一定程度上减少了组织对于新员工投入的培训成本，降低了组织的管理费用。

(2)周期较短。由于对员工的熟悉度较高，内部招聘通常耗时较短，且不需要额外的差旅费，大大降低了组织的招聘成本。

(3)为内部员工提供工作动力。内部招聘能够为组织内部的员工提供诸多发展机会，在一定程度上调动了员工的工作积极性，培养了员工为企业奉献的精神，有助于推动企业文化的良好发展。

(4)制约性。内部招聘可能会由于选择有限，产生个人和岗位不匹配的问题。同时由于内部招聘的反复进行，有可能会产生不良裙带关系，衍生出不正当的派系，制约企业招聘活动的有效进行。

2. 外部招聘及其特点

外部招聘就是通过广告、中介等途径，从组织外部获得所需要的员工的过程。这种招聘方式具有如下特点。

(1)可选择范围广。外部招聘所涉猎的人员多，能为组织提供更充分的选择余地，使企业尽可能地挑选到符合质量和数量要求的人才。同时，通过外部招聘进入组织的员工，能够为组织的发展带来思想和方法上的更新换代，能够激活组织向上发展的活力。

(2)有利于组织平衡。组织在发展的过程中，可能会产生由内部竞争带来的员工矛盾，通过外部招聘进入组织的员工，能在一定程度上缓和这种矛盾，使组织的运作趋于平稳。

(3)周期长。外部招聘在耗时上远高于内部招聘，同时也伴随着较高的管理费用的产生，有时甚至无法通过外部招聘获得所需的人力资源。通过外部招聘进入组织的员工，由于对环境的不适应，需要较长的时间进入角色，在一定程度上影响组织的快速发展。

1.1.3 招聘的原则

在中国经济快速发展的过程中，招聘一直都是组织获取各类所需人才的主要渠道，是组织补充新鲜血液、了解前沿思想的主要方式；而员工则通过参与招聘找到能够实现个人职业生涯目标的工作。改革开放以来，我国企业等组织招聘机制逐步实现了规范化、科学化，个人-组织之间的高度匹配为各类组织发展提供了动力。然而组织招聘不是完全灵活的，需要遵循一定的原则。

1. 适配原则

很多不成熟企业在进行招聘活动时往往陷入一个误区，认为企业最需要的是最优秀的应聘者。然而，由于人们处在不断变化的社会环境中，对于能力的评价不应仅局限于应聘者自身，也应从整个环境中考虑。因此，找到最适合企业的员工比找到最优秀的员工价值更大。

适配原则是企业招聘管理中的根本性原则。它不仅要求员工的个人能力与岗位需求相匹配，也要求员工的价值观、人生观与企业文化的价值导向相匹配。企业经营的主体是员工，缺少员工的岗位无法发挥其应有的价值，这也体现了岗位与员工间的相互依赖关系，这种依赖性也使得员工与岗位适配成为企业更好发展的必备条件。

适配原则在招聘过程中主要体现在管理者对应聘者的分析上。一个人的价值主要取决于其独有的自身优势，这就决定了企业人力资源管理中招聘的主要任务是识别员工的特有优势。通过这种优势识别，管理者可以对一个人的能力进行分析与描述，进而确定其是否与岗位适配。

2. 公平公正原则

公平公正原则是企业招聘管理中的基本原则。对于企业来说，每一次招聘活动都应遵循面向社会、公开透明、良性竞争、择优录取的原则，营造一种公平公正的招聘环境，吸引符合要求的高素质人才。对于应聘者来说，应聘时应当秉持全面真实的态度，避免弄虚作假、拉关系、走后门、财物贿赂等情况的发生，支持和配合企业公平、公正地开展招聘活动。

3. 合法性原则

企业的招聘活动应严格遵循国家法律和政策的相关规定，避免因违反相关条款而引起不必要的法律诉讼。例如，《中华人民共和国劳动法》第 12 条指出“劳动者就业，不因民族、种族、性别、宗教信仰不同而受到歧视”；《中华人民共和国宪法》第 48 条指出“国家保护妇女的权利和利益，实行男女同工同酬，培养和选拔妇女干部”。

4. 效率原则

企业生存的基础是收益，如何高效率发展是企业生存需要考虑的问题。对于企业的招聘管理来说，效率同样是需要考虑的重要指标。如果招聘消耗的时间过多、成本过高，即使企业最终招募到了符合要求的人才，也会因为招聘活动缺乏效率而失去效益，影响企业发展。因此，人力资源部门应当选择合适的招聘渠道和招聘手段，尽可能用最少的钱和最短的时间，获得最合适的员工，实现招聘环节的成本最小化和效率最大化。

从另一个方面来说，企业同样要考虑如何降低引进人才的流失率。在招聘环节减少个人-岗位不匹配的现象，不仅提高企业招聘质量，也能够提高所引进人才的忠诚度，从而降低因人才过度流失导致的重复招聘成本。

5. 双向选择原则

双向选择原则是劳动力资源配置的基本原则，要求企业根据自身需求选择需要的员工，同时应聘者根据条件自主选择企业。这一原则不仅要求企业在发展过程中不断提高企业形象，增强自身吸引力，也要求应聘者努力提高专业素质和能力，以获取理想的职位。

6. 合作原则

对企业来说，招聘的目的是引进所需的合格人才，完成未来的各项工作。对劳动者来说，参与招聘的目的是通过在人才市场上寻求就职机会，为社会贡献自身劳动力，为企业提供服务，同时实现个人的职业发展。无论哪一方，都应当明白招聘活动是一种合作，是双方有需求地进行交流，并达成一致，实现共赢。

如果参与招聘的双方抱有互相利用的心态，那么用人单位与应聘者即使暂时达成了协议，这种合作也是不会长久的。这样的招聘只会使企业人才流失加快，增加重复招聘的成本。

7. 创新原则

企业在挑选人才时，应运用新方法和新思路选拔人才，这样才能多方位地考察应聘者的能力，为企业选聘到合适的、高素质的人才。目前，招聘考核方法有但不限于：心理测评、素质测评、小组测评、情景模拟、专题考核、素质拓展等。

犹太人的招聘智慧

1.1.4 招聘的作用

1. 内部招聘的作用

内部招聘是企业招聘管理体系中不可或缺的一个组成部分。内部招聘通常分为内部竞聘、内部升迁和内部员工推荐三类。

内部竞聘一般是指企业公开招聘的职位及该职位的条件信息，由员工自发提出申请参与竞聘。内部竞聘的基本流程是：企业公开招聘信息→员工提交参与申请→相关部门管理人员进行资料初审→面试→确定入选名单并公示。内部竞聘是区别于内部升迁的另一种肯定员工价值的方式，能有效地提升员工的积极性，但在考评和审议过程中容易出现标准不一致、观点相左等问题。

内部升迁是指由部门管理人员根据下属表现，向上级递交下属晋升报告的模式。对于员工来说，内部升迁多是一种被动的晋升模式，但少数情况下也有由员工自发递交升职报告的情况。

内部员工推荐是指由企业内部员工自发推荐非本企业的人员入职。被推荐人一般是推荐人较为了解的人，通常能够满足岗位的基本需求。内部员工推荐多用于基层职员，对于中高层管理人员来说，为了避免基于人情产生的拉帮结派、繁衍小圈子等消极组织行为的产生，一般不会使用员工内部推荐制度。

内部招聘的作用通常有以下几个方面。(1)提高员工的忠诚度。对于通过内部招聘获得职位的员工来说，其在能力、专业技能和品德方面都是企业内部的佼佼者，公平参与竞聘说明他们把该企业当作实现自己职业生涯目标的平台；而企业认可他们的能力，说明企业将他们视为共同发展的中坚力量。同时，内部招聘能够有效地避免部分管理者的屈才行为，因而有助于提升员工对组织的忠诚度。

(2)榜样激励作用。有效的内部招聘制度不仅能够提升内部员工的向心力，同时也是对企业员工的重要认同。内部招聘能够为员工提供公平的晋升机会，提升员工的积极性和向上精神，使组织和员工共同成长。同时，获得晋升的员工能够为其他员工做出榜样，发挥带头作用。

(3)降低招聘成本，提高招聘效率。内部招聘可以节约部分管理费用。通过内部招聘获得晋升的员工比较了解组织的运作方式、业务流程、人际关系等，在获得晋升后能更好地适应新工作和新环境，减少一些不必要的培训费用，降低招聘成本。同时，内部员工更了解和易接受组织的管理和领导，易于消除不必要的边际摩擦，提高组织效能。

2. 外部招聘的作用

外部招聘，顾名思义就是面向社会公开招聘。外部招聘的作用主要有以下几点。

① 有效的信息传播。外部招聘是一种有效地与外部信息形成对流的方式，企业通过外部招聘使内部文化与外部文化交相融合。通过外部招聘进入企业的员工，由于其在工作中具有不同于本公司的工作思维和工作经验，将会推动企业管理制度和技术创新的完善和改进。同时，如果组织通过精致的业务介绍和新颖的宣传手段进行招聘，不仅可以吸引大量的优秀人才，还能够有效地提升组织形象。

② 激励作用。新员工的进入会对老员工产生压力，形成危机意识，在这种意识的推动下，老员工将激发出更多的斗志和潜能，表现出更好的业务潜力和创新精神。

③ 选择范围广。由于是面向全社会的招聘行为，外部招聘具有更广泛的选择范围，能够获得更多的优秀人才，包括最基层的空缺人才、企业不具备的技术人才、与现有员工具有不同知识背景的人才，以及特殊领域的专业和稀缺型复合人才。

3. 招聘管理的作用

招聘管理是人力资源输入的起点，能否吸引优秀的人才加入企业，对企业今后的成长和发展具有重要的意义。不论是内部招聘还是外部招聘，都具有以下共同的作用。

① 提高企业的竞争能力。现代企业竞争的实质已经从原来的物质资源竞争转变为人力资源竞争，人力资源的构成直接影响到组织的日常运作与发展。企业通过发布自身基本情况、发展方向、企业文化及产品特征等各项信息，展现良好的企业风貌，吸引优秀的人才，借此打造更适合企业的管理模式，提高产品质量，推动企业的发展。

② 降低人力资源管理成本。招聘成本主要包括直接成本、重置成本和社会成本三个部分。直接成本包括招聘过程中产生的广告费用、宣传费用、招聘人员的基本工资、差旅费、考核费及办公费用；重置成本是指由于招聘失真造成的再招聘时花费的费用；社会成本是人才流失给企业带来的隐性损失。

招聘管理的成本是企业人力资源管理成本的重要组成部分，招聘的职位越高，招聘的成本越高。有效的招聘活动能在保证录取的员工素质的前提下大幅度降低招聘成本，从而降低人力资源管理的成本。

③ 增强企业凝聚能力。企业通过适宜的招聘模式，能更好地了解应聘者中认可企业文化、符合企业要求的人才，通过对企业文化、企业管理模式、企业技术创新的不断完善，来降低人才流失的比率，增强企业的凝聚力。

1.1.5 招聘的流程

员工招聘是一个复杂、系统、完整的程序化操作过程，是企业为了吸引更优秀的应聘者而进行的若干活动。企业的招聘流程一般分为需求、招募、甄选、录用和试用五个部分，如图 1.1 所示。

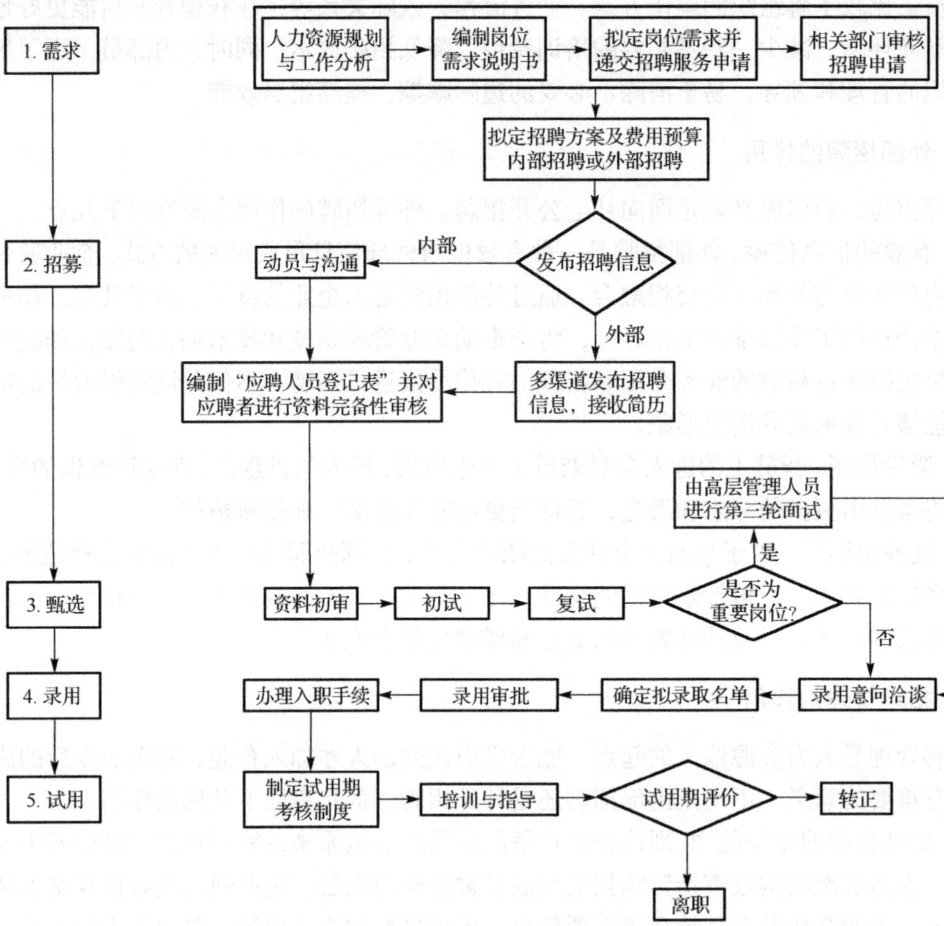

图 1.1　招聘的一般流程图

1. 需求

想要招聘员工，首先需要制订人力资源规划和进行工作分析。人力资源规划是对企业人力资源需求进行动态分析和预测的过程，决定了有关招聘的部门、职位、数量、类型等因素。工作分析是指对各岗位所需职责、素质、能力进行系统分析的过程，决定了岗位录用的依据及关于职位的详细信息。

需求阶段，相关部门应根据人力资源规划和工作分析编制岗位需求说明书，拟定岗位需求(包括该职位所限的学历、年龄、技能、经验等)并递交招聘服务申请，由主管及人力资源部门进行审核，并拟定招聘方案及费用预算。

2. 招募

招募阶段，企业需要通过合理地配置招聘手段和招聘渠道吸引应聘者参与到竞聘当中。招募主要包括发布招聘信息、应聘者申请及信息完备性的审核工作。

3. 甄选

甄选阶段，企业需要从岗位需求出发，从应聘者中选出最适宜的人。它主要包括资料初审、初试、复试及关键性岗位终试。

4. 录用

录用阶段，企业需要对甄选出的员工进行公示并予以录用。它主要包括：录用意向洽谈、确定拟录取名单、录用审批和办理入职手续。

5. 试用

试用阶段也被称为评估阶段，是企业对招聘的员工进行活动效益和工作质量评价的过程。在这个过程中，合格的员工将予以转正成为正式员工，不合格员工将予以辞退。

1.2 招聘的由来与发展

1.2.1 国外招聘管理的起源与发展

1. 第一阶段：18 世纪下半叶至 19 世纪末

18 世纪下半叶，西方国家工厂手工业的生产已经不能满足市场的需求，随着科学技术的快速发展，工厂手工业面临着技术改革的新要求。在这种趋势下，英、美等国相继爆发了工业革命。工业革命不仅仅是生产力的一次重大飞跃，也给人们的日常生活和思想观念带来了巨大的变化。随着人们对自然与科学技术认知水平的不断提高，传统以手工为主要生产力的工厂被以机器为主的工厂取代，生产工具的改变也意味着生产的组织形式发生了变化。

工业革命的到来，使社会涌现出大量以机器生产为主的企业。这些企业在激烈的竞争环境中不断发展，成为 19 世纪初西方国家重要的时代特色。然而，企业数量的急剧增加也带来了劳动力来源的问题。如果企业失去了技术娴熟、具有竞争力的工人，那么工厂也将面临随时倒闭的风险。因此，多数雇主想尽一切办法招募员工，尤其是那些有经验、有技术，在年龄和体力上能够胜任生产工作的员工。当时，工厂的工人多由农民、退伍军人及无业游民组成，缺少技术熟练的工人。很多企业为了招募到熟练工人，不得不做出重大让步(如免收手续费、提供食宿、丰厚的薪水等)才能把他们录用下来。

在工业化社会早期，企业的管理多靠经验，并没有成熟的企业管理制度。生产规模小、生产力水平低、没有严格的规章制度和操作规范、工人们凭借经验劳动、管理者凭借经验管理是工业企业发展初期的典型特征。由于短期内从农业生产国转变为工业生产国，这个阶段的西方国家无法为大量涌现的工业企业提供符合要求的管理人才。当时，企业的管理者主要由两类人组成，一类是从工人队伍中晋升上来但并没接受过教育的工人，他们具有较高的技术能力，通常能够靠威望管理其他工人，但是这类管理者大多按照经验办事，只有一部分管理者愿意从自己与他人的经验中总结管理理念并融入工厂的日常管理中；另一类主要由银行从业者与出纳人员组成，这一类人在参政上具有一定的敏感性，能在关键时候做出有利于生产的决策。

2. 第二阶段：20 世纪初至 20 世纪 50 年代前期

19 世纪末 20 世纪初，西方国家在传统科学技术的基础上，在某些科技领域实现了重大突破，促进了工业和农业的快速发展。在这样的背景下，随着国际化市场、进步的技术、非熟练生产线、大规模一体化工厂的不断增加，西方国家对于管理者的需求在 20 世纪初呈现出几何式增长。

以美国为例。1929 年美国经济危机使大量雇员和管理者面临失业。持续的大萧条清楚地表明原有的市场原则不能解决持续存在的经济危机问题，随着生产的快速发展与科学技术的不断进步，企业生产技术日趋复杂，劳动矛盾日益加深，市场竞争压力越来越大，如何发展出一种更加人性化、更具建设意义的工厂管理模式成为应对这一现象的关键。以泰勒为首的学者对此提出了科学管理理论，目的是解决工业资源低效利用导致的企业劳动力生产率低的问题。科学管理理论提倡采用科学的方法对工人的操作方法、使用的工具、劳动和休息的时间进行合理的搭配，同时对机器安排和作业环境等进行改进，消除各种不合理的因素，把最好的因素结合起来，从而形成一种标准的作业条件。在这个过程中，泰勒主张对工人采取多层次的管理模式，要求工人完成每一个特定的肢体动作以确保生产率目标得以实现。

随着经济不断繁荣，企业能够支付给工人的工资也有了大幅度提高。越来越多的工人愿意接受泰勒的管理模式，以换取更高的薪水。在后来的工业发展进程中，越来越多以劳动者利益为代表的工会运动对企业解决劳资关系提出了新的挑战，企业迫切地需要建立人事部门来与蓬勃发展的工会运动相抗衡，并解决不断出现的劳资问题，使得人事管理的作用有所提高。

与此同时，西方社会开始对人才测评有所关注。早期心理测验运动的兴起，为西方国家人才测评的起步提供了理论指导和技术支持，使得人才测评从传统的经验性测评走向规范的科学性测评。1905 年，法国心理学家比奈与西蒙共同开发出了第一版智力测验量表——比奈·西蒙量表，并于 1908 年、1911 年经历了两次修订。自此，智力测验成为评价个体差异的重要工具之一，并在西方国家发展起来。直至今日，智力测验的版本繁多，如早期的库尔门·比奈量表、斯坦福·比奈量表等。智力测验量表的不断开发，也意味着智力测验的不断精确与全面，成为西方国家选拔人才，尤其是选拔重要岗位人才不可或缺的标准之一。

3. 第三阶段：20 世纪 50 年代中后期至 20 世纪 70 年代末

第二次世界大战后，随着科学技术的迅速发展、新型工业的建立及第三产业的发展，资本主义世界的企业结构发生了翻天覆地的变化。其中，最典型的特征就是企业生产规模不断壮大，并朝着国际化方向迈进。

由于工业革命带来了技术的快速变革及劳动力水平的迅猛提高，也使现代企业人力资源管理与原来有所不同。西方国家不断发展起来的科学管理、政府干预管理及行为科学管理等领域对原有的“人事管理”提出了新的要求。

20 世纪 60 年代的企业人力资源管理注重“档案管理”，管理者对员工的关注度有了较大提高，不再局限于薪酬对员工的影响，而是通过新员工录用、职前教育、团队建设等方式影响员工，丰富了人力资源管理部门的工作。但是，这个阶段的人力资源管理还是缺少对工作性质、工作标准、工作流程的明确认识和清晰的界定，管理缺乏条理性。

进入 20 世纪 70 年代后，政府对企业人力资源的关注度有所提高，在行政、法律等方面加强管制，迫使企业管理者对员工的管理工作日趋精细，力求避免和缓解不必要的劳动纠纷，使企业不用为“错误的人力资源管理”付出惨痛的代价。例如，美国在 1964—1978 年间先后出台了《民事权利法》《就业年龄歧视法》《平等就业机会法》《职业恢复法》《孕妇歧视法》等，在雇用、留用、晋升和调用等各个环节，要求企业人力资源管理趋于规范化，并帮助管理者、劳动组织、就业代理机构在雇用员工时遵循联邦法律的要求。

在这样的背景下，企业不得不强调人力资源管理的规范化、系统化和科学化，并逐步形成了需求、招募、录用、维持、发展和评价这样一条较为完整的工作链。因此，薪酬和福利专家、培训与发展专家、劳动关系专家等专注于各类人力资源管理工作的职业开始出现。

20 世纪 70 年代末，在政府管制及全球经济衰退的双重影响下，企业的各项职能机构必须承担更大的责任，企业的使命不再是快速发展，而是如何维持生存。对于人力资源管理活动来说，对于成本和收益的权衡与规划已经开始有人关注，纷纷涌现的妇女劳动者、少数民族劳动者、年长劳动者都对职业生活质量的改善提出了要求，这也是对企业人力资源管理提出的正面要求。

也是由于科学技术的迅速发展及经济结构的不断变化，人力资源管理领域在这样的压力下对西方各国萌发的人才测评这一新兴事物有了重点关注，越来越多的学者、组织机构相继研发出一系列新的技术与方法。例如，美国于 20 世纪 70 年代研发的一套“人才测评中心技术”成为企业咨询中针对人才素质能力检测的一种专门的技术与程序。这项技术通过“能力、素质、价值观、追求”等多个维度对员工进行评估，使企业对人才的录取与留用有了更为专业和规范的标准。

4. 第四阶段：20 世纪 80 年代初期至今

虽然 20 世纪初的两次世界大战给西方国家的经济发展带来了沉重的打击，但是第二次世界大战结束后，全球经济的快速恢复也使西方国家完成了更高的发展成就。特别是 20 世纪末，经济全球化的深化极大地改变了世界各国在全球经济问题上的运作方式和运作特征，使得世界经济得以蓬勃发展。

随着科学管理理论、组织管理理论、行为管理理论及现代管理理论的产生，企业管理的各种思想与发展越来越具规范性，为全球企业的发展奠定了根基。由于全球经济的快速发展，企业间的竞争也越来越激烈。特别是 20 世纪 90 年代之后，企业在资源竞争上明显从物质资源竞争转向人力资源竞争，想要发展可持续的竞争优势，企业必须依靠高素质人才维持和培养竞争力。

企业管理理论的不断发展也意味着人力资源管理越来越被企业所重视。人力资源管理体系的不断成熟促使企业对招聘提出了新的要求，也说明全球经济快速发展背景下企业对人才的要求发生了巨大的改变。当代管理者更加注重对人的管理，要求理解人、尊重人、充分发挥人的主动性。

20 世纪 80 年代，企业的人力资源管理进入了“组织职责”阶段。这一阶段的企业才真正将人力资源管理的各个板块视为自己的职责。伴随着对物力与财力的有效管理，对人有效管理的任务不仅仅落在人力资源管理者的肩上，也落在各部门直线经理的肩上。所有直线经理必须在确保业务活动带来经济效益的同时，对员工的职业生活质量提供必要的保障。

随着互联网技术的普及，全球信息化的高速发展，以及电子商务的出现，企业与各相干关系人之间的距离变得越来越近。由于各类公司具有不同的文化背景和经营策略，因此人才招聘的方法和思想也有所不同。有的公司将学历和实习经历作为第一考虑要素，而有的公司则更看重创造性才能和前瞻性思维。在招聘渠道上，除了传统的招聘途径外，也衍生出很多新型的招聘渠道，如人才市场招聘会、社交媒体广告、内部员工推荐、猎头公司、互联网招聘等。表 1.1 所示为 20 世纪末美国各类工作的招聘来源数据统计。

表 1.1　20 世纪末美国各类工作的招聘来源数据统计

办公室/职员(245)	生产/服务(221)	专业/技术(237)	委托销售(96)	经理/基层主管(243)
内部晋升 94%	主动求职者 87%	新闻报纸 94%	新闻报纸 84%	内部晋升 95%
员工介绍 87%	内部晋升 86%	内部晋升 89%	员工介绍 76%	新闻报纸 85%
主动求职者 86%	员工介绍 83%	学院/大学 81%	内部晋升 75%	员工介绍 64%
新闻报纸 84%	新闻报纸 77%	员工介绍 78%	主动求职者 52%	猎头公司 63%
就业服务机构 66%	就业服务机构 68%	主动求职者 64%	私人介绍所 44%	私人介绍所 60%
说明	每种工作的百分比按照提供招聘数据的机构数量得出			
	括号中的数据为回答调查问卷的全部机构数量			

资料来源：R.Wayne Mondy 等著《人力资源管理》(第六版)。

由于计算机技术的广泛应用，在人才测评技术上也出现了很多新方法，如职位分析与组织分析结合法、员工多样性敏感筛选技术等。目前，全球对人才测评技术的运用飞速发展。为了规范人才测评技术的使用方法，很多国家相应推出了《评价中心实施标准和道德准则》，用来监督企业使用评价中心技术，并保障应聘者和员工的合法权益。现代人才测评更注重考察人的礼节性和逻辑性，因此针对应用与逻辑推理的考察更多。多数企业通过结构化面试、演讲、答辩、无领导小组讨论和情景模拟等方法，对员工的综合管理素质进行测评。

各个阶段的招聘具有不同的特点，主要体现在招聘理念、招聘依据、招聘流程、招聘人员、招聘方法、甄选方法、录用方法、评价方法八个方面，具体如表 1.2 所示。

表 1.2　不同阶段招聘的不同特点

阶段	招聘理念	招聘依据	招聘流程	招聘人员	招聘方法	甄选方法	录用方法	评价方法
第一阶段	随用随录	技术熟练度、年龄、体力等	招聘—选拔—录用	厂主、工人领班	张贴海报	经验评价	—	—
第二阶段	按需录用	按照企业制定的工作标准招聘	招聘—选拔—录用	人事部门	报纸、广播等	心理测验等	签订劳动合同	—
第三阶段	建立人才库，实现满足低成本要求的有效招聘	政府干预下的各类劳动保障法；企业发展战略	招聘—选拔—录用	人事部门；相关直线经理；HR 专家	人才市场；广播电视媒体；职业中介；猎头公司	各类人才测评技术；体测	签订劳动合同	招聘成本的简单核算

续表

阶段	招聘理念	招聘依据	招聘流程	招聘人员	招聘方法	甄选方法	录用方法	评价方法
第四阶段	考虑招聘成本、企业文化、员工价值观等多方因素对企业的影响	相关劳动法规；人力资源规划与工作分析；招聘计划；企业价值观认同	招聘—选拔—录用	人事部门；相关直线经理；HR专家；招聘外包	招聘会；校园招聘；猎头公司；互联网招聘	评价中心技术；综合素质测评等	签订劳动合同；实习评价	核定招聘成本、录用人员质量及招聘渠道效益等

1.2.2 我国招聘管理的起源与发展

1. 第一阶段：前秦至前清

我国最早的人才招聘要追溯到商朝开国君主商汤。据《孟子》记载，商朝有个叫伊尹的人，自幼聪明颖慧、勤学上进，虽耕于有莘国之野，但乐尧舜之道。由于他研究三皇五帝和大禹王等英明君王的施政之道而远近闻名，以至于求贤若渴的商汤三番五次派人以玉、帛、马、皮为礼前往有莘国去聘请他任国政之事。

到了周朝，才出现“聘名士，礼贤者”的规定，要求每年三月招贤纳士，以礼敬畏贤者。春秋战国时期，儒家代表人物孔子提出了“以人为本”的管理思想，其中就包括“举贤才”的人事管理理念。到了春秋末期，我国著名的军事家、政治家孙武提出了“将者，智、信、仁、勇、严也”，作为选拔军事将领的标准。

我国古代就十分注重人才评价工作，人是国家发展的命脉，是社会发展的根本。我国最早的人才评价要追溯到尧舜时期，当时的君王就曾希望通过评价“贤与能”决定谁是更好的继承者。西周时期，周天子就曾设下“试射”制度，通过过程中行为是否合乎标准、动作是否合乎乐律、射中次数等指标选拔人才。

隋朝建立后隋文帝废除了魏晋时期实行的“凭门第做官”的九品中正制度，并推行州、县推举人才制度，通过评价文章的华美程度选贤纳士。开始只设秀才、明经两科，即用考试的办法选取进士。科举制度的实行，打破了门阀士族垄断政治权力的局面，为部分寒门子弟提供了登上政治舞台的机会。

唐太宗时期，基于对人才与政治关系的厘清，他主张办学治学、大兴科举，将培养人才和选拔人才作为重中之重。他还主张选用廉洁奉公之人，并把重点放在了都督、刺史层面上，以致形成了从中央到地方的行政管理体系。

武则天作为中国封建史上唯一一位女皇帝，也十分重视选贤纳士。她同样主张打破门阀，并采取了两项有效措施：一是大幅完善了科举制度，废除两汉的“举孝廉”、两晋的九品中正制，使得门阀内部互相提携变得困难和不实际；二是禁止八大世家互相通婚，几代下去以后，门阀最核心的凝聚力量——“血统”变得越来越淡薄。她将“举人”的范围不断扩大，甚至鼓励“自举”。

从历史来看，自隋朝至清朝实行的科举制度是我国历史上规模最大的人才评价实践，并产生了许多值得后人借鉴的宝贵思想。刘劭所著的《人物志》中对古代人才评价做了较为详细的论述，总结了形式多样的人才评价方法，主要有口试、纸笔测试、作业测试、自然观察法和民意考察法等。在我国5000多年的历史长河中，虽然积累了丰富的人才管理思想，但历史条件、经济发展水平及文化条件的局限性，决定了我国古代人才管理方法重实践、轻内涵，重政治文化、轻能力素质的弊端与不足。

世官制、察举制和九品中正制

2. 第二阶段：鸦片战争至中华人民共和国成立

早在 1900 年，我国就产生了“心理测评”方面的萌芽。受当时洋务思想的影响，京师大学堂开设了心理学课程，并有了一套标准的心理学教材。此后，蔡元培在执掌北京大学的第二年，便设立了中国历史上第一个“心理学实验室”，为实验心理学的发展奠定了基础。1924 年，燕京大学的心理学家陆志伟修订的比奈—西蒙量表，成为中国最早的标准化智力测试量表。自此，心理测评在中国不断发展，成为选拔人才的重要方法之一。例如，20 世纪 30 年代，人们开始将心理测评运用到职业介绍当中，创办了一些职业介绍所，开设了较为简单的心理测评与诊断方法。

鸦片战争后，中国由封建社会变为半殖民地半封建社会，这一阶段的人事管理具有浓厚的封建主义色彩。许多企业实行包工制度，企业与包工头签订劳动合同，由包工头领取全部费用，并招收工人，组织生产，完成监督与检查、发放工资等一系列工作，类似于现在的工程项目团队。

随着泰勒的科学管理理论被引入国内，一些民族资本主义企业开始派人出国留学，并带回了科学管理的思想与制度。甚至有一些企业直接聘用国外的管理者担任企业的重要职务，以寻求在管理方法上的突破。一些较大的企业，由于具有较为雄厚的资金，更容易接触到西方企业的先进思想，所以封建色彩十分淡化。由于接触到了先进的西方资本主义企业的管理思想，这些企业在某些特征上与本土企业有所不同，有如下表现。①它们不再实行工头制度，而是聘用专业的工程师和技术专家管理企业，完成组织的日常生产。对于这些专业人才，企业会给予更高的薪酬，这在同行业中是极为少见的。②部分企业建立了职能部门，制定企业的相关管理条例，并规范了员工的直接考核制度。③管理水平较高的企业，在员工选拔和任用上借鉴泰勒的管理思想，实行标准化科学管理制度，比如，我国著名的爱国实业家、社会活动家卢作孚在他白手起家的民生公司内部建立了“基础员工考，高级员工找”的录用制度，并建立了“先培训，后录用”的准则，真正做到了摒弃旧有员工凭私人介绍的陈规，实现了根据不同才能安排不同工作和职务的做法。

民族资本主义企业在近代中国半殖民地半封建社会中是一种先进的生产方式，但是较西方资本主义企业来说，在管理制度和管理方法上还是相对落后的。但是，这并不意味着近代民族资本主义企业的管理思想一无是处。就中国的历史来说，在帝国主义和封建主义的双重压迫下，许多新兴的民族企业得以长期生存，就说明它们的管理思想确实存在着科学的内容，值得后人借鉴、学习。

3. 第三阶段：中华人民共和国成立初期至 20 世纪 70 年代末期

中华人民共和国成立初期，由于我国政权的不稳定和机构的不健全，在干部的管理制度上逐步形成了任用一体化模式。我国实行高度统一的计划经济体制，人事管理实行统包统配制度，企业自己没有选人的权利。企业的招聘、录用范围都由国家相关部门统一管理，企业基本不存在招聘工作，这也阻碍了我国大部分企业的招聘制度乃至人力资源管理制度完善的进程。

“文化大革命”期间整个中国社会的法律基础遭到彻底破坏，导致中国经济严重倒退，社会剧烈动荡，我国的劳动人事制度也遭到了空前的破坏。从1968年年底开始中央及地方各级劳动人事部门陆续被撤销，产生了组织编制定员遭否定、盲目增人造成员工人数膨胀、教育受限、高技术人才出现断层等问题，使得劳动人事管理处于非常混乱的状态。

中华人民共和国成立初期，心理学被视为唯心主义科学，加上多方面原因，被大面积打压，只有师范院校因为教育心理学的关系，仍保存该学科。这使得基于“心理测评”产生的人才测评技术无人问津，使得我国针对人才测评技术的研究趋于停滞。

4. 第四阶段：20世纪80年代初期至今

随着改革开放和社会主义市场经济制度的确立和完善，我国在人事管理体制上的弊端也显露无遗，在改革中招聘管理又重新被纳入企业人事管理范畴。

1984年后，中国的经济改革开始进入实质性阶段。政府在用人和人事管理权方面，本着“管少、管活、管好”的原则，开始把一部分干部管理权交给企业。1986年7月12日，国务院发布了《国有企业招用工人暂行规定》，废止了“内招”和“子女顶替”的办法，并强调指出，企业招用工人必须在国家劳动工资计划指标之内，贯彻先培训、后就业的原则，面向社会公开招收、全面考核、择优录用。1988年国家通过《中华人民共和国企业法》，该法明确规定政府不干预企业的生产经营。政府和企业在人事招聘管理方面的关系包括，政府任免和奖惩厂长，并根据厂长的提议，任免和奖惩副厂级干部；企业有权决定自己的机构设置和人员配备，有权招聘人才，有权对职工实施奖惩，有权按照有关规定，确定管理人员的任用和管理方式。1992年7月，国务院发布了《全民所有制工业企业转换经营机制条例》，把实行劳动合同制列为国有企业经营机制的重要内容。到1994年，全国实行劳动制的职工已达到全国职工总数的40%。1994年后，国家加强了对养老保险、医疗保险、失业保险、生育保险和工伤保险等社会保险制度的建设。

随着改革的不断推进，我国企业人力资源招聘实现了从无到有、从计划导向到市场导向的良好转变，逐步实现了招聘管理的科学化、合理化及自主化。在劳动力的市场导向作用下，我国各地方人才市场已经基本建成，出现了人才合理有序流动的良好景象。

1995年1月《中华人民共和国劳动法》正式生效，该法明确确立了劳动合同制作为我国劳动用人的基本制度，改变了过去的固定工制、劳动合同制等多种形式并存的状态，同时该法律也为广大劳动者的合法权益不受侵害提供了法律上的保证。

实践证明，招聘管理是企业有效实现人力资源目标、打造人力资源竞争优势的重要途径，也是员工实现“人尽其才”的必要手段。

改革开放后，由于国外先进的人才测评技术和方法大量涌入中国，我国人才测评与心理测评得以兴起。到1992年年底，全国29个省、国务院3个部门都在使用人才测评方法招聘员工，使得人才测评饱受关注。目前，人才测评方法主要包括纸笔测试、结构化面试、情景模拟、心理测验等。

现在，招聘已经成为我国企业新增员工的主要渠道和方法。一项“我国企业人力资源管理现状调查”显示，随着经济水平的不断发展，招聘越来越受到各个组织的重视，并且在招聘方法和渠道上呈现多样化和科学化。我国现行招聘管理体制主要有以下几个特点。

① 招聘管理基础性应用不深。我国多数企业对于人力资源规划和工作分析不够重视，在

开展招聘工作时对于这一部分的投入精力较少，有时甚至直接套用同行业其他公司的岗位说明书，导致个人-岗位不匹配的现象时有发生。

② 不同行业企业、同行业不同企业、同企业不同部门在招聘方法和招聘渠道上都具有不同的重点，多数企业会根据企业类别和招聘对象，设置不同的招聘模式。目前，我国企业常用的员工招聘渠道及其百分比如表 1.3 所示。

表 1.3 我国企业常用的员工招聘渠道及百分比

招聘渠道	百分比(%)
人才市场	80
内部员工推荐	50
自荐	38
网络招聘	34
海报	30.1
报刊广告	22
猎头公司	15.5
其他	15

③ 人才选拔方式具有局限性。在人才招聘选拔过程中，多数企业都由人力资源管理部门和直线经理直接参与，很少引入外部专家和专业顾问。仅在一些企业将人力资源工作外包给其他公司的情况下，会有外部人员的意见引入。我国人才选拔的常用方法及百分比如表 1.4 所示。

表 1.4 我国人才选拔的常用方法及百分比

人才选拔方法	百分比(%)
面试	99
应聘表格	98
体检	65.3
专业知识考试	36.5
推荐考核	32
心理测验	5
评估中心技术	3.2
其他	4.5

④ 招聘管理精细化程度低。我国大部分企业对于招聘过程中的数据只是进行简单的统计，并没有相应的深度分析，从而不能很好地为企业未来的招聘工作提供依据。

我国各个阶段的招聘同样具有不同的特点，具体如表 1.5 所示。

表 1.5 不同阶段招聘的特点

阶段	招聘理念	招聘依据	招聘流程	招聘人员	招聘方法	甄选方法	录用方法	评价方法
第一阶段	举贤纳士、以人为本	贤、才、智、信、仁、勇、严	科举制度	君主、负责科举的士官	推举、科举告示	择优而录、评价测试	—	—
第二阶段	科学管理下的招聘优化	泰勒的科学管理理论	一定流程的考核制度	职能部门	广告、职业介绍所	心理测评、考试、猎头介绍	先培训后录用	—

续表

阶段	招聘理念	招聘依据	招聘流程	招聘人员	招聘方法	甄选方法	录用方法	评价方法
第三阶段	国家统一管理	中央集权式管理	劳动力供给—政府人事部门分配企业指标—供求双方达成协定	政府人事部门、企业主管	政府统一计划管理	按需分配	—	—
第四阶段	权力下放的自我管理	依法自主管理	需求—招募—考核—试用—录取	企业下的人力资源管理部门、直线部门	人才市场、自荐与内推、媒体宣传、猎头公司中介、互联网招聘等	面试、笔试、心理测评、评价中心技术、无领导小组讨论、情景模拟等	先试用，后录用	根据企业人力资源规划和工作分析，在满足招聘成本最小化、招聘效益最大化的情况下完成招聘工作

1.3 招聘理论

1.3.1 胜任特征理论

在日常管理工作中，常常会碰到这样的情况，一些管理者在某些特定的岗位上表现平平，可换到其他岗位却成绩显著；有些相同学校相同专业的毕业生到相同岗位工作，可其中一些工作业绩突出，另一些却工作业绩很差。这些现象不由得让我们思考，是否有什么没有被我们注意到的因素影响着员工与岗位的适配程度。下面介绍的“胜任特征”就是对这个问题最好的解答。

1. 胜任特征的定义

在人力资源管理丛林中，首次对胜任特征有所探索的是被后世称为“科学管理之父”的泰勒。他在对科学管理的研究中曾经提到“管理胜任特征运动(Management Competencies C · Movement)”，通过“时间-动作研究(Time and Motion Study)”将完成一项工作需要的一系列复杂动作分解为有序的简单步骤，从而分析不同工作子单元对员工能力的要求。泰勒认为，正是通过这样一系列的动作分析研究，才能判断出优秀工人与较差工人在某些“素质”上的差异。泰勒的这一思想对以后的胜任特征研究具有极大的影响，也被视为胜任特征理论的初次探索。

最早提出“胜任特征”这一概念的是美国哈佛大学教授戴维·麦克利兰(David C. McClelland)。他于 1973 年在探讨卓越工作绩效时提出：传统的智力测验、性向测验和学术测验等都不能预测复杂工作和高层职位工作的绩效或生活中的成功，而且还常常存在对少数民族、妇女和社会地位低下的人的偏见和歧视，因此他提出“胜任特征”这个概念来弥补上述缺陷。之后，在对美国政府外事局外交官甄选的研究中，他发现传统的判断一个人能力高低的智力水平测试，不足以表现出这个人的真实能力，应当从影响他人工作绩效的显著特征中评价这个人的能力水平，后者主要包括与其工作或生活相关的某些知识、能力、特质或动机。于是他设计了一项人力资源评价技术——“行为事件访谈法”(Behavior Events Interview，BEI)，取得了较好的效果，这也印证了他之前的想法是合乎逻辑的。

1973年，他与合伙人合作创办了Mcber & Company管理咨询公司，并将“胜任特征”定义为“个体的潜在特征”，即可能是动机、特质、技能、自我形象或社会角色等一系列人所运用的知识体。之后，这一概念被运用到商业运作中，并取得了巨大成功，从此掀起了胜任特征模型建模的实践狂潮。

戴维·麦克利兰提出的胜任特征概念在学术界引发了广泛热议，许多学者纷纷对这一概念进行了研究。对于胜任特征的概念，不同学者给出了不同的解释。比较典型的国外学者给出的定义如表1.6所示。

表1.6 国外学者对于胜任特征的定义

姓　名	时　间	定　义
Spencer	1993年	与个人工作或情景绩效具有因果关系的某种内在特质
Page、Wilson	1994年	优秀管理工作者在工作过程中表现出的技能及个体特征
Mansfield	1996年	个体精确技能与行为特征的表述，个体需要据此进行培养，确保自身的胜任特征
Mirabilc	1997年	保证高绩效工作水平的技能、知识和特征
Hackney	1999年	个体完成组织设定的目标时应当具备的相关的知识水平与工作态度等相关能力
Sandberg	2000年	胜任特征并非包括所有技能知识，主要与个体在工作中能够运用到的知识有关

21世纪初，胜任特征这一概念被引入中国，许多中国学者对其进行了研究，给出了不同的定义。其中，比较经典的定义如表1.7所示。

表1.7 国内学者对于胜任特征的定义

姓　名	时　间	定　义
王重鸣	2002年	提高管理绩效的相关知识、技能及价值观、个性等特征
彭剑锋	2003年	决定个体是否胜任岗位职责，对岗位绩效差异进行区分
赵曙明	2007年	有完善的心智模式、知识、能力、个性、态度等体系
陈为	2010年	一套完善的思维方式、工作方法和流程，且具有结果导向、行为导向和整体性导向特征，受个人喜好与价值观影响

目前，胜任特征概念中被广泛接受的是：胜任特征是指在工作情境中员工的价值观、动机、个性或态度、技能、能力和知识等关键特征，以及组织与市场线关联的独特智力、过程和产出能力。胜任特征也被称为胜任力、胜任特质、胜任素质等。

本书将“胜任特征”这一概念定义为：组织中优秀员工区别于一般员工的能够被客观衡量的个人特征。这种特征仅在特定的工作岗位、工作环境和文化氛围中得以体现，主要包括知识、技能、动机、品质等。

2. 胜任特征的分类与特征

胜任特征通常分为两类，即一般性胜任特征和专业性胜任特征。一般性胜任特征是普遍但相互独立的胜任特征，是在任何工作场所都需要具备的特征，如听、说、读、写、记等。专业性胜任特征是具体的、具有相关性的技能或知识。

对于胜任特征的特征，主要有以下两种说法。

一类学者认为，胜任特征的主要特征分别是深层次特征、引起优劣绩效的因果关联和参考效标。

(1)深层次特征

深层次特征是指一个人人格特质中不容易被发现、处于深层并能持久保存的部分，这类特质能够从日常的行为和思维中得以体现，即使在不同的情境或不同时间下，也具有极高的稳定性。找出一个人具有的深层次特征，就能够预测他在不同情景或工作下的行为方式。

基于此，有学者提出了两类胜任特征模型，分别为胜任特征冰山模型和胜任特征洋葱模型。

胜任特征冰山模型如图 1.2 所示，是由美国学者戴维·麦克利兰于 1973 年提出的一个著名的模型。该模型将胜任特征分为“水上”的显性特征部分和“水下”的隐性特征部分。显性特征主要包括一般性知识、技能等；隐性特征则包括自我认知、个性、动机等。

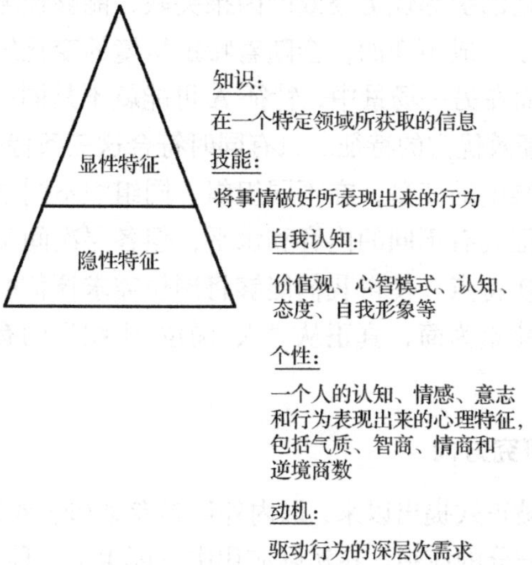

图 1.2 胜任特征冰山模型

胜任特征洋葱模型如图 1.3 所示，是由美国学者理查德·博亚特兹(Richard Beatzi)对戴维·麦克利兰的胜任特征理论进行了深入和广泛的研究后提出来的。洋葱模型展示了胜任特征构成的核心要素，并说明了各构成要素可被观察和衡量的特点。该模型分为三层，其中最内层是个体的特质、动机，是胜任特征中最内涵、最深层次的特征；中间层是自我形象和社会角色，包括价值观、态度、角色定位等特征；最外层是现行的技能和知识，是一个人普遍具有的特征。

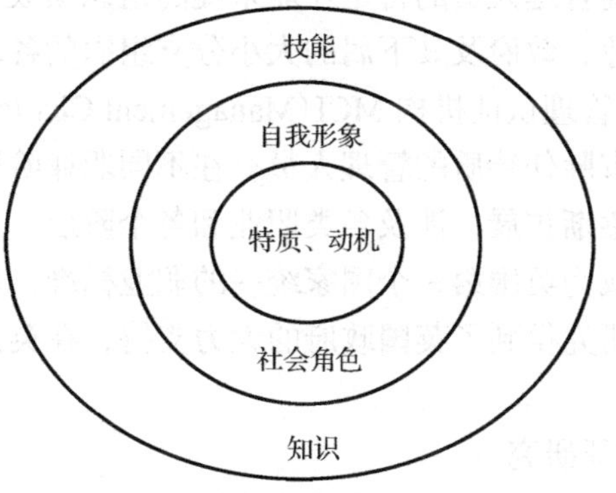

图 1.3 胜任特征洋葱模型

(2)引起优劣绩效的因果关联

能够引起优劣绩效的因果关联是说，胜任特征预测行为的产生，从而预测绩效好坏。一般来说，特质、动机、自我形象、社会角色等特征能够充分预测反应行为方式，将直接影响组织的工作绩效。但是，只有能够引起或预测岗位绩效和行为方式的深层次特征才能被称为该职位的胜任特征。

(3)参考效标

参考效标是衡量某特征品质，预测特定情景中工作优劣的效度标准，是胜任特征最重要的特征。如果一个特征不具备预测某方面差异的能力，那么该特征不能称为胜任特征。

另一类学者认为，胜任特征的主要特征分别是绩效关联特征、动态特征和显著性特征。绩效关联特征就是前文所述的引起优劣绩效的因果关联、能够预测个人未来的工作绩效。动态特征是指胜任特征并不是一成不变的，会随着特定情境的变化发生改变。在某个特定场景中可能存在胜任特征A，而在另一场景中，特征A可能就不是同一岗位的胜任特征了。显著性特征是指能够明显区分绩效优劣的特征。只有同时符合这三条特征的才能被称为胜任特征。

胜任特征并不是单一维度的变量，在不同组织、同组织不同层面、同层面不同岗位、同岗位不同环境下，胜任特征具有不同的内容和水平，但各层次间又存在着一般性联系。正是胜任特征的多维度、多层次特点，使得我们能够将岗位需求评估的不同层次纳入统一的框架之下，将复杂的评估过程化繁为简，真正从“人-岗位-组织”的有效匹配出发，满足组织的生存与发展需求。

3. 基于胜任特征的研究方向

自胜任特征这一概念被正式提出以来，国内外许多专家和学者对它产生了浓厚的兴趣，并在企业日常管理中进行了充分的应用。在实际应用中，诞生了三种基于胜任特征的研究方向。

(1)基于员工的胜任特征研究

这类研究希望找到特定情境下高绩效员工与低绩效员工的个性特征差异，代表人物是戴维·麦克利兰以及由他创办的 Mcber & Company 管理咨询公司。Mcber & Company 管理咨询公司通过几十年的研究积累建立了非常丰富的胜任特征模型库，并开发了许多能够测量胜任特征的评价问卷及量表。这些模型不仅包括一般性生理特征模型，也包括专业性胜任特征模型，即在总体和细分维度上，都能很好地对胜任特征进行评价和测量。

(2)基于员工最低任职标准的胜任特征研究

这类研究希望通过提高管理人员的特定才能来提高组织绩效，其代表为英国国家职业资格体系。通过对工业、农业、政府及其下属的大小分支组织的各级员工的广泛研究，英国政府于1986年成立了第一个管理认证机构 MCI(Management Charter Initiative)。MCI 能够识别出企业所有者需要的、具有胜任特质的管理人员，在不同职业阶层应具备的绩效标准。这一绩效标准在之后的研究中逐渐扩展，涉及各类职业和各个阶层，并在各行各业设置了数以千计的岗位标准。这些标准成为英国第一个国家统一的职业标准，也就是之后英国著名的国家职业资格体系。由于这项研究得到了英国政府的大力支持，在英国的职业领域产生了极大影响，应用广泛。

(3)基于职能的胜任特征研究

这类研究从岗位本身出发，希望找出完成这些岗位工作需要具备的特质。由于这类研究基于岗位本身探索它的职责和功能，以此把握某特定岗位的现状和未来特点，因此能够产生一定的普适效应。

1.3.2 契合理论

阿里巴巴 HR：
如何招聘赋能？

20 世纪初的美国由于经历了巨大的社会变革，政治、经济和文化等各个方面都受到了影响，企业管理者开始关注提高劳动生产率的问题，这也意味着对工人的要求不再是单维度的能力问题，而应扩展为多维度的效率问题。职业指导在这样的大环境中应运而生。

1909 年美国波士顿大学教授弗兰克·帕森斯(Frank Parsons)在其《选择一个职业》一书中提出了“职业指导”的概念，并对其意义做出了三重解释：①职业指导的基础是了解自己。了解自己包括了解自己的优点与缺点，找出这些优/缺点产生的具体原因，有助于分析哪一类事情是自己最擅长做的事情。了解自己主要是通过专业的测量手段来评价自己的各方面特征，如心理条件、生理条件及社会背景等。具体会根据个人身体素质、兴趣爱好、性格、学业、家庭、父母等多方面资料进行综合评价。②职业指导的必要性是了解不同行业在不同环境下的优势与劣势。不同行业、同一行业不同环境、同一行业不同层次都具有不同的特征，找出这些特征有助于把握不同层面间的特征差异。职业分析通常是分析职业对人的要求，主要包括职业性质、职业内容、工资待遇、工作条件、晋升可能性及对人心理、生理、文化程度等多方面的要求；③职业指导的核心是分析个人特征与职业特征间的逻辑关系。通过找到个人特征与职业特征间的相似特征，了解人与职业间的契合程度。

职业指导概念引发了相关研究的热潮，也正是在这样的背景下，有关学者提出了人与环境契合或匹配的概念。

1. 个人-环境契合

个人-环境契合(Person-Environment Fit，简称 P-E Fit)是组织行为学的核心概念，个人-环境契合理论为理解组织中的行为提供了一个基本框架。一般而言，个人-环境契合是指个人和环境的一致性、匹配或相似性。该理论认为，行为是人与环境的函数，即 $B=f(P, E)$。不论是个人特质还是环境特征，都不能单独解释人的行为和态度的差异，而人与环境的交互作用能够最大程度地解释这种差异，如若个人特质与所在的环境特性相符，则会产生较为正面的作用，这些好的作用进而引发正向的态度与行为。在这样的框架下面，个人的组织行为被假设为人和组织之间互动的结果。这里的“环境”包括职业、工作、上级、群体、组织等各个层面，分别对应着不同的契合。

个人-环境契合包括个人-工作契合(Person-Job Fit，简称 P-J Fit)、个人-群体契合(Person-Group Fit，P-G Fit)、个人-组织契合(Person-Organization Fit，简称 P-O Fit)和个人-职业契合(Person-Vocation Fit，简称 P-V Fit)。个人-工作契合反映了个人工作能力与工作岗位需要的匹配，由此，传统工作分析的重点在于个人-工作契合，强调工作任务要求一个人所具备的技术、知识和能力。个人-群体契合也被称为个人-团队契合，反映的是员工个人的技能和人际关系能力，与团队组织所需的兼容性。个人在团队中扮演着团队成员的角色，一方面，团队精神要求个人与团队的价值观要一致，这也是遵循了一致性原理；另一方面，团队的任务完成通常要求成员在能力上具备异质性和互补性。因此，除了价值观的一致性以外，个人和工作团队之间也存在成员之间的互补性问题。在职业选择上，职业本身也有其特性，个人-职业契合指个人的自我认知与职业特性的一致性，主要基于个人的职业选择，侧重于关注个人特质与所从事的职业相匹配的职业选择及其后果。个人-组织契合是将企业文化和氛围引入个人-环境契合所产生的概念。学者们提出了价值观契合、目标契合、个性契合、一致性契合、互补性契合等多个方面的契合概念。

如图 1.4 所示，Jansen 和 Kristof(2006)认为在个人与四种环境的契合上，也存在环环相扣的关系。其中，具体的工作距离员工最近，员工通过在团队中工作并为组织做出贡献，进而取得自我职业成功(Erdogan 等，2004)。根据这个系统，个人-环境契合要求个人具备一定的工作能力、与团队和组织等工作环境相一致的价值观，以及对待自己和职业的客观和合理的认识，德鲁克曾说：成果只存在于外部，即个体的成果是基于其对于外部的贡献，基于此，个人的成果存在于工作、团队、组织、职业等外部环境当中，个人对于这些环境的贡献决定了个人的成就大小，在个人与环境的互动关系上，当环境不以个人的意志为转移，同时个人又无法改变自己的环境时，要实现个人与环境的契合，依靠的是个人对于自我的调整。

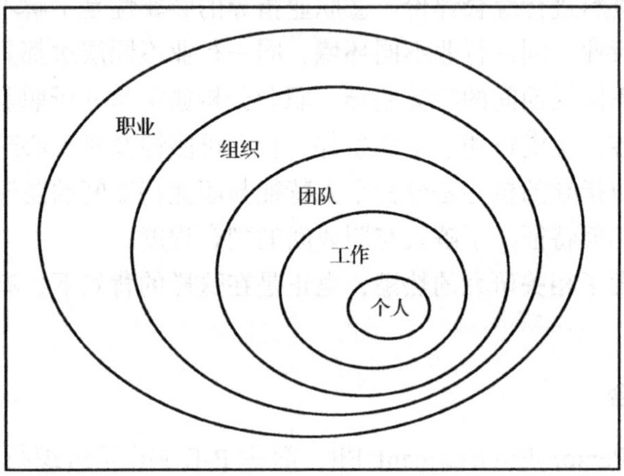

图 1.4　个人-环境契合概念

2. 个人-职业契合

个人-职业契合理论是探索人与职业契合程度的核心概念。个人-职业契合理论认为人的个性结构存在差异，人们要根据自己的个性特点找到自己合适的职业，以达到个人-职业契合的目的。人与职业是一对相关关联的变量，当一个人进行职业选择时，职业也在对这个人进行选择。每个人都具有不同于他人的个体差异，这些差异主要表现在特质、知识、技能、价值观、心智模式、态度等方方面面。而每一种职业由于其职业特性、职业环境、职业运作方式等因素的不同，也具有不一样的特点。个人-职业契合理论就是探索个人特征与职业特征匹配一致性的理论。进行适当的人与职业契合是具有非常重要的意义的，当个人特征与职业特征契合度高时，员工的工作绩效就会呈现出较好的结果，反之则会产生较差的工作效率，影响个人职业成功与组织发展。

个人-职业契合的重要基础是挖掘个人特征与职业特征。职业特征主要通过岗位说明书、组织背景、组织文化价值等方面予以反映；而个人特征则依赖于专业的人才测评技术。所以，个人-职业契合理论可以被视为现在人才测评选拔技术的理论基础。其中，最具影响力的两种理论分别为“特性-因素论”和“人格类型论”。

最早的个人-职业契合理论是 Frank Parsons(1909)提出的特性-因素理论(Trait-Factor Theory)，又称个人-职业契合理论。该理论强调：人与职业相契合是职业选择的焦点，每个人都有自己独特的人格模式，每种人格模式的个人都有与其相适应的职业类型。职业需求与个人特性的匹配是职业选择的基础，要在清楚认识、了解个人的主观条件和社会职业岗位需求条件的基础上，将主客观条件与社会职业岗位对照，进行“因素匹配”或“特质匹配”，最后选择一种职业需求与个人特长匹配的职业。所谓“因素”是指在工作上要取得成功所必须具备的条件或资格。所谓“特性”是指个人的人格特征，包括能力倾向、兴趣、价值观和人格等。人们可以通过心理测验认识到自己的个性，并通过观察、问卷、个案分析等工作分析方法了解各职业对人们能力的要求，最终帮助人们找到最适合自己的职业。具体如何达到这个目的，他提出了六个步骤：分析、综合、诊断、预测、咨询和重复。

特性-因素论强调了个人特性与职业所需能力之间具有协调与匹配的特点。该理论十分重视测评选拔技术的作用，它强调了在进行职业选择时人与职业契合的重要性，推动了人才测评技术在职业选择和职业指导中的作用与发展。

在探索人格与职业的相互关联时，美国约翰·霍普金斯大学教授约翰·霍兰德(John Holland)提出了如下四个假设。

① 在现实的工作中，每个人都具有不同的人格特征，但每个子人格间又拥有相似的部分，通过比较相似部分可以将人格分为实际型、研究型、艺术型、社会型、企业型和传统型六大类。

② 职业环境也因其职业性质等因素被划分为相同的六种类型。当一个特定人格特征的人到与之相对应的职业环境中工作时，他会感觉到工作带给他的乐趣和内在满足，并可能在最后激发个人潜在能力。

③ 职业选择要求人们找到能充分发挥其人格特征的职业环境。

④ 个人行为是人格特征和职业环境特征相互作用后的结果变量。

基于此，霍兰德提出了人格类型-职业环境类型契合理论，简称人格类型理论(Theory of Personality Trait)。不同人格类型的人需要到与之相对应的职业环境类型中生活或工作，这种环境会给予他可胜任的机会与奖励，达到一种和谐(Congruence)的状态。人格类型与职业环境类型的不和谐，不仅使该环境无法提供给个人展示自己能力与素质的机会，也会影响个人的绩效，从而影响组织发展。霍兰德在所出版的《职业决策》一书中，对这六种人格特征进行了详细的描述。

① 实际型人格(Realistic)。

具有这种人格特征的人倾向于接受具体的、有规则可循的劳动，易于接受有具体操作指南、有特定工作指令的工作内容。他们一般不具备较强的社交能力，不适应社会性质的工作。与实际型人格相对应的职业环境主要是专业技能型职业(劳动工人、技术工人、修理工人、农民、生产者等)和专业技术型职业(制图工人、装配工人等)。

② 研究型人格(Investigative)。

具有这种人格特征的人倾向于接受抽象的、逻辑的、分析的、独立的定向任务或工作内容。他们思维活跃、理性、好奇，对任何事情都保持一种批判的态度。但是，这类人格特征的人一般不具备较强的领导才能。与研究型人格相对应的职业环境主要是科学研究型职业(社会科学研究工作者、高校教师等)和技术与实验型职业(工程师等)。

③ 艺术型人格（Artistic）。

具有这种人格特征的人倾向于接受不同表现形式带给他们的刺激。对待事情，他们具有自己独特的想法和四维空间，能够给出具有想象力、有创意、理想化、情绪化的独到见解。一般来说，这类人不喜欢循规蹈矩，但办事效率相对不高。与艺术型人格相对应的职业环境主要是艺术型职业（导演、演员、设计师等）、音乐型职业（作曲家、歌唱家、指挥家等）、文学型职业（作家、诗人等）和体育型职业（运动员、裁判等）。

④ 社会型人格（Social）。

具有这种人格特征的人倾向于接受不需要机械操作的工作。他们比较关心社会问题，有教导他人的能力，易于与他人产生合作关系，具有友善、善于言谈、洞察力强等特点。这类人喜欢社交，经常出席社会活动，善于观察和帮助有需求的人，但也被称为"圆滑"的代表。与社会型人格相对应的职业环境主要是教育型职业（教师、教育行政工作者等）和社会福利型职业（公关人员、公益组织工作人员等）。

⑤ 企业型人格（Enterprising）。

具有这种人格特征的人倾向于从事领导及与企业性质相关的工作。他们是天生的"冒险专家"，性格乐观外向、自信、精力充沛、喜欢社交，通常在团队中担任领导者，具有领导力，说服他人的能力很强。但这类人有时野心很强，不擅长从事科学研究方面的工作。与企业型人格相对应的职业环境主要是社会型职业（政府官员等）和企业型职业（企业领导、销售人员等）。

⑥ 传统型人格（Conventional）。

具有这种人格特征的人倾向于从事有条理的工作。他们天生性格谨慎、保守、稳重，做事效率高，不喜欢充满变数的生活。这类人在工作中比较被动，喜欢被分配到任务而不是主动寻找挑战。与传统型人格相对应的职业环境主要是办公室人员、行政助理、统计员、打字员等。

然而，以上所述的人格特征与环境特征间并不是简单的线性对应关系。霍兰德在之后的研究中发现，尽管大多数人的人格特征可以被划分为以上六种中的某一类，但其个人在某些特质上具有其他类型人格特征的特点，也就意味着这样的人能够同时适应两种或以上职业环境下的工作。因此，霍兰德用一个简单六边形形象地描述了六种人格特征之间的关系，如图 1.5 所示。

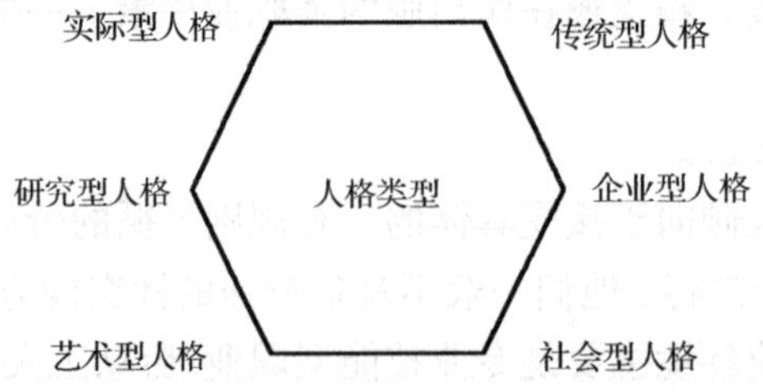

图 1.5　霍兰德的人格类型理论

以"艺术型人格"为例，与艺术型人格相邻的研究型人格和社会型人格在某些方面具有相似性，具有较多的关联。艺术型人格的人有时也能够从事研究型或社会型的工作。而艺术型人格与处于对立的传统型人格在某种程度上极为互斥，反差极大，也就是说艺术型人格的人一般不会从事传统型的工作。

虽然人格类型-职业环境类型契合理论描述的是人格和职业环境间的相互关系，没有探究人与某些具体职位间的相互关系，但是，人格与职业环境间的和谐是人与职位相契合的重要前提，如果人格与职业环境无法产生和谐关系，也就没有人与职位相契合这一说了。

3. 个人-组织契合

早期的契合观认为人与组织在价值观方面的一致性程度即为双方的契合水平，价值契合是定义个人与组织契合的最常用的方式。Chatman(1989)认为，个人和组织可以相互影响彼此的行为，尽管有许多因素可以影响组织和个人的行为，如能力、工作要求、个性、职业，但最基础和具有持续性的影响因素是价值观。因此，个人与组织契合被定义为个人与组织在价值观上的一致性。

在个人与组织契合度的结构方面，Chatman 建立了个人和组织契合模型，如图 1.6 所示。

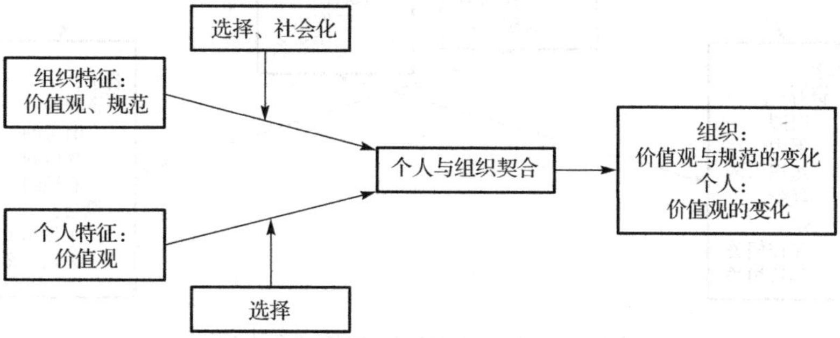

图 1.6　Chatman 的个人和组织契合模型

Chatman 认为，组织通过甄选获得与组织价值观及规范相适应的员工，并通过社会化过程令新入职的员工尽快了解组织价值观与组织要求，成为组织的正式成员。而个人通过选择进入与自己价值观相符的组织。在组织与个人价值观契合的互动过程中，组织价值观及规范会因个人的影响而发生改变，个人的价值观及行为也会因组织的影响而发生改变。

该模型从个人和组织两个角度分析契合度，更好地反映出两方面的交互影响。价值观契合被认为是个人-组织契合的一个最主要的方面，因为价值观是根本性的、持续性的，并且是指导员工行为的组织文化的重要组成部分。站在个人的角度，个人价值观是指能够指导人们行为模式(做什么和不去做什么)的持续的信仰，是人们调整自我适应环境的一种认知；站在组织的角度，组织价值观是指组织应当做什么，以及组织中的员工应当如何做的价值判断，除此之外，规范和价值观很接近，因为它规定了组织中的员工应该如何去做，组织的价值观和规范属于组织同一系列的产品。

针对个人-组织契合的复杂性，Kristof(1996)在前人研究的基础上提出了一个比较完整的个人-组织契合模型(见图 1.7)，将契合分为一致性契合和互补性契合两类。

一致性契合指个人能提供或拥有的特征与组织其他人相似，在这里指的是如果组织的文化、气氛、价值观、目标、规范等基本特征与个人的人格、价值观、目标、态度等基本特征有相似之处，就能实现个人-组织契合；互补性契合指个人的特征使组织完整化或提供了组织所缺失的部分。互补性契合分为个人需求与组织供给契合和组织要求与个人能力契合，指的是如果组织提供了员工所需要的财政、物质、心理资源，以及发展的机遇，或者员工在努力、承诺、经验、知识、技能等方面能适合组织的要求，就实现了个人-组织契合。Kristof 将个人-组织契合定义为三种情况下员工与组织的相容性：作为组织成员的个体与组织至少有一方能够为另一方提供它所需要的资源；个体与组织在某些基本特征上拥有相似特征；以上两方面条件均具备。

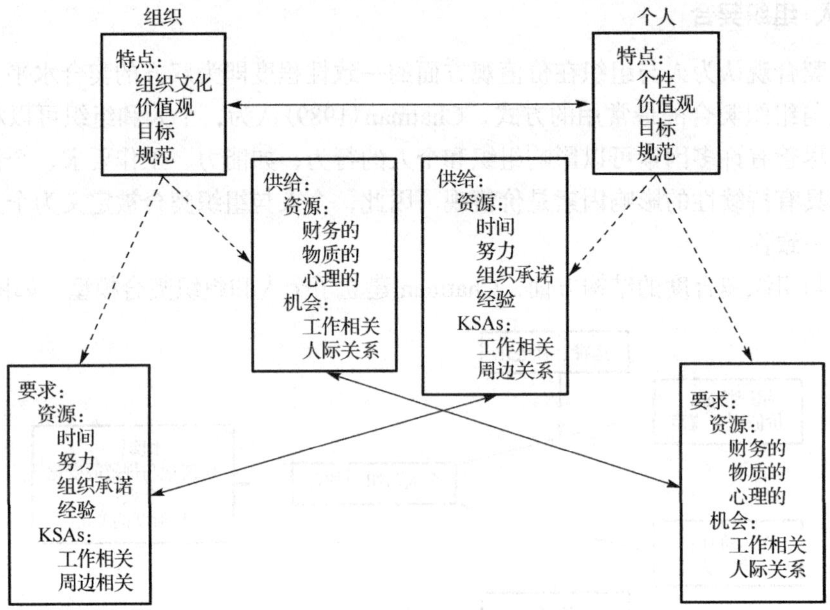

图 1.7　Kristof 的个人-组织契合模型

Cable 和 DeRue（2002）的研究试图将 Kristof 的概念延伸并理清，认为在个人-组织契合的概念中，除一致性契合外，互补性契合的概念应再细分成两个概念：①组织要求与个人能力契合（Demands-Abilities Fit，D-A Fit）；②个人需求与组织供给契合（Needs-Supplies Fit，N-S Fit）。这三个概念构成了个人-组织契合的三个维度，其中价值观契合属于一致性契合，是指员工与组织之间价值观的相容性；而要求-能力契合和需求-供给契合从互补性契合的角度，衡量个人能力与组织的要求、组织的供给与个人的需求互相满足的程度。然而也有一些学者对此提出了异议，认为互补性契合的外延比需求-供给契合和要求-能力契合的范围大，不能仅用要求-能力契合和需求-供给契合来完全取代互补性契合。

除此之外，专家学者还提出人格契合、目标契合（Cable 和 Judge，1997）、个人道德与组织伦理风气契合（Ambrose 等，2008）、职业生涯管理契合（郭文臣等，2014）等概念。

1.3.3　个体差异性原理

每个组织都是由具有不同背景、技能、特质、认知方式的个体组成的。了解个体差异能够有效地做到人尽其才，人尽其用。正确看待组织中的个体差异，可以帮助组织和管理者有效减少由个体差异引发的冲突，并发挥个体差异间的互补效应。因此，个体差异一直是人力资源管理必须重视的课题。

近代对于个体差异的重视源自心理学家和生理学家对个体差异的实验认定。1879 年，心理学家们针对共性人类行为进行研究时，发现个体对于同一刺激会做出不同的反应，后被证实是由个体差异造成的。正因如此，个体差异的相关研究引起了大量学者的关注。

20世纪60年代后，对于动机的研究日益丰富起来，产生了动机理论。动机理论表明，个体根据不同的需求产生不同的动机，进而产生不同的行为。这一观点的重要意义在于，它将个体差异的研究从单一的心理差异引向了社会性差异，丰富了基于个体差异进行的宏观研究。

20世纪90年代后，科学技术发展迅猛，使得科学研究趋于纵深分化、综合贯通，个体差异的相关研究也从宏观化转向了更加微观和综合的研究范畴。例如，许多学者基于个体的自我效能、认知模式研究个体差异，也有学者希望从人与环境交互的视角，研究个体差异的形成。

综合来说，不同个体在组织中会被动地同化从而成为同质群体中的一员，但从人的本性来说，任何人的特质都是不同的，即使是在同质群体中，个体差异也不能被忽视。现代组织理论中提出的组织管理双重目标对这一问题进行了很好的阐释，即既要考虑团体利益，也要考虑个体差异与个体利益。

1.3.4 要素有用原理

要素有用原理是在个体差异性理论的基础上提出的新观点。要素有用原理是指个体间存在着不同程度的差异，这些差异往往有时表现为个体区别于他人的“闪光点”。例如，音乐家具有很强的乐感，研发人员有很强的开发能力，管理人员具有很强的组织与协调能力。

要素有用原理要求组织的人力资源管理者在配置人力资源的过程中合理搭配人才组合，避免由于个体差异造成的矛盾与冲突，同时最大限度地发挥每个人的长处与优势。

要素有用原理的基本内容如下。

① 个体的采用要基于环境决定。一方面，需要有敏锐的领导者能够发现个体的特质并发挥其在特定岗位的关键作用；另一方面，也需要有公开透明的竞争环境，为人才晋升关键岗位奠定基础。

② 个人特质具有双向性。个体特质并不是一个单向概念，例如，一个坚强的人在某些情况下可能会有胆怯的表现，认真的人也会有马虎的时候。这就要求人力资源管理者能够更加敏锐地发现个体特质在某些情境下好的表现，并克服困难、知人善用。

③ 个体复杂性。每个人都包含各种各样的个体特质，形成模糊但统一的集合。一个乍看平庸的人，很可能会有异常闪光的一面。一个优秀的管理者能够有效发掘每个人身上的优点并予以重任。

1.3.5 能级对应原理

能级是对个人能力大小的分类，不同行业、不同岗位对个体能级的选择标准是不一样的。在人力资源管理中，领导者要根据个人能力的大小为其安排合适的岗位、工作，使其个人特质发挥最大效用。能级对应原理要求领导者承认并能够发现个体的能力差异，根据个体差异建立组织的稳定形态，使个体能级与组织能级形成动态呼应。有关学者基于能级对应原理提出，组织的稳定结构一定是上小下大，组织能级越高，个体数量越少；组织能级越低，个体数量越多。

能级对应原理的主要内容有：

① 个体能力具有差异性；

② 人力资源管理对个体能级的分类要求按层次建立和形成稳定的组织形态；

③ 不同能级应表现为不同的权力、物质利益和荣誉，个体能级必须与其所处的管理层次动态对应；

④ 个体能级具有动态性、可变性与开放性；

⑤ 个体能级与管理级次相互之间的对应程度，标志着社会进步和人才使用的状态改变。

1.4 现代招聘的发展趋势

1.4.1 大数据将改变招聘管理模式

大数据(Big Data)，是指一种规模大到在获取、存储、管理、分析方面大大超出了传统数据库软件工具能力范围的数据组合，具有海量的数据规模、快速的数据流转、多样的数据类型和较低的价格密度等特征。随着科学技术的不断进步，大数据已经成为社会各界的热门话题，这种技术的快速发展势必彻底改变产业环境和人类的生活方式。

大数据的意义不在于掌握庞大的数据信息，而在于对这些有意义的数据进行专业化处理。换而言之，如果把大数据比作一种产业，那么这种产业实现盈利的关键，在于提高对数据的"加工能力"，通过"加工"实现数据的"增值"。互联网时代，每个人都会使用电子设备浏览虚拟网站。在接触这些网站时，就会留下相应的数据，这些数据记录了你的喜好、思维模式、社交风格、行为方式等。当数据积累到一定程度时，就有产生预测行为的可能性。

企业进行招聘活动，就是希望通过收集应聘者的简历和面试信息来预测这个人是否适合某些岗位。对于之前的招聘管理来说，企业管理者更多的是一种经验式招聘，但随着大数据技术的不断进步，越来越多的企业意识到大数据对于改变招聘管理模式起到巨大的作用。试想，当大数据技术能够实现无缝记录我们日常生活中的一切经历，这些经历在参与应聘的时候能够被企业管理者应用到相应岗位匹配模型或算法中，检测这个人是否与该岗位有较高的匹配度。一旦这样的技术得到实现，未来人力资源部门就不再需要专门的面试，而是直接通过分析应聘者的日常数据，就能掌握这个人的相关信息，完全简化了招聘管理的整个流程。

在大数据时代，数据资源已经像人力资源、物质资源一样，为企业创造核心竞争力。通过科学的数据分析找到最适合企业的人，对企业发展来说至关重要。

工业 4.0 下的人力资源转型会有哪些趋势

1.4.2 招聘渠道多元化

信息时代为企业人才选拔提供了众多平台，企业的人力资源部门可以根据实际需求，采用多种招聘渠道相结合的方式为企业注入新鲜血液。针对不同的岗位，企业应选择不同的招聘方式来引进人才。招聘渠道的错误选择不仅会使企业的招聘成本大幅增加，影响企业的长远发展，也会给人力资源管理部门负责招聘工作的员工带来巨大的压力。好的招聘方案，不仅能够使企业获得足够数量、质量的优秀员工，也能够传播企业文化，提升企业形象。

在目前多样化的求职渠道中，许多新兴招聘渠道已经取代传统招聘渠道，成为企业招聘的新宠。例如，猎头招聘、社交网络招聘、微博招聘等招聘渠道越来越被重视。

以社交网络招聘为例，社交网络招聘搭建起人与人之间交流的平台，扩大个人的交际圈子，以人与人之间的关系为基础，迅速轻松地找到自身合适的职位；构建企业和人才互动的机制，由互动产生吸引，由吸引促进了解，从而更好地让企业激励人才，为人才的发展提供广阔的空间。

1.4.3　招聘管理战略化程度加深

一个公司的发展和繁荣至关重要的是取得和保持竞争优势的能力，这是企业最重要的战略举措。麦克米兰(Mac Millan)把“战略举措”定义为在与一家公司竞争的行业中，把握战略性行为控制的能力。在一个公司获得主动权的情况下，其竞争对手不得不做出回应，使得后者处于被动而非主动的角色。麦克米兰认为获得战略优势的企业命运掌握在自己的手中。只有当公司获得竞争对手难以企及的优势时，它才能长时间处于领先地位并且比其他公司更有效率地运转。

基于战略的人力资源管理必须首先与公司当前和未来的竞争战略相匹配，服务于公司的竞争战略，为公司竞争战略的执行和实现提供人力资源保障。

人力资源管理中的招聘管理亦如此。战略性招聘是在企业实施招聘过程中进行有效决策、制定符合企业发展战略的招聘规划、采用有效手段的行为过程。战略性招聘的内容涵盖人力资源招聘的方方面面，它并不意味着招聘更多的员工，而是意在通过获取最好的招聘选择，支持组织的核心业务需求。战略性招聘要重视企业长期战略目标，招聘实践必须与企业的战略相结合；要注重人与组织契合，招聘过程需要兼顾应聘者技能与价值观的考察；强调适应性培训是战略性招聘过程不可或缺的一部分，企业需要采取一系列的措施，帮助新员工融入企业。在战略性招聘的思维上，要用战略眼光、整体观念、纵深维度去对待企业的招聘工作。具体来说要解决好企业总体战略、人力资源战略规划与战略招聘的匹配问题；协调好招聘模块与人力资源战略规划其他模块的关系；根据具体企业的实际情况，在有所创新的基础上实现招聘工作的高效性与节约性；在战略性招聘的实施上要运用科学、先进的人力资源管理思维，规范招聘的流程和改进招聘工作中细节的不足，为企业的发展配置、存储所需的合适人才。

1.4.4　行业细分促进招聘精准匹配

目前，招聘服务，尤其是招聘网络服务越来越趋向专业化。例如，针对目标招聘企业，由于进行了行业或者区域的细分，在对行业的理解、招聘职位的分析及招聘服务等方面越来越专业。各招聘网络服务机构的招聘网站都建立了一整套严格的简历分类和审核机制，对企业招聘需求进行分析和评估，提出最适合的人才招聘及广告投放方案，并协助客户进行简历筛选。同时针对大学生、高端精英人群等不同职场人群提出了“校园招聘”“人才红娘”等个性化服务，更加提升了行业招聘网站的专业性。

未来是细分的时代。毋庸置疑，以“行业细分”为核心理念的分行业招聘模式也将成为未来招聘网站的主流。招聘，或者找工作，需要利用更具针对性的渠道。

讨论案例

任性的招聘——国有大中型企业员工招聘管理难题

“汪总，怎么又问我要人啊，去年不是刚给你们招了两个高才生么？”AT公司人力资源部部长苏辉颇有些抱怨地对市场销售部总经理汪滨说。

汪滨不好意思地笑笑：“是啊，可是应届毕业生对公司情况都还摸不着边呢，根本开展不了业务啊……”

“人当初是你确定要的，现在又说不好用了！”苏辉有点儿没好气了。汪滨耐着性子解释：“是……当初是想着培养两三年就带出来了。可是这次干部调整，部门一个得力干将被调到子公司任副总了。走了他一个，四个新手都弥补不了啊！”苏辉听着，眉头越皱越紧：“我也理解您的难处。可马上年中了，部门绩效考核、360 度综合考评、核算绩效奖金……而且公司组织机构要有变动，马上得着手进行岗位竞聘，都是十万火急的活儿，招人的事情能稍缓缓吗？”汪滨笑着听他抱怨完，作了个揖，挥挥手离开了。

汪滨走后，苏辉不禁陷入了深思：近几年公司业务发展加速，可人才配备跟不上，已逐渐成为公司发展的瓶颈。昨天召开的董事会上，董事长特别强调了要根据公司发展战略做好人才引进工作。可目前公司招聘工作中的问题正日益凸显。

一、快速发展中的 AT 公司

AT 公司是一家从事卫星运营服务业的国有企业。借着通信行业繁荣发展的东风，公司抓住产业链整合的机遇，近十年发展迅速，业务已从国内拓展到海外，资产规模越来越大，业务收入连年增长。

AT 公司的人力资源战略可以概括为：坚持“服务发展、市场配置、以人为本、创新机制”的人力资源开发导向，遵循国际化卫星运营业人才需求规律，把握市场化业务创新发展人才保障特点，着力打造经营管理、业务开发和技术保障三支人才队伍。

“十二五”期间，公司加强了对高层次人才和国际化人才的引进与培养，努力打造一支专业化水平高、具有国际化视野的高素质人才队伍。然而，现实的情况是，公司的人力资源管理，尤其是招聘工作，似乎越来越难以满足业务发展的需要。

二、AT 公司的招聘管理

(一)燃眉之急

“叮铃铃，叮铃铃……”电话铃声打断了苏辉的沉思。是公司党委书记穆峰：“苏辉，刚才汪滨来找我了。我理解你们年中很忙，但市场部的招聘工作很重要，可不能影响了销售进展啊。经济指标完成的情况，可关系到公司全体员工年终红包的大小啊。”穆书记是公司一把手、苏辉的顶头上司，主抓人事和财务。

2009 年，AT 公司战略重组，从集团另外一个业务更加贴近市场的企业“空降”而来的人力资源部部长苏辉面临主营业务调整、组织架构重建、人员分流安置、文化整合等一系列重大问题，压力巨大。业务出身的苏辉转入人力资源岗位已有 8 年，在之前的公司经历过类似的改革。他不仅了解公司文化、理解公司现阶段面临的主要困难，还善于沟通，带领人力资源部打破了之前的组织布局，通过建章立制，“全体人员起立”、全部岗位重新竞聘，使公司面貌焕然一新。不仅实现了平稳过渡，更为公司业务发展提供了组织保障和人才支撑。

不过，AT 公司毕竟是一家典型的体制内企业，人力资源管理体系是从传统人事管理逐步改进而来的。国有企业的文化也并不支持“脱胎换骨”式的改革，除非公司高层从“政治任务”的高度来要求。即使如此，在新体系“疾风暴雨”式地实施后，推进过程中还是会不断出现一些问题。随着业务进一步拓展，公司人员规模越来越大、组织结构越来越复杂，新业务对人才的需求层次越来越高。可部门经理多是从骨干员工提拔上来的，管理经验不足，对于组织内部的人才梯队建设不重视；一旦某位员工离开，便找不到合适的人选立刻顶上去，工作延续性就会受到影响。每次业务部门提出要人，都火急火燎，恨不得第二天就有人到岗；人力资源部往往迫不得已充当“消防队”，经常要启动紧急招聘来“救火”。

尤其是近几年面对已近饱和的国内市场，公司提出了国际化战略，将市场开拓的目标瞄向了东南亚、中亚和北非，包括技术输出和服务输出。尽管战略转型确定了，可公司人才储备跟不上、国际化人才稀缺，整个市场部只有两人能做国际业务，即使挖来成熟人才，也需要几个月时间熟悉业务才真正可以上手。这与一些国际大公司“经营战略与人力资源管理战略同步”的普遍做法还是有不小差距的。然而，在 AT 公司，人力资源管理就是围绕业务发展的辅助职能。苏辉一个资历并不老的中层干部，必须深刻体会领导的意思，做事要考虑“影响”。

在这种情况下，AT 公司的招聘工作怎样才能够变被动为主动呢？

(二)一才难求

2014 年 5 月底，气温还不算高，可招聘主管小杨却如热锅上的蚂蚁，焦躁难耐。财务部招聘已到第三轮了，仍然“颗粒无收”。刚才的电话让他的希望又一次破灭了。电话是小杨打给一位准备录用的应聘者的，结果还没等小杨开口，对方便客气地说：“不好意思，我决定出国，先不工作了。”第三轮招聘又以失败告终。

当然，财务部部长娄瑾的心情更差，三轮都没招到合适的人，最着急的就是她了。财务部都是女同志，今年两个休产假，一个挺着大肚子，一下子少了三员干将，工作无法推进。急得她暗下决心：这次一定得招男生，还得是名校、专业对口的研究生。娄部长连学校范围都圈定了：只能从中国人民大学、中央财经大学、西南财经大学、东北财经大学、天津大学这几所名校里招收。

招聘公告在网上一发布，简历就如雪片般飞来，可 80%都是女生；男生中再把学校、专业一筛就剩不下几个了。简历筛选过关后，再组织笔试、面试，好不容易有娄部长看上眼的，对方却不愿意来了。每轮招聘都大费周章，到头来却是竹篮打水一场空。

小杨回想起 5 年前自己找工作的情景：当时自己即将从人大研究生毕业，可谓意气风发，打算在帝都大展拳脚，可正赶上金融危机蔓延，很多外企都暂停了应届生录用！经过一段时间的彷徨后，小杨决定还是找个稳定的工作，先立住脚。他开始时目标定的是国资委直属央企，范围过窄，几个月都没有进展。正当心灰意冷时，小杨看到了 AT 公司的人力资源岗位招聘信息，正好专业对口，于是赶紧发简历过去……

然而这几年，随着互联网技术快速发展，大学生们的视野越来越开阔，思维更加独立且想法多，读研、留学甚至创业，还有毕业后不找工作，先全国各地乃至出国旅游一圈儿的，美其名曰“体验生活”。

小杨与在咨询业工作的同学聊过：近年来金融行业迎来了繁荣期，各类证券公司如雨后春笋般成立。银行、保险、互联网等行业也进入多元化发展的新时期，对金融、财会类人才的需求量迅速增加，名校男生更是在人才市场上供不应求。加上各种媒介的宣传，金融业在社会大众印象里简直就成了“高薪行业”的代名词，工作又具有挑战性，金融财会专业的多数学生都喜欢去那里工作。对于年轻人来说，职业发展是第一位的，按部就班的国企财务岗位缺乏吸引力。

另一个致命因素是薪酬待遇。虽然 AT 公司的福利待遇尚可，整体工资水平不算低，但由于行业自身特点及受上级工资总额的控制，薪酬水平比 BAT 等互联网公司及金融证券投资类公司颇有差距。同时，与绝大部分国企一样，AT公司的薪酬体系存在弊病，最主要的体现是公平问题：一些工作效率和专业水平都不高的老员工凭借“资历”占据着高薪岗位，而作为工作主力军的年轻人薪级较低，且往往是“多年如一日”。应届毕业生实习期每月工资本科3500元、硕士4500元，以北京的物价、房价水平，他们面临的生活压力可想而知。

唉！小杨感叹：招人难，难于上青天！小杨本硕期间系统地学习了现代人力资源管理理论，“人力资源管理最佳实践”的案例也读过不少，其实并非没有解决目前问题的思路。他打算找个时间向苏辉详细汇报一下，找出一个解决良策。

(三)令人头疼的“关系户”

11月初的北京是最难熬的：冬寒已至，供暖尚未开始，早晚深深的寒意透入骨髓。晚上八点了，苏辉并未在家里陪着上小学的儿子写作业，而是和老同学白华在一家餐馆里吃饭。

酒过三巡，苏辉端起酒杯，一脸羡慕地看着白华：“老同学呀，当年你毅然辞职去创业，现在真是风生水起啊。看你容光焕发的，越活越年轻了！”

“嗨，瞧你说的，自己吃的苦只有自己知道。我还羡慕你呢：压力不大、吃喝不愁，真是‘钱多事少离家近’，神仙般的日子啊！”

“老同学，你要这么说，我真得向你倒倒苦水了！”

原来，上午苏辉刚被书记劈头盖脸训了一番：“公司一直强调严控人工成本、控制员工规模，怎么还允许随意进人！这个关你怎么把的？”听得苏辉一头雾水，半天才反应过来。

这事儿得从一个月前说起。那天，公司副总孙立把苏辉叫了去，说推荐个学生，如何如何优秀，放在行政部再合适不过。当时苏辉看着简历觉得有点蹊跷：三本院校毕业，专业又挨不着边，根本不符合公司的用人需求啊。

苏辉试探性地问：“孙总，公司招聘有一套程序，如果不走程序恐怕会有点问题啊。您看是不是先跟书记打个招呼？”

“公司什么情况我能不知道？又不是不知道，招呼早打过啦，还用你提醒？”

孙立有点儿不耐烦，“你放心，书记知道这个事！程序上该怎么办就怎么办。”听孙立这样说，苏辉不好再说什么，默默地退出了孙总办公室。于是，苏辉让小杨按照招聘程序接收了这个应届生。之后，他就没再关注此事。谁知，今天遭到了这么一出“暴风骤雨”。

面对书记的责备，苏辉满腹委屈说不出来。他知道这事是自己大意了。书记一贯主张招聘工作坚持“宁缺毋滥”原则。孙总所谓“打过招呼”，可能只是跟书记提了这件事，书记不同意又不好驳他的面子，就没有明确表态。苏辉想：书记应该是期望我来挡住孙总的要求，可自己没多想，直接办理了接收手续，实在辜负了书记的期望啊。

不过，即使苏辉当时领会了书记的用意又如何呢？他用什么理由来拒绝孙总呢？该岗位编制已满？可公司根本没有定岗定编，经常是某个部门打个签报就新设一个岗位。不符合用人要求？公司也没有明确的岗位说明书，目前招聘要求全是用人部门自己定的。没有执行招聘流程？公司笔试都由用人部门出题，面试以用人部门为主、人力资源部为辅。如果事先有了“意中人”，即使严格按照招聘流程也是走过场，其他应聘者只是“陪太子读书”。

去年，后勤保障部以1名员工临近退休为由申请招聘了1名应届毕业生，实际上那名员工要四五年才退休，新人手把手地传、帮、带，半年也足够了，为何要提前这么久招聘新人呢？小道消息一打听才知道，新招的这人是后勤保障部部长的亲戚，毕业了一时找不到合适的工作，就被作为后备人员招了进来。

公司里这类“关系户”真不少，综合管理岗位和后勤保障岗位多有冗员，可技术部门和项目部门一些承担公司主营业务、专业性较强的岗位，却一直处于人手紧张状态。苏辉早就看到了这种不合理的状态，想要扭转却有心无力。这次找老同学喝喝酒、倒倒苦水，心里还痛快些：“老同学，我这夹在中间两头不是人的日子不好过啊……”

“我们公司可是欢迎‘关系户’的！”白华看着苏辉略带惊讶的表情，神秘兮兮地说，“而且推荐来的应聘者一旦应聘成功，推荐人还会得到奖励。”白华解释道，“公司鼓励内部推荐：一方面内部员工对公司文化很了解，推荐来的人不会太离谱；另一方面应聘者通过推荐者可以提前对公司情况有一些了解，省的来了以后觉得“误入歧途”。公司招聘制度中有明确的招聘流程，每个岗位都有详细而明确的任职条件，对照条件筛选简历；第一轮面试由人力资源部负责，考察应聘者的求职动机、情商、人格特质、行为风格等，依据与组织文化和岗位要求的匹配度筛选候选人；第二轮面试由用人部门和人力资源部共同承担，必要的话有业务联系的部门主管也要参加，分别打分、加权汇总；最后一轮，由总经理亲自面试。因此，只有符合招聘需求的应聘者才能顺利通过应聘，不是某个人说了算。”

老同学的一席话给了苏辉很多启发：人为因素需要制度化解，内部推荐也要遵守规则。看来是该出台一套“招聘管理办法”了。

(四)难辞其咎

终于开完了整整一上午的会，苏辉回到办公室就看见企业文化部部长张彦在等着呢。

“是你？什么事儿啊？你这位全能选手还有事儿找我？”

张彦军校毕业在部队历练十年后转业分配到 AT 公司，先后担任 X 省分公司总经理助理、香港子公司通信业务部副经理、AT 公司总部市场销售部总监、总经理办公室主任等职，每项工作都做得风生水起。一年前，张彦调任企业文化部任部长，负责组织举办各类展会、进行企业宣传，依然好评不断，被誉为“全能选手”。

可如今，张彦竟然碰到了难题，出难题的还是个刚入职的“生瓜蛋子”。

“我可没有功夫开玩笑！”张彦一脸严肃：“还记得两个月前招的那个中文系硕士吗？名校毕业、师从名门，当时把他招进来我还觉得像得了一宝呢。可进来这俩月，他和我的思路非常拧巴，不仅我安排的工作不能有效执行，连沟通都成问题。跟他讨论问题，我俩的思路就像两条平行线，怎么说他都不明白，弄得我都开始怀疑自己的智商了……”

“哈哈哈哈……”苏辉忍俊不禁地笑出声来。“你呀你，当初就是被他头顶的光环冲昏了头，觉得招进来这么优秀的高才生倍儿有面子。又不是招女婿，面子管什么用啊。”

“你别事后诸葛亮！一个应届生、面试几十分钟，主要不就看学习成绩和学校表现嘛！其他能看出什么来！唉，我认倒霉。这不试用期没过吗，您帮忙把这位高才生请走吧。”

“好好，我这就着手替你排忧解难。”

张彦拱了拱手走了。苏辉心里明白：虽然录用的决定权在用人部门，但人力资源部不应是旁观者，而是应该运用专业的人才测评手段给业务主管提供尽可能准确全面的参考意见。这次企业文化部新员工入职后有诸多不适，人力资源部是有责任的。人力资源部绝不只是“事后诸葛亮”“消防队”，还应该是“业务伙伴”。如何做好“伙伴”角色？是苏辉需要认真思考的问题……

(五)一波又起

转眼到了 2015 年夏天，中央空调强劲的冷风压不住人事干事古兴平内心的焦躁。两名去年刚入职的大学生竟然提出了辞职！这令他百思不得其解：见习期都没满、还没转正定级呢，说不干就不干了，现在年轻人做事这么不计后果吗？按照国家人事制度规定，大学毕业工作第一年属于见习期，期满后用人单位出具转正定级表，作为干部身份的证明放入员工人事档案，国有企事业单位的老人事工作者都清楚这张表的重要性。古兴平负责员工关系管理工作20多年了，见习期未满就辞职的员工还是头一回碰上。看来90后的观念真是不一样了：他们较80后更加个性鲜明，没有太多思想顾虑，强调自我、自由，喜欢率性而为。他们认为只要签订了劳动合同就证明了劳动关系，转正定级表无所谓，退休后待遇是依据养老保险缴费额而定，30年后的退休政策还不知道变成什么样呢，干部身份有什么重要的？

今年应届毕业生招聘过程中遇到的情况让古兴平感慨颇深。通过性格测试、笔试和两轮面试后，从几十名应聘者中确定了几名人选，古兴平通知拟录用的大学生过来签三方协议及办理其他手续。这些流程古兴平早已驾轻就熟。他拿出相关材料向几位未来的同事做介绍和说明，指导他们填写一些表格、签署相关协议。这时，冷不丁有人问："签了这些以后，我还能辞职吗？"古兴平被问住了，一时不知如何回答。刚入职就问能否辞职，这些90后的想法真是令人难以理解啊。

提出辞职的两名新员工是公司关键部门技术值班岗的。由于业务需要，AT公司负责卫星测控、业务运行和电力机房的三个部门属于关键的技术部门，每天24小时都需要有一定专业知识和操作技能的人值班，以便能对用户的需求快速做出反应，并确保出现问题后能在第一时间进行处理，用最短的时间修复。这三个部门招聘的应届生所学专业都是通信、计算机或电力，虽然专业对口，入职后还需要经过师傅带徒弟式的培训半年才能够担当值班的任务，所以入职后头半年完全属于培训期、几乎是没有"产出"的。可两人刚"出师"值班两个来月就辞职走人了，对公司显然是不小的损失。

离职面谈是苏辉亲自进行的。谈话中，两位年轻人表示对入职后的工作内容感到失望，也越来越无法忍受"值班"这种黑白颠倒的作息。招聘岗位名称为"卫星操作员"，大学生一看就油然而生起无比"高大上"的感觉：操作卫星的，多牛啊！面试时，虽然部门经理介绍了岗位性质和职责，可尚未踏出校园的他们正处于对未来的憧憬与兴奋中，并未过多询问工作内容的细节。入职半年，新鲜感逐渐褪去，他们开始对机械性重复性的工作内容感到倦怠(所有操作步骤均需严格按照操作指导书进行)，再加上需要连续16小时值班(每个值班员连上一个白班和一个夜班，之后休3天)，经常需要"倒时差"，不满情绪悄然累积。

"面试时我专门问过他们能不能熬夜，都说"没问题"啊！"卫星测控中心主任王旭一脸的无辜和委屈。

"现在的年轻人晚上活动比白天还丰富，什么酒吧、歌厅、宵夜、追韩剧...你问能不能熬夜，当然能了。可那是熬夜玩！让他们熬夜工作，谁乐意？"苏辉语气中略带责怪，毕竟走的是他手下的员工，不能说与他没一点儿关系。这些搞技术出身的主管也很让苏辉头疼，管理能力欠缺是通病，而且不是几次培训就能提高得了的。

苏辉把小杨叫进了办公室，让他紧急启动新一轮招聘，争取抓住毕业季的尾巴，争取捞到几条"落网之鱼"。

然而，一波未平、一波又起：一周后苏辉收到了小杨的辞职报告……

(六)功成身退

人大人力资源管理专业硕士毕业的小杨是位性格阳光的85后小伙子，进公司快5年了，一直是人力资源部的开心果。马上要过30周岁的生日了，部里的大哥大姐们张罗着为他好好过一下生日，可小杨却显得有些心事重重。小杨对招聘的各种难处深有体会。他经常挂在嘴边的是“忽悠”：把应聘者忽悠来面试，把面试者忽悠进公司。“忽悠多了要折我人品的！”虽然小杨说得有些夸张，但近年来国有企业的黄金期已经过去，在人才市场上的竞争力正在减退却是事实；稀缺的高素质人才首先涌入薪酬水平高、发展空间大、上升速度快的互联网、金融等行业，重点考虑世界500强、上市公司等。

小杨曾经不止一次地跟苏辉提过薪酬体系改革：这种按资排辈而不是按工作职责大小、工作内容多少、工作难度高低来分配的薪酬体系，挫伤了年轻人的积极性，内部的不公平感导致有能力的人要么降低产出、要么辞职。可是AT公司这样的国有企业薪酬体系固化，每年的工资总额受到上级总公司的严格控制，年复一年几乎没有变化、调整；因此，要增长一部分人的薪酬，必须降低另一部分人的薪酬。在这种背景下，降薪是员工不能接受的！国有企业除了创造效益，还承担着“维稳”等社会责任。同时，公司里不少员工特别是老员工，有着错综复杂的关系和深厚的背景，不小心得罪了谁麻烦就大了。所以，不触动任何人利益的改革才是能落地的改革，否则免谈！

小杨其实早就动了辞职的念头，一年前有阵子半天半天地请假，明眼人一看就明白这是去面试的节奏；后来着手准备考博士，打算未来进高校，在教学之余做管理咨询或当个培训讲师也是自己的兴趣所在。功夫不负有心人，小杨今年顺利考取了人大的博士研究生。其实读博并不一定要辞职，但小杨似乎去意已决。

只有一件事他还放不下，那就是从去年到今年招了好几轮都没有招到的财务人员。正巧这天收到了一份颇为满意的简历，应聘者小郑是东北财经大学的硕士，已通过CPA考试，本来想去上海发展，与一家企业签署了三方协议，可谈了几年的初恋女友突然提出分手，让他很受打击。于是他为了远离伤心地，决定到北京找工作。由于校园招聘已基本结束，他没有更好的选择，一心只想尽快在北京落下脚的他申请了AT公司。笔试、面试过后娄部长非常满意，直夸小杨工作做得好。小杨私下却说：“这又是我费了半天劲“忽悠”来的。我可不看好他能在公司待多久，没准儿一年后他就辞职了。不过那也与我无关了。”所以，小杨觉得自己可以功成身退了；于是，一封辞职信递到了苏辉手上。

苏辉对于小杨的辞职已有预感。不过，小杨从应届毕业生到招聘工作能独当一面，苏辉培养他是花了不少精力的，近5年的朝夕相处，感情真不算浅。苏辉是性情中人，他叫小杨来办公室语重心长地谈了一次，请他再好好考虑一下。小杨也袒露了心声：都说三十而立，可自己马上满30岁了，事业上踏步不前，薪酬几乎五年如一日，晋升也看不到希望；好不容易在五环外买了个二手房，工资都还不了月供，不得不租出去以房租养房。看到同学们事业风生水起，买了房、生了娃，他觉得自己没什么发展，迫切需要改变现状；另一方面，他对自己岗位的工作内容不感兴趣，厌烦做重复性的琐碎的工作。

最后的欢送聚餐有些伤感。年轻人总是要往高处走的，留也留不住。苏辉暗想：我们在员工的激励和职业规划上做得确实很不够啊。下次一定要招个能待得住的小伙子！

三、尾声

一次培训中，苏辉认识了一家上市公司的人力资源总监王东。王东提到他们公司每年招聘量都较大，高、中、低级别岗位的人员变动是常态，对应届毕业生、社会成熟人才等各个层次的人才都有需求。对于频繁的人员变动和大量的招聘工作，王东显得很是轻松，言语中带着自信。苏辉忍不住向他讨教。王东介绍了公司的人事政策及做法，从制定规划到招聘、建立人才池、人才培养、激励与淘汰机制等，不一而足。

"你们做得真棒！"苏辉产生了浓厚的兴趣："不知可否让我们人力资源部的人员去取取经？""没问题，欢迎！你们一定也有很多好的经验和做法，互相学习嘛！"王东答应得很痛快。

一番愉快的交流让苏辉看到了柳暗花明处的一条通幽小径，多日来心里的阴霾有些散去了。不过，想到公司"稳固"的企业文化和既有的那些"关系"，他的心又沉了一下。

（本案例由北京航空航天大学经济管理学院的苏文平、解蕴慧、万奥博、马琳采编，经作者同意转载。）

思考题：

1. AT公司为何近年来业务发展迅速，对高素质人才的吸引力却在持续衰减？

2. 多元经济发展背景下，国有企业吸引高素质人才加入面临哪些困难？结合案例分析AT公司员工招聘中的不利因素。

3. 企业员工招聘管理包括哪些主要环节？结合案例，分析AT公司招聘管理存在的主要问题及其成因。

本章小结

1. 员工招聘就是组织为了满足自身生存与发展的需要，通过符合政策和法规要求的一系列流程，挑选出适配岗位需求的高素质人才的过程。

2. 组织招聘需要遵循以下七项原则：(1)适配原则；(2)公平公正原则；(3)合法性原则；(4)效率原则；(5)双向选择原则；(6)合作原则；(7)创新原则。

3. 企业的招聘流程一般包括需求、招募、甄选、录用和试用五个部分。

4. 国内外招聘及其管理都经历了漫长的产生与发展阶段，逐步形成了招聘理论。

5. 现代招聘的发展趋势是：大数据时代为企业招聘管理提供了更多可能性；招聘渠道多元化成为企业招聘管理必然的发展趋势；招聘管理战略化程度日益加深；行业细分要求企业招聘必须实施精准匹配才能提高招聘的有效性。

第2章

招聘基础

学习目标

1. 了解影响招聘的内部因素与外部因素；
2. 求职者的动机和职业生涯规划对招聘的影响；
3. 人力资源规划的内容、步骤；
4. 工作分析的重要性和必要性；
5. 工作分析的内容与方法。

引导案例

小王的辞职

某公司小王来到公司人力资源部张经理办公室，开门见山地说，“张经理，可能我无法适应目前的工作，我希望在这个月末试用期结束时离开公司。”张经理听了很惊讶。小王是两个月以前到公司销售部担任销售部经理助理的，在这段时间的工作中，人力资源部通过销售部经理及销售部其他同事了解小王试用期的工作情况，大家都反映很好，想不到小王会主动提出辞职。

三个月以前，销售部经理提出了增加经理助理职位的需求，由于销售部将加强与国外厂商的业务联系，急需熟练使用英语口语和处理英语书面文件的员工，并希望新增加的员工具有一定的计算机水平，同时可兼顾公司对外网站的管理工作。人力资源部就所需增加的工作岗位进行分析，经过与销售部经理协商，编写了该岗位的工作说明书。其中对岗位职责的描述是：(1)协助经理处理国外业务的联系及英文书面文件、合同；(2)在需要的情况下可担任英文翻译；(3)整理销售部内部业务文档；(4)负责在网站上发布有关公司的业务信息，并进行公司网页的更新、调整。

工作岗位对语言能力方面的要求，决定了应聘人员最好是英语专业的毕业生或是在国外生活过的人员；而计算机网站管理又对应聘人员的计算机水平提出了较高的要求，要求能制作网页和进行数据库处理，应聘者最好是具备计算机专业学历的人员。

看到这样的任职资格要求，人力资源部感到这个岗位的招聘工作难度较大。当招聘信息在人才招聘渠道发布后，应聘的人员不多。小王是华南地区某商学院毕业的学生，毕业后在广告公司做过业务工作，后来到英国留学，在国外所学的专业是计算机应用，留学回国才一个月，各方面的条件完全符合招聘岗位的要求。经过两次面试后，销售部和人力资源部都觉得小王是这个岗位的最佳人选，于是通知小王来公司报到上班。

“为什么你会觉得自己不能适应这项工作呢？”张经理问小王。

小王说“工作中业务文件处理、与客户的业务联系都没问题，内部文档也能按要求管理好，但是我不了解我们公司生产产品的技术参数和生产能力，在与客户联系的过程中，需要根据客户的需要为客户量身订制产品的技术参数并在合同中注明交货期限。销售部要求我向客户提供技术方案和我们能为客户量身订制的产品的规格、型号，有时还要决定我们什么时候能给客户供应哪些类型的产品。这些工作需要较多技术方面的知识，何况我不是销售部经理，我也无法决定。目前我承担的工作与应聘时对我提出的工作要求完全不一样。”

张经理此时明白了小王辞职的原因。

工作分析是企业人力资源管理中一个非常重要的环节，它与企业的人力资源管理活动之间存在密切的联系。工作分析是招聘工作的基础环节。完整的招聘需要在筛选工作开始之前，通过人力资源规划确定需求职位的性质、数量、等级、时间要求等；通过工作分析将职位所需的知识、技能、能力和个性等方面进行量化，以它作为人员筛选的标准。小王之所以提出辞职，是因为招聘时的职位能力要求与销售经理助理这一职位的工作说明书存在较大差异，让新员工无所适从。因此，理清影响招聘的因素，做好招聘前的基础工作，对提高招聘有效性至关重要。

2.1 影响招聘的因素

企业是一个开放的系统，其行为方式受到外界和内部各种因素的制约和影响。人力资源的招聘工作也不例外，一项成功的招聘是内外部因素综合作用的结果。

2.1.1 外部因素

影响招聘的外部因素有很多。简单来说，国家的政策法规规范了招聘的人才结构，社会经济制度规定了人员招聘的方式，宏观经济形势决定了供需比例的关系，技术进步对就业者的基本素质提出了新的更高要求，劳动力市场的状况直接影响招聘的战略。

(1)国家政策法规

国家和地方的有关政策、法规，在客观上界定了企业人力资源招聘的选择对象和限制条件。

情境故事

招聘中的“身高歧视”

2002 年 2 月 22 日《广州日报》报道：2002 年 1 月 17 日，四川大学法学院一位男生将中国人民银行成都分行告上法庭。2002 年 1 月被告在成都某报刊登头条广告招聘员工，规定招录对象为：男性身高 1.68 米以上，女性身高 1.55 米以上。该男生身高 1.65 米被排除在外，遂以被告招考国家公务员这一行为含有“身高歧视”，违反了《中华人民共和国宪法》第 33 条“法律面前人人平等”规定为由提起诉讼，这是我国首例宪法平等权案。

美国《公平就业机会法》规定，不同性别、年龄、种族、肤色的人在就业竞争中的机会均等，不得因这些因素被歧视、不予录用或开除。我国与人力资源相关的法律体系主要分为劳动关系协调法、劳动基准法与保障法三种。20 世纪 80 年代以来，随着我国社会经济不断发展，劳动力市场也在不断壮大，劳动关系的性质也在悄然改变。尤其在中国加入 WTO 之后，与世界接轨的劳动力市场需要更强有力的制度保障。我国陆续出台了一系列法律法规来保障劳动者的权益(见表 2.1)，这些法律法规规定了劳动者平等就业和选择就业的权利。凡是具有劳动能力和劳动愿望的劳动者，不分民族、性别、宗教信仰等，享有平等的就业权。由此，我国在劳动力市场的改革上不断取得进步，实现了劳动力的双向选择。

但是，我国在用人方面的法律制度仍不完善，一些企业在招聘过程中出现的性别歧视、年龄歧视、残疾人歧视、雇佣童工等问题还需要立法单位和社会共同努力去解决。健全的法律体系是实施有效人力资源招聘的前提。

表 2.1　我国已颁布的与招聘有关的法律法规

时　间	法 律 法 规	说　明
1986.07	《国营企业实行劳动合同制暂行规定》	保障国企员工的人身权益
1988.09	《女职工劳动保护规定》	维护女职工的合法权益
1995.01	《劳动法》	劳动就业方面的法律总则
1995.01	《企业经济性裁减人员规定》	指导用人单位正确裁减人员
2001.10	《人才市场管理规定》	规范人才市场活动，维护人才及有关单位的合法权益
2008.01	《劳动合同法》	明确劳动合同双方当事人的权利和义务，保护劳动者的合法权益，构建稳定的劳动关系

政府的政策也是影响企业招聘的重要外部因素。计划生育政策、国有企业改革、行政单位人事制度改革、高校扩招政策等改变了我国的人力资源结构；国家对某个产业或行业的扶持或限制对该产业、行业的就业和招聘会产生至关重要的影响；政府对经济的宏观调控也会在很多方面影响企业的人力资源招聘活动。

(2)经济因素

社会经济制度对招聘工作的影响主要表现在对劳动力的调节机制上。例如，美国等西方国家实行资本主义自由经济制度，追求高效和高利润，这使得西方的企业以利润最大化为目标而尽可能地压缩成本，因而裁员是提高企业竞争力的重要手段。改革开放前，我国实行高度统一的计划经济体制，人事管理实行统包统配，由国家统一计划管理，个人和用人单位缺乏自主权，并不存在实际意义上的招聘工作。改革开放之后，我国实行了开放的市场经济体制，让市场成为资源配置的决定力量，劳动力的供求双方能够自主选择，招聘工作也从无到有逐步发展起来。

宏观经济形势(即地区、行业、国家和国际经济状况)对招聘也存在一定影响(如图 2.1 所示)。

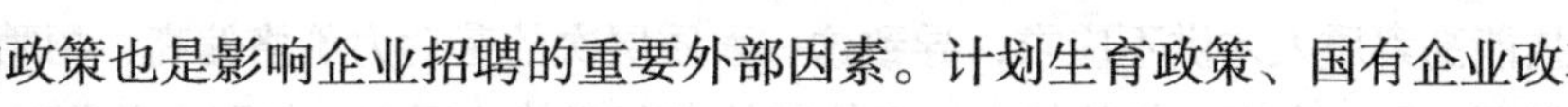

图 2.1　经济状况相互作用

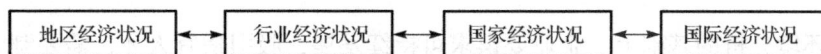

宏观经济形势与失业率密切相关。如果一个国家宏观经济形势良好，保持一定的经济增长率，企业发展的机会就多，用人需求增加，企业等用人单位会积极组织招聘而非裁员，失业率降低；反之，如果经济低迷，企业发展面临严峻的考验，那么招聘的规模就会缩小甚至裁员，失业率升高。

宏观经济运行中通货膨胀直接影响了企业的招聘成本。一方面，由于通货膨胀的原因，组织人力资源招聘的直接成本如广告费、宣传费、面谈开支等呈增长态势；另一方面，员工工资的上升使企业的招聘规模受到限制。

(3)科学技术进步

科学技术的进步给劳动力市场带来了深刻的影响。新型职业和岗位诞生，同时某些传统职位消失。例如，大机器生产的普及使得司炉工、纺织工等难以发挥原有的作用，退出了就业市场；手机和互联网的发展使得电话接线员职业人数骤减。由于全世界科技的发展不在同一水平线上，因此在不同地区、不同职业和产业中，对就业职位的淘汰和创造非常不平衡。另外，技术的进步对非熟练工的负面影响更大，而对受过高等教育的人相对有利。

科学技术的进步对就业者的基本素质提出了新的、更高的要求。科技的发展要求就业者具备更高的受教育水平和更熟练的技术水平,并且掌握先进技术的人逐渐淘汰技术落后的人。科技的发展改变了职位的技能、技巧要求，招聘的选择标准也随之变化。

科学技术的进步影响了人们的工作和生活方式。弹性工作制、远程工作制、自雇用等新的工作与就业方式正受到越来越多人的认可，从而影响了招聘工作。例如，弹性工作制给了全职主妇工作的机会，远程工作制使就业选择的地域范围更加广泛。雇用方式趋于灵活，雇用关系也就灵活了。

(4)劳动力市场状况

劳动力市场是招聘工作的基础。劳动力市场的供求变化直接影响就业并影响招聘的质量。一方面，高技能高素质人才供不应求，导致这一素质层次的劳动力价格偏高，招聘难度较大，质量也难以保证；另一方面，年龄偏大、无技能的求职者就业困难，与用人单位对高技术的需求之间存在较大差距，由于受教育成本较低，加上农村劳动力富余，企业招聘低层次的员工难度很小。但是，劳动力的供求关系是在动态中不断发展的。当某个职位劳动力供大于求时，对应的工资就可能下降，一部分应聘者就可能去学习新的技能，重新选择岗位，导致新的平衡。

劳动力市场的不完善影响招聘成本和效果。劳动力供求双方的信息不对称、不充分会加大企业招聘宣传的难度，将更多的费用花在招聘环节前而不是招聘本身上。目前劳动力市场上，中介机构层出不穷，但很少有机构能够提供充分的就业指导、人才测评和人事代理服务，反而在企业和劳动力之间增加了沟通的障碍。对高端人才的争夺也是招聘成本提高的重要原因之一。

除此之外，地理因素限制了劳动力市场的范围，专业能力限制了不同职业间的人员流动，企业竞争对手的状况对获取人才的质量和范围也有重要影响。

2.1.2 内部因素

在外部环境分析的基础上，企业要谋求可持续发展，吸引适宜人才，需要制定中长期的战略规划，通过展示良好的企业文化和形象来获得应聘者的认同。经营状况良好、核心竞争力显著的企业，才能够给员工提供更高的薪酬和更多的发展机会，也就能够吸引和留住更多的人才。

(1)企业发展战略

雷蒙德·迈尔斯(Raymond Miles)和查尔斯·斯诺(Charles Snow)在 1978 年《组织战略、结构和方法》(*Organization Strategy, Structure and Process*)一书中区分了三种类型的企业战略，分别为防御型、探索型和分析型(见表 2.2)。

① 防御型(Defender)：作为成熟行业中的成熟企业，采用高效生产、严格控制、连续可靠的手段，努力寻求保护自己的市场地位的方法。

② 探索型(Prospector)：一种致力于发现和发掘新产品和新市场机会的企业，其核心技能是市场能力和研发能力，它可以拥有较多的产品类型和较长的产品线。

③ 分析型(Analyser)：这是一类规避风险同时又能提供创新产品和服务的企业，它致力于一些有限的产品和技术，以提高质量为手段，力争超越竞争对手。

表 2.2　三种类型企业战略的特征

企业特征	防御型	探索型	分析型
生产-市场战略	有限、稳定的生产规范；可预测的市场	广阔的、变化的生产范围；变化的市场	稳定的、变化的市场范围；可预测的、变化的市场
研究与开发	主要局限在产品改进上	广泛的；强调首先打入市场	集中的；强调第二个进入市场
生产	高价值/低成本；强调效率和过程管理	强调效率和产品设计	高价值/低成本，强调过程管理
市场	主要局限于销售工作	集中于市场研究	广泛的市场活动
人力资源计划	正式的、广泛的	非正式的、有限的	正式的、广泛的
招聘决策	侧重内部招聘、晋升	侧重外部招聘	内部招聘与外部招聘

人力资源的招聘与企业的发展战略是一致的。选择不同的发展战略，企业招聘的人数、招聘人员的素质与类型、新员工的工作作风等都是不同的。因此企业发展战略目标的制定至关重要。

(2)职位的性质

空缺职位的性质是整个招聘过程的灵魂，它决定了招聘什么样的人及到哪个相关劳动力市场进行招聘。例如，企业要招聘高管时，选择的对象主要是具有高端技能和管理经验的人才，可以通过招聘广告或者猎头公司招聘。虽然此种招聘费用较高，但是参加招聘的人才具有较高的道德文化和职业素质，能够满足企业的要求。当需要招聘的是大量的劳动力时，可以通过人才市场招聘和媒体招聘，既降低了招聘成本，又能带来可持续的应聘者。

对应聘者而言，职位的性质能够让应聘者了解该职位的概况和任职资格条件，通过与应聘者自身条件和求职愿望的比较，对做出求职决策有重要的影响。

(3)企业形象与自身条件

企业在应聘者心中是否形成了良好的形象，是否具有吸引力，必将在精神和行动两方面影响着招聘活动。心理学家认为，每个人都希望自己成为优秀组织中的一员。例如，世界 500 强的企业，或品牌形象有口皆碑的企业深得求职者的青睐，就是因为它们在社会中的声望吸引了大量前来求职的应聘者。

麦肯锡 7S 模型

(4)企业的用人政策

企业高层决策人员的用人政策不同，对员工的素质要求也就不同。IBM 前总裁沃特森的用人政策是：重用有真才实学的人，不喜欢只讲恭维话的人。而宝洁公司表示：重视素质胜过专业知识，往往会在品牌大学招收应届毕业生，特别是学生干部、学生党员。

企业高层决策人员对企业内部招聘或外部招聘的倾向性看法，会决定企业主要采用哪种方式招聘员工。

(5)招聘成本

企业是否有充足的资金用于招聘工作，对招聘的渠道、选拔方法有直接影响。例如，招聘资金的数额影响到招聘广告的费用投入，对广告媒体的选择、投放范围有直接影响，从而影响到应聘者的数量和来自的地理区域。一般来说，通过猎头公司和中介机构招聘员工的招聘成本更高，通过人才市场和校园招聘所需的成本较低。另外，企业招聘时各种测评软件的使用和笔试题库的建立都是招聘成本的重要组成部分，招聘资金准备不足也会在一定程度上影响招聘的有效性。

华为选人用人的方式

2.1.3 求职者因素

企业人力资源招聘是企业与求职者双方互动的过程。从求职者角度来看，影响企业人力资源招聘的个人因素主要有三点：求职者的求职强度、求职者的个人职业生涯设计和求职者的动机与偏好。

(1)求职者的求职动机与强度

求职动机指在一定需要的刺激下，直接推动个体进行求职活动以达到求职目的的心理活动。个人的求职目的和拟任职位所能提供的条件相一致时，个体胜任该职位并从事该工作的可能性较大。求职强度是指求职者寻找职位的努力程度，反映了其得到应聘职位的迫切程度。彼得·德鲁克把寻找工作的人分为三类：最大限度利用机会者、满足者和有效机会利用者(见表 2.3)。

表 2.3　寻找工作的三类人

求　职　者	特　点
最大限度利用机会者	不放弃任何面谈的机会，尽量多地获得不同企业提供的职位机会，然后在这些机会中选择自己认为最好的职位
满足者	接受第一个职位机会的人，他们相信所有的职位都差不多
有效机会利用者	介于最大限度利用机会者和满足者之间，选择中意的职位

求职强度与个人背景和经历有关，例如，成长于艰苦的农村环境中的人对工作岗位的要求相对于在优越的城市环境中成长的人要低。求职强度与个人财富状况呈负相关关系，有失业保障或者养老保险的人求职动机可能会比没有社会保障的人低。求职强度高的求职者容易接受应聘条件，应聘成功率高；求职强度低的求职者对应聘条件较挑剔，应聘成功率低。

(2)求职者的个人职业生涯设计

一个人从职业学习开始到职业劳动结束的一段时间就是职业生涯。美国麻省理工学院著名职业生涯管理学家施恩(Edgar H Schein)在对 44 名学习管理的研究生跟踪研究后提出了“职业锚”的概念。职业锚是指当一个人不得不做出选择的时候，他无论如何都不会放弃的职业中的那种至关重要的东西或价值观，实际就是人们选择和发展自己的职业时所围绕的中心。职业锚强调个人能力、动机和价值观三方面的相互作用与整合。

施恩最初界定了五种“职业锚”，在 1992 年扩充为八种(见表 2.4)。

表 2.4　八种职业锚的特点

技术/技能型职业锚	围绕他们的技术/技能来安排自己的职业，他们在做出职业选择和决策的时候，主要注意自己正在从事的实际技术和技能内容
自主型职业锚	追求的是最大限度地摆脱组织的束缚，选择的是能施展自己职业能力或技术能力的工作环境
创造型职业锚	要求有自主权、管理能力，能够施展自己的特殊才能，创造一种属于自己的东西
安全型职业锚	寻求长期职业稳定和工作基本安全，倾向于依照别人的指示进行工作，有体面的收入，退休后有保障
管理型职业锚	将管理作为自己的最终目标，他们具有比较强的分析能力、人际关系处理能力和感情控制能力
服务型职业锚	一直追求他们认可的核心价值，如帮助他人，他们一直追寻这种机会，一般不会接受实现不了这种价值的工作变换
挑战型职业锚	喜欢解决看上去无法解决的问题，战胜强硬的对手、新奇变化和困难是他们的终极目标。对他们而言参加工作的原因是工作允许他们战胜不可能
生活型职业锚	喜欢允许他们平衡并结合个人的需要、家庭的需要和职业的需要的工作环境，他们希望将生活的各个主要方面结合为一个整体

(3) 求职者的综合素养

求职者的综合素养主要包括求职者的道德素养、知识素养和能力素养等。求职者的综合素养具体体现在求职者的个性特征、价值观、责任感、受教育程度(知识水平)、技能(能力)、社会阅历或工作经验等方面。

2.2　招聘工作的前提——人力资源规划

人力资源规划又称人力资源计划，它是企业计划的重要组成部分，在整个人力资源管理活动中占有重要地位，是各项人力资源管理活动的起点和依据，它直接影响着企业整体人力资源管理的效率。

2.2.1　人力资源规划概述

(1) 人力资源规划的定义

人力资源规划有广义和狭义之分。

广义的人力资源规划是企业所有人力资源计划的总称，是战略规划与战术计划的统一。

狭义的人力资源规划就是为实施企业的发展战略，完成企业的生产经营目标，根据企业内外环境的变化，运用科学的方法对企业人力资源的需求和供给进行预测，制定相宜的政策和措施，从而使企业人力资源的供给和需求达到平衡，实现人力资源合理配置，有效激励员工的过程。简单地说，狭义的人力资源规划就是进行人力资源供需预测，使之平衡的过程。

(2) 人力资源规划的类型

按照规划的时间长短：长期规划、中期规划、短期规划。

按照规划的用途：战略规划、战术规划、作业规划。

按照规划的范围：整体规划、部门规划、项目规划。

(3) 人力资源规划的内容

人力资源规划包括两个层次：企业总规划（或总计划）和具体业务计划。二者之间的关系见图 2.3。人力资源规划具体包括以下内容。

① 总计划：陈述人力资源计划的总原则、总方针、总目标。

② 职务编制计划：陈述企业的组织结构、职务设置、职务描述和职务资格要求等内容。

③ 人员配置计划：陈述企业每个职务的人员数量、人员的职务变动、人员空缺数量等。

④ 人员需求计划：通过总计划、职务编制计划、人员配置计划可以得出人员需求计划。需求计划中应陈述需要的职务名称、人员数量、希望到岗时间等。

⑤ 人员供给计划：是人员需求计划的对策性计划，主要陈述人员供给的方式、人员内部流动政策、人员外部流动政策、人员获取途径和获取实施计划等。

⑥ 教育培训计划：包括教育培训需求、培训内容、培训形式、培训考核等内容。

⑦ 人力资源管理政策调整计划：明确计划期内人力资源政策的调整原因、调整步骤和调整范围等。

⑧ 投资预算：上述各项计划的费用预算。

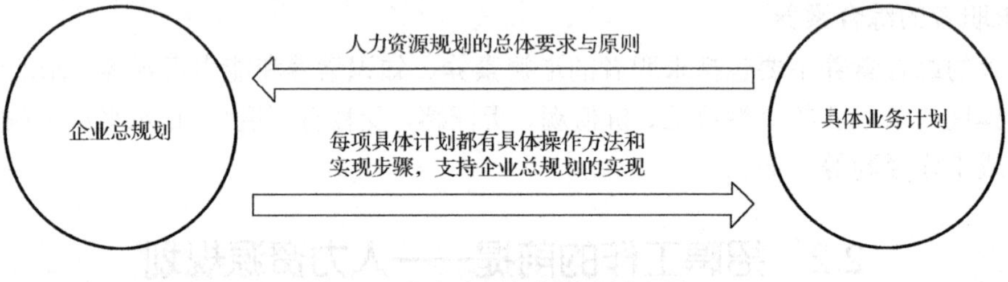

图 2.3　人力资源规划的两个层次

(4) 人力资源规划的步骤

人力资源规划的实施可分为以下五个步骤（见图 2.4）：

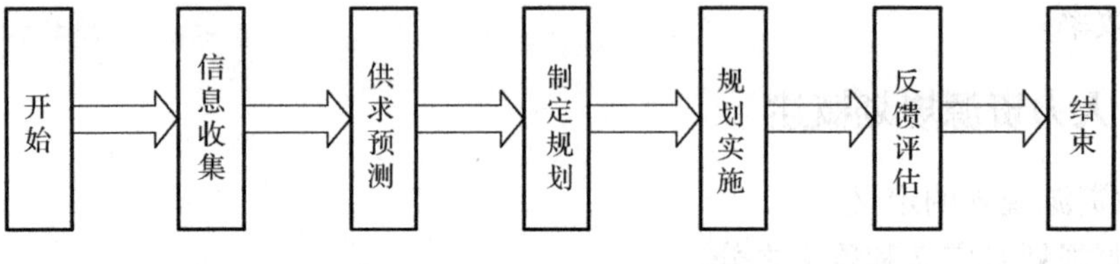

图 2.4　人力资源规划的实施步骤

① 收集信息。收集人力资源供求影响因素的相关信息（见表 2.5），并对这些信息进行全面的分析、整理，便于预测时使用。

② 人力资源需求与供给预测。人力资源需求预测需要从收集人力资源现状信息出发，根据企业战略规划和人力资源战略来制定；同时分析外部环境的各种因素，对人力资源的供给状况进行预测；最后得出人力资源供求状况的预测结果，为制定人力资源规划提供依据。

预测采用以定量为主、结合定性分析的科学预测方法来进行预测，以定量方法保证其准确性，以定性方法保证其全面性。

③ 制定人力资源规划。根据人力资源供求预测结果，提出企业人力资源管理的总体规划以及各项具体工作的目标、策略及投入等，同时做好与企业其他计划的衔接和平衡。

④ 人力资源规划的实施。人力资源规划制定后，就要进入实施阶段。但是企业在实施过

程中要注意，人力资源规划是指导人力资源实际工作的，是指引方向的，而不是具体的实施步骤。企业要根据内外部环境的变化及时调整人力资源规划，使之符合企业发展状况。

表 2.5　人力资源规划收集的信息

外部信息	宏观经济形势
	行业经济形势和发展情况
	劳动力市场供求状况
	相关法律法规以及政府相关政策
	专业技术
	行业竞争
内部信息	企业战略规划
	企业业务发展计划
	人力资源现状
	员工的流动率

⑤ 反馈与评估。人力资源规划是一个开放的指导系统，在规划期结束后，要及时总结评估人力资源规划的进展情况。企业要善于总结人力资源规划的优点和不足，为下一次规划积累经验。

(5) 人力资源规划的作用

① 有利于组织制定战略目标和发展规划。人力资源规划是组织发展战略的重要组成部分，同时也是实现组织战略目标的重要保证。

② 确保组织生存发展过程中对人力资源的需求。人力资源部门必须分析组织人力资源的需求和供给之间的差距，制定各种规划来满足对人力资源的需求。

③ 有利于企业人力资源的合理运用。在相当多的企业中，一些人的工作负荷过重，而另一些人则工作过于轻松；一些人的能力有限，而另一些人则感到能力有余，未能充分利用。人力资源规划可改善人力分配的不平衡状况，进而谋求合理化，以使人力资源能配合组织的发展需要。

④ 有利于调动员工的积极性和创造性。人力资源管理要求在实现组织目标的同时，也要满足员工的物质需要和精神需要，这样才能激发员工持久的积极性，只有在人力资源规划的前提下，员工对自己能够被满足的水平才是可知的。

⑤ 有利于控制人力资源成本。影响企业人力结构的因素很多，如业务、技术革新、机器设备、组织工作制度、工作人员的能力等。人力资源规划可对现有的人力资源结构做出分析，并找出影响人力资源有效运用的瓶颈，使人力资源效能充分发挥，降低人力资源在成本中所占的比率。

2.2.2　人力资源供需的预测与平衡

人力资源预测是人力资源规划中起关键作用的一步。通过人力资源预测可以找出企业中人员不足或者人员过剩的职位，从而及时为企业制订人员补充或解除计划，为人力资源规划提供重要依据。

(1) 人力资源需求预测

人力资源需求预测是指以企业的战略目标、发展规划和工作任务为出发点，综合考虑各种因素的影响，对企业未来人力资源需求的数量、质量及时间等进行预估的活动。

人力资源需求预测的影响因素主要包括：①企业的业务量或产量，由此可以推算出人力需要量。②预期的人员流动率，由此可以推算出企业的职位空缺规模。③提高产品质量或进入新行业的决策对人力需求的影响。④生产技术水平或管理方式的变化对人力需求的影响。⑤企业所拥有的财务资源对人力资源需求的约束等。

人力资源需求预测的方法主要有以下几种。

① 回归分析法。人力资源的需求水平通常总是和某个或某些因素具有高度确定的相关关系，这样就可以用数理统计的方法定量地把这种相关关系表示出来，从而得到一个回归方程，简单、方便地预测人力资源需求量。回归分析法在确定了相关变量和收集到足够的相关信息的前提下，所得到的预测结果的准确性是非常高的。

② 德尔菲法。也称专家预测法，是一种定性方法，通过综合专家们的意见来预测某一领域的发展趋势，比较适合于对人力需求的长期预测。德尔菲法以匿名问卷的方式来征求专家们的意见，专家们互相不见面，也不知道有谁参加了预测，可以有效避免心理干扰，不受权威思想的禁锢，畅所欲言，真正做到集思广益，以保证预测结果的全面性和准确度。

③ 时间序列分析法。根据过去一定时期内员工数量的变动趋势对未来的人力资源需求做出预测，比较适合短期的人力资源预测，如移动平均法、指数平滑法等。这类方法比较简单易用，可以用于连续预测，但考虑的影响因素较少，因而预测结果的准确性受到影响。

④ 转换比率分析法。这是用来预测企业辅助、服务人员需求量的一种方法。企业中的辅助或管理、服务人员的数量往往与企业一线岗位上员工人数或企业员工总数有直接关系，先预测一线员工的数量，然后根据辅助人员数量与一线员工数量的关系，预测辅助人员需求量。用公式表达为：

$$辅助人员数量 = 一线人员数量 / 辅助人员的生产率$$

(2) 人力资源供给预测

人力资源供给预测分为企业内部人力资源供给预测和企业外部人力资源供给预测。

企业内部人力资源是企业人力资源供给的重要来源。影响企业内部人力资源供给的因素主要有员工流失情况（如离职、退休、辞退等）和内部流动情况（如晋升、降职、调换等）。通过对企业内部人力资源信息的及时掌握，预测出企业在一定时期内人力资源供给的数量、质量和时间。

企业内部人力资源供给预测的方法主要有三种。

① 管理人员连续计划。针对企业中某一职务，先了解其人才储备（可提升人员），再对该职务可能的人员流入量（如可提升员工和招聘的新员工）和人员流出量（如提升、退休、辞职、解聘等）做出估计，以此预测出该职务的内部人力资源供给量。

② 马尔可夫模型。是一种转换概率矩阵分析法，通过人员变动矩阵，来描述企业中员工流入、流出和内部流动的整体状况。

③ 技能清单法。根据员工的工作能力清单来预测员工的流动性和职位变动的可能性，从而对未来企业一段时间内的人力资源供给状况给出预测。其中员工的技能清单包括员工的基本资料、职位性质、工作经历、培训情况，以及得到的各种评估等(见表 2.6)。

马尔可夫模型

表 2.6 某企业员工的技能清单

<table>
<tr><td colspan="10">姓名</td><td colspan="10"></td><td colspan="10">职位</td><td colspan="10"></td><td colspan="10">入职时间</td><td colspan="10"></td></tr>
<tr><td colspan="10">职位编号</td><td colspan="10"></td><td colspan="10">部门</td><td colspan="10"></td><td colspan="10">直接上级</td><td colspan="10"></td></tr>
<tr><td colspan="60">教育背景</td></tr>
<tr><td colspan="15">时间</td><td colspan="15">学校</td><td colspan="15">专业</td><td colspan="15">学历</td></tr>
<tr><td colspan="15"></td><td colspan="15"></td><td colspan="15"></td><td colspan="15"></td></tr>
<tr><td colspan="15"></td><td colspan="15"></td><td colspan="15"></td><td colspan="15"></td></tr>
<tr><td colspan="60">培训情况</td></tr>
<tr><td colspan="15">时间</td><td colspan="15">机构</td><td colspan="15">培训内容</td><td colspan="15">资格证书</td></tr>
<tr><td colspan="15"></td><td colspan="15"></td><td colspan="15"></td><td colspan="15"></td></tr>
<tr><td colspan="15"></td><td colspan="15"></td><td colspan="15"></td><td colspan="15"></td></tr>
<tr><td colspan="60">工作经历</td></tr>
<tr><td colspan="12">时间</td><td colspan="12">单位</td><td colspan="12">职位</td><td colspan="12">离职原因</td><td colspan="12">证明人</td></tr>
<tr><td colspan="12"></td><td colspan="12"></td><td colspan="12"></td><td colspan="12"></td><td colspan="12"></td></tr>
<tr><td colspan="12"></td><td colspan="12"></td><td colspan="12"></td><td colspan="12"></td><td colspan="12"></td></tr>
<tr><td colspan="12"></td><td colspan="12"></td><td colspan="12"></td><td colspan="12"></td><td colspan="12"></td></tr>
<tr><td colspan="60">技能</td></tr>
<tr><td colspan="15">种类</td><td colspan="15"></td><td colspan="15">证书</td><td colspan="15"></td></tr>
<tr><td colspan="60">兴趣特长：</td></tr>
<tr><td colspan="11" rowspan="4">工作目标</td><td colspan="49">是否愿意到其他部门工作</td></tr>
<tr><td colspan="49">是否愿意从事其他类型工作</td></tr>
<tr><td colspan="49">是否愿意进行工作交换</td></tr>
<tr><td colspan="49">愿意承担何种工作</td></tr>
<tr><td colspan="11" rowspan="2">培训目标</td><td colspan="49">是否愿意接受培训</td></tr>
<tr><td colspan="49">希望接受何种培训</td></tr>
<tr><td colspan="11">期望接受何种委派</td><td colspan="49"></td></tr>
</table>

企业外部人力资源是指目前不在本企业供职的人才。企业外部人力资源数量庞大、门类众多、素质参差不齐，也是企业招聘甄选的对象。在许多情况下，尤其是当企业扩大生产规模时，内部人力资源供给往往满足不了企业的需要，需要对企业外部人力资源供给进行了解和预测。

影响企业外部人力资源供给的因素主要包括三个方面：①宏观经济形势；②企业当地劳动力市场的供求情况；③行业劳动力市场供求情况。

(3) 人力资源供需平衡分析

企业经过人力资源供给和需求预测，基本可以确定在未来一段时间内的人力资源状况，然后通过采取适当的措施来调节人力资源供求状况，使企业人力资源状况匹配公司的战略目标和发展计划。企业的人力资源供求状况可以大致分为如图 2.5 所示的四种类型。

企业在人力资源的不同供求状态下需要采取不同的措施。当人力资源出现供不应求，即人才短缺的状况时，企业可以采取的具体措施如下：

措施 1：内部人力资源调整；
措施 2：培训员工使之胜任空缺职位；
措施 3：鼓励员工加班；
措施 4：提高员工工作效率；
措施 5：聘用临时兼职人员；
措施 6：工作外包；
措施 7：外部招聘；
措施 8：更新工作设备。

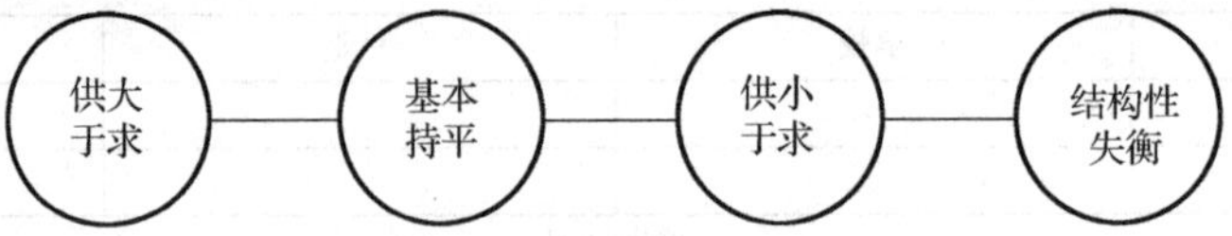

图 2.5　四种人力资源供求状况

当人力资源供大于求，即人员过剩时，企业可以采取的措施如下：
措施 1：扩大业务量；
措施 2：鼓励员工提前退休；
措施 3：降低工资和福利；
措施 4：减少工作时间；
措施 5：辞退员工。

2.2.3　人力资源规划的编制

(1)编制规划的原则

① 必须充分考虑内部、外部环境的变化。人力资源规划只有充分地考虑了内外部环境的变化，才能适应需要，真正做到为企业发展的目标服务。为了更好地适应这些变化，在人力资源规划中应该对可能出现的情况做出预测，包括风险和变化，最好能有面对风险的应对策略。

② 明确人力资源规划的根本目的，确保企业的人力资源供给。企业的人力资源保障问题是人力资源规划中应解决的核心问题。只有有效地保证了对企业的人力资源供给，才可能去进行更深层次的人力资源管理与开发。

③ 人力资源规划的最终目的是使企业和员工都得到发展，取得预期目标。人力资源规划不仅要面向企业规划，而且要面向员工规划。企业的发展和员工的发展是互相依托、互相促进的关系。如果只考虑企业的发展需要，而忽视了员工的发展，则会有损企业发展目标的实现。优秀的人力资源规划，一定是能够使企业的员工实现长期利益的规划，一定是能够使企业和员工共同发展的规划。

④ 优质的人力资源规划是企业内部相关人员共同完成的,而绝非人力资源部能够单独解决的问题。

(2)人力资源规划编制的主要内容

一个典型的人力资源规划应包括规划时间段、计划达到的目标、情景分析、具体内容、制定者、制定时间。

① 规划时间段。确定规划时间的长短，要具体列出从何时开始，到何时结束。若是长期

的人力资源规划，可以长达5年以上；若是短期的人力资源规划，如年度人力资源规划，则为1年。

② 规划达到的目标。确定达到的目标要与组织的目标紧密联系起来，最好有具体的数据，同时要简明扼要。

③ 情景分析。目前情景分析主要是在收集信息的基础上，分析组织目前人力资源的供需状况，进一步指出制订该计划的依据。未来情景分析是在收集信息的基础上，在计划的时间段内，预测组织未来的人力资源供需状况，进一步指出制订该计划的依据。

④ 具体内容。这是人力资源规划的核心部分，主要包括以下几个方面：项目内容，执行时间，负责人，检查人，检查日期和预算。

⑤ 规划制定者。规划制定者可以是一个人，也可以是一个部门。

⑥ 规划制定时间。主要指该规划正式确定的日期。

(3) 人力资源规划实施

人力资源规划的实施，是人力资源规划的实际操作过程，要注意协调好各部门、各环节之间的关系，在实施过程中需要注意以下几点：一是必须要有专人负责既定方案的实施，要赋予负责人保证人力资源规划方案实现的权利和资源；二是要确保不折不扣地按规划执行；三是在实施前要做好准备；四是实施时要全力以赴；五是要有关于实施进展状况的定期报告，以确保规划能够与环境、组织的目标保持一致。

(4) 人力资源规划评估与修正

在实施人力资源规划的同时，要进行定期与不定期的评估。评估的内容包括以下三个方面：①是否认真执行了本规划；②人力资源规划本身是否合理；③将实施的结果与人力资源规划进行比较，通过发现规划与现实之间的差距来指导以后的人力资源规划活动。

评估结果出来后，应及时进行反馈，进而对原规划的内容进行适时的修正，使其更符合实际，更好地促进组织目标的实现。

以下是某公司制订的人力资源管理计划。

2015年度人力资源管理计划

(一) 职务设置与人员配置计划

根据公司2015年发展计划和经营目标，人力资源部协同各部门制定了公司2015年的职务设置与人员配置。在2015年，公司将划分为8个部门，其中行政副总负责行政部和人力资源部，财务总监负责财务部，营销总监负责销售一部、销售二部和产品部，技术总监负责开发一部和开发二部。具体职务设置与人员配置如下。

(1) 决策层5人：总经理1名、行政副总1名、财务总监1名、营销总监1名、技术总监1名。

(2) 行政部8人：行政部经理1名、行政助理3名、行政文员2名、司机2名。

(3) 财务部4人：财务部经理1名、会计1名、出纳1名、财务文员1名。

(4) 人力资源部4人：人力资源部经理1名、薪酬专员1名、招聘专员1名、培训专员1名。

(5 销售一部19人：销售一部经理1名、销售组长3名、销售代表12名、销售助理3名。

(6) 销售二部13人：销售二部经理1名、销售组长2名、销售代表4名、销售助理2名。

(7) 开发一部 19 人：开发一部经理 1 名、开发组长 3 名、开发工程师 12 名、技术助理 3 名。

(8) 开发二部 19 人：开发二部经理 1 名、开发组长 3 名、开发工程师 12 名、技术助理 3 名。

(9) 产品部 5 人：产品部经理 1 名、营销策划 1 名、公共关系 2 名、产品助理 1 名。

(二) 人员招聘计划

1. 招聘需求

根据 2015 年职务设置与人员配置计划，公司人员数量应为 96 人，到目前为止公司只有 83 人，还需要 13 人，具体职务和数量如下：开发组长 2 名、开发工程师 7 名、销售代表 4 名。

2. 招聘方式

开发组长：社会招聘和校园招聘

开发工程师：校园招聘

销售代表：社会招聘

3. 招聘策略

校园招聘主要通过参加应届毕业生洽谈会、学校举办招聘讲座、发布招聘张贴、网络招聘四种形式；社会招聘主要通过参加人才交流会、刊登招聘广告、网络招聘三种形式。

4. 招聘人事政策

(1) 本科生：

a. 待遇：转正后待遇 2005 元，其中基本工资 1500 元、住房补助 200 元、社会保障金 300 元左右(养老保险、失业保险、医疗保险等)，试用期基本工资 1000 元，满半月有住房补助；

b. 考上研究生后协议书自动解除；

c. 试用期三个月；

d. 签订三年劳动合同。

(2) 研究生：

a. 待遇：转正后待遇 5000 元，其中基本工资 4500 元、住房补助 200 元、社会保险金 300 元左右(养老保险、失业保险、医疗保险等)，试用期基本工资 3000 元，满半月有住房补助；

b. 考上博士后协议书自动解除；

c. 试用期三个月；

d. 公司资助员工攻读在职博士；

e. 签订不定期劳动合同，员工来去自由；

f. 成为公司骨干员工后，可享有公司股份。

5. 风险预测

(1) 由于今年本市应届毕业生就业政策有所变动，本科生招聘难度可能会增加，但由于公司待遇较高并且属于高新技术企业，可以基本回避该风险。另外，由于优秀的本科生考研的比例很大，所以在招聘时，应该留有候选人员。

(2) 由于计算机专业研究生愿意留在本市的较少，所以研究生招聘将非常困难。如果研究生招聘比较困难，可以重点通过社会招聘来填补“开发组长”空缺。

(三) 选择方式调整计划

2014 年开发人员的选拔实行了面试和笔试相结合的考查办法，取得了较理想的结果。2015

年首先要完善非开发人员的选择程序，并且加强非智力因素的考查，另外，在招聘集中期，可以采用“合议制面试”，即总经理、主管副总、部门经理共同参与面试，以提高面试效率。

(四)绩效考评政策调整计划

2014 年公司对员工进行了绩效考评，每位员工都有了考评记录。另外，公司 2014 年对开发部进行了标准化的定量考评。今年，绩效考评政策将做以下调整：

(1)建立考评沟通制度，由直接上级在每月考评结束时进行考评沟通；

(2)建立总经理季度书面评语制度，让员工及时了解公司对他的评价，并感受到公司对员工的关心；

(3)在开发部试行“标准量度平均分布考核方法”，使开发人员更加明确自己在开发团队中的位置；

(4)加强考评培训，减少考评误差，提高考评的可靠性和有效性。

(五)培训政策调整计划

公司培训分为岗前培训、管理培训、技能培训三部分。

岗前培训在 2014 年已经开始进行，管理培训和技能培训从 2015 年开始由人力资源部负责。培训政策将做以下调整。①加强岗前培训。②管理培训由公司专职管理人员合作开展，不聘请外面的专业培训人员。该培训分成管理层和员工两个部分，重点对公司现有的管理模式、管理思路进行培训。③技能培训根据相关人员申请进行。采取公司内训和聘请培训师两种方式进行。

(六)人力资源投资预算

1. 招聘费用预算

(1)招聘讲座费用：计划到四个本科学校和四个研究生学校开展招聘讲座，累计 8 次，每次费用 300 元，共计 2400 元；

(2)交流会费用：计划参加交流会 4 次，每次平均 400 元，共计 1600 元；

(3)宣传材料费用：2000 元；

(4)报纸广告费用：6000 元。

以上总计 12 000 元。

2. 培训费用预算

2014 年实际培训费用 35 000 元，按 20%递增，预计今年培训费用约为 42 000 元。

人力资源规划的六个重复

3. 社会保障金预算

2014 年社会保障金共交纳 25 000 元，按 20%递增，预计今年社会保障金总额为 30 000 元。

2.3 招聘工作的基础——工作分析

工作分析是对组织中某个特定职务的目的、任务、职责、权力、隶属关系、工作条件、任职资格等相关信息进行收集和分析，以便对该职务的工作做出明确的规定，并确定完成该工作所需要的行为、条件、人员的过程。

工作分析是现代人力资源管理所有职能(人力资源获取、整合、保持与激励、控制与调整、开发等)履行的基础和前提。

2.3.1 工作分析概述

(1)工作分析的目的

企业的运营由多个部门或业务单元组成，要做好人力资源管理工作，首先要熟知这些部门的业务及分工，这些分工将落实到组织的基本细胞——每一个具体岗位上。全面了解与认识各个岗位，在出现岗位空缺、岗位新增、岗位优化等核心问题时，评价标准自然也就产生了。做好了关键岗位工作分析，从企业核心业务流程当中找到需要的因素，才能真正解决“以什么标准选择候选人”的问题。

如图 2.6 所示，工作分析的第一要义是理清要做什么，梳理好特定岗位的特定职责，将其明确清晰地展示给所有人。其次，要明白怎么做。梳理好工作路径，该职位需要干什么样的工作、完成什么样的任务、对哪些对象负责、在企业中扮演着怎样的角色，形成直观的履职指南和角色定位。再次，要明确该职位的工作需要做到什么程度，即确立工作指标，建立工作标准。最后，要提前对错误行为进行警示，消极怠工和明令禁止的行为在工作中是不可取的，是要受到惩罚的。

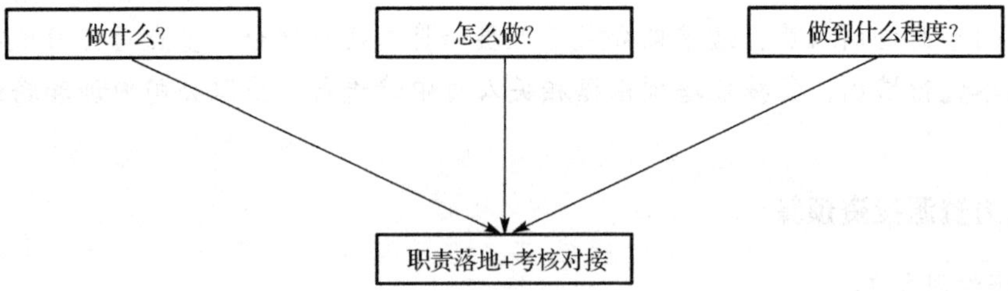

图 2.6 工作分析目的示意图

(2)工作分析的作用

工作分析在企业人力资源管理中具有基础性作用(见图 2.7)，它为人力资源管理提供了平台，人力资源管理的其他所有职能活动都是在此基础上进行的，工作分析在企业人力资源管理中的作用具体有以下几方面。

① 为招募及人员的甄选提供明确的标准。一项招募或甄选人才的计划，目的在于找出并聘用最合适的应征者，工作分析的信息能够确定甄选的标准。这些标准包括成功执行该项工作所需要的知识、技巧与能力。找到合适的人叫适用适才，这可以让入职者发挥更大的潜能。针对不同的职种，根据工作分析，人力资源专业人员也可以设计不同的甄选工具，如面试题目，需经过哪些考试等。

② 为培训计划的制订提供明确的依据。企业以工作分析来甄选合适员工，也可以用测验的信息来评估训练需求，并且用来发展或计划员工必需的或现有能力的工作项目。在工作执行的过程中，再通过绩效评估，考察哪些人员未能很好地完成工作，其工作能力在哪些方面存在缺陷，是否可以经由训练来提高其工作技能。

③ 为科学的绩效考核提供了帮助。工作分析就是对每一项工作列出详细的工作责任、工作内容或工作行为。这些责任、内容或行为，可以发展为绩效评价项目，并在每一阶段设定

每一项目的目标。在缺乏工作分析的企业里，绩效的考核缺乏适当的依据，往往任由上级主管凭直觉或喜恶做判断，并不可靠。

④ 为制定公平合理的薪酬政策奠定基础。薪资的给予，基本上是根据每一项工作对公司的相对价值及重要性来决定的。通过工作分析可以判断该项工作对企业的价值或重要性，也可以将执行这些工作项目所需的资格条件，所需的知识、技巧与能力，作为核定薪酬的依据。

⑤ 为公司的内部沟通奠定基础。不同的工作项目，对不同的人来说其认知的标准不一样，比如，对工作内容、负责的范围、与其他部门之间的关系，每个人的理解不同。在一个没有明确标准的环境里，认知标准不同是造成不愿沟通或沟通困难最大的主因。工作分析可以明确制定职能分工，并在企业共同目标的指引下，协调以达成各部门的工作目标。

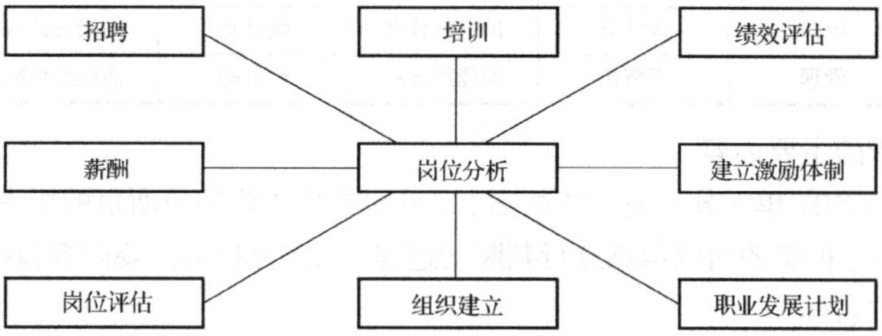

图 2.7　工作分析的基本性作用示意图

(3) 工作分析的基本术语

① 工作要素：是工作中不能再分解的最小动作单位。

② 任务：是为了达到某种目的所从事的一系列活动，它可以由一个或多个工作要素组成。

③ 责任：是个体在工作岗位上需要完成的主要任务或大部分任务，它可以由一个或多个任务组成。

④ 职位：是根据组织目标为个人规定的一组任务及相应的责任。职位与人数是一一匹配的，也就是有多少职位就有多少人，二者的数量相等。

⑤ 职务：是一组重要责任相似或相同的职位。在企业中，更强调职务的用人数量方面，通常把所需知识技能及所使用工具类似的一组任务和责任视为同类职务，从而形成同一职务有多个职位的情况，即一职多位。

⑥ 职系：是指一些工作性质相同，而责任轻重和困难程度不同，所以职级、职等也不同的职位系列。简言之，一个职系就是一种专门职业(如教师系列)。

⑦ 职组：工作性质相近的若干职系总合而成为职组，也叫职群。

⑧ 职级：是分类结构中最重要的概念，指将工作内容、难易程度、责任大小、所需资格都很相似的职位划为同一职级，实行同样的管理与报酬。

⑨ 职等：工作性质不同或主要职务不同，但其困难程度、职责大小、工作所需资格等条件相同的职级的归纳称为职等。同一职等的所有职位，不管它们属于哪一职级，其薪金相同。职等与职系、职组、职级之间的关系见表 2.7。

⑩ 职权：是依法赋予职位的某种权力，以保障履行职责，完成工作任务。职责往往与职权有密切关系，特定的职责要赋予特定的职权，甚至特定的职责等同特定的职权。

表 2.7　职系、职组、职级、职等之间的关系与区别

职组 职系 职级 职等		V 员级	Ⅳ 助级	Ⅲ 中级	Ⅱ 副高级	Ⅰ 正高级
高等教育	教师		助教	讲师	副教授	教授
	科研人员		助理工程师	工程师	高级工程师	
	试验人员	实验员	助理实验师	实验师	高级实验师	
	图书、资料、档案	管理员	助理馆员	馆员	副研究馆员	研究馆员
企业	工程技术	技术员	助理工程师	工程师	高级工程师	教授级高工
	会计	会计员	助理会计师	会计师	高级会计师	
	统计	统计员	助理统计师	统计师	高级统计师	
	管理	经济员	助理经济师	经济师	高级经济师	

(4)工作分析的主要内容

工作分析是在组织单元分工清晰的基础上，针对具体工作岗位所负的职责、任职的要求及其重要性，对统计、搜集的岗位信息进行判断的过程。工作分析的主要内容包括以下几个方面：

① 工作岗位名称；

② 工作任务分析；

③ 岗位职责分析；

④ 岗位关系分析；

⑤ 工作环境分析；

⑥ 工作岗位对员工的知识、技能、经验、体格、体力等必备条件的分析。

2.3.2　工作分析的方法和步骤

(1)工作分析需要搜集的信息

工作分析需要搜集的信息主要包括工作活动，工作中使用的机器、工具、设备和辅助设施，工作条件和对员工的要求等(见表 2.8)。

表 2.8　工作分析需要搜集的相关信息

一、工作活动
1．工作任务的描述 工作任务是如何完成的？ 为什么要执行这项任务？ 什么时候执行这项任务？ 2．与其他工作和设备的关系 3．进行工作的程序 4．承担这项工作所需的行为 5．动作与工作的要求
二、工作中使用的机器、工具、设备和辅助设施
1．使用的机器、工具、设备和辅助设施的清单 2．应用上述各项加工处理的材料 3．应用上述各项生产的产品 4．应用上述各项完成的服务

续表

三、工作条件
1．人身工作条件 在高温、灰尘和有毒环境中工作 工作是在室内还是户外 2．组织的各种有关情况 3．社会背景 4．工作进度安排 5．激励(财务的和非财务的)
四、对员工的要求
与工作有关的特征要求 特定的技能 特定的教育和训练背景 与工作相关的工作经验 身体特征 态度

⑵工作分析的方法

常用的工作分析方法有：访谈法、观察法、问卷法、关键事件法等，针对不同性质的岗位，在信息搜集阶段有时候需要几个方法交叉运用。

不同的工作分析方法的利弊不同，人力资源管理者在进行具体的工作分析时除了要根据工作分析方法本身的优缺点来选取外，还要根据工作分析的目的、工作分析的对象来选择不同的方法。

① 访谈法。访谈法是与担任有关工作职务的人员一起讨论工作的特点和要求，从而取得有关信息的调查研究方法。在进行工作分析时，可以先查阅和整理有关工作职责的现有资料。在大致了解职务情况的基础上，访问担任这些工作职务的人员，一起讨论工作的特点和要求。同时，也可以访问有关的管理者和从事相应培训工作的教员。由于被访问的对象是那些最熟悉这项工作的人，因此，认真的访谈可以获得很详细的工作分析资料。访谈时要注意修正偏差，因为面谈者易从自身利益考虑而导致工作信息失真。有时被访谈者会有意无意地歪曲其职位的情况，如故意把某个很容易的工作说得很难，或者把一件很难的工作说得比较容易。这要通过多个同职位访谈者所搜集的资料的对比加以矫正。

② 观察法。观察法即通过观察，获得员工的职务信息的过程。这种方法一般适用于工作周期比较短的员工。在不影响员工正常工作的条件下，通过对被调查员工的观察，将有关工作的全部信息真实地记录下来，然后对所收集的信息进行分析、归纳，制定出职务说明书。为了得到对所分析工作的更真实的了解，分析人员可到实地观察。分析人员在观察工作时，必须注意以下几个工作分析要素：做什么、为何做、如何做，以及工作中所包含的“技术”，来探求工作的内容。

观察法、访谈法等工作分析方法都可以有效地采集工作职务方面的信息，但它们都有各自的缺点。其中一个较大的问题是，即使有经验的员工也并不总是很了解自己完成工作的方式。许多工作行为已成习惯，干起工作来并未意识到工作程序的细节。因此，研究者们主张采用观察法对工作人员的工作过程进行观察，记录工作行为的各方面特点；同时，了解工作中所使用的工具设备；了解工作程序、工作环境和体力消耗情况。

观察前先进行访谈有利于观察工作的进行。一方面，访谈有利于把握观察的大体框架。另一方面访谈能使双方有所了解，建立一定的合作关系。随后的观察就能更加自然、顺利。

观察法要求观察者有足够的实际操作经验，虽然能了解广泛、客观的信息，但不适于工作循环周期很长的、脑力劳动的工作，偶然、突发性工作也不易观察，且不能获得有关任职者要求的信息。

③ 问卷法。问卷法是让有关人员以书面形式回答有关职务问题的调查方法。通常，问卷的内容由工作分析人员编制问题或陈述，这些问题和陈述涉及实际的行为和心理素质，要求被调查者对这些行为和心理素质在他们工作中的重要性和频次按给定的方法作答。问卷法可以分成职务定向和人员定向两种。职务定向问卷强调工作本身的条件和结果；人员定向问卷则集中了解工作人员的工作行为。

问卷法的最大优点是规范化、数量化、费用低、速度快，以及不影响工作，调查范围广，可用于多种目的的职务分析；适合用计算机对结果进行统计分析。但它的问卷设计比较费时，也不像访谈那样可以面对面地交流信息，不容易了解被调查对象的态度和动机等较深层次的信息，不易唤起被调查对象的兴趣，除非问卷设计的很长，否则不能获得足够详细的信息。且问卷需要说明，否则会有不同理解，易产生信息误差。

④ 关键事件法。关键事件法是请管理人员和工作人员回忆、报告对他们的工作绩效来说比较关键的工作特征和事件，从而获得工作分析的资料。

关键事件法是一种常用的行为定向方法。这种方法要求管理人员、员工及其他熟悉工作职务的人员记录工作行为中的“关键事件”，也就是使工作成功或者失败的行为特征或事件。在大量收集关键事件以后，对它们进行分析，可以总结出职务的关键特征和行为要求。关键事件法直接描述工作中的具体活动，可提示工作的动态性，既能获得有关职务的静态信息，又可以了解职务的动态特点，所研究的工作可观察、衡量，故所需资料适用于大部分工作，但归纳事例需耗费大量时间；易遗漏一些不显著的工作行为，难以把握整个工作实体。

(3)工作分析的步骤

① 准备阶段。准备阶段的工作主要包括：明确工作分析的方法、步骤、目的、意义；向有关人员宣传解释；与作为合作对象的员工建立良好的人际关系，并请他们做好心理准备；按精简高效的原则成立工作小组；确定调查、分析对象的样本，同时考虑样本的代表性；制订工作计划，确定工作的基本难度。

② 调查阶段。调查阶段的主要工作包括：编制调查提纲，确定调查内容和调查方法；广泛收集有关资料、数据；对重要内容做重点、细致的调查；要求被调查员工对各种工作特征和工作人员的特征的重要性和发生频率等做出等级评定。

③ 分析阶段。分析阶段主要工作包括：

A.职位名称的确认。一要参照本职位的工作，进行概括或按照惯例；二要参照公司以往的称呼。

例：以会计工作为例

会计经理：督导管理会计记账与财务报表的制作。负责计划并监督部属能及时并正确地准备各种财务报表，以满足公司内部管理、政府有关部门及外界其他有关单位的需求。需具备 6～8 年相关经验的专业会计。

主办会计：直属会计经理，在极少的督导下负责准备营业、利润、现金账、税务及其他财务相关报表。需具备 5～7 年工作相关经验的专业会计。

会计主任：监督所属会计助理完成所交付的会计工作。需具备 5 年相关经验的专业会计。

会计员：在主管的监督下执行会计作业。需具备 3 年相关经验的专业会计。

B.工作任务分析。可利用头脑风暴法；着重于该职位所需的最终结果；必须回答为实现该职位责任，主要通过哪些领域获得最终结果；表述要简短，尽可能用一句话，30 字以内为宜。

例如，系统工程师工作任务：配合组织策略，了解组织整体需求；分析并了解使用者的需求；收集外在可能合作厂商的技术信息；寻求组织问题的解决方案。

C.工作职责分析。工作职责包括直接工作责任和决策责任。直接工作责任是指无论职位多高都要自己亲力亲为的工作或责任。其基本要求是：应依照主次顺序逐条填写；用词要精确，不能模棱两可，不要官话套话，不能有猜测性的语言；每条责任均需说明发生的频率，重要程度（%）和占全业务的总量（%）；最基层的工作也应该有 10 条左右；原则性的责任应该包括关键动词、管理范围、影响范围、在什么条件下进行及要达成的目标。

例：部门主管直接工作责任范例。

■ 制订部门的政策和程式，通过有效的计划和控制以求效益的最大化。
■ 草拟、协调各相关计划和预算，确保本部门可以为公司的生产目标做出最大的贡献。
■ 审核、确定公司下达的任务安排，使本部门有效地执行议定的计划，并确保其运作的效率。
■ 招聘、激励本部门员工，并发展员工的能力，确保部门的工作目标顺利制定并与员工恰当地沟通，督导、评估员工的绩效，创造、保持员工间融洽的合作关系。
■ 监督部门的绩效，指导、控制相应的活动以确保议定的目标顺利实现。
■ 在协调与其他部门的工作或会议中代表本部门，参与相关的规划和政策的制订和实施。

决策责任是指管理者肩负的对企业和员工规划做出决策的责任。其主要内容包括：该职位要做哪些决定？要对下属的哪些工作或活动负责？所做的决定产生什么影响？

决策责任的具体内容通常包括期望的最终结果和其主要活动两部分。需要注意的是只有主管填写决策责任，非主管不用填写。

例：部门主管。

■ 最终结果
◎激励下属达到高绩效。
◎确保部门内高标准的工作。
◎实现部门的工作目标。
■ 主要活动
◎提高下属的工作技能。
◎提供相应的培训与指导。
◎通过主持绩效辅导会议，为下属清楚地指明职业发展方向。
◎通过监督工作进展，恰当地奖惩下属。
◎通过制订良好的部门计划以符合公司的总体目标，并就部门与员工进行沟通。

④ 完成阶段：根据规范和信息编制“工作说明书”。

2.3.3 工作分析的产物——工作说明书

工作说明书，也称职位说明书或岗位说明书，是工作分析的结果性文件之一。它是指通过对工作分析收集的信息进行归纳总结，最后得出对工作本身和任职资格进行规范化描述的文件。

(1)工作说明书的内容

工作说明书通常包括工作描述和任职资格，如表 2.8 所示。

表 2.8 工作说明书主要内容

工 作 描 述	任 职 资 格
主要内容： 职位名称、职位编码、职位等级、直接上级、工作职责、工作关系、工作内容、工作标准、工作权限、工作环境、工作条件、工作时间等	主要内容： 资格要求、身体条件、心理素质、工作能力、道德素质等

(2)工作说明书的编写原则及注意事项

工作说明书的编写原则是统一格式和规范编写；职责描述具体、浅显易懂；界定职位时范围清晰、准确；参考多方人士意见、编写全面。

编写工作说明书的注意事项。

① 在描述工作职责时，应该以结果为导向，而不必完全说明完成该工作的过程和方法。

② 工作职责描述要全面，要包括该职位的所有关键性成果。

③ 工作描述指列举该职位的日常性工作，不包括临时突发事件或上级交代的其他任务。

④ 工作说明书各项之间应该是互相联系且各自独立的，不能出现交叉或者重叠的部分。

⑤ 在编写工作说明书的过程中应该尽量使用准确的数量词，而不是模糊的“一些”、“若干”等词语。

⑥ 整个工作说明书的编写应该简洁明了、通俗易懂，避免使用生僻词或者专业术语。如有必要，应该在批注中对这些词语进行注释。

(3)工作说明书范例

不同组织会根据各自的工作性质和需要编写工作说明书。因此，各个企业的工作说明书不尽相同。表 2.9 是某企业人力资源总监的工作说明书。

表 2.9 人力资源部总监岗位说明书

<table>
<tr><td>岗位名称</td><td>人力资源总监</td><td>所属部门</td><td></td><td>所在部门</td><td>人力资源部</td></tr>
<tr><td>直接上级岗位</td><td>总经理</td><td>直接下级岗位</td><td colspan="3">薪酬福利经理、招聘、培训经理</td></tr>
<tr><td>岗位核心价值</td><td colspan="5">通过战略人力资源管理，为公司战略目标的达成提供强大的人力资源保障</td></tr>
<tr><td colspan="6">职责与任务</td></tr>
<tr><td rowspan="4">职责一</td><td colspan="5">职责表述：根据公司战略规划，负责公司人力资源规划管理。</td></tr>
<tr><td rowspan="3">工作结果</td><td colspan="4">参与公司战略制定，根据公司战略规划，组织编制公司三年人力资源规划，确保规划在既定时间内总裁审批通过</td></tr>
<tr><td colspan="4">组织各部门制定部门人力规划，报批后纳入公司人力资源规划</td></tr>
<tr><td colspan="4">根据公司三年人力资源规划，制订本年度的人力资源计划，报批后组织实施，确保计划目标 100%达成</td></tr>
<tr><td rowspan="5">职责二</td><td colspan="5">职责表述：根据公司年度战略，负责各部门年度工作计划制定的管理</td></tr>
<tr><td rowspan="4">工作结果</td><td colspan="4">组织建立各部门年度计划的制定流程和编写标准，报签后纳入部门管理手册</td></tr>
<tr><td colspan="4">组织年度计划的编写流程及标准的培训，确保考核一次性通过率 100%</td></tr>
<tr><td colspan="4">组织各部门制订本部门年度计划，确保计划符合编写标准</td></tr>
<tr><td colspan="4">监督各部门年度计划的执行，确保计划的执行率 100%</td></tr>
<tr><td rowspan="4">职责三</td><td colspan="5">职责表述：公司的企业文化建设</td></tr>
<tr><td rowspan="3">工作结果</td><td colspan="4">1. 组织公司企业文化的研讨，确立公司核心文化理念，报批后纳入公司企业文化手册</td></tr>
<tr><td colspan="4">2. 组织搭建企业文化宣传系统，监督培训企业文化核心理念，确保全体员工知晓率 100%</td></tr>
<tr><td colspan="4">3. 组织宣传四大执行力文化，确保全体员工知晓率 100%</td></tr>
</table>

续表

职责与任务		
职责四	职责表述：定岗定编管理	
	工作结果	1．组织制定关于公司组织结构设计与调整，定岗定编的各项制度与流程，报批后纳入部门管理手册
		2．根据公司的相关制度和流程，做好组织机构的设计与调整，以保证公司的顺利运营
		3．负责公司的定岗定编，保证人员合格上岗，保证公司运营的顺利进行
职责五	职责表述：公司的招聘管理	
	工作结果	1．组织制定公司招聘管理体系（含内聘），报签后纳入部门管理手册
		2．监督招聘管理体系的培训，确保参训人员一次性考试通过率 100%
		3．审核公司年度招聘计划，报批后组织实施公司空缺岗位的招聘，确保客户满意度 100%
		4．审核人员调配报告，报批后监督执行，确保调配人员考核达标
		5．根据公司人力资源规划，组织实施公司经理级（含销售主管）以上人才储备，确保岗位空缺后两周内目标人员确定，试用期半年度通过率达到 70%
职责六	职责表述：公司培训管理	
	工作结果	1．组织建立公司培训体系（制度、流程等），报批后纳入部门管理手册
		2．监督各部门相关人员培训体系的培训，确保考试一次通过率 100%
		3．审核公司年度培训计划，报批后监督执行，确保客户满意度 80%以上；（抽样标准由人力与监察商定，报总裁审批）
职责七	职责表述：公司的绩效管理	
	工作结果	1．组织制定公司绩效管理体系，报批后纳入部门管理手册
		2．监督各部门相关人员绩效管理体系的培训，确保考试一次性通过率 100%
		3．监督执行公司的绩效管理机制，确保各岗位优胜劣汰
		4．负责各部门负责人的绩效管理，确保 100%执行管理制度
		5．监督审核各部门内部的绩效管理，确保准确率 100%，并奖优罚劣
		6．组织处理员工对绩效考核结果的申诉，确保满意度 100%
职责八	职责表述：员工职业生涯规划管理	
	工作结果	1．组织制定员工职业生涯管理体系，报批后纳入部门管理手册
		2．监督各部门制定所属员工的职业生涯规划，保持员工为自己的职业理想工作的热情，并帮助他们实现自己的职业目标
职责九	职责表述：公司的薪酬和福利管理	
	工作结果	1．组织制订公司的薪酬、福利管理体系，报批后纳入部门管理手册
		2．监督各部门相关人员薪酬福利管理体系的培训，确保考试一次性通过率 100%
		3．监督员工的各项社会保险和公积金工作，确保 100%执行公司规定
		4．监督员工薪酬、福利的工作，确保按时准确发放，并 100%执行公司制度
职责十	职责表述：公司的员工关系管理工作	
	工作结果	1．组织制定员工劳动合同管理制度，报批后纳入部门管理手册
		2．监督员工劳动合同管理，确保员工 100%签订劳动合同
		3．组织解决员工劳动纠纷，做好提前预防，防止无效开支，确保公司与员工各方合法利益
		4．监督制定员工保密协议并组织签订，确保相关岗位 100%签订
		5．组织建立员工档案管理制度，报签后纳入部门管理手册
		6．监督员工档案管理，确保员工档案管理达标
职责十一	职责表述：员工离职管理	
	工作结果	1．组织建立员工离职管理机制（含离职预警），报批后纳入部门管理手册
		2．监督所有人员离职管理机制的培训，确保知晓率 100%
		3．组织实施人员离职工作，确保人员离职 100%按照制度执行

续表

职责与任务		
职责十二	职责表述：人力资源成本预算管理	
	工作结果	1．组织建立公司人力资源成本预算管理体系，报批后纳入部门管理手册
		2．组织培训各部门关于人力资源预算管理的培训，确保一次性考试合格率 100%
		3．监督各部门人力资源成本预算管理，确保 100%执行预算
职责十三	职责表述：本部门团队建设工作	
	工作结果	1．做战略，通过成功故事、个人战略、客户价值宣讲等形式，为团队成长指明方向，使非正常离职率达到公司标准
		2．做团队，通过 A/B 角建设、绩效考核、全面培训，进行战略人力资源管理，使关键岗位上岗时间达到公司标准
		3．做机制，通过业务质询会和 5I 管理，确保团队成员达到各阶段工作结果，使预期的业绩和结果的通过率达到公司标准
		4．做文化，传承独立商业人格、客户价值文化与核心价值观，通过各种文化活动，树立以客户为核心，主动承担责任的风气，确保员工文化知晓率达到公司标准
职责十四	职责表述：部门预算管理	
	工作结果	1．根据公司预算管理办法，组织制定本部门预算编制流程，报签后纳入部门管理手册
		2．组织编制人力资源部年度预算，在规定时间内通过公司审批
		3．在预算范围内，审批部门费用并监督执行，保证费用支出在预算范围内
职责十五	职责表述：部门信息管理	
	工作结果	1．根据公司信息管理规划，制定人力资源部信息规划，报批后纳入部门管理手册
		2．根据人力资源部信息规划，制订本年度信息管理计划，报批后监督执行，确保计划目标达成
		3．监督人力资源信息（档案除外）管理，确保内部客户（IT）满意度 100%
职责十六	职责表述：劳动人事危机管理（含仲裁、劳动监察、法院诉讼）	
	工作结果	1．建立人力资源危机管理应急预案，报批后纳入公司管理手册
		2．监督各部门相关人员人力资源危机应急预案的培训，确保 100%考试一次通过
		3．组织处理人力资源危机，确保危机解除
岗位职业行为禁区	绝对禁止	泄露公司机密，给公司带来损失
	后果严重	后果严重辞退，并追究法律责任
核心权限		对年度工作计划的建议权
		对公司编制的审核权、建议权
		对公司薪酬标准的建议权
		对公司编制内招聘的审核权
		对公司全体员工任免、调配的建议权
		对公司全体员工考核和奖惩建议权
		对直接下属有调配、任免建议权
		对隔级下属有任免权、调配权
		在预算范围内对部门员工的奖惩权
		对公司其他部门配合本部门工作的考核权和奖惩建议权

任职资格要求	
准入学历	本科及以上
专业	人力资源管理、企业管理等相关专业
经验	3 年以上同规模企业人力资源经理/总监经验，或 2 年以上同行业、同规模企业人力经理/总监经验
技能	掌握企业管理、法律、心理学等方面知识，精通人力资源管理知识 掌握 WORD、EXCEL、PPT 等办公软件使用方法，具备基本的网络知识 沟通能力、表达能力、协调能力、组织能力、团队训练能力

续表

任职资格要求	
思想素质	公司核心价值观：勇争第一、客户价值，结果导向，执行为先 岗位素质：诚信、正直、有原则性、保密意识、全局意识、前瞻意识、服务意识、工作计划性与条理性、沉稳、敬业、细致、耐心、协作精神，关注细节
工作条件	
工作场所的固定性	固定
职业危险因素	无
预防职业危险因素的知识和防护	无
协作要求	
内部客户	总经理、办公室、财务部、投资部、审计监察部、品牌中心、渠道中心、运营中心
外部客户	社保中心、区人事局、区劳动保障局、统计局、法院、中介机构、媒体

讨论案例

五金制品公司的人力资源规划

冯如生几天前才调到五金制品公司的人力资源部当助理，就接受了一项紧迫的任务，要求他在 10 天内提交一份本公司 5 年的人力资源规划。虽然老冯从事人力资源管理工作已经多年，但面对桌上那一大堆文件、报表，不免一筹莫展。经过几天的整理和苦思，他觉得要编制好这个规划，必须考虑下列各项关键因素。

首先是本公司现状。公司目前共有生产与维修工人 825 人，行政和文秘白领职员 143 人，基层与中层管理干部 79 人，工作技术人员 38 人，销售员 23 人。其次，据统计，近五年来职工的平均离职率为 4%，不同类别的职工的离职率并不一样，生产工人离职率高达 8%，而技术人员和管理干部则只有 3%。再者，按照既定的扩产计划，白领职员和销售员要新增 10%～15%，工程技术人员要增 5%～6%，中、基层干部不增也不减，而生产与维修的蓝领工人要增加 5%。

有一点特殊情况要考虑：最近本地政府颁布了一项政策，要求当地企业招收新职工时，要优先照顾女性和下岗职工。本公司一直未曾有意排斥女性或下岗职工，只要他们来申请，就会按同一种标准进行选拔，并无歧视，但也未予特殊照顾。如今的事实却是，销售员除一人是女性外其余全是男性；中、基层管理干部除两人是女性外，其余也都是男性；工程师里只有三个是女性；蓝领工人中约有 11%为女性或下岗职工，而且都集中在最底层的劳动岗位上。

冯如生还有 5 天就得交出计划，其中包括各类干部和职工的人数、从外界招收的各类人员的人数，以及如何贯彻市政府关于照顾女性与下岗人员政策的计划。此外，五金制品公司刚开发出几种有吸引力的新产品，预计公司销售额五年内会翻一番，冯如生还得提出一项应变计划以应付这类快速增长。

思考题：

1. 老冯在编制人力资源规划时要考虑哪些情况和因素？
2. 他该制订一个什么样的招聘方案？
3. 在预测公司人力资源需求时，他能采用哪些技术？

本章小结

1. 影响招聘的因素主要是外部因素、内部因素和求职者因素。其中外部因素主要包括：国家政策法规、经济因素、科学技术因素、劳动力市场因素；内部因素包括企业发展战略、职位的性质、组织形象与自身条件、企业的用人政策、招聘成本等；求职者因素包括应聘者的求职动机与强度、应聘者的个人职业生涯设计等。

2. 人力资源规划是企业计划的重要组成部分，在整个人力资源管理活动中占有重要地位，是各项人力资源管理活动的起点和依据，它直接影响着企业整体人力资源管理的效率。

3. 人力资源规划就是进行人力资源供需预测，使之平衡的过程。

4. 人力资源规划包括总计划、职务编制计划、人员配置计划、人员需求计划、人员供给计划、教育培训计划、人力资源管理政策调整计划、投资预算等。

5. 人力资源规划的步骤一般包括：收集信息；人力资源需求与供给预测、制定人力资源规划；人力资源规划的实施、计划的反馈与评估等。

6. 人力资源规划的作用主要体现在：①有利于组织制定战略目标和发展规划；②确保组织生存发展过程中对人力资源的需求；③有利于企业人力资源的合理运用；④有利于调动员工的积极性和创造性；⑤有利于控制人力资源成本。

7. 人力资源需求预测是指以企业的战略目标、发展规划和工作任务为出发点，综合考虑各种因素的影响，对企业未来人力资源需求的数量、质量及时间等进行估计的活动。人力资源需求预测方法主要有回归分析法、德尔菲法、时间序列分析法、转换比率分析法等。

人力资源供给预测分为企业内部人力资源供给预测和企业外部人力资源供给预测。人力资源供给预测方法主要有管理人员连续计划、马尔可夫模型、技能清单法等。

8. 人力资源规划的具体内容包括制订职务编写计划、制订人员盘点计划、预测人员需求、确定员工供给计划(制订方案)、制订培训计划、制订人力资源管理政策调整计划、编写人力资源部费用预算、关键任务的风险分析及对策、评估人力资源规划等。

9. 工作分析是对组织中某个特定职务的目的、任务、职责、权力、隶属关系、工作条件、任职资格等相关信息进行收集和分析，以便对该职务的工作做出明确的规定，并确定完成该工作所需要的行为、条件、人员的过程。

工作分析是现代人力资源管理所有职能(人力资源获取、整合、保持与激励、控制与调整、开发等)工作的基础和前提。

10. 工作分析的主要内容包括以下几个方面：工作岗位的名称、工作任务的分析、岗位职责的分析、岗位关系的分析、工作环境分析、工作岗位对员工的知识、技能、经验、体格、体力等必备条件的分析。工作分析的主要方法是访谈法，观察法，问卷调查法，工作日志法及关键事件法等。

11. 工作分析的产物是工作说明书，也称职位说明书或岗位说明书，是工作分析的结果性文件之一，它指通过对工作分析收集的信息进行归纳总结，最后得出对工作本身和任职资格进行规范化描述的文件。

第3章

招 聘 计 划

学习目标

1. 了解什么是招聘计划和招聘策略，对招聘计划和招聘策略有一个全面、清晰的认识；
2. 掌握招聘计划的主要内容；
3. 熟悉和掌握招聘团队的构成及其职责；
4. 了解和掌握内部招聘渠道和外部招聘渠道。

引导案例

大中金融信息服务有限公司的困惑

大中金融信息服务有限公司是HQ集团在华建立的全资子公司，成立于2001年12月，是中国首批从事金融离岸外包业务的软件技术服务企业之一，致力于为HQ全球业务部门提供软件开发和技术支持。2012年8月，根据集团公司的长远战略和整合全球资源的规划，公司合并了两家非银行子公司。合并后的大中公司业务范围包括后台运营服务、数据处理、金融知识培训等在内的完整金融后台服务功能，为全球70多个国家及地区的业务部门提供金融后台服务。经过16年的发展，公司业务支持范围逐年扩大，新的业务部门不断成立，业务范围涵盖软件开发、软件测试、IT技术支持、信用卡业务支持、客服中心、财务服务、人事服务等。员工由最初的几十人发展至今近2000人规模。

令公司高管层头痛的是公司客户服务中心自2013年成立起离职率居高不下，2017年的离职率更是高达近40%(详见表1)。

表1　2013—2017年大中公司客户服务中心离职率统计

年　份	离职人数	年初人数	年末人数	离职率	新招人数
2013年	18	60	67	28%	25
2014年	20	67	70	29%	23
2015年	30	70	102	35%	62
2016年	40	102	110	38%	48
2017年	46	110	118	40%	54

五年以来，客服中心离职率一直高居公司榜首，并且呈逐年增长的趋势。这也成为困扰公司高层领导及人力资源管理部门的一个严重问题。频繁的招聘、培训新人增加了人力资源管理成本，新员工在业务熟练程度和专业程度上较老员工有着较大的差异，直

接造成了生产成本的增长。由于部门人员流动率过高，严重影响了业务流程的稳定性，客户满意度不断降低。有一段时间，部门出现了离职高峰，每周都有人办理离职手续，尤其是部分老员工的先后离职，在部门内造成了很大影响，大家都无心工作，对部门和公司没有信心，对自己的前途感到担忧。由此形成了一种恶性循环，使得客户对该部门的信任度降低。

人力资源部和客户服务中心联合对员工离职原因进行了调查。调查结果却让两个部门产生了分歧。以 2015 年基于服务年限的客户中心员工离职率调查数据分析为例（见表 2），招聘的新员工在一年内离职的占 57%，三年内离职的占 87%。客户服务中心据此认为是人力资源部招聘质量不高导致的离职率居高不下；人力资源部负责人也很苦恼：“我们整天发广告、招聘信息，不停地筛选简历、面试，忙个不停，怎么就是满足不了公司对人才的需求？”

表 2　2015 年客服中心离职数据分析

服务年限	离职人数	部门离职总人数	百分比
小于 6 个月	9	30	30%
工作 1 年	8	30	27%
工作 2 年	5	30	17%
工作 3 年	4	30	13%
工作 4 年	1	30	3%
工作 5 年以上	3	30	10%

大中金融信息服务有限公司的员工绩效管理制度规定，每名员工在年初时要与主管交流本年度个人发展目标，并根据本部门年度发展计划结合个人发展情况制定个人年度发展目标。每年年底，部门主管会再次与员工面谈，检查目标达成情况，结合员工日常工作表现完成员工年度绩效考核。绩效考核结果分为五个等级，排名从高到低分别是：优秀；良好；合格；待改进；不合格；不适用。其中，每年 6 月 1 日后入职且仍在试用期内的员工不计入当年绩效考核范围，系统标注为不适用。

只有完成年初设定的所有目标，并在工作中有重大突出表现的员工才能获得优秀或良好。对于优秀和良好的员工，人力资源部设定的离职率目标是控制在 10%以下，但如表 3 所示，客服中心 2015 年优秀员工的离职率高达 50%。

表 3　2015 年客服中心离职人员绩效考核分析

绩效考核结果	离职员工人数	在职员工人数	百分比
优秀	4	8	50%
良好	7	15	47%
合格	5	22	23%
待改进	2	20	10%
不合格	3	8	38%
不适用	9	29	31%

进一步的问卷调查结果显示：58%的员工入职前不了解所要从事的工作内容及性质，37%

的员工对自己将要从事的工作有所了解，5%的员工不确定入职前是否对要做的工作获得了足够的了解；74%的员工入职前没有客服工作的相关经验，只有26%的员工有客服工作的相关经验；11%的入职员工入职前对金融信息服务行业有所了解，其余的入职员工均未有该行业从业经历。

由于人才的严重流失，公司及部门业务受到严重影响，原本准备开发的多个新业务项目处于搁浅状态。基于此，大中金融信息服务有限公司要求人力资源部及客户服务中心在一个月内提交整改报告，提出具体的改进措施，以扭转当前的困境。

一些组织，尤其是人力资源管理部门似乎整年都在忙于招聘工作，但结果却是想要的招不来，招来的不好用或要走，职能部门或业务部门急着用人，人力资源管理部门则不得不再次招聘。在职能部门或业务部门眼里，人力资源管理部门总是瞎忙，不懂招聘；在人力资源管理部门眼里，职能部门或业务部门只知道要人，却不知道要什么样的人。

其实，出现上述矛盾，其影响因素固然很多，但招聘计划缺失，或者是招聘计划不科学、不系统、不实用等是主要影响因素。实践证明，招聘工作要高效有序地进行，就必须制订招聘计划。

3.1 招聘计划概述

3.1.1 招聘计划及其作用

招聘计划是组织根据自身的发展要求，结合人力资源规划和工作分析，对招聘的岗位、人员数量、时间限制等内容做出详细的计划。

招聘计划实际上是做好招聘工作的一份指导性文件。在实际执行过程中，招聘部门及人员一方面要严格按照招聘计划选聘人才，另一方面，也要根据招聘环境或组织对人才的急需程度等对招聘计划进行微调。

招聘计划的作用主要体现在以下三个方面：

① 招聘计划的制订是对组织人力资源的一次盘点，通过招聘计划能够帮助组织了解其内部各类人才的余缺，了解各层次人才的需求，使组织能够维持人力资源的动态平衡，对实现组织战略目标具有促进作用；

② 招聘计划是组织进行人才选聘、实施招聘的依据。组织根据招聘计划，通过定期或不定期地招聘、录用组织所需要的各类人才，为组织人力资源系统补充新生力量，也能够有效地避免人员招聘的盲目性和随意性；

③ 招聘计划能够帮助组织更好地选用和开发人才，做到优化配置。招聘计划能使招聘工作高效有序地进行，使招聘更趋合理化和科学化，为组织扩大生产规模、调整生产结构、开展新业务等提供人力资源的可靠保证，同时弥补人力资源的不足。

3.1.2 招聘计划的类型

招聘计划与人力资源规划不同。人力资源规划是组织进行的人力资源供需预测，通过规划使人力资源供需趋于平衡，可以说人力资源规划是组织对人力资源的一次战略部署。而招聘计划则是组织针对某一时期的人力资源需求而制订的一份详细的、具体的、可操作的人才选聘计划，实际上是对人力资源规划的具体落实和实施。

招聘计划一般属于中短期计划。因此，组织通常都制订年度招聘计划，但也有组织基于招聘难度等因素，制订长期招聘计划。例如，有些企业针对高技术人才、高管人才、核心人才等制订一年至三年期限的招聘计划。

除了常见年度招聘计划之外，组织还根据人才的聚集程度、获取难易程度和人才的专业技术要求特性等，制订各种专门性招聘计划，如比较流行的校园招聘计划、网络招聘计划和XX项目招聘计划等。

3.2 招聘计划的主要内容

各类招聘计划的内容大体相同，但不同招聘计划的重点各有不同。招聘计划的基本内容主要有：招聘需求；招聘策略；招聘渠道和方法；招聘时间与地点；招聘流程；招聘实施方案；招聘团队；招聘成本预算等。

3.2.1 招聘需求

通过进行人力资源规划和工作岗位分析，最终结果就是企业的招聘需求，也称人员需求，招聘需求既为招聘时间、招聘地点、招聘方法和成本等一系列策略选择提供依据，也为招聘信息的发布提供了具体内容。招聘需求主要包括两个方面的需求：一是需求人员的数量；二是所需人员的素质要求。要明确招聘需求，就要求招聘者对工作分析中的相关资料和人力资源规划的具体内容进行认真分析。

相较于所需人员的素质来讲，所需人员的数量更容易确定。所需人员的素质即确定招聘什么样的人才。具体来说是指组织对计划招聘人员的基本素质要求及针对各个部门中不同职位的特殊要求。其主要标准包括：年龄、性别、学历、工作经验、工作能力和个性特征等。

所需人员的素质主要从三个方面来考察，即：人员技能与岗位职责相匹配；人员个性与团队特点相匹配；人员价值观与组织价值观相匹配。只有人员与组织的三个匹配度都符合企业的要求，他才有可能适应企业的工作。

所谓人员技能与岗位职责匹配，是指人员所具备的基本技能胜任岗位的具体要求。组织需要进行工作分析，明确岗位职责，把招聘职位的工作内容、特点和对人员的技能要求等编制成职位说明书，让应聘者知道岗位的任职条件，以及入职后要做什么工作，也让组织的招聘人员心中有数。

所谓人员个性与团队特点相匹配，是指招聘的人员个性要与团队成员具有近似性或一致性、互补性。人员个性也是招聘中要考虑的重要因素。随着现在专业化分工越来越细，团队合作越来越重要，如果人员是以自我为中心、合作能力不强，就不适合在团队中工作。另外，就是人员与团队的互补性，团队成员个性都很强，善于协调的员工则发挥作用，而死气沉沉的团队则需要性格开朗的人员进行引导。因此，根据团队的特点，招聘合作性和互补性强的新员工，团队才能产生 $1+1>2$ 的效果。

所谓人员价值观与组织价值观相匹配，是指招聘人员的价值观要与组织的价值观具有近似性或一致性。一些组织在招聘人员时，往往强调工作经验和技能，而忽略了对招聘人员的职业道德、价值观等方面的考察。组织很容易让员工掌握工作经验和技能等，但让员工接受组织的价值观却是一项长期性的工作。价值观支配个体行为，员工对组织忠诚度的高低与其对组织价值观的认同度有密切关系。认同组织价值观的员工能够与组织文化更好地融合，从而提高组织绩效。

组织人力资源管理部门应设计人员需求报告单(见表 3.1)，由用人部门经过充分论证后填写，再汇总到人力资源管理部门。人力资源管理部门再从组织发展战略需求、重点发展领域需求、后备人才储备需求等多角度出发，针对组织年度招聘人员需求制订年度招聘计划，最后由组织决策层做出最后的招聘需求决定。

表 3.1　人员需求报告单

工 作 编 号		职 位 名 称		要求上岗时间	
补充人员的原因 (例如，人员流动导致职位空缺，新设岗位等)					
对任职者的最低资格要求					
主要工作职责和任务					
签发日期		签发部门或签发人签章			

3.2.2　招聘策略

组织的招聘活动一直是人力资源系统中补充人才数量、提高人才质量的重要一环。正如学者李广义所说，成功的招聘工作是人力资源管理的起点，只有通过招聘工作选拔出高质量、稳定性较高的员工才能真正做到为组织节约成本，达到长期发展的目的。

知识经济时代，人力资源组织可持续发展的核心竞争力之一，招聘作为人力资源管理中重要的一环，也越来越受到人们的重视，而招聘的有效性更是关乎组织人力资源实践的各个环节能否顺利进行。世界 500 强企业之所以能够在发展战略、经营方式、管理水平、人才开发、营销能力、技术创新和企业文化等众多方面成为行业典范，最关键的原因就是它们都拥有一大批优秀的人才。反观我国大多数企业，在招聘方面仍存在体制不健全、缺乏标准化且系统化的职位体系的问题。实际工作中，许多从事人力资源管理的工作人员都会有这样的经历：企业通过周期较长的招聘活动甄选的员工短短几个月就离职去了别的企业，或者是因为缺少高质量候选人而没有招聘到合适的员工，这不仅浪费了企业花费在招聘活动上的时间，也损失了大量的人力和物力。究其根本，是 HR 部门在进行招聘时没有选对招聘策略的缘故。本章，就将从招聘策略的角度探讨如何提高企业招聘活动质量与效率。

招聘策略(Recruitment Strategy)是指将组织的战略目标、文化和外部环境有机地结合而制定的针对招聘管理的指导原则，包括招聘时间地点策略、人才吸引策略、招聘渠道选择与建设策略和人才甄选策略等。已有研究从职业发展、技能技巧、薪酬福利、工作环境等诸多因素讨论了企业等组织如何利用自身竞争优势打造吸引求职者的诱导机制，比如制定优厚的股权激励机制、完善的员工培训与职业生涯管理体系等。招聘策略应基于组织战略和人力资源管理战略而制定，服务组织战略管理的需要，与组织的战略类型具有高度内在一致性。企业战略分类方法很多，总结起来，企业的战略类型主要包括发展型战略、稳定型战略、收缩型战略、并购战略、成本领先战略、差异化战略和集中化战略。针对不同的战略，可制定不同的招聘策略，为实现企业战略目标提供人力资源保障。

(1)基于“战略性”视角的招聘策略

2008 年全球性金融危机的爆发使得我国大多数行业的人力资源供大于求，在这样的背景下，企业的招聘压力非常小，少有企业制定根植于企业总体战略且与人力资源规划相匹配的招聘计划。这种不够完善的企业招聘体系，导致了招聘目的性差、招聘渠道选择受限等问题的产生，人才上岗后绩效不达标、离职率高等现象屡见不鲜。因此，“战略性招聘”这一理念应运而生。

战略性招聘(Strategic Recruitment)是指人力资源部门结合企业长远发展、整体战略、纵深维度规划，在实施招聘的过程中进行有效决策，采取有效手段的行为过程。企业招聘策略的定位与规划是否具有科学性，是招聘有效性的保障基础。许多企业在招聘管理方面都存在着“急功近利”、只关注企业急需岗位员工的问题。明智的企业会根据实际的发展需求，科学地制订人力资源管理计划，通过标准化评估，确定企业所需的各类人才，在合适的时间段完成相应的招聘工作。具体来说，人力资源部门应充分厘清企业总体战略、人力资源战略规划和战略招聘策略三者间的匹配关系，协调好招聘工作与其他战略规划的关系。在实施战略性招聘策略时，应运用科学、先进的人力资源管理思维，规范和改进原来招聘工作的不足，为企业的发展配置完善的招聘管理体系。

战略性招聘策略主要具有以下几个特点：

① 战略性。战略性要求企业应从总体战略规划的高度对待招聘问题；

② 有效性。战略性招聘降低了传统招聘在各个环节的成本，最大化招聘效益；

③ 参与度高。由于战略性招聘是从总体战略规划的角度考虑招聘问题，因此，企业的招聘工作不再是人力资源管理部门独立考虑的问题，而是企业内各部门综合参与、实现群体决策力的问题；

④ 风险性。虽然战略性招聘从长远角度关注企业的招聘工作，但是对于中小型企业来说，可能无法承担整体招聘流程的高投入，以及无法承受由高投入带来的高风险。

(2)基于“拓展性”视角的招聘策略

不同的招聘渠道具有不同的优势。通过内部招聘，企业可以激发内部员工的工作积极性，并且可以迅速找到与岗位相匹配的角色，在提高组织绩效的同时，为员工实现职业生涯规划和目标；通过外部招聘，企业能够补充新鲜血液，改善内部的工作氛围，提高各部门的工作效能。企业应结合国家的现行政策，根据自身的岗位人才需求情况，制定招聘策略和开展招聘工作，拓宽招聘渠道，加大招聘力度，从综合性的角度出发提高招聘工作的发展性。

(3) 基于“规范化”视角的招聘策略

已有调查研究发现，我国多数中小型企业存在着招聘管理体制不健全的问题，人力资源管理部门缺少专门从事招聘工作的专员，企业内部没有规范化的招聘管理章程，导致招聘过程简单随意，无法落实一些重要的招聘环节。招聘流程的不规范，严重影响了招聘工作的有效性。

从根本上说，企业应该建立和培养具有专业技能的招聘团队，并制定规范化的招聘流程。在实际招聘活动中，严格按照规范化流程，循序渐进地针对求职者的个人资料进行甄选。在必要的时候，通过不同的招聘方法，清晰地把握应聘者的业务素质、应变能力、协调能力等，充分发挥招聘工作的价值。

(4) 基于“真实性”的招聘策略

在招聘过程中，企业的招聘人员应客观真实地向求职者传递企业发展现状、劳动合同细节、具体工作要求等内容，让求职者对所要从事的工作有一个明确的认知，方便其评估自身能力与岗位需求的契合度。“真实性”的招聘策略不仅能够提高新聘员工对工作的满意度，也能提高员工与企业相互接纳的程度，从一定程度上减少了离职现象的发生。

(5) 基于“胜任力”的招聘策略

胜任力模型通常是企业解决员工招聘、培训、开发、评估等问题的人力资源管理工具，一般分为知识与技能、能力、态度与意识三个维度。在具体的日常实践中，招聘的目的是要找到与具体岗位相匹配的人才。1979 年 Kahaneman 等提出的新期望理论指出，招聘流程的第一步应是筛选与职位所要求的技能、知识相匹配的员工，强调员工的硬实力，即“岗位—能力”匹配。对于这一筛选过程，能力过高或能力过低的员工都是与岗位不匹配的，因此有学者提出了构建“岗位—胜任力”匹配模型，用以评估相应的匹配程度。例如，世界 500 强企业西门子公司的招聘体系中就设有“人才胜任力模型”，主要考量求职者的知识标准、经验标准和能力标准。而宝洁公司的人才测评中心也通过一定的标准化面试流程，综合考虑求职者的诚信、素质和能力。

(6) 基于“招聘宣传”的招聘策略

根据招聘信息的受众与传播范围，企业应在进行招聘活动时选择合适的渠道发布招聘信息。通常，发布信息的媒体主要有网络、人才市场、广播、报纸、电视、海报等。根据具体的职业特点，选择合适的媒体宣传策略。

(7) 基于“招聘时间”的招聘策略

招聘时间主要包括开始时间和持续时间两个方面。在确定招聘活动的开始时间时，需要考虑：①招聘工作的紧急程度。如果对于人才的需求比较紧急，应当立刻展开招聘工作。如果考虑长期的人才储备计划，则可以综合各种影响因素，选择合适的时间展开招聘活动；②招聘工作的任务量。如果招聘工作任务量比较大，应当尽早开展招聘工作，确保有充足的时间招聘到合适的人才；③行业供需情况。企业应当在行业人才供给高峰期时进行招聘，不仅可以节约成本，还可以提高效率。在确定招聘的持续时间时应当注意：①招聘方法的复杂程度。当预计采用的评估方法比较复杂时，招聘周期会较长；②招聘经费多少。当招聘经费充足时，招聘的时间可以适当延长，招聘的范围可以适当扩大，提高企业招聘工作的覆盖程度。

(8) 基于“招聘地点”的招聘策略

招聘地点的选择通常是企业招聘工作的有效性的重要影响因素之一。通常，招聘团队需要综合考虑招聘职位、招聘范围、招聘地点的人力资源状况、招聘地点的消费水平等因素制定具体的招聘行程。一般情况下，企业对于招聘范围的选择主要按图 3.1 来进行：

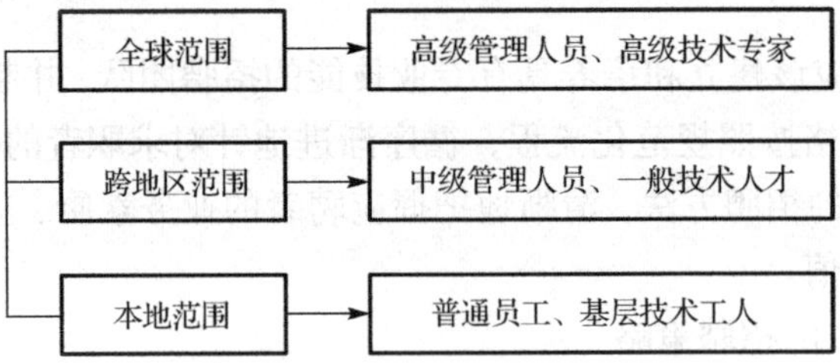

图 3.1　招聘范围的一般选择标准

3.2.3　招聘渠道和方法

招聘渠道是组织实现招聘需求的路径和途径，在一定程度上决定了应聘者的质量和素质等，对招聘效果有很大的影响。选择适宜的招聘渠道能起到“事半功倍”的效果，因此组织要根据不同的岗位特点选择合适的招聘渠道。

如何制定招聘策略？

(1) 招聘渠道的特征及选择原则

一般来讲，好的招聘渠道应该具备以下特征：

① 招聘渠道的目的性。对于不同的招聘渠道，可以按照优先级和可行性同时采纳，但是针对不同类型的员工，招聘渠道的侧重点也要有所不同；

② 招聘渠道的经济性。在确保能招聘到合适人才的情况下，要选择招聘成本最低、性价比最高的渠道；

③ 招聘渠道的时效性。企业招聘渠道必须能确保企业快速满足招聘需求，特别是满足急需关键岗位人才的招聘时限要求。

简单来说，招聘渠道的选择原则就是在规定时间内满足招聘需求的同时，保证渠道性价比最高。为了实现这个要求，人力资源部就要定期做好数据分析和评价工作。

(2) 内部招聘渠道及方法

选人和留人无疑是人力资源管理的两大重要主题，也说明招聘与岗位要求适配且能够长期为企业创造价值的员工是人力资源管理的关键性工作。由于各种各样的原因，相对于外部招聘来说，很多企业在招聘人数、重视程度等多方面将内部招聘作为外部招聘的辅助手段。然而近几年来，内部招聘逐渐成为企业招聘活动的重要组成部分，有调查显示，美国高科技企业中约有 80 万个岗位没有找到合适的求职者。而在我国，据中国科技协会对 21 个省、市 80 多家企业的 2437 位工程技术人员的调查表明，有 64%的被调查者认为自己的能力发挥不足 50%，整体人才浪费率高达 52.3%。由此可见，员工招聘应该由外部向内部发展，着重在内部寻找合适的人才。

内部招聘即在组织内部挑选合适的候选人。当组织出现职位空缺后，在企业内部发布招聘需求，通过公开招募等方式选取合适的人员填补职位空缺。相比于外部招聘，内部招聘具有如下优势。

① 企业对已有的员工了解程度高。由于内部招聘的受众都是企业比较了解的内部员工，在进行内部招聘时，企业可以很方便地获得员工的技能清单与绩效评价，观察候选者的工作习惯、技能、适应性等方面是否符合岗位要求。相较于外部人员，企业对现有员工的资料真实性把握更高，从而在一定程度上减少做出错误决定的概率。

② 节约成本。相比于外部招聘，内部招聘在评估、测试、招聘安排等方面节约一定的人力、物力和财力，有时只需要公布一个启示即可。数据显示，2003 年，全球 500 强企业惠而浦新增的 300 多名员工中有一半以上为老员工。据公司财务部门核算，企业的这一内部招聘环节为公司节约了大约 100 万美元的支出。此外，外部招聘的员工由于初入企业，在磨合期可能面临着适应性不足而导致绩效低的可能，而内部招聘在很大程度上缩短了磨合时间，使新上岗员工能够很快为企业创造价值。根据麦尔龙金融公司在 2003 年的研究，要达到同样的生产力，从公司外部雇佣的员工要比从公司内部选人多花一倍的时间。

③ 有利于留住人才。近年来，员工离职率成为各行各业关注的焦点。优秀的人才关乎企业的长久发展，这类员工的离职，不仅仅是把已有的经验和技能带到别的地方，更是意味着企业损失一名优秀的员工，为竞争对手增加了一个重要的砝码。然而，完善的内部招聘流程能够使稳步晋升的企业员工对组织的忠诚度大大提高。据 Recruitsoft 在 2003 年对 70 家全球性大公司的调查，有正规内部流动政策的公司的平均流失率仅为 11%。如果企业可以通过内部招聘制度帮助员工实现职业目标，人才流失的可能性就会大幅度减少。

④ 有利于强化竞争。内部招聘不仅仅是一种招聘形式，更是企业内部的一种激励方式。内部招聘制度意味着员工的晋升机会变多，不仅给员工带来物质生活上的提升，更是对其职业成功的一种满足。相比于直接的经济激励手段，内部晋升往往是长期性激励，在一定程度上鼓励员工的长期高绩效行为。

通过内部招聘，企业可以通过有效的职位调配与晋升帮助内部员工完成与完善职业生涯管理。

当然，内部招聘也有其局限性，主要表现在：

① 可能出现“近亲”提拔的情形。在内部招聘的过程中，部分具有决定权的管理者会提拔与自己关系亲近或属于“圈内人”的下属，导致整个内部招聘流程有失公允。这种情况既不能满足岗位要求，又会使部分真正具有综合素质的员工心灰意冷；

② 可能会影响组织的稳定性。内部招聘进行的过程中，部分员工会为了得到晋升机会而实施诸如关系贿赂、结盟等不利于招聘公平的偏离行为，甚至是实施危害他人的小动作。例如，在内招聘过程中，有的员工会散播诋毁其他竞争对手的谣言；

③ 长期实施内部招聘会使企业过于保守。企业不应只单独进行内部招聘而不通过外部招聘为企业注入新鲜血液，就像不流动的水会发臭一样。如果没有新员工的加入，会使企业内部缺乏活力，可能会使企业跟不上市场的快速变化而逐渐被淘汰；

④ 内部招聘并不适用于所有生命周期的企业。生命周期理论认为，企业也会随着时间的增长经历初创、壮大、成熟、衰退等循环过程。根据不同的生命周期，企业可以采取不同的发展战略。而不同的企业发展战略也对企业招聘提出了不同的要求。例如，初创期的企业，对人才的需求比较旺盛，需要引进大量的外部人员支持公司的发展，这时内部招聘仅仅起到人力资源内部调配的作用。而处于成熟期的企业，由于人力资源储备已十分充

足，对外部人才的需求量并不是十分大，当有职位空缺时，可以考虑内部晋升，同时减少内部冗员的发生。

内部招聘方法主要包括内部晋升、竞争上岗、工作调换、工作轮换、重新聘用、员工推荐等形式。

① 内部晋升。

内部晋升是指用通过内部提拔的方式选择可以胜任空缺岗位的优秀人员。一般而言，那些具有间接能力导向或者希望员工对组织有较高认同感的企业通常比较倾向于通过内部提拔的方式来填补职位空缺。

全球著名的日用品公司宝洁公司是当今为数不多的采用内部提升制的企业之一。在宝洁成立之初，曾花费大量的时间思考和研究如何让员工一直留下来。宝洁公司认为让员工对企业产生较强归属感，使员工价值观与企业价值观契合是留住员工的关键，而内部提升制度非常有利于实现这两个目标。在宝洁公司，几乎所有的高级经理都是从新人做起，宝洁公司管理层 95%以上的员工都是由应届大学毕业生培养起来的。宝洁公司建立了完善的培训体系以发掘员工的潜力，增强各方面的能力，这是一个非常宝贵的策略。在宝洁公司的内部提升理念和机制下，历任 CEO 都是从初进公司时的一级经理开始做起，他们熟悉宝洁公司的产品、经营机制，更重要的是，他们对宝洁公司的文化有百分之百的忠诚，是随着宝洁公司成长而一同成长的。这种自豪感和主人翁意识可以很好地保持公司的凝聚力，提高他们工作的满意度和激情。后来内部提升也成为宝洁公司成功的秘诀之一。

国内外较为成熟的内部晋升机制主要包括以下几种。

其一，基于年资的晋升机制。基于年资的晋升机制是指将工作人员的工龄与资历作为评判职位晋升的主要标准。简言之，对于新入职、能力突出、绩效良好的员工来说，由于资历较浅的问题，在短时间内也无法获得相应的职位晋升。日企的内部晋升机制就是典型的以“年资”为评判标准的晋升机制。日本高管普遍认为员工的业务能力、技术水平、贡献程度均与工龄成正比，也因此，日本员工在初入企业后，工资待遇是按照资历逐年提升的，在相应的高管选拔与晋升制度中也明文规定了必须具备的资历条件。

年资的晋升机制意味着标准简单，且可以避免因为管理者的个人偏好，或关系亲疏使得晋升不当的现象发生。但是，对于某些行业与职位来说，工作年资与工作绩效等因素并不一定成正比。资历只是一个时间指数的笼统概念，一般来说，工作时间越久的员工经验越丰富。但资历不能成为衡量能力、智慧、经验的唯一标准。并且，基于年资的晋升机制也会大大降低企业对外部人才的吸引力，更无法为内部员工提供足够的保障与安全感。

其二，基于绩效的晋升机制。基于绩效的晋升机制是指将员工的工作表现与工作绩效作为晋升的主要评判标准。一个人的工作表现与工作绩效代表了他在现有岗位上的知识水平、业务能力及工作态度，这为他的晋升提供了基础条件。当晋升前后的工作在工作责任、方式、业务能力及工作态度等方面没有明显差异时，基于绩效的竞争意味着该名员工在更高的职位上会有所作为。但是当晋升使得岗位属性发生变化时，已有的工作绩效并不能作为评判员工是否值得被晋升的唯一条件。以管理类岗位为例，管理工作与一般技术型工作重点不同，不同的管理层级对在岗员工的要求也有所不同。当从一般性技术岗位晋升管理性岗位时，即使员工的以往工作绩效突出，仍存在着晋升后工作无效的可能性。

其三，基于人际关系的晋升机制。基于人际关系的晋升机制是指将员工与领导、同事的亲疏程度作为评判晋升的主要标准。已有学者曾指出，企业内部的关系网络是影响晋升等决策的关键性因素。由于内部晋升不是企业的常规性决策，很多企业缺少标准化的内部晋升机制，往往都是“随缺随晋”。因此，企业内部的人际关系往往对企业的职位晋升产生了极大的影响。对于领导者而言，提拔与自己亲近的员工，可以加强今后在工作中的相互合作与信息互通，也有助于领导培养自己的“小圈子”，良好的关系网络意味着更多的工作资源。

以人际关系为考核标准的晋升机制意味着管理者有意偏私与自己亲近的员工，这种晋升方式不仅缺少公信力，也会引起其他员工的不公平感。

综上所述，内部晋升制度在一定程度上能够使得员工得到实现职业成功的机会，有利于提高其工作绩效，但不适时、缺乏规范化考核标准的内部晋升有时会危害企业的整体利益。

② 竞聘上岗

竞聘上岗是市场经济条件下企业发展的产物，是部分企业干部选拔的方式之一。如果它用于内部招聘，即为内部竞聘上岗。员工可以平等参与岗位竞聘，由企业组织考官进行评审，经过一系列测试，以德、才、能、识、体的全面衡量选拔员工。“竞”和“聘”涉及个人和企业两个方面。竞争是企业中的个人行为，所体现的是“能者上、庸者下”的用人原则，通过竞争激励机制的实施，充分调动全体员工的积极性和创造性。聘任是企业的组织行为，所体现的是组织对员工的合理使用。竞争是前提和形式，聘任是内容和结果。公司全体员工，不论职务高低、贡献大小，都站在同一起跑线上，重新接受公司的挑选和任用。同时，员工本人也可以根据自身特点与岗位的要求，提出自己的选择期望和要求。

竞聘上岗应符合一定的规范化操作流程，否则其权威性和有效性将受到影响。具体做法是：竞聘上岗应提前公示，确保竞聘覆盖范围内的全部员工知悉；竞聘评估小组应引入外部专家，确保竞聘流程的公平与公正性；竞聘岗位不能因为领导者推荐、暗示而有定选对象；竞聘岗位应具备完整的岗位说明书，方便应聘者评估自身条件与岗位条件的适配程度；初步审核时应注意备选人员的人数多少，既不能只保留1～2个备选人员，也不能保留过多的备选人员，一般4～6名最为合适。竞聘上岗的一般流程是发布竞聘公告——应聘者预筛选——技能考核——情景考核——综合诊断性考核——专业技能考核——公布决策。

竞聘上岗是保证组织变革顺利进行的必要措施和重塑企业文化的有效手段。它能够打破因循守旧的传统观念，摒弃论资排辈的落后体制，真正体现优胜劣汰的市场化观念和竞争意识，鼓励员工不断创新，实现自我提升，同时强化员工的使命感与责任感。

③ 工作调换

工作调换也叫做“平调、岗位调换”，是在内部寻找合适人选的一种方法，是内部招聘的渠道之一。全球最大的个人计算机零件和 CPU 制造商英特尔为了让员工保持最佳的工作状态，经常对员工进行工作调换。

④ 工作轮换

工作轮换是一种短期的工作调动，属于工作设计的内容之一，指在组织的不同部门或在某一部门内部调动员工的工作，目的在于让员工积累更多的工作经验。工作轮换有两种具体的形式：培训对象到不同部门考察工作但不会介入所考察部门的工作；培训对象介入不同部门的工作。

工作轮换起源于工作设计理论，先后经历了工作专业化、工作轮换、工作扩大化、工作丰富化和工作团队等几个发展阶段。19世纪末20世纪初，泰勒提出的科学管理理念强调了工作专业化的概念，认为专业化意味着工作效率的提升，但在一定程度上使得员工感觉枯燥乏味，对工作失去激情。因此，人们开始探索优于工作专业化的管理理念。在这种情况下，工作轮换、工作扩大化、工作丰富化、工作团队等工作设计方法登上舞台，如表3.2所示。

表3.2 工作设计的类型及特点

类　型	工作内容	特　点
工作专业化	专业化分工，只做小工序	生产率高，员工工作满意度低
工作轮换	岗位轮换	拓宽工作领域，提高工作满意度
工作扩大化	增加上下工序的内容	拓宽工作领域，提高工作满意度
工作丰富化	增加工作丰富度	提高员工责任感与技能丰富度
工作团队	增加团队性工作设计	增强员工之间的协作与自我管理

表3.2说明，不同的工作设计方法的侧重点不同，工作轮换是指在不改变工作流程的前提下从一种工作岗位转换到另一种工作岗位的设计方法。对员工进行工作轮换，能够更好地满足员工的内在需求，促进员工对组织不同部门的了解，带来工作的新鲜感和挑战性，提高员工解决问题的能力和决策能力。工作轮换能够激发组织的活力，增强部门间协作，储备多样化人才，使组织重组后更具效率。

例如，管理培训生（Management Trainee）是近来排在知名公司应届生招聘首位的职位，它吸引了越来越多的应届毕业生积极申请。管理培训生是一个外来术语，是外企里面“以培养公司未来领导者”为主要目标的特殊项目，其吸引人之处在于基层轮岗、快速成长、超常规晋升渠道、高管导师制和未来储备干部（合伙人）机会等，它能够给予充满个性的90后提供直接与高管对话、学习、提出建议的机会，深受广大应届生的青睐。

⑤ 重新聘用

重新聘用（返聘）即离退休人员的再次聘用。劳动者达到法定年龄退休后，被返聘到原单位或其他单位继续工作。返聘人员和用人单位双方可自行协议工作内容、报酬、医疗、劳动保护待遇等。退休后返聘人员和单位之间成立雇佣关系，而不是劳动关系，工资不受集体合同、最低工资、同工同酬原则的限制，工资由双方协商确定。但不能低于最低工资标准。确定工资后，不随在职人员工资的调整而调整。

相比于其他类型的内部招聘机制，返聘具有如下优点：

其一，退休返聘人员一般都是原来单位里的技术骨干，或是管理干部，工作能力较强，工作经验较丰富；

其二，退休返聘人员对于所工作的单位来说，其成本要大大低于普通员工。因为退休返聘人员往往都是在原单位享有比较健全的医疗保险、住房公积金、养老保险金等，因此无须再为其支付这些社会福利。另外，退休返聘人员由于在原单位享有一份退休金，因此经济上的压力不大，对薪金收入也没有过分要求，心理期望值不高，工资也偏低；

其三，退休返聘人员的工作态度比较认真，多年的磨炼使他们养成了认真的工作态度。

返聘也具有其他形式内部招聘不具备的缺陷，具体如下。

其一，稳定性较差。由于退休人员对于工作收入的依赖较低，企业一有风吹草动、形势不妙，就会人心思动，产生退回家里颐养天年的想法。

其二，退休返聘人员大多由于年龄、精力上的原因，难以从事高强度、高压力的工作，工作时间也相对较短，很难应对企业临时性的工作要求。

其三，退休返聘人员一般创新能力比较差，几十年的工作经验会固化他们的思想，限制他们的思维，因此，退休返聘人员一般不宜做创新性工作。

退休返聘人员在需求上与一般的人相比有一个明显的不同之处：他们的尊重需求强烈。中国是一个敬老的国家，这种社会文化使得退休返聘人员认为他们应该获得尊重，他们已习惯于别人尊重的眼光和礼敬的态度，一旦周围的环境发现了变化，使他们感到没有被尊重，就会产生强烈的失落感，进而影响工作情绪。

⑤ 员工推荐

随着互联网的不断普及，网络招聘成为企业寻求人力资源的主要手段之一。企业根据自身招聘岗位的不同在各类细分平台上获取资源，求职者也可以根据信息检索出合适的岗位，了解企业的招聘信息。但是，由于平台化信息共享无法保证企业在使用互联网招聘人才时的信息安全性问题，使得企业招聘的有效性有一定程度的降低。在这样的背景下，许多员工基于爱好、专业、领域、工作内容的同质性通过互联网建立了细分化的社交圈子。

求职者通过在圈内传递求职意向找到合适的目标企业联系人。而当企业有职位空缺时，人力资源部门管理通过运用各种激励手段(如现金奖励)鼓励员工向公司推荐合适候选人，这种类型的招聘方式被称为员工推荐。例如，Facebook 中有七成工程师是通过内部推荐的方式招募而来的。腾讯也有超过 4 成的员工是通过内部招聘的方式进入企业。美国微软公司被看作是全球最吸引人才、最有利于人才发展、最留得住人才的公司之一。微软认为，公司的首要任务就是寻找致力于通过软件的开发来改善人们生活的人才，不管这样的人才生活在何处，公司都要将他们网罗至旗下。微软的雇员主要由公司内部员工的推荐，特别是当公司进入一个新的市场时，微软有将近 40%的员工是通过这个途径进入公司的。

员工推荐的优点是招聘成本小、应聘人员素质高、可靠性高。推荐者对岗位要求和对被推荐者两方面都比较了解，一定程度上提高了应聘者与岗位的匹配度。同时，员工推荐扩大了招聘范围，对那些有着较理想工作，并不积极主动寻找新工作的高级管理人员或市场短缺的专业人才往往更有效。但是这种招聘方式也存在着一些问题。

其一，企业内部缺乏针对员工推荐的规范化管理制度。很多企业没有对员工推荐的招聘模式予以重视，特别是对于中小型企业来说，往往忽略其潜在价值，未在企业内部建立完善的推荐体系、规章制度和运行流程，导致员工对于内部推荐的参与度不高，造成有推荐意愿的员工没有合适的推荐渠道，降低了人力资源的利用效率。

其二，盲目进行员工推荐。非人力资源部门的员工，往往缺乏专业的招聘知识，对岗位职责的了解程度及差异化敏感程度不够高，容易对部门的岗位招聘产生误解。盲目推行员工推荐的招聘制度，不仅不能增加推荐人、被推荐人及用人部门间的有效沟通，还会使招聘的成功率降低，间接增加了招聘成本。

其三，员工推荐的激励手段过于单一。大多数企业通过发放奖金来激励员工进行内部推荐，单一的激励手段容易使员工陷入过度推荐、一味追求奖金的不良循环，严重增加人力资源部门的工作，降低了工作效率，忽略了员工推荐的本质作用。

(3)外部招聘渠道及方法

外部招聘是指从组织外部挑选所需要的人员来解决招聘需求。根据组织发展需要，相关负责人对外发布招募信息，对应聘者进行相关的测试、评定、试用直至最终聘用。

相比于内部招聘，外部招聘具有很多的优点。

① 招聘覆盖范围广。外部招聘可以覆盖相比于内部招聘更多的人才，如特殊技术人才、稀缺复合人才等。

② 外部招聘不仅仅是一种单纯的招聘方式，更是企业树立良好形象的机会。这一点在校园招聘上尤为明显。初入社会的优秀应届生由于对招聘市场上大大小小的公司不甚熟悉，拿捏不准应选择哪一家企业。这时如果公司通过新颖的宣传手段与详细的业务介绍，就可以吸引大批优质生源，提高企业的知名度。

③ 外部招聘能为企业注入新鲜的血液，缓解内部竞争者间的紧张关系。新员工可以为企业带来不同的技术经验、理念及新的资源，使企业的管理与技术生产制度得到不断的改善，同时外部招聘可以有效地形成信息交流，促进内部文化和外部文化间形成对流，冲击陈腐，避免了“近亲提拔”情况的发生。

④ 鲶鱼效应。外部招聘能够使企业原有的员工感受到压力，激发他们与新进员工之间的良性竞争关系，使得原有员工通过良性竞争得到能力上的提升。

外部招聘也具有一定的局限性：

① 由于信息不对称，使得招聘的难度加大、成本变高。外部招聘通常需要花费较长的时间来使招聘双方充分了解相互的信息，并进行磨合。而通过外部招聘进入企业的员工，虽然是专业对口，但是领域不一定对口，往往需要很长的时间了解与学习新的业务技能，融入新的工作环境与企业文化；

② 外部招聘会降低内部员工的积极性。外部招聘可能会挫伤现有的有上进心、有责任心的员工的积极性，引发不必要的内部矛盾；

③ 可能会影响企业内部的薪酬激励体系。对于部分稀缺性岗位来说，外部招聘获得的员工可能会对待遇有特殊的要求。如果勉强录用，双方在心理上没有达成一致性意向，将会对公司未来的发展带来极大的隐患。

具体到我国，外部招聘在我国绝大多数企业的招聘体系中仍占据着主要地位，但是仍然存在一些问题，主要表现在以下方面。

① 缺少规范化流程。企业的招聘流程是基于人力资源管理工作中的宏观规划制定的，然而我国企业在外部招聘时，很少做到全面规划，主要体现在：缺乏完备的人才需求与发展规划；招聘前岗位分析与工作内容分析不足；对与岗位相匹配的人员缺乏正确的定位；招聘方法死板，招聘团队组建随意，招聘环境简陋，招聘成本核算粗略。

② 方法单一，过于传统。随着互联网的普及程度不断加大，企业外部招聘的方法也变得多种多样，常用的主要有媒体广告、校园招聘、劳动力市场、猎头、网络招聘等。据调查，我国绝大多数企业仍以参与现场招聘会为主，以到劳动力市场招聘为辅的方法完成外部招聘，并没有充分利用互联网等信息科技的快速发展为招聘活动带来新的活力。这种

不合理、不适时的招聘方式很难为企业招聘到真正符合岗位需求的员工，不利于企业的长远发展。

③ 缺乏人才储备体系的建设。由于大多数企业没有将招聘管理与战略人力资源管理进行有效连接，单一的将招聘工作视为岗位空缺时才会开展的工作，使得这类企业对于未来人才储备的重视程度不够高。调查发现，近 70%的企业仍采用的是现缺现招的外部招聘理念，使得招聘工作处于“被动救火”的状态，缺乏招聘后期合理的人才配置措施。

④ 可能存在就业歧视等问题。近年来，外部招聘有时会引发就业歧视与侵犯隐私等问题。据一项调查数据显示，在被采访的 15 名应届毕业生中，有 11 人被问到有无对象等与个人隐私有关的问题。而据中国人力资源开发网的调查，有 5%的求职者在参与招聘时感觉不被企业重视。

外部招聘的主要形式有网络招聘、校园招聘、广告招聘、劳务派遣、人才市场、猎头和校企合作等。

①网络招聘。

网络招聘也称电子招聘(E-recruiting)或在线招聘，是利用互联网技术进行招聘信息发布、简历筛选、面试、人才测评等的招聘活动。由于网络招聘具有不受地域限制、覆盖面广、招聘成本低、针对性强、方便快捷、时效性强等优点，使得这种招聘方式越来越受到的企业重视。

网络招聘起源于美国，在我国虽然起步晚，但是发展迅速。随着互联网技术的快速发展，基于网络平台的在线招聘产生了新的“互联网+招聘”的形式载体。它的出现使传统的招聘方式发生了深刻的变革——求职者求职的方式和公司招聘的方式都发生了巨大的变化。一方面，对求职者，特别是新生代的求职者来说，传统的招聘渠道弊端日益明显，越来越难以满足激烈竞争环境下求职者的需求。而网络招聘这种方便快捷、不受时空限制的求职渠道越来越受到大家的追捧。另一方面，越来越多的企业意识到了网络作为现代主流的沟通交流平台，对应聘者由其是年轻人来说具有强烈的号召力，所以开始纷纷使用网络招聘。

网络招聘的发展历程主要经历了四个阶段。

第一阶段是探索期(1997—2007 年)，随着互联网和中国经济的发展，人才流动现象频繁发生，通过互联网进行的企业招聘活动越来越多，针对各种行业、各种地区和不同的就业人群所建立的网络招聘平台如雨后春笋般产生。

第二阶段是市场启动期(2008—2009 年)，2008 年受全球金融危机的影响，中国经济也受到了一定程度的影响，致使许多企业招聘减少，甚至一度裁员，一些招聘网站也在此时退出市场。2009 年下半年中国经济开始回暖，再加上互联网的快速发展及金融危机背景下的低招聘成本的需求，网络招聘的市场发展前景一片光明。

第三阶段是高速发展期(2010—2012 年)，这一段时间中国经济快速发展进步，企业对人才的需求大大增加，此时互联网招聘市场进入高速发展时期，竞争格局也趋于稳定。

第四阶段是成熟期(2013 年至今)，从 2013 年开始，这一段时间网络招聘市场进入成熟发展时期，然而招聘的模式仍然较为传统。此后，由于互联网思维的逐渐盛行，一些垂直招聘网站应运而生，努力尝试从不同的垂直领域占领招聘市场份额，同时移动互联网招聘也正在不断开发当中。

自从我国网络招聘市场进入高速发展期以来，市场规模稳步增长，网络招聘市场份额也逐步出现稳定增长态势。易观智库发布的《中国互联网招聘市场年度报告 2016》数据显示，2015 年中国互联网招聘市场规模达 43.5 亿元，其中前程无忧占比约 32.5%，智联招聘占比约 28.0%，其余厂商占比约 39.5%，预测未来三年将继续保持相对稳定的增长态势，但增长速度会逐渐放缓。同时，易观对 2010—2018 年网络招聘的市场规模进行了预测，如下图 3.2 所示。

图 3.2　网络招聘市场发展趋势图

《中国互联网招聘市场年度报告 2016》还将现有的网络招聘平台分为综合招聘、分类信息、垂直招聘、社交招聘和兼职招聘五大类，其代表厂商和优劣势分析如表 3.3 所示。

表 3.3　网络招聘平台代表厂商的优劣势分析

网站类型	代表网站	优劣势分析
综合招聘平台	前程无忧	优势：基于多年经营积累的庞大企业和人才库、流量大、盈利模式已被检验、全人力资源产业拓展、业务形态丰富 劣势：信息对称性不足、信息流单向无反馈、供需匹配度不高、用户求职招聘效率低、服务体验还需提升
分类信息网站	58 同城	优势：蓝领人群的招聘覆盖，分类信息网站积累的商户雇主数量庞大，针对蓝领招聘推出多种产品，产品功能丰富，社交、O2O 等元素也加入其中 劣势：信息缺乏真实有效性，且匹配度不高
垂直招聘平台	拉勾网	优势：以某一垂直行业或针对职业生涯某一阶段的求职者为主要服务对象，融入公司职位点评、职场洞察等服务，信息反馈及时，用户体验较好 劣势：规模化发展容易受到限制，且产品服务趋于同质化
社交招聘平台	领英网	优势：基于职场人士人脉社交的产品形态，通过社交进行求职招聘，为用户提供发现人脉、商业、工作、职场洞察等机会 劣势：中国职业社交发展环境受限，导致用户规模化发展缓慢，活跃度不高
兼职招聘平台	斗米兼职	优势：全流程在线服务模式，技术驱动行业升级，避免人力资源黑中介等对求职者的不平等待遇 劣势：某一部分小型兼职厂商信用度低，虚假信息泛滥

用户方面，根据易观的调查，移动互联网招聘用户学历相对较高，近 80%为大专本科学历，白领是移动互联网招聘的最主要用户群，其次为蓝领及学生。北上广深和其他省会城市的移动互联网招聘用户占比最高。

网络招聘市场规模之所以扩大得如此迅速，除了中国拥有数量庞大的网民基础、政府政策准许外，根源在于网络招聘相对于媒体广告、人才市场、现场招聘会、电视广播广告、猎头等传统招聘方式来说，具有不受时空限制、招聘成本低、快捷高效、信息量大等优点。虽然网络招聘相对于传统招聘仍然存在着一些问题，比如虚假信息多、网络招聘技术和服务体系不完善、信息处理的难度大等，但是现今的招聘市场发展趋势告诉我们，网络招聘凭借其不可替代的优势，发展前景必将越来越广阔。

② 校园招聘。

高校是一个巨大的人才储备库，人才济济，卧虎藏龙。每年数以百万计的应届毕业生从高校走向社会，2017 年应届生人数达到破纪录的 795 万人。如今多数企业依然面临着缺乏合适人才的情况，吸收和储备优秀的新生力量成为发展关键。为了在如此巨大的人才资源池中找到合适的人才，很多企业每年都会采用校园招聘这种企业外部招聘的形式，来吸引招募优秀人才。校园招聘的一般流程如图 3.3 所示。

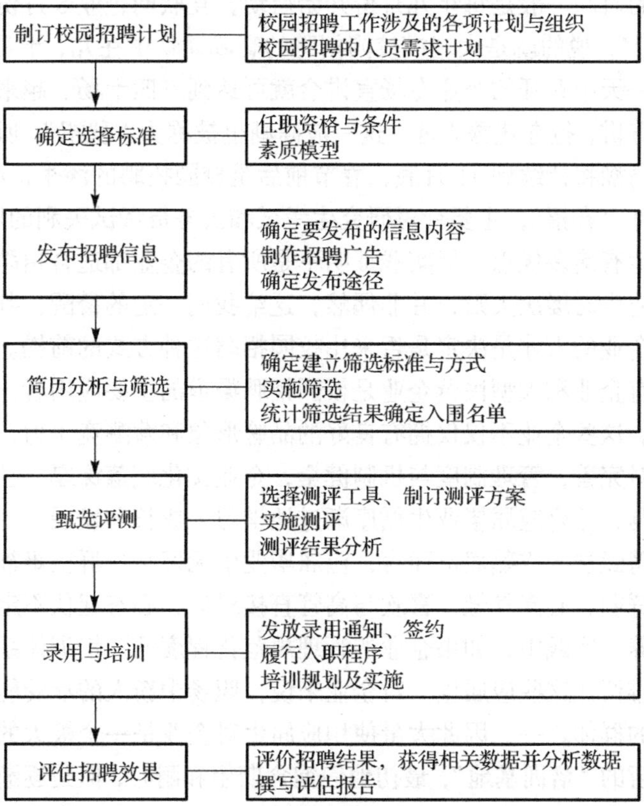

图 3.3　校园招聘的一般流程

校园招聘是一种典型的外部人才获取方式。狭义的校园招聘是企业直接进入学校接收各类层次的应届毕业生的简历并组织各种测试招募新员工。广义的校园招聘是指企业采用各种各样的方法或途径以招募各类层次的应届毕业生。总之，企业为满足自身发展需要、储备和培养适合企业的人才，进入高校进行企业宣传、举办专场招聘会、组织笔试和面试等一系列活动就可以称之为校园招聘。

校园招聘与其他招聘形式相比有着十分显著的优势，具体表现以下两个方面。

其一，招聘成本低。校园招聘能对大量人才进行集中招聘，比起社会招聘，企业不用专门参与若干招聘会，省时省钱。

其二，应届毕业生是一张“白纸”，容易接受企业文化，能够较快融入企业。

其三，应届毕业生学习能力和创新能力都比较强，激情四射、充满活力，没有思维定式。且应届生的可塑性较强，好配置，任用工作也容易展开。

其四，校园招聘是企业进行品牌宣传、企业文化传播的有效方式，也是其提高企业知名度的绝佳机会。

传统的校园招聘主要通过学校举办的专场人才招聘会、直接到学校相关的院系招人、将校园招聘的工作外包给专业的人才服务机构来完成。随着企业对校园人才需求的加大，各种行业也都更加重视校园人才的招募工作，校园招聘的方式也更加广泛，如暑期实习项目、夏令营、冬令营、高校俱乐部、奖学金项目、选秀等，这些都是容易吸引 90 后学生的新颖方式。企业可以根据自己的实际情况选择合适的校园招聘途径，当然也可以综合并行几种招聘途径。

国内校园招聘的时间一般是每年九月份开始启动，互联网企业 8 月份就开始了人才争夺战。所谓“金九银十”，说的就是大规模校园招聘的高峰期集中在九、十月份。以大连理工大学为例，高峰期时一天中召开的企业专场宣讲会就可达到三四十场。越来越多的用人单位倾向于提早进入校园宣讲，抢夺优秀人才。这一波高潮也被称为“秋招”，所招聘的岗位是最多也是质量最好的。高潮将持续到 11 月底，春节前后是校园招聘的淡季，次年 3～4 月份会再度出现小高潮，俗称“春招”，主要针对研究生考试和公务员考试失利的毕业生。

虽然应届毕业生有诸多优点，但实践证明不是所有的企业都适合招聘应届毕业生。许多企业在招用应届毕业生时屡次失败，并非偶然，这给我们一定的警醒，判断企业能否通过校园招聘找到适合本企业的人才是决定是否采用校园招聘这种方式的前提。

外资企业、国有企业和大型民营企业是校园招聘渠道的主要应用者，也是应届毕业生向往的主要目标企业。这些企业不仅仅拥有良好的品牌形象和薪酬竞争力，而且内部流程规范成熟，培训体系相对完善，管理制度与机制健全，企业文化底蕴深厚，甚至拥有专门针对应届毕业生的培养机制，适合应届毕业生循序渐进地学习、成长和发展。

相对于社会招聘甄选的成熟雇员而言，应届毕业生无疑是一群很难被“管理”的人。他们崇尚自由、个性鲜明、心高气傲，喜欢与高管直接对话，心态起伏不定，需要企业花费大量的时间和精力培养。实践中，如果企业的管理规范化程度低，培训体系不够健全，发展规划不够清晰，将很难留住这些应届生。对企业来说，职场中新人的承受能力弱，放弃成本较低，是流动率最高的群体之一。因此大量使用应届生对企业是一个极大的挑战。许多中小企业常称为应届生短暂的“培训基地”，最初他们饱含期望和耐心，但是逐渐被激怒并最终放弃招募和培养应届生的念头。问题并不在于管理层是否足够重视和能够容忍应届生的要求，而在于企业是否具备接纳和容忍他们的系统条件，包括长期的培养目标，具体的培训行动、培养新人的习惯及成熟的管理体系等。

即便如此，每年依旧有大量优秀的企业招募应届毕业生，为自身培养了大量的后备人才，达到了双赢的效果。可见企业的发展阶段和自身实力是影响校园招聘适用性的重要因素。

校园招聘的意义在于与企业的战略发展规划保持一致，通过校园招聘吸纳的人才不仅要满足当前初级岗位的需求，还应成为企业发展的动力之源。在整个人才管理计划中，针对大学生的工作适应能力、技能提升与职业发展，越来越多的企业从长远角度制订了一系列完备的人才选、育、用、留计划。甚至部分大型企业已基于人才梯队建设与管理人员后备库填补的考虑，在校园招聘阶段专门进行特殊人员如管理培训生的招募。

简单而言，校园招聘获得的人力资源是帮助企业继续向前发展的源源不断的新能量。校园招聘最重要的目标是招到符合企业当前工作需要及未来人才培养需要的应届毕业生。从某种意义上说，企业希望招到未来之星，即进入企业后，通过一系列人力资源管理过程，能够独挑大梁或胜任企业的重要职能岗位。这些未来之星应具有很强的可塑性、适应性、开放性，还应有不断的探索精神与勇于开创的魄力。

③ 媒体招聘。

媒体招聘是指企业通过电视、广播、报纸、杂志等向社会公开发布招聘广告的外部招聘形式。2013 年马克西姆雇佣营销团队对中国人力资源领域运用社交媒体开展招聘活动的现状进行了调研。结果表明，有近 5 成的相关人员正在使用媒体渠道进行企业的日常招聘活动。可见，媒体化的招聘方式已经成为企业重点关注的招聘渠道。尤其是 2014 年年初以招聘业务扬名的全球职业社交网站 LinkedIn 高调入华，让更多的企业和招聘人员开始关注并深入了解这一新时代的招聘潮流—社交媒体招聘。

根据媒体的不同种类，企业可以根据自身需求进行媒体招聘的种类选择。广告招聘是媒体招聘的一种重要方式。以中国电视广告媒体为例，它呈现的是一个四层金字塔的结构，塔尖是中央电视台，第二层是省级卫视，第三层是省级非卫视频道，第四层是城市电视台。电视广告招聘就是通过以上电视媒体渠道向社会公开发布招聘信息。再如报纸渠道，一个城市的报业集团通常有属于自己的晨(日)报、晚报甚或商报，企业招聘方可通过以上报纸的广告版块发布招聘信息，即报纸广告招聘。广播曾经是家庭重要的讯息接收载体，但是目前除了汽车广播，年轻人已很少收听广播，企业可以通过汽车广播等媒体渠道发布招聘信息，但是要有针对性，找准目标受众。目前国内杂志种类众多、鱼龙混杂。从行业来看，前几年 IT 类杂志发展很快，近几年，汽车类和财经类发展很快，另外还有时尚类和航空类。企业在类似的杂志上发布招聘信息有很强的针对性。

壳牌中国及香港招聘经理郭霞对《中国新时代》说：“现代企业不应仅局限于传统的招聘方式，使用新媒体进行招聘宣传是大势所趋。”壳牌中国自 2010 年开始就使用新媒体进行人才招聘，郭霞认为，当今社会人才市场竞争十分激烈，新媒体渠道无论是在沟通还是宣传上都具有快速、针对性强的特点，能够满足企业与求职者的行为习惯与需求。

④ 劳务派遣。

劳务派遣又称人力派遣、人才租赁、劳动派遣、劳动力租赁、雇员租赁，是指由劳务派遣机构与派遣劳工订立劳动合同，把劳动者派向其他用工单位，再由其用工单位向派遣机构支付一笔服务费用的一种用工形式。劳动力给付的事实发生于派遣劳工与要派企业(实际用工单位)之间，要派企业向劳务派遣机构支付服务费，劳务派遣机构向劳动者支付劳动报酬。

劳务派遣起源于 20 世纪的资本主义国家美国，后传至法国、德国、日本等国家。20 世纪 90 年代在我国国有企业劳动制度改革中，出现了为安置下岗职工而产生的劳务派遣，可跨地区、跨行业进行。年薪通常为 2～3 万元。派遣工一般从事的多为低技术含量工作，如保洁员、保安员、营业员等。

劳务派遣主要集中在公有制企业和机关事业单位，部分央企甚至有超过 2/3 的员工属于劳务派遣。部分垄断性行业的用工单位通过大量使用劳务派遣人员的方式，在不增加或压缩正式员工编制的前提下，既保证了正式职工尤其是中高层管理人员享受尽可能高的工资待遇，又变相降低了本单位工资实际支付额度，从而使“劳务费”成了部分国有企事业单位逃避工资总额控制的“调节阀”。

以电信行业为例，劳务派遣员工主要分布在营业厅、一线装修维修、摆摊营销、呼叫中心等岗位。2012 年年底，中国移动正式工为 18.2 万人，而劳务工高达 33.5 万人，劳务工比例高达 64.7%。经过一系列调整，2014 年年底，中国移动正式工为 24.2 万人，劳务工为 23.8 万人。劳务工比例接近 49.5%，仍然远远超标。在中国联通，劳务工平均薪酬仍较大程度落后于正式工。根据 2014 年财报可知，中国联通正式工 2014 年平均薪酬 15.17 万，而劳务工仅 6.83 万。劳动力市场呼唤同工同酬，需要的是打破固有的二元结构，把编制的标签去除，把市场的体制理顺。

对用工单位而言，劳务派遣能够简化管理程序，减少劳动争议和分担风险和责任。“不求所有，但求所用”“你用人，我管人”是劳务派遣制的显著特征。以“不求所有、但求所用”为特征的劳务派遣制，特别适合于那些非公有制企业、国企改制企业和那些经营发展变化比较快、不同发展阶段或不同发展时期对人才需求又不尽相同的单位。人才派遣制的用人模式实际上形成的是三种关系，也就是以人才派遣机构为中间行为主体，形成的派遣机构与被派遣人才之间的隶属关系、派遣机构与用人单位之间的合作关系，以及被派遣人才与用人单位之间的工作关系。很显然，用人单位对人才只管使用和使用中的工作考核，剩下的一切管理工作，包括工资薪酬的发放、社会保险的代收代缴、合同的签订、续订和解除，相关问题和争议的处理、日常一系列的人事管理等，全部由人才的派遣机构负责。这样，用人单位用人，派遣机构管人，这种用人模式对用人单位来说省时省力，减少了因管理工作带来的大批工作量和相关的麻烦。可以使用人单位的经营管理者能够更专心于事业的发展和企业的生产经营。此外，劳务派遣机构“一手托两家”，更有利于劳务供需双方的双向选择和各方责权利的保障，这是劳务派遣制的一个带有根本性的好处，也是这种用人模式独特的机制。

有资格进行劳务派遣的机构必须是经政府主管部门审核批准具有法人资质、被特许经营劳务派遣业务的机构。作为劳务派遣机构，介于劳务供需双方中间，一方面要根据用人单位对工人的需求，履行与用人单位签订的劳务派遣协议，向用人单位及时选拔派遣所需的适用工人，并管理好所派遣的工人，确保用人单位的责、权、利得到有效的保障；另一方面，在对选定的人才实施人才派遣前，要与被派遣人才签订劳动合同确立双方的隶属关系，确保被派遣人才在派出工作期间相关的责、权、利能够得到有效的保障。这就是劳务派遣机构有别于其他企业法人所经营的特殊职能。

⑤ 人才市场。

人才市场，属人力资源社会保障局管辖，包括农民工市场、劳务市场、劳动市场、劳工市场、职业市场、就业市场、求职市场、招聘市场、人力市场等，是指适龄劳工供求的市场。人才市场是企业、事业单位进行招工、招聘，劳动者进行求职、投递填写简历的市场。由于互联网的蓬勃兴起，目前已经发展成了实际场地人才市场，网上人才市场，校园招聘人才市场等。

人才市场曾是盛极一时的企业招聘和求职者应聘方式，也是企业劳动力资源的主要来源和求职者寻找工作机会的主要渠道。随着网络招聘的迅猛发展，以及市场服务模式创新机制的匮乏，人才市场和劳务市场日渐被替代，参加现场招聘会的求职者数量急剧下降，企业招聘效果明显减弱，人才市场已逐渐退出招聘市场的主流渠道。

然而，作为曾经最有效、影响力最大的招聘渠道和方式，人才与劳务市场仍然保留其一定的功能性。由于市场交流具有供需双方直接见面洽谈与招聘信息发布、简历资料收集、初试、人才测评等招聘流程在现场集中完成等现场综合优势，人才市场仍存在独特和难以替代的渠道价值，尤其对于年龄偏大、不善于运用网络工具的求职者来说，这个熟悉而陌生的，曾经人声鼎沸的市场，依然是他们最主要的应聘渠道和寻找工作机会的场所。

尽管人才市场受到网络招聘等新兴招聘渠道的冲击越来越大，但是针对特定的群体和职位需求，人才市场仍有不可替代的独特作用。现如今的人才市场主要面向低层次的劳务工和紧急情况下的人员需求。例如，有些岗位对劳动者文化素质要求较低，工作环境较差，或是重体力劳动或高危岗位，市场供应量较少，渠道来源狭窄，是企业招聘的难点。而这些文化素质较低的人员不善于通过网络渠道找工作，现场招聘会仍然是他们的首选。对于那些技能要求较低、年龄不受限制的操作工、辅工、服务人员等职位的招聘，人才市场仍具有良好的效果。此外，当企业出现紧急的人员需求，如因为临时紧急生产任务的突发需求等，人才市场常设的招聘会及各种专场招聘会都是企业紧急补充员工的应急渠道。

⑥ 猎头。

猎头，在现代商业意义下是帮助企业物色人才的人。猎头的行为也称高级人才寻访。“猎”有“狩猎”“猎取”的含义，“头”指智慧、才能集中之所在，“猎头”也可指“猎夺人才”，即发现、追踪、评价、甄选和提供高级人才的行为。猎头的英文是 headhunting，来源于拉丁文，原来是指美洲食人部落，作战的时候把对方的头颅砍下来，作为炫耀挂在腰间的行为，而这种招聘行为真正叫做猎头是第二次世界大战以后。欧美一些国家胜利之后，从德国等很多国家里面寻找自己需要的科学家，他们像丛林狩猎一样，到处派专业公司帮他们物色比较优秀的人。猎头与一般的企业招聘、人才推荐和职业介绍服务有着很大的不同，猎头追逐的目标始终盯在高学历、高职位、高价位三位一体的人身上，它搜寻的是那些受教育程度高、实践经验丰富、业绩表现出色的专业人才和管理人才。简言之，猎头可以理解为高级人才中介，担当的是高级人才和企业的“红娘”的角色。

猎头公司只向企业收费，不向个人收费。收费标准为按照候选人年薪的一定比例一次性收取，即年薪越高，费率越高。收费的方式通常是按照人才到职的结果。关于收费比率，30%是行业共识，即使国内行业竞争激烈，这一标准也一般不低于 20%。在猎寻行为开始前，企业需要支付一部分预付款，金额一般为总佣金的 30%，若最终项目未成功或者被取消，则预付款不予退还。

全球顶尖猎头公司里，有五家公司常年占据营业额前五位，他们是光辉国际（Korn / Ferry）、海德思哲（Heidrick & Struggles）、史宾沙（Spencer Stuart）、亿康先达（Egon Zehnder）、罗盛（Russell Reynolds）。俗称“五大”。科尔尼管理咨询公司、万宝盛华集团、安立国际、任仕达、海仕国际紧随其后，共同构成了全球前十大猎头公司。以光辉国际和海德思哲为例，光辉国际涉及的行业，主要包括高科技产业、金融服务保险业、工业制造业、消费品行业、医疗卫生行业、教育文化娱乐及政府和公益事业。它的客户包括一半以上的财富 500 强企业，其中 CEO、CFO、COO、CIO、董事会成员或其他相当高等级的职位占 60%以上，所以实力非常雄厚。海德思哲是全球相当大的提供企业领导搜寻和企业领导咨询服务的专业公司。海德思哲是美国纳斯达克上市公司，是纳斯达克股票市场上相当受欢迎的人力咨询服务公司。海德思哲拥有自己强大的知识库和全球人才知识网络，海德思哲的顾问富有丰富的专业知识和行业经验。其专项业务服务按不同行业、职能和地理区域划分，1400 多名海德思哲的专业顾问所建立起来的强大的服务知识支持网络，遍及美洲、欧洲、非洲和亚太区的 65 个城市。

猎头是一个讲究具有对人深度影响力的行业。40 岁以上，高管的工作经历，丰富的商业知识等是对顾问的基本要求，使以上猎头公司的顾问们具备了与客户、候选人深入对话并形成影响力的基础。这些顾问在各自受教育(名校)及从业(名企高管)的经历中都建立了广阔的人脉关系。当这些顾问形成团队，并相互介绍业务时，使得他们可以接触到几乎所有组织的高层决策者，并跟着客户业务的发展走到世界各地。

目前中国也有几万家猎头公司，但是庞大的企业数量意味着它们极其分散，效率、标准和服务质量都无法得到有效控制，三五人合伙成立一家猎头公司已成为常态，有时甚至一个人就可以经营一家猎头公司。举例来说，传统的猎头掌握的信息相当有限，如果跟候选人沟通后发现同手头的职位不匹配，那么之前的工作全部付诸东流，效率很低。而猎头网站通过整合猎头行业的资源，协调猎头、高级经理人和企业三方，信息在内部充分公开，很大程度上避免了传统过程中效率的浪费。相比于直接和传统的猎头公司合作，这种新型的线上方式不仅效率更高，成本也能显著降低。目前，中国市面上主流的猎头平台有三家：猎聘网、智联卓聘及猎上网。

我们可以从成立时间、融资信息，以及认证猎头的数量来评价猎头公司的平台资质。其中猎头的数目越多代表企业可能会接触到的人才资源越多。三家主流猎头平台的数据对比如表 3.4 所示。

表 3.4　主流猎头平台资质对比

评价指标	猎聘网	智联卓聘	猎上网
成立时间	2011	2013	2012
融资信息	D 轮 1 亿美金	隶属于智联招聘，已上市	C 轮 2 亿元
认证猎头数目	25 万+	15 万+	6 万+
服务模式	普通招聘+猎头服务	普通招聘+猎头服务	猎头服务

⑦ 校企合作。

校企合作是学校与企业建立的一种合作模式。大中专院校等职业教育院校为谋求自身发展，与企业合作，有针对性地为企业培养人才，注重人才的实用性与实效性，以便应对社会环境的激烈竞争。

猎头公司如何进行背景调查

校企合作是一种“三赢”模式，适应社会与市场需要。

对学校而言，校企合作符合职业教育发展的内在规律，有利于促进职业教育行业的发展。学校作除了建立实习基地等“初级层面”的合作关系，还将逐步推广到合作探索、合作改革现有人才培养模式等其他形式，促进职业学校及企业加速发展。学校通过企业的实际需要与反馈，有针对性地培养人才，结合市场导向，注重学生实践技能，培养出更能适应社会需要的人才。

对企业而言，录用实习中表现出色的学生，降低了招工、用人方面的成本和风险；接受学生顶岗实习使其成为有效的劳动生产力，降低了劳动力成本；校企合作内容包括学校协助企业将人力资源开发计划与学校的教学大纲对接，也鼓励企业将员工培训委托给学校进行，使企业人力资源开发和学校教学环节紧密结合，降低了企业的人力资源开发与职业培训成本；学生在企业学习专业技术，企业的技术人才通过传授教学加强了自身能力；校企合作项目还能将企业文化与理念传输给教师和学生，扩大了企业品牌与无形资产的影响，产生了企业的潜在合作伙伴和客户群体。

对学生而言，校企合作符合学生职业生涯发展的需要，促进解决学生就业，也有利于提高学生的就业竞争力。学生在实习中初步具备了顶岗生产的能力，在生产、服务第一线接受企业管理，在实际生产岗位上接受师傅手把手的教学，和企业员工同劳动、同生活，可以切身体验严格的生产纪律、一丝不苟的技术要求，感受劳动的艰辛、协作的价值和成功的快乐，让毕业和就业能够接轨。同时，校企业合作对于培养学生的组织纪律观念、良好的职业道德、认真负责的工作态度，以及艰苦朴素的生活作风、团结协作的团队精神和坚定乐观的生活态度都有极大的帮助。

因此，校企合作是一种“三赢”模式，是企业优质的外部人员招聘渠道，也为教育行业发展带来了一片春天。

(4)招聘渠道的对比选择

内外部招聘的渠道多种多样，企业如何在纷繁复杂的渠道中选择最适合自身的呢？内部招聘渠道和外部招聘渠道的优势劣势对比见表 3.5 和 3.6。

表 3.5 内外部招聘优劣势比较

	内部招聘	外部招聘
优势	招聘费用少	来源渠道广泛，可以招到优秀人才
	企业对应聘者的能力有清晰的认识，岗位匹配度高	吸收新的管理方法、经验、起到创新作用
	应聘者了解企业和工作要求，适应性强	有利于缓和内部候选人的矛盾，降低徇私的可能性
	有利于激励员工奋发向上，比较容易形成企业文化	比培训内部员工成本更低
	企业对员工的投入可以得到回报	达到企业宣传的目的
劣势	来源局限、水平有限、容易形成小团体、“近亲繁殖”	增加招募和甄选相关的难度及风险
	不容易吸收外部优秀人才	需要更长的培训和适应阶段
	容易引起内部员工矛盾	对于管理岗位，可能会影响储备干部的积极性；影响内部员工积极性
	产生为了提升的“政治性行为”	增加招聘成本

表 3.6 优劣势整合及外部招聘渠道的效果对比

招募方式	效果	速度	成本	存活率	针对性
网络招聘	中	快	中	中	中
校园招聘	中	慢	中	低	低
传统媒体招聘	中	中	高	中	高
劳务派遣	差	慢	中	中	差
人才市场	差	快	中	中	高
熟人推荐	优	中	低	高	高
猎头	优	快	高	高	高
校企合作	优	慢	低	高	高

内外部招聘渠道各有利弊，效果也不同，企业在招聘的时候如果只专注于一种渠道，很可能会耗时耗力。因此，企业可以根据自身的发展状况、所处的发展阶段和不同的职位要求综合运用其中的一种或者多种渠道，以达到更优的招聘效果。

在选择具体的招聘渠道时，企业可以考虑以下几个关键因素。

① 企业自身特点。

企业应明确自身的行业属性，例如，高新技术企业还是传统生产企业，是高端服务产业还是低端服务产业。不同行业的人才通过不同渠道聚集和分布，企业在选择招聘渠道时，可借鉴同行的招聘经验，根据行业特征来选择招聘渠道。

② 财务状况。

渠道不同，费用也不同。例如，参加招聘会需要支付金额不等的场地费，通过传统网站招聘需要支付发布职位及点击简历的费用，选择猎头一般要承担人才年薪 20%～30%(行业平均 20%左右)的猎头服务费。企业在选择招聘渠道的时候一定要从经济性的角度出发，看本企业财务状况是否允许再做决定。

③ 人员招聘紧迫性。

对于低端紧迫人才或者高端紧迫人才，选择不同的渠道。低端紧迫人才广撒网，高端紧迫人才可选猎头。

④ 招聘人员素质要求。

企业需要高素质人才还是普通素质的大众化人才，决定渠道选择走“高端路线”还是“普通路线”。

⑤“现货”还是“期货”。

“现货”指招进来就能干活的员工，他们有一定的工作经验；“期货”则是指应届毕业生，他们需要企业内部培养一段时间。此外，招聘职位类型、层次及能力要求也是影响渠道选择的因素。

⑥ 关注新兴招聘模式。

互联网、大数据和人工智能的发展不仅改变了人们的生活，更可能对某些行业带来整体颠覆。新技术的发展促使招聘渠道快速变化，不断有新的渠道涌现。微信招聘、QQ 招聘、微博招聘、社交媒体招聘等形式越来越受欢迎。企业应关注招聘渠道的动态变化，不断寻求更好更高效的招聘渠道。

单纯地采用内部或者外部招聘的一种渠道在当今激烈的竞争环境中并不现实。负责任的企业在招聘员工时通常会将内外部招聘有效地结合起来，至于孰轻孰重，可参考上述几个关键因素做决定。此外还有以下几条原则是企业在设计招聘渠道时要考虑的。

① 先内后外的原则。职业发展机会是本企业员工非常关注的，内部招聘可以让员工看到晋升的希望和新的职业发展机会，能够有效提高企业的凝聚力和奋斗精神。对于企业内部无法招募到的人才，可采用外部招聘的方式。

② 中高层管理人员。内部招聘与外部招聘都是有效的渠道，但不绝对。一般来说，对于趋于稳定的企业中的中层管理人才，可能更多地需要从企业内部提拔；而对于高层管理人员，在需要引入新的风格、新的核心竞争力时，可以从外部引进。

③ 企业要建立公平的用人机制。企业应对因内部招聘或提升产生的负面冲击的最好办法是设立一个公平的人才选拔和筛选程序，这样可以让所有员工没有被提拔也会心服口服。建立公平的人才机制有如下三个要点。一是公开透明的人才选拔流程；避免用人的随意性通过科学公正的绩效考核方法、人才内部竞争方法等，让真正有能力的人获得更多的职业发展空间和机会。二是民主决策机制。内部招聘和决策过程要公开透明，充分发扬内部民主作风，避免用人过程中的帮派主义和“晕轮效应”。三是公开的沟通机制，为落选

的求职者提供信息反馈的渠道，告知落选者公司决策结果和原因，帮他们分析优势和劣势，明确他们需要改进的地方，以便提升能力后成为空缺职位的可行候选人。

3.2.4 招聘时间与地点

招聘时间与地点的确定是招聘活动计划的重要内容之一。制定科学合理的招聘时间和地点不仅可以提高招聘效果，而且有助于降低招聘成本。

因为招聘工作的顺利完成需要消耗一定的时间，再加上选拔录用和岗前培训还需要一定的时间。因此，在条件允许的情况下，招聘信息应尽早发布，这样有利于缩短招聘进程，使更多的人获取信息，增加应聘人数。这就需要我们对招聘过程中各阶段所需时间有一个比较准确地了解，以此准确估算信息发布的时间。一般情况下，招聘时间可以用下面的公式估算：

招聘日期=用人日期-准备周期=用人日期-培训周期-招聘周期

由于招聘工作本身需要耗费一定的时间，再加上选拔录用和岗前培训的时间，所以填补一个职位空缺往往需要相当长的时间。为了避免企业因缺少人员而影响正常的运转，组织要合理地确定自己的招聘时间，以保证职位空缺的及时填补。

根据工作经验，计划好招聘各阶段的时间。招聘时间的选择最常用的方法是时间流逝数据法(Time Lapse Data，TLD)，该方法显示了招聘过程中关键决策点的平均时间间隔，通过计算这些时间间隔来确定招聘的时间。例如，企业计划在未来 6 个月招聘 30 位销售人员，根据金字塔模型确定的招聘规模为 3000 人。TLD 分析表明，根据以往的经验，在招聘广告刊登 10 天内征集求职者简历；邮寄面试通知需要 5 天；进行个人面试安排需要 5 天；面试后企业需要 4 天做出录用决策；得到录用通知的人需要 10 天做出是否接受工作的决定；接受职位的人需要 10 天才能到企业报到，按照这样估计，企业应在职位出现空缺之前 40 天就开始进行招聘。在使用这种方法确定招聘时间时，也要考虑两个因素：整个招聘录用的阶段和每个阶段的时间间隔。阶段越多，每个阶段的时间越长，招聘开始的时间就应该越早。

招聘地点的选择受招聘渠道的影响，不同的招聘渠道的考核形式决定不同的招聘地点。例如，一般的招聘地点中应该包括招聘活动中笔试、面试的举行场所。在实际招聘活动中，考试地点若不确定或者临时变更会给招聘者和应聘者带来很多麻烦。

3.2.5 招聘流程

编制招聘计划的过程，有调研分析、预测、决策和修订四个步骤。调研分析是制订计划的基础，为了避免盲目编制计划和盲目实施招聘，首先要做好组织人力资源状况分析，并根据本组织人力资源规划、当前的工作任务情况、招聘的范围、数量和规模，确定如何开展招聘工作。预测是计划编制的前提和依据，它主要包括组织机构变化预测、产品规划对人力资源需求的预测、新产品开发对人力资源结构和数量影响的预测、设备的技术改造与更新对人力资源结构影响的预测、劳动(工作)效率对人力资源结构和数量影响的预测、减员预测、人才市场和劳动力市场预测几个方面。决策是计划的核心，具体包括：人员需求量，每个岗位的具体要求(工作/岗位分析在整个招聘中的作用很大，它主要是确定空缺岗位所包含的一系列特定任务、职责和责任，为整个招聘甄选过程提供有效的依据)，招聘信息发布的时间、方式、渠道和范围，招聘对象的来源与范围，招聘方法，招聘测试的实施部门，招聘预算，招聘结束时间与新员工到岗时间。决策完成了，招聘计划也就形成了。招聘计划确定后，需要经过人力资源部经理及高层管理者的批准。招聘计划制订以后，并非一成不变，在实际操作过程中会遇到一些问题，需要适时地做出调整和修订，以使招聘计划真正体现对招聘工作的指导性和预见性的作用。

年度招聘计划制订流程如图 3.4 所示。

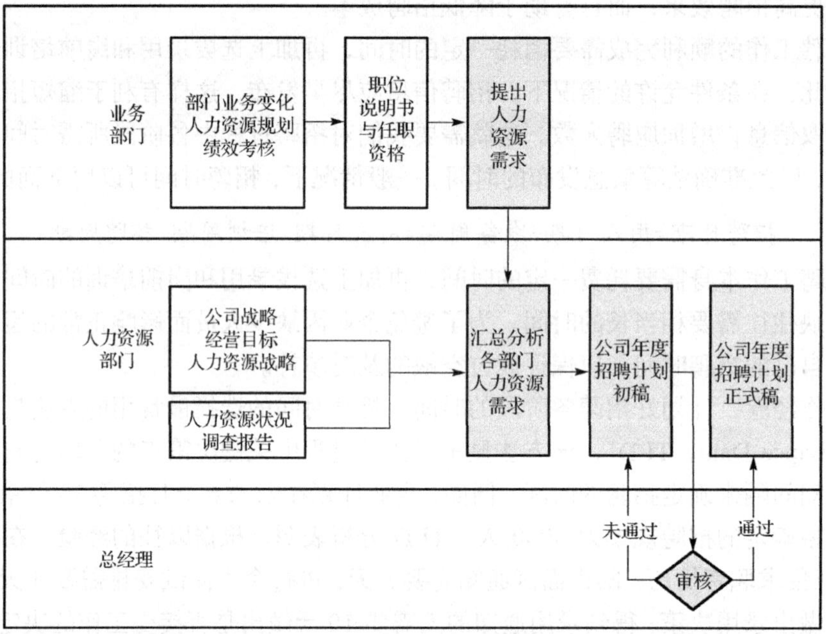

图 3.4　年度招聘计划制订流程图

(1)部门招聘需求沟通

部门经理在年初的组织战略会议和部门战略会议召开之后，根据部门业务发展需要和员工个人职业发展需要确定用人需求。主要分析以下几个方面：对部门内现有人员状况进行分析；分析部门业务变化对用人需求的影响；绩效考核结果对用人需求的影响；员工职业生涯发展对用人需求的影响。

部门经理在分析后填制《部门年度用人计划申请表》。

(2)递交申请

部门经理在需求沟通后一天内将本部门的《部门年度用人计划申请表》交给人力资源部招聘主管，招聘主管要与用人部门经理进行及时地沟通，并对招聘需求做进一步详细的了解，主要了解以下几个方面：招聘是否有必要，可否采用外包？业务部门对人员的具体要求是什么？是否有完整的岗位说明书？

人力资源部招聘主管在沟通后填制《部门人员需求表》。

(3)汇总分析各部门招聘需求

人力资源部汇总和分析各部门的《部门人员需求表》，主要考查以下几个方面：各部门用人需求和公司总体发展战略相匹配吗？符合公司人力资源规划的要求吗？与公司薪酬支付规模相匹配吗？

人力资源部招聘部门在分析后填制《部门人员需求汇总表》。

(4)形成年度招聘计划初稿

人力资源部在汇总需求表后的一周内完成年度招聘计划初稿，上报人力资源部经理。

(5)形成年度招聘计划正式稿

在年度招聘计划初稿递交后的两天内，总经理组织会议，根据公司战略对招聘计划初稿进行审批。审批后形成年度招聘计划正式稿，作为实施招聘流程的依据。

为了满足各部门发生的临时用人需求，并将这些临时的需求纳入计划管理内，应形成《临时招聘计划》，追加补充招聘计划流程见图 3.5。

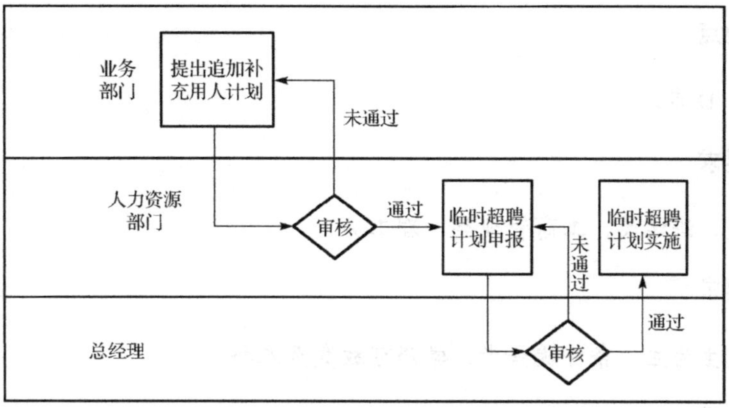

图 3.5　追加补充招聘计划流程

① 追加补充用人计划。部门经理需要对产生的临时用人需求(部门业务临时发生改变；部门有人员突然离岗；发生偶然性用人需求)提出追加补充用人申请，填写《追加补充用人计划申请表》。

② 人力资源部对计划审核。人力资源部在《追加补充用人计划申请表》递交后一周的时间内对其进行分析，做出审批。主要分析以下几个方面：该申请的必要性与可行性如何？该申请能否并入已形成的年度计划？该申请能否并入来年计划？

③ 临时招聘计划申报和审批。在人力资源部对《追加补充用人计划申请表》分析审批后，上报总经理，总经理组织会议审批后返回人力资源部，形成《临时招聘计划》，招聘流程开始实施。

3.2.6　招聘实施方案

招聘实施方案实际上就是制订的具体实施方案。招聘实施方案一般包括招聘的目的、原则或指导思想、招聘的组织结构及其分工、招聘的对象、数量、要求或标准、招聘的流程、招聘的渠道和方式、招聘的时间、地点、招聘录用通知和招聘要说明的其他事项等。

××电子公司
年度招聘计划书

下面以校园招聘为例，来介绍校园招聘的具体实施方案。

小资料：M 公司 2018 年校园招聘方案

为满足M公司业务发展需要，搭建人才梯队，以人才增量调节存量，同时通过校园宣讲，提升公司的品牌知名度和影响力，拟于 9 月上旬正式启动 2018 届毕业生校园招聘工作。制订招聘方案如下：

一、时间安排

本次校园招聘计划赴6个城市，选择20所重点高校作为目标院校(详见“目标院校”)。整体工作自2017年9月上旬开始至2017年12月下旬结束，预计周期约为4个月。

二、招聘预算

本次校园招聘预算约为12万元。其中，打印费预计1万元；场地租借费预计2万元；工作人员差旅费预计9万元。

三、工作地点

需求岗位在D市。

四、专业要求

金融经济类、法学类、工商管理类、理工类。

五、学历要求

以硕士研究生为主，条件优秀者，学历可放宽至本科。

六、需求人数

根据各部门岗位编制及岗位需求情况，公司目前存在 30 人的应届生人员需求。考虑到2017年下半年可能发生的人员离职，计划储备10名应届生。综上，2018年应届生需求人数为40人。

七、目标院校

以下为初定招聘城市及目标院校。除东三省外，其他城市及目标院校最终由集团统一安排。

1. 大连市(3所)：大连理工大学、大连海事大学、东北财经大学；
2. 沈阳市(2所)：东北大学、辽宁大学；
3. 长春市(1所)：吉林大学；
4. 北京市(6所)：中央财经大学、对外经济贸易大学、中国人民大学、中国政法大学、北京大学、清华大学；
5. 上海市(5所)：复旦大学、同济大学、上海交通大学、华东理工大学、华东政法大学；
6. 武汉市(3所)：武汉大学、中南财经政法大学、华中科技大学。

八、招聘时间、工作人员安排

本次校园招聘初步计划9月底前完成大连市区高校第一轮的宣讲、一面、笔试工作；10至11月完成大连市高校第一轮的二面、终面及所有外地高校的宣讲、一面、笔试、二面、终面工作；12月初启动大连市高校第二轮招聘工作，12月底前完成大连市高校第二轮的宣讲、一面、笔试、二面、终面工作。

招聘时间及工作人员安排见下表，具体时间安排以与各目标院校沟通结果为准。

日　期	工 作 内 容	工作人员安排
9月6日至9月9日	大连市第一轮校园招聘前期准备工作(拟定招聘方案、与大连市各目标院校进行沟通，确定宣讲日程和面试、笔试场地、制作宣讲PPT等)；在大连市各目标院校发布招聘、宣讲信息	招聘经理张安娜 HR部李杰
9月10日至9月14日	大连市3所目标院校宣讲	招聘经理张安娜 HR经理赵平 HR部李杰 业务部门经理2人：唐迪、周斌
9月15日至9月30日	筛选简历，确定一面和笔试人员名单；大连市3所目标院校完成第一轮一面和笔试 与沈阳、长春、北京、上海、武汉市各目标院校进行沟通，确定宣讲日程面试、笔试场地	招聘经理张安娜 HR部李杰
10月8日至10月16日	沈阳、长春目标院校宣讲、筛选简历、一面、笔试	招聘经理张安娜 HR经理赵平 HR部李杰 业务部门经理2人：唐迪、周斌
10月17日至11月11日	北京、上海、武汉市目标院校宣讲、一面、笔试；大连市二面、终面	招聘经理张安娜 HR经理赵平 HR部李杰 业务部门经理2人：唐迪、周斌 总经理钱强
11月14日至11月30日	沈阳、长春、北京、上海、武汉市目标院校二面、终面	招聘经理张安娜 HR经理赵平 HR部李杰 业务部门经理2人：唐迪、周斌 总经理钱强
12月1日至12月4日	大连市3所目标院校第二轮宣讲	招聘经理张安娜 HR经理赵平 HR部李杰 业务部门经理2人：唐迪、周斌
12月4日至12月11日	筛选简历、确定一面和笔试人员名单；大连市3所目标院校完成第二轮一面和笔试	招聘经理张安娜 HR经理赵平 HR部李杰 业务部门经理2人：唐迪、周斌
12月12日至12月22日	大连市3所目标院校第二轮二面、终面	招聘经理张安娜 HR经理赵平 HR部李杰 业务部门经理2人：唐迪、周斌 总经理钱强

九、招聘具体流程安排

1. 与各目标院校沟通，发布招聘信息

与各目标院校就宣讲时间、场地等问题进行沟通，确定招聘日程。在各高校就业网站、部分高校BBS及应届毕业生普遍关注的求职网站上发布本次招聘的相关信息，同时在公司网站主页设置浮动窗口、校园招聘专版，发布招聘流程及招聘动态。制作印有M公司校园招聘专版二维码的海报或展架。

2. 网上申请

指定用于接收简历的邮箱，并定期查收。

3. 召开宣讲会、第一轮面试

在各目标院校召开校园招聘宣讲会，宣讲会后由人力资源部员工对应聘简历进行筛选，在宣讲所在城市对较符合公司要求的毕业生进行第一轮面试。面试考官为业务部门经理、人力资源部招聘经理等。第一轮面试需毕业生提供在校期间成绩单，面试采用非结构化面试形式，对毕业生的能力、素质、潜力等进行初步了解。

4. 笔试

第一轮面试后，在宣讲所在城市安排笔试。笔试题由人力资源部负责出题，题目重点考察数据分析能力、逻辑推理能力、写作能力等，以开放性试题为主。

5. 第二轮面试

结合一面及笔试成绩，确定进入二面人员名单。第二轮面试为结构化面试，由人力资源部经理负责面试。

6. 终面

结合一面、二面和笔试成绩，确定进入终面人员名单。终面包括无领导小组讨论，考官为公司总经理，在公司总部进行面试。

7. 签约

确定拟签约人员名单，报 M 公司领导审批，通知审批通过的应聘者到 M 公司参加签约说明会，与达成就业意向的毕业生签订就业协议。

3.2.7 招聘团队

企业中的招聘活动仅有人力资源部门的参与是不够的，其他部门要予以积极配合，保证为企业招聘到合适的人才。一般在招聘活动中人力资源部门主要负责对应聘者的基本资料进行初步的筛选，而对应聘者进行专业知识和技能的筛选工作是由用人部门来负责的。因此企业要组建招聘团队，保证招聘的质量和效果。

(1)组建招聘团队的原则

招聘团队的成员直接影响到招聘工作的成败。因此在选拔招聘团队成员时，要考虑以下原则。

① 知识互补

招聘团队成员在知识结构方面要互补，以拓展招聘团队整体的知识深度和广度，使其更容易对不同知识结构的应聘者进行考评，从而起到互相补充的作用。

② 能力互补

招聘团队要为企业招聘各个岗位的员工，如果招聘团队中有的人懂生产、有的人精通销售、有的人了解办公室工作，那么将具备各种不同能力的人组合在一起，则便于企业招聘到适合各个不同岗位的员工。

③ 性别互补

不同的性别有不同的长处(例如女性观察细腻)，而且性别互补可以避免招聘过程中的性别歧视或性别优势，有利于正确地评价应聘者。

④ 年龄互补

年龄差别体现了精力、知识、经验、处理问题方式及思维方式等方面的差别。因此，将不同年龄的招聘者组合在一起，更能客观地对不同年龄阶段的应聘者进行正确的分析。

(2)招聘团队成员的素质要求

一般招聘团队成员由组织的人力资源管理人员、用人部门负责人、高管人员组成。招聘团队成员构成如图 3.6 所示。

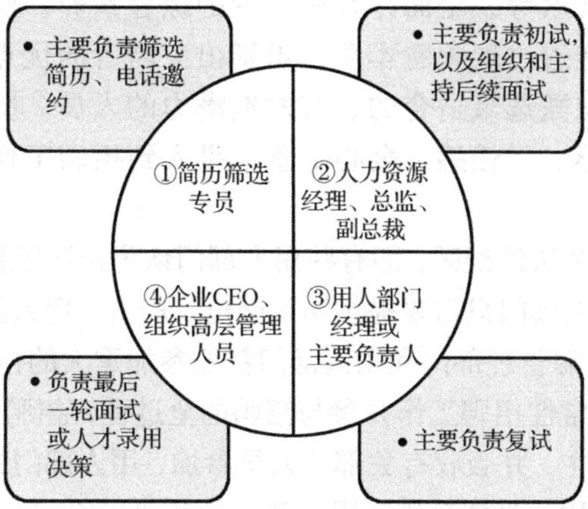

图 3.6　招聘团队成员构成及其职责

① 简历筛选专员。简历筛选人员一般是指：招聘专员、招聘主管、招聘经理、招聘总监。组织在发布招聘信息之后，一般会收到求职者投递的简历。人力资源管理部门应安排员工进行筛选、审核，与符合职位要求的求职者进行面试邀约。

具体工作：筛选简历，向符合职位要求的求职者发出邀约，初步接待与沟通洽谈。

素质要求：了解企业状况及职位要求、有一颗公正客观之心、有良好的服务意识、能够礼貌地向求职者发出邀约。

② 人力资源经理、总监、副总裁。人力资源部就是负责人才招聘的，人力资源总监或者是人力资源经理、主管，就是招聘工作的一线指挥员。毋庸赘言，人力资源总监是招聘这场战争中打头阵的。通常，他们最先与求职者会面，负责首轮面试把关，确保初试的有效进行。

具体工作：从幕前到幕后，统筹兼顾，组织安排并主持整个人才招聘工作。

素质要求：有良好的责任意识，不能为了招聘而招聘；有良好的服务意识，针对人才的具体情况，积极与用人部门和企业 CEO、组织高层管理人员沟通。

③ 用人部门经理或主要负责人。当人力资源主管、经理、总监对求职者进行面试之后，留下来的求职者就要进入复试。这时人力资源主管、经理、总监就要退居幕后，让用人部门的经理或部门主要负责人来进行面试。因为相关职位所在的部门，其经理或部门主要负责人是最了解这个职位的岗位职责和工作内容的，让他们与求职者会面，能有效地了解求职者的专业技能和工作水平。

具体工作：负责复试工作，针对具体岗位与求职者进行沟通。

素质要求：懂得包容、欣赏比自己优秀的人才。

④ 企业 CEO、组织高层管理人员。对于一般的岗位人才，通常可以由人力资源部总监去招聘，但也有企业 CEO 要求面试所用应聘人员。对于大部分企业来说高层管理人才的甄选通常由企业 CEO 或组织高级管理人员亲自面试或参与最后把关。

具体工作：负责最后一轮面试，拍板决定录用谁。

素质要求：重视人才，重视招聘工作。

招聘团队成员的基本素质要求是：①懂专业；②会识人；③负责任。所谓懂专业，是指招聘团队成员不仅是业务领域的专家，而且应该是招聘方面的专家，能够正确运用人员测评技术，包括人员测评的方法和手段，来评判应聘者的行为、能力等；还要通晓和运用面谈技术、观察技术等，全面评判应聘者的综合素养。所谓会识人，是指招聘团队成员应该是个伯乐，能透过现象看本质，识别出应聘者的优点、缺点、潜在能力和发展趋势等，为企业等组织甄选最适合的、有发展潜力的人员。所谓负责任，是指招聘团队成员应以高度的使命感、责任感，全心全意地投入到招聘工作之中，不遗余力地为企业等组织甄选人才。

在招聘工作中，有一个认识误区，即有些用人部门认为招聘工作是人力资源管理部门的职责，用人部门只需要提供用人岗位及职责、用人数量等即可。在现代组织中，人力资源管理部门和用人部门都要参加重大的招聘工作。人力资源管理部门主持日常性招聘工作并参与招聘的全过程，招聘团队中，仍以人力资源管理部门为主，并吸收有关部门人员参加，用人部门的意见将在很大程度上起决定性作用。具体来说，用人部门的经理或负责人和人力资源部门的招聘人员在此合作过程中分别承担着不同的工作，如表 3.7 所示。

如何打造一个高招聘力团队

表 3.7　招聘中用人部门与人力资源部门的分工

用人部门经理人员	人力资源部门招聘人员
负责确定业务发展计划、人力规划及人力需求，负责制订招聘计划和报批	分析人力资源供应的外部环境因素，帮助用人部门分析招聘的必要性和可行性
制定招聘职位的工作说明书	选择招聘的渠道和方式，设计招聘中选拔、测试、评价的方法和工具及测试内容
对应聘者的专业技术水平进行评判、初选	策划制作招聘广告或招聘网页，并办理相关审批手续，联系信息发布
负责面试和复试人员的确定	负责简历等求职资料的登记、甄选和背景调查
参与测试内容的设计和测试工作	通知面试、主持面试、实施人事评价程序
作出正式录用决策	为用人部门的决策提供咨询
参与新员工培训并负责其基本技能的训练指导	负责试用人员个人资料的核查、确定薪酬
负责被录用员工的绩效评估并参与招聘评估	寄发通知并帮助录用人员办理体检、档案转移、签订试用或正式劳动协议等手续，并为员工岗前培训服务
参与人力资源规划的修订	负责招聘评估及人力资源规划的修订

总而言之，招聘不仅仅是人力资源部门的事，招聘团队还应该吸收具有与招聘职位相关知识和经验背景的专业人员进行参与，招聘团队的组成，一般要根据所需招聘人员的专业类型、职位高低等情况确定合适人员。为了防止出现“外行考内行”现象的发生，减少招聘工作失误的发生，一般都要吸收该类专业方面的人员和企业的高级管理人员参加，尤其是在招聘专业技术人员和中层管理人员的时候，招聘团队的知识结构互补和技能互补就显得更为重要。例如，在招聘专业技术人员和中高级管理人员时，如果本企业没有相关或合适的专业面试人员，必要时可以邀请有关专家或学者参与。企业招聘团队的合理组成，对于招聘工作的效率和效果起着关键性重要的作用。在组建招聘团队之后，还需要对缺乏招聘知识和技巧的工作人员进行必要的培训，使他们能够了解组织的招聘政策，统一面试录用标准，掌握必要的招聘面试技巧，为提高招聘工作的效率和效果打下坚实的基础。

3.2.8　招聘成本预算

HR 只有根据企业情况才能设计出最好的招聘计划

招聘成本就是招聘一个职位所需要的成本。单位招聘成本评价模式是对人力资源招聘工作量化和价值化的考察工具之一，包括内部成本（Internal Costs）和外部成本（External Costs）。单位招聘成本把内外部成本包容进来不仅是人力资源会计的要求，也是出于把招聘工作当作一种系统的动态工作流程的考虑，它使得人力资源招聘与员工薪酬、人力资源保留联系起来。

招聘成本的高低是直接决定企业在何时、何地及如何进行招聘工作的主要因素，而在何时、何地和如何招聘又反过来影响着招聘成本的高低。企业在招聘前，务必要对招聘成本进行估算，才能为招聘的其他步骤提供基本思路。

(1)招聘成本的构成

企业的招聘成本中的大部分来自内部成本，招聘的内部成本一般由以下几项费用组成：

① 人工费用，就是公司招聘人员的工资、福利、差旅费、生活补助、加班费用等；

② 业务费用，包括通信费（电话费、上网费、邮资和传真费）、专业咨询与服务费（为获取中介信息而支付的费用）、广告费（在电视、报纸等媒体发布广告的费用）、资料费（公司印刷宣传材料和申请表的费用）、办公用品费（纸张、文具的费用）等；

③ 其他费用，包括设备折旧费、水电费、物业管理费等。

外部成本所占的比例较小，主要是一些由外部招聘环境变化而产生的成本投入增加值。

在计算招聘费用时，应当仔细分析各种费用的来源，把它们归入相应的类别中，以避免出现重复计算。提前进行招聘成本的估算可以防止招聘工作占用过多的资金，也可以保证招聘工作有足够的活动经费，尤其对于进行异地招聘的企业，提前进行成本估算能够有效避免因为经费短缺而使招聘工作陷入僵局。

(2)招聘成本的多样性

由于招聘对象和招聘工具的多样性，单位招聘成本也呈现出多元化，所以很难归纳出一个具体统一的单位招聘成本计算公式，但可以从招聘对象和招聘工具两方面透视单位招聘成本。

① 招聘对象多元化对单位招聘成本的影响

企业对人才的需求是多种多样的，主要表现在：职务类别的不同；职位级别的不同；地理分布的不同；填补空缺的紧迫性不同。这些都会影响单位招聘成本。

② 招聘渠道多元化对单位招聘成本的影响

目前，企业的招聘渠道主要包括：招聘会、报刊广告、猎头公司、人才机构、校园招聘、员工推荐、网络招聘等。而候选人资格要求的不同、招聘时限的不同、所采用的招聘渠道也应不同。例如，企业总经理多由猎头公司推荐，而后勤人员的招聘采用到普通职业介绍所查询的方式则最为经济快捷。

不同的招聘工具带来的招聘成本也不一样。

单位招聘成本在具体的招聘渠道下才具有可比性，不同的渠道选择导致的单位招聘成本不同，因为每种招聘渠道的招聘成本构成不同。

讨论案例

到底该选谁？——招聘C集团公司人力资源经理助理的困惑

引言

落地窗外车水马龙，即将来临的风雨丝毫阻止不了这片经济繁荣区的繁华。窗内橘黄色的工作灯光照在C集团公司人力资源部总监黎总办公桌的两份简历上，照得本来就光亮的封面更加熠熠生辉。黎总的目光停留在这两份简历上许久，才站起了身，发出了一声轻轻的叹息，面对这两个同样优秀的应聘者，她很难做出决定。

一、背景介绍

(一)公司概况

C集团公司是一家全球500强生产制造型企业，总部位于成都市。历经多年的发展，C集团完成了由单一的军品生产到军民结合的战略转变，成为集电视、空调、冰箱、IT、通信、网络、数码、芯片、能源、商用电子、生活家电及新型平板显示器件等产业研发、生产、销售、服务为一体的多元化、综合型跨国企业集团，逐步成为全球具有竞争力和影响力的3C信息家电综合产品与服务提供商。

目前，C集团公司正全力推进制造业升级、服务业转型和全球化发展，秉承“员工满意、顾客满意、股东满意”的企业宗旨，恪守“责任、坚韧、创新”的精神理念，致力于为消费者创造聪明(Clever)、舒适(Comfort)、酷(Cool)的生活，让公司成为全球值得尊重和信赖的企业。为了推进C集团公司长远的发展，对人才的选拔至关重要。C集团公司始终坚持“公司认可的优秀员工一定是适合公司事业发展要求、认同公司文化、愿与公司共同成长，并能创造卓越贡献的员工”的人才理念招募选拔员工。这些与公司一起成长起来的员工逐渐成为中坚力量，成为公司业绩不可或缺的创造者。

(二)C集团公司招聘途径

C集团公司一直以来采用混合招聘的策略，运用多种途径吸纳人才。由于C集团公司属性的特殊性，员工基本分为两类：编制外的一线操作工与编制内的行政人员。一线操作工由于人员流动性较大，招聘的要求相对较低，多采用计件工资的方式，招聘的方式多采用校企合作的职业学校输送、长期招聘等手段。行政人员岗位相对固定，招聘的要求依据岗位而定，工资采用“基本工资+绩效工资+奖金/提成”的方式，招聘途径则多选择校园招聘及社会招聘的形式。C集团公司重视优秀人才的输入，所以专设了博士后工作站，招聘研发能力强的高学历人才。

(三)C集团公司招聘计划的制订

每年年初，领导将会制定公司该年年末将要达到的目标，依据这个目标，每个部门做出相应的计划。若是需要补充人员的部门则需将拟定的需求数量、需求岗位及要求告知人力资源部门，待人力资源部门汇总审核后上报领导批示。领导批复后，人力资源部门则开始组织实施招聘。

招聘计划一般由以下几个部分构成。

①招聘的专业、岗位、数量。这是招聘计划最基本的内容。

②招聘的对象及范围。有特定专业要求的需求应当考虑范围及对象的选取。

③招聘小组的构成。对于一般岗位的基础面试主要是由人力资源部门的招聘专员和相关专业的专员负责。而越往后的面试，面试方的职位越高。

④招聘的准备。为了取得较好的招聘效果，获取更多的人才资源，前期的招聘准备必不可少。例如在网上发布招聘信息，张贴招聘海报，发送招聘短信等。

⑤招聘的时间地点及投寄简历的方式。校园招聘支持现场投递简历及现场面试，而社会招聘一般采用网投简历的方式。

⑥招聘流程的说明。对于整个招聘工作前后期的安排，都应该有详细的说明。包括对录用者发正式的 Offer，以及安排入职者报到等后续管理工作。

(四)C 集团公司的招聘流程

C 集团公司对于不同的招聘方式采取不同的流程。校园招聘主要针对的是应届毕业生，所以，在工作经验上的考察相对弱化，主要考察理论部分与个人特质是否具有培养和发展的潜力。而社会招聘的对象基本都是有工作经验的，所以考察的重点在于工作能力及个人内在的特征。而对于普工及一线工人的招聘则相对简化，基本能力考察通过则可上岗。而博士后工作站的招聘则相对严格许多，考察的内容也是多方面的。C 集团公司校园招聘与社会招聘的流程详见附录 1。C 集团公司校园招聘的流程相比社会招聘相对更复杂与严谨。招聘的流程大致按照流程设定，但是根据不同的岗位需要，流程设置也会稍有不同。

(五)主要人物简介

按案例中出场(提及)顺序：

① 李梅：现任人力资源经理助理，2010 年进入 C 集团公司，学历：本科。虽然进入公司才 3 年的时间，可是敬业的她熟悉业务非常快，且能力强。同时，她善于察言观色，特别是揣摩部门领导黎总的想法，深得领导的重视。今年年初，她提出将于 5 月回家休产假，于是找一个能够胜任她职位的人显得十分重要。可是在集团内部寻找了很久都没有发现能够胜任该项工作的人，对外招聘的工作迫在眉睫。

② 黎总：现任 C 集团公司人力资源部的经理，1958 年出生，学历：本科。黎总为人谦逊低调，做事很有原则，较为保守，对于需要决策的事情，基本上偏向成本小、风险小的选项。但是尽管她坚持原则也较为保守，但有时也会采纳下属有用的建议。即将退休的她对自己继任者及储备人才的挑选格外重视。她想为公司挑选一位能够胜任 HR 岗位的人才，为公司做贡献。

③ 陈东：男，1989 年出生，学历：本科。来自四川达州，是四川大学人力资源管理专业的应届毕业生。有着扎实过硬的 HRM 基本理论知识，但同时在面试过程中表现出来的实践经验也是招聘专员较为看重的。富有激情与创新，是个热血青年，有闯劲，但是稍显稚嫩。

④ 刘小明：成都人，某公司人事管理专员。2010 年毕业在沿海一家企业任 HR 一职。为人忠厚，做事有条理，有着丰富的 HR 管理经验。虽然没有过硬的理论知识，但是却有丰富的工作经验。工作多年，激情与创新精神已经不如初入社会的应届毕业生。由于到了结婚年龄，需要从沿海回到成都，因此需要在成都找一份稳定的工作。

⑤ 王晨：曾是 M 公司的销售助理，为人耿直，个性鲜明。因为对 M 公司薪资的不满需要寻求一份更高收入的公司。

⑥ 李敏：曾为 L 公司的人力资源管理专员。能力较强，但是比较强势，有着较为丰富的工作经验。

⑦ 侯江：总经理推荐的关系户。善于沟通交流，思维敏捷，曾做过销售工作，面试过程中能够很好地展现自己口才好的优点，人际交往能力较好，但是人力资源管理方面的理论与经验却有欠缺。

二、岗位需求——HR 经理助理的空缺

2013 年 5 月的某一天，C 集团公司人力资源部提出了一份新的用工需求，急需招聘一名人力资源经理助理。本来人力资源部人员充沛且分工精细，但是由于人力资源经理助理李梅已将请“生育假”回家休养摆上日程，且人力资源总监黎总已有退休的意向，内部人员调配不动。因此，公司基于综合考虑，决定对外招聘一名人力资源经理助理作为后备人才。

由于招聘的人力资源经理助理将作为 HR 后备干部予以培训，所以在招聘环节考虑需要 C 集团人力资源部 HR 黎总亲自面试。

人力资源部通过公司官方网站向社会发布了人才招聘信息，招聘岗位为人力资源经理助理一名，招聘岗位描述如下：

- 负责人力资源管理相关项目工作，包括招聘、培训、员工关系、薪酬绩效等各个模块的轮岗锻炼；
- 参与公司人力资源战略规划制定。配合部门负责人完成人力资源管控模式及制度流程体系优化；
- 专业要求：工商管理、人力资源管理、心理学、社会学等相关专业。或是对人力资源管理有浓厚兴趣的理工科专业；
- 具备良好的沟通协调能力及团队合作意识，学习能力强；有意者可以将简历发至公司邮箱：×××@××.com。

人力资源部门将此信息散播于某些媒体及招聘网站。很快就收到了来自全国各地的简历，其中数量最多的是来自四川省内的简历。

由于简历数量众多，没有太多时间一一浏览，于是选择有侧重地浏览部分关键信息点。李梅选择了个人简历说明与岗位说明书吻合度达到 70%以上的或者同时满足两个以上职位要求的候选人。通过李梅精心的整理及筛选，从收到的所有简历中挑选出了 40 份，这其中不乏从事人力资源管理专项工作多年，经验丰富的老手；也有刚从著名大学学成毕业且专业对口的高才生；更有其他一些公司的非对口岗位，但是对人力资源管理工作兴趣盎然，见解独特的管理人员。李梅同黎总进行了初步的商榷，大致拟定了笔试及面试时间，于是便逐一通知入选者参加笔试。

三、笔试与面试——刀锋与唇枪的较量

来参加笔试的 40 名应聘人员无一缺席，将考室坐得满满的。随着考试时间一分一秒地过去，许多应聘者都满意地交出了自己的答卷。离考试结束还剩 10 分钟左右，还未交卷的应聘者已是所剩无几。李梅已经告知了所有参加笔试的人员交卷后即离开，当天晚上就会被告知是否通过笔试可以参加次日的面试。她在一堆卷子面前随手翻了翻，看到所填答案大致相差无几，便也会心地笑了笑。看来此次招聘者的水平肯定较高，虽然要苦了招聘小组的成员们，但是一想到能为公司招到优秀的人才，李梅心中还是甚为欣慰。

果不其然，最终应聘者的笔试成绩差距都不算太大。李梅按照岗位数量与面试数量 1:20 的比例，取了笔试成绩排名前 15 位应聘者直接进入面试，并在其余 25 名中选出了 5 名在

开放性试题中回答非常有见解并对人力资源管理有清醒认识的应聘者进入面试。

面试分为一对一面试及分组进行无领导小组讨论，在面试过程中有专人负责记录各个面试者在不同阶段的表现，最后从这20名面试者中选出5名直接接受黎总的面试。

面试进行得非常顺利，应聘者们都将自己最好的一面展示给了主考官，其中有几个人给李梅留下了深刻的印象。一个叫陈东，他来自四川达州，是四川大学人力资源管理专业的应届毕业生。这位小伙子简历做得非常有新意，在简历中将自我描述为“执着、谦逊、诚实、做事激情并富有创新精神”，他的笔试成绩排名前10，不仅相应的人力资源管理基本理论掌握过硬，而且关于人力资源管理实际运用于工作的题也做得不错，不太像一个刚从学校毕业出来满脑子理论而缺乏工作经验的毕业生。在一些开放性试题中，他也展示了自己简历中所提到的“创新精神”。在面试中，陈东对于面试官提出的问题都回答得比较出色。当被问及“如果你的一个老同事认为你是刚进入的新人，什么都不懂，有时工作上会看不起你甚至会刁难你，你作为一个名牌大学的毕业生，天之骄子，你会怎么办”时，他的回答是“‘三人行，必有我师焉’，我始终坚信公司里的老师傅老同事肯定有我值得努力学习的地方，我会将自己摆在最低位，把他们都当作自己的老师，虚心请教。他们或许会藐视我，或许认为我太年轻，但是我会不断地努力来改变他们的这种看法。遇到一些受气的地方我肯定会逆来顺受，当作工作中的磨炼，始终以学为主，奠定好基础，不会为工作中的矛盾怀恨他人。”在无领导小组讨论之中，陈东虽然没有主动充当小组发号施令的角色，但是在其中也积极出谋划策，为小组任务的完成做出了较为卓越的贡献。

另一个给李梅留下深刻印象的是一位叫刘小明的人事管理专员。刘小明从2010年毕业开始就去了沿海，在那边找到了一份HR的工作并工作至今。他是成都人，毕业于一所二本学校，所学专业还是与人力资源管理较为相关。由于到了结婚年龄，需要从沿海回到成都，因此需要在成都找一份稳定的工作。恰好C集团有适合他的岗位招聘需求，于是刘小明抱有非常强烈的愿望希望能进入C集团任职。刘小明笔试成绩也还不错，位列12，在简历中，他是这样描述自己的：“成熟、稳重、可靠、善于处理人际交往关系”。笔试反映出其理论知识略有欠缺，但是人力资源管理工作的实际操作确是得心应手。对于面试中提到的一些岗位所需的技能较为具备，而且能说出具体的操作流程。在无领导小组讨论中，他主动扮演了指挥者的角色，较好地完成了组员分工和过程把控，较为出色地完成了小组的任务。应该来说如果是临时急聘的话，李梅能将刘小明立即拍板录用，但是此次的招聘不同寻常，先将他记下，纳入黎总面试的5人中。除此之外，还有M公司的销售助理王晨，L公司的人力资源管理专员李敏等有着丰富工作经验的应聘者也入选了5人名单。

通过此次面试，5名最终直面黎总的人选为：陈东，刘小明，王晨，李敏及一位总经理推荐的应聘者——侯江。

四、直面黎总——去与留的抉择

定下5个候选人之后，李梅在正式面试前3天分别电话通知了候选人，告知了面试的时间、地点及到达面试地点的公交线路，周围环境等。面试的前一天还专门致电候选人予以确认。

黎总考虑到上午的时间有些匆忙，于是定在这一周的周六下午2点，地点在C集团的101会议室。还未到1点30，集团公司的会议室门外就有5人在等候了。1点三刻时，黎总出现在了会议室门口，她微笑着同大家打了招呼，然后先叫入李梅做了一些相应的准备事项。面试的先后顺序由大家抽签决定，李梅准备好写有编号的小纸团之后，让大家挨个抽取，第一个是陈东，第二个是刘小明，接下来依次是王晨、李敏以及候江，面试就此开始。

陈东从笔试到面试的表现都让黎总感到满意，所以这次终极面试也让黎总无比期待。只见陈东西装笔挺地走进会议室，精神抖擞，礼貌地向黎总及各位面试官鞠躬致敬，黎总示意他坐下。可是黎总并没有让陈东立刻开始自我介绍，而是专注地打量着陈东。

会场十分安静，半分钟后，黎总开始说话了"我仔细看了你的简历，你是一个有追求、有思想的年轻人，请你告诉我人力资源经理助理需要做什么"。

陈东沉思了几秒钟说到"身为新时代的年轻人，我们热血，我们想法独立，我们敢于创新，这是我们身上的特质，既是优点同时也是弱点。我深知，一名人力资源经理助理不仅仅要有丰富的 HRM 相关理论知识，而且更要有配合 HR 总监行动的觉悟。我们可以为 HR 总监出谋划策，可以提出很多创新的观点，但是作为助理，我们更需要配合，服从安排，以大局为重。"

黎总微笑着，说到："很多大学毕业生来到我们公司刚开始的时候都是雄心壮志，很有想法，可最终却发觉发挥不了自己的长处，你觉得这其中是什么有问题？"

陈东端坐着，神情自若地回答"这其实也是定位的问题，如果能够在清晰定位的基础上，一步一步向自己的目标迈进，可能也就不会发觉自己偏离太远"。

"噢？定位？那你的定位是什么"黎总追问道。"作为刚刚毕业的大学生，理论知识远不及工作经历，我们现在能做的就是多向前辈们学习，我们没有任何骄傲的资本，除了理论知识我们什么都不会"，陈东谦虚地回答。黎总提高难度地问道："领导给你布置一份工作，但是你与你的同事就任务分配产生不同意见，这时你会怎么办？"

显然陈东思考过这个问题，他说"最重要的就是进行沟通，首先可以查看这个同事与自己在工作上的交集是多少，这个工作中给他分配的任务量是否合理，然后通过有效的沟通协调，达到某种平衡之后，接下来的工作就便于开展了，而且最终的成果汇报给领导也便于划分嘉奖与奖惩"。

黎总全程都是微笑着，看似很满意陈东，一些简单的寒暄之后就让他离开了。接着第二位面试者刘小明敲门走了进来，黎总示意让他坐下。

刘小明的神情充满了自信，待坐下之后，没等黎总开口，就先主动地进行自我介绍。通过简单的工作经历描述，透过他的言谈举止，一看就是经验老到的从业者，在座的其他面试官频频点头，十分满意。

等到刘小明介绍完，黎总便开口问道："公司现在准备组织周年庆典，现在排演节目这件事情归你负责，其中有几个抱团的员工参与性与积极性都不高，为了保证最终的演出效果，你会怎么做？"一阵思考过后，刘小明答道："首先，我们的目标是周年庆典的演出，所以，我会制订一个详细的方案，保证最终目标的完成。这当然需要我的上级主管确定方案。接着我会把我的方案挂在公司官网上，供大家下载查看。找个时间一一征求这几个抱团员工的意见。若是有意见的话，在可以操作的范围下进行修改，直到最终方案的确定。然后，当众集中参与员工，由主管宣布正式启动方案。在正式执行的过程中，如果出现问题，则按照规定强制进行处理。"

黎总增加了题目的难度，问道："依据这么多年的工作经验，请问你对于人力资源费用管控，以及人才战略规划上有何高见?"

刘小明顿了顿，也许这个问题需要思考，思考后他说："人力资源费用需要结合公司整体销售收入或者利润进行管控。也就是说，人力资源费用的增长必须建立在销售收入/利润固定增长部分的再增长上。这样的捆绑式增长模式有利于对于我们这种制造型企业的总体规模发展，也有利于促进公司整体销售水平、盈利水平的提升，当然前提是要建立在费用有效管控的基础上。"

面试官们对这个答案不置可否，黎总仍然不改微笑的面容，让刘小明的心中产生了一丝不安。接下来几个简单的问题刘小明都顺利地完成。但是对于最终是否能够入选却无十足把握。

接下来的三个入围者的面试都有条不紊地进行着，这期间黎总是变着花样地问了一些看似同工作不太相及的问题，也从面试者的家庭情况，父母从事职业，个人兴趣爱好等方面进行了询问。

面试持续到了下午5点，当5个人全部面试完，黎总把他们叫到了一块，透露了录用的通知时间以及方式就离开了，叫上李梅径直走向她的办公室。

五、尾声——到底该选谁?

李梅来到黎总的办公室，若有所思。通过在面试期间观察黎总的表情而言，她并不知道黎总偏向于选择谁。

"可累死了"，黎总坐到位置上，长长地出了口气，然后叫李梅坐到了她的桌对面。

"这次最后面试的5个人，你看如何？"黎总端起了水杯，呷了一口。或许李梅心中早就已经有了合适的人选，黎总想听听李梅的想法是不是跟自己一致。

"我看这5人各有所长，但其中，我还是认为陈东和刘小明更为出众，其他三人或多或少都有些瑕疵……"李梅答道。

"呵呵，我看也是。首先说这侯江，虽然是总经理推荐的人选，但通过和他的沟通，我感觉他更适合做销售，而非人力资源，因为他具备出众的口才和敏捷的思维，但是做我们这行的，呵呵，你也知道，不仅仅是和人打交道啊，还要管理。要知道，最难的也就是管人呐……"黎总停了一会儿，又说到："至于王晨和小敏嘛，虽然二者都很想到我们公司，但是所可能产生的各项风险要高于陈东和刘小明，而且二人都还比较锐利，王晨是做销售的，这个还能理解，但是小敏性格之中有股子倔强的劲儿，我怕以后会和同事们处理不好关系啊。这个我也是听我的一个朋友说的，他曾经在L公司任职……"

"那黎总，你的意思也是较为倾向于在陈东和刘小明之间选择了吧？"李梅问道。

"嗯，但是具体选谁我还没想好，这个需要时间好好掂量掂量。"黎总手指敲打着桌子说道。

"你觉得他们两个之间谁更好？"黎总顿了顿问。李梅搜索着黎总各种细节透露出来对这两个人的喜好，但最终都没有发现任何端倪，于是就阐述了自己的观点"我个人认为，作为一个人力资源经理助理，首先得学会学习，向前辈们学习，这种态度是新进员工都需要具备的，无论是否本身有很强的能力。然后作为助理，应该有很强的执行力，这样才能完成领导分配的任务。最后，人力资源管理是基于人的管理，所以人际关系特别重要，要善于处理人际关系。不过有一定基础再加上后天培养容易增强对公司的忠诚度，我会建议选择陈东，因为他对自己的角色定位很清晰，思想先进，富于创新，也很有干劲，要是公司加重对他的培养，他一定既能出色完成任务又能忠于我们公司"。

黎总点点头“你说的不错，我也十分欣赏陈东，但是刘小明身上所具有的优点更能够吸引我”。

李梅疑惑地问道“为什么呢？”黎总解释说“首先他的能力是毋庸置疑的，在面试的时候，那些问题都是我们在平时能够遇到的，而且他的解决方式既维护公司又让员工满意，这些都是建立在丰富的经验之上。接着，我们现在面临的是HR总监退休，急需能力相当，直接可以上任的人作为后备人选。而且刘小明现在的情况也需要稳定下来，所以这个时候选择他是最合适的。”

李梅沉默了，似乎黎总说得也不无道理，但是想了想之后还是对黎总说：“年轻血液的注入，可以让公司充满活力与激情，有时候对新人的栽培会让新人充满感恩。而刘小明虽然是经验丰富的老手，在需要的时候可以选择离开，同时在下次需要放弃的时候也会义无反顾。”说完这些话，李梅就离开了，黎总一个人坐在办公室里，看着两份简历，思考着……

（本案例由西南科技大学经济管理学院张宏亮、罗晓甜，C集团公司人力资源部朱鹏，西南科技大学经济管理学院何波撰写，并经作者同意转发。）

思考题：

1. C集团公司的招聘计划包括哪些内容？是否完善？
2. 招聘甄选过程中需要注意哪些问题？
3. 假设您是黎总，您倾向于选择谁？为什么？

本章小结

1. 招聘计划是根据用人部门的增员申请，结合组织的人力资源规划和职务描述书，明确一定时期内需招聘的职位、人员数量、资质要求等因素，并制订具体的招聘活动的执行方案。招聘计划实际上是做好招聘工作的一份指导性文件。

2. 招聘计划制订的一般原则：①内部培养和人才引进相结合的原则。②现有人力配置和必要人力储备相结合的原则。③合法合规原则。

3. 招聘计划的基本内容：招聘需求；招聘策略；招聘渠道和方法；招聘时间与地点；招聘流程；招聘实施方案；招聘团队；招聘成本预算等。

4. 招聘需求主要包括两个方面的需求：一是需求人员的数量；二是所需人员的素质要求。

5. 招聘策略是指将组织战略和目标、文化、外部环境有机地结合而制定的针对招聘管理的指导原则，包括招聘时间地点策略、吸引人才策略、招聘渠道选择与建设、甄选人才策略等。招聘策略包括以战略性、拓展性、规范化、真实性、胜任力、招聘宣传、招聘时间和招聘地点等为视角的招聘策略。

6. 招聘渠道是组织实现招聘需求的路径和途径，在很大程度上决定了应聘者的质量和素质等，对招聘效果有很大的影响。招聘渠道可划分为内部招聘渠道和外部招聘渠道。内部招聘的主要方法包括内部提升、竞聘上岗、工作调换、工作轮换、返聘和员工推荐等。外部招聘的主要方法包括网络招聘、校园招聘、广告招聘、劳务派遣、人才市场、猎头、校企合作等。

7. 编制招聘计划的过程，有调研分析、预测、决策和修订四个步骤。

8. 招聘实施方案一般包括招聘的目的、原则或指导思想，招聘的组织结构及其分工，招聘的对象、数量、要求或标准，招聘的流程，招聘的渠道和方式，招聘的时间、地点，招聘录用通知和招聘要说明的其他事项等。

9. 招聘团队成员由组织的人力资源管理人员、用人部门负责人、高管人员组成。招聘团队成员的基本素质要求是：①懂专业；②会识人；③负责任。

10. 招聘成本就是招聘一个职位所需要的成本。单位招聘成本评价模式是对人力资源招聘工作量化和价值化的考察工具之一，包括内部成本和外部成本。招聘的内部成本一般由以下几项费用组成：①人工费用；②业务费用；③其他费用。

第4章

招聘标准与人员选聘

学习目标

1. 了解什么是招聘标准;
2. 了解人员选聘指标有哪些;
3. 熟悉和掌握人力损耗分析方法。

引导案例

比尔·盖茨：用最聪明的人

长久以来，人们一般认为企业成功与否不在于雇用人员的多少，而在于如何引导普通人员做出最出色的贡献。比尔·盖茨却为这个看法加上了一个看起来十分苛刻的条件：必须始终寻找并聘请计算机工业中最出色的人才。因为盖茨在计算机方面所表现出来的天才素质，他用人的原则变得十分简单，那就是找最聪明的员工。

比尔·盖茨认为，聪明就是能迅速地、有创见地理解并深入研究复杂的问题。具体地说，就是善于接受新事物，反应敏捷；能迅速地进入一个新领域，并对其做出解释；提出的问题往往一针见血，正中要害；能及时掌握所学知识，并且博闻强识；能把原来认为互不相干的领域联系在一起并使问题得到解决。

这一点与微软所从事的行业息息相关。在产品周期通常只有6个月到18个月的软件行业，岗位责任和职位变动频繁。微软公司的招聘着眼于才能，目的是聘到孜孜不倦的学习者，能随时解决业内新问题的人及适应业务需要，能在公司内变动工作的人。

比尔·盖茨时常对软件开发人员说："四到五年后，现在的每句程序指令都得淘汰。"这么快的更新速度，要求程序设计员必须有良好的学习和创新能力。因此，微软长期一直都是只雇用全球5%最顶尖的人才。

微软公司有220多名专职招聘人员，他们每年要访问130多所大学，举行7400多次面谈，而这一切仅仅是为了招聘2000名新雇员。微软公司编有一个专用程序，它负责统计出用户所使用的关键词。从统计的结果可分析出此人是否具有较高的计算机技能，并将其列为招聘对象。

微软招募英才最多的沃土自然是几所名列世界前茅的大学：哈佛大学、耶鲁大学、麻省理工学院、卡耐基梅隆大学。当然也包括其他一些大学如华特鲁大学，这个大学以其数学专业闻名于世。

为了保持不同凡响的增长率，微软必须不断采取员工推荐、报纸及行业广告、贸易展和会议、校园招聘会、网上设置公司起始页、实习计划及猎头公司等方式来积极聘用高素质员工。但微软之所以能独步业内，并不是因为有这些活动。更准确地说，靠的是蕴含在这些活动中的聘人哲学。它的招聘不是针对某个职位或群体，而是着眼于整个企业。

比尔·盖茨在清华大学演讲时曾说，虽然自己并不是每天都痛快，但他不愿与别人交换工作。他觉得自己能够与一群充满智慧的人工作、交流，是一件十分幸福的事情。微软员工也都以其才智、技能和商业头脑而闻名业界，因为他们都是被精心挑选进来的。

在这方面，微软的成功经验包括：鼓励管理者雇用比自己更强的人才；使用严格的人才录用和评估程序；对所有员工一视同仁，领导坚持以身作则等。这些行之有效的用人制度切实保证了微软能够将全世界最优秀的IT人才汇聚在公司内，为公司的长远发展提供有力的支持。

微软成立之初，就对招聘超常地重视。时至今日，微软的人力资源负责人还是以能够配合好公司领导作为选材的标准之一："我们的做法还是像只有十个人的公司在聘用第十一个人一样。"

在招聘时，微软关心的不是人员具备什么样的知识，因为知识很容易获得，也不是人员在校成绩好坏，微软需要的人才必须是最聪明的，并勤于动脑和思考。因为只有聪明的员工才会很快改正错误，用各种方法改善工作，节省公司的时间和金钱。

微软的面试过程足以让其他公司借鉴。其面试官都是经过专门的招聘训练的。虽然应征人员是由人力资源部门统筹，人员的面试和决定却是由应征者将要加入的部门负责。应征人员通常会由4位到5位未来可能一起工作的人员做一对一，长达1个小时的质问。

微软考试应聘者遵循这一原则，大学考试成绩并不是衡量一个人的最重要的标准。一个人的成绩只要没有差到"平均线"以下，就有资格走进微软进行面试。在大学里分数第一，但在微软通不过面试的大有人在。另外，学校导师极力推荐的学生，不一定能为微软所接受；导师竭力说"不"的学生，也不一定会被微软拒绝。微软面试的目的，在于检验应试者书本之外的能力。

一些到微软面试过的人说，应试者进入微软，就会觉得过去学过的书本上的知识全都用不上。微软公司的主考官常给那些刚毕业的大学生出一些稀奇古怪的问题，如：为什么下水道的盖子是圆形的？你和你的导师发生分歧怎么办？两条不规则的绳子，每条绳子的燃烧时间为1小时，如何在45分钟烧完两条绳子？还有一个最常问的问题是：全美有多少加油站？

主考官全是各个方面的专家，每个人都有一套问题，并有不同的侧重，考题通常并未经过集体商量，但有4个问题是考官们共同关心的：是否足够聪明？是否有创新的激情？是否有团队精神？专业基础怎么样？

微软面试时还常在上午给应聘者一些新的知识，下午则提出相关的问题，看应聘者究竟掌握了多少。在招聘人才时，微软比较注重人才的综合素质，即除了考虑人才的专业背景外，还要考查其心理和情感因素，包括应变能力、适应能力、再学习能力、竞争能力、承受压力的能力等。

诸如上面的这些问题，答案正确与否并不重要，如果应征者连想都不想就说不知道，这个人马上就会被判出局，因为主考官想要知道的是应征者如何思考和解决问题。应征者通过层层面试之后，最后还要经过部门主管长达1个小时的审核，才能做最后的决定。微软公司认为对面试问题的回答会透露出应聘者的心理特征和思维模式。两个学历背景非常相似的人，往往会因其不同的性格和心理特点做出完全迥异的工作成绩，因此考查一个人，学历固然重要，但学历背后的综合素质也是十分关键的。

比尔·盖茨确定了优秀员工应具备的十条准则。

第1条准则，对自己公司的产品抱有极大的兴趣。对公司的产品具有寻根究底的好奇心；始终表现出你对公司及产品的兴趣和热爱；热爱并专注于自己的工作；天下没有一劳永逸的事，要不断自我更新。

第2条准则，以传教士般的热情和执着打动客户。以传教士般的热情和执着打动客户；站在客户的立场为客户着想；最完善的服务才有最完美的结果。

第3条准则，乐于思考，让产品更贴近客户。了解并满足客户的需求；思考如何让产品更贴近客户。

第4条准则，与公司制定的长期目标保持一致。跟随公司的目标，把握自己努力的方向；做一个积极主动的人；奖金和薪水不是唯一的工作动力；把自己融入整个团队中去；帮助老板成功，你才能成功。

第5条准则，具有远见卓识，并提高专业知识和技能。对周围的事物要有高度的洞察力；吃老本是最可怕的；不断学习，提高自己的工作能力；掌握新知识新技能，以适应未来的工作；做勇于创新的新型员工。

第6条准则，灵活地利用那些有利于你发展的机会。机会从来不会缺乏；用行动创造机遇；敢于冒险，才能抓住成功的机会；珍惜和利用公司提供的不同工作机会；抓住每一个展现自己的机会。

第7条准则，学习经营管理之道，关注企业发展。好员工应该学习和懂得经营管理之道；认定工作的价值，为公司赚取更多的利润；树立主人翁意识，处处为公司着想；视自己为老板，把公司当做是自己开的。

第8条准则，密切关注和分析公司的竞争对手。时刻关注本行业的发展动态；树立正确的竞争意识，敢于竞争；了解和分析竞争对手，才能战胜对手；学习竞争对手，避免重犯对手所犯的错误。

第9条准则，有效利用时间，用大脑去工作。善于动脑子分析问题，并妥善解决问题；有了好的想法就立即去做；合理有效地利用时间，准时做事；从时间手中赢得机会；及时向公司提出合理化建议。

第10条准则，员工必须具备的美德。忠诚、诚实、守信、勤奋、节俭、热情、敬业和责任心。

微软建立的这套网罗顶尖人才，珍惜顶尖人才的机制，形成了一种“宁缺毋滥，人尽其才”的选人用人模式。员工的参与是选聘最合适的精英的关键。在很多时候，从副总裁一直到比尔·盖茨等所有高级管理人员都要亲自参与。这样，就强调了招聘环节对公司成功的重要性。使用员工，比尔·盖茨永远只聘用比实际所需少一点的人，原因并不是为了减少成本开支，而是为了挑选更优秀的人才。

因此，当新人们如愿以偿加入微软之后，就会发现公司内部到处都是成功人士，在这个公司里人们都精神抖擞。尽管公司里所有的人都穿着普通的服装，却有着难以置信的谦逊，没有锋芒毕露和咄咄逼人，也没有愚蠢的傲慢。同时他们都有着强烈的信心，坚信这个集体将来一定会取得成功。

这种选聘聪明人才的做法的高明之处，就在于他们既拥有雄厚的科学技术和专门业务的知识存量，又了解和把握经营管理规则，并能运用这些知识存量和规则在市场激烈竞争中操作自如、得心应手。微软公司以比尔·盖茨为代表，聚集了一大批这样的人才，在技术开发上一路领先，在经营上运作高超，使微软成为全球发展最快的公司之一。

4.1 招聘标准

近年来，随着国家政策、外部市场环境等演变，企业愈发意识到人才在激烈的竞争环境中占据着至关重要的地位，企业对“人”的认知也经历了由“普通人”到“资源”再到“资本”的转变。资本具有三个重要的属性，即稀缺性、强调投资回报率及可增值性。而人在资本方面最直接的体现就是其所承载的智力资产，这种智力资产是稀缺的、可以为企业创造利益的、也是需要企业慎重选择的。企业要对其加以掌控、运用并使其增值，从而为企业创造价值。在人力资本时代，企业掌握了核心人才就是掌握了未来的竞争优势，但同时，企业也要承担一定的风险，因为并不是所有的人才都能在任何的企业中创造价值。现实中很多企业往往是花费大量的金钱、时间、人力等去吸引、寻求那些业界精英，但是结果却不尽如人意，高薪招聘到的精英与本公司文化、工作风格、行为理念等格格不入，最后以离职惨淡收场，之前的努力付诸东流。这时，我们需要做的不是急于再次寻觅所谓的精英，而是分析事件背后的原因，找到问题关键所在并弥补，才能事半功倍，找到真正适合企业的人才。

那么，什么样的“人才”是适合企业的呢？这是企业及社会各界人士都非常关注的问题。身为求职者，我们想知道自己到底需要具有哪些能力、掌握哪些技能才能够获得企业的青睐。其实，作为企业，他们也经常问自己：“到底我们需要什么样的人才？”，“哪些人是真正适合本企业的？”如果这些问题的回答不能清晰明确，那么对求职者和企业而言，在精力和精神上都是一种损失。因此，所谓招聘标准是指企业等组织确定的人才选聘指标、基本素质和能力要求。当然，招聘标准通常是一般的原则性要求，具有动态、可变等特点。

但是随着高等教育的普及及企业对高层次人才的要求愈发严格，导致人才市场上出现供不应求的现实问题。虽然近年来应届毕业生数量连创新高（见图 4.1），但其中真正能够找到与其学历、知识、技能等相匹配的岗位却是少数。“最难就业季”成为应届毕业生的自我调侃与自嘲。其实，在这个特殊的时期，最头疼的除了学生，还有企业。每到就业季，企业会进行大力宣传并吸引优秀后备力量的加入，以完成人才梯队的建设工作。但是，面对一份份制作精美的简历，一个个渴望实现自我的求职者，大部分的企业都会头痛不已，到底要如何选择？是选择最优秀的？还是专业知识最匹配的？或者是实践经历最丰富的？同样的问题在企业日常招聘工作中也经常发生，应聘者各具特色，但是我们要选择哪一个才是最优解，才能满足企业真正的用人需求？人往往具有主观性，在招聘面试的过程中我们更容易受外界因素影响而产生错误的判断，如我们常常提及的晕轮效应（The Halo Effect），又称“光环效应”“成见效应”“光晕现象”。晕轮效应指人们对他人的认知判断首先是根据个人的好恶得出的，然后再从这个判断推论出认知对象的其他品质的现象。正是由于这种主观性存在只见表象不见本质的问题，因此需要企业在展开招聘工作前做好充分的准备工作，根据企业和工作岗位的实际情况制定详细的招聘标准，使每一个决策都有据可循，以避免上述情况的发生。

图 4.1　历年全国高校毕业生人数

4.1.1　招聘标准制定的前提条件

企业要如何做好招聘标准制定前的充足准备呢？

首先，企业在真正开展和实施招聘工作前，首要任务即明确企业此次招聘的目标是什么，企业真正需要的员工应该具备哪些基础技能及附加素质。很多企业在招聘员工时往往只遵循既有的职位说明书和任岗资格等筛选候选人，却忽略了最重要的部分——企业目前及未来一定阶段的发展战略和目标。企业处于发展阶段，既有的职务说明书也要随着企业、部门的发展及岗位职责的变化而进行更新和升级，而更新的依据就是企业战略。如企业下一阶段的发展目标是实现转型，需要加强自主研发能力等，那么招聘工作前就应具体了解各类人才在企业中的构成比重，考虑技术型人才及管理型人才在未来招聘中的录用标准和质量。只有将新员工招聘与甄选工作与企业的总体发展战略紧密结合，确保企业在发展中具有充足的人才资源，才是真正具有价值的工作，才能够促进企业在竞争中取得优势，更好地对企业人力资源进行规划和整合。

其次，企业招聘人员要积极主动地深入了解各个部门的关键技术岗位和重要管理岗位对员工在知识技能、能力素质等方面的硬性要求与软要求，深入了解空缺岗位的工作职责及必备技能。同时，更要了解各个职能部门经理对新员工的期许及要求，以确保找到的新员工能够快速融入新环境并受到领导的认可。

最后，招聘人员应注重对企业长远发展人才目标的制定，为企业进行人才储备，从而帮助企业获得源源不断的有用之才。正如现在许多公司都会针对应届毕业生制定相关职业发展计划，提供具有竞争力的薪资及有吸引力的福利待遇等，其目的就是吸纳更多优秀的人才，为企业今后的发展提供坚实的后备力量。

4.1.2　招聘标准的制定原则

在做好充足的准备工作后，我们就要根据之前掌握的信息，包括企业战略目标、岗位职责、人才储备资格等制定招聘标准，让后续工作有据可循，不应单纯为了完成招聘任务而进行招聘。

由于企业性质、所属行业、企业规模等存在差异，不同企业招聘标准的具体内容也会有所差异，但是万变不离其宗，在本书中我们主要探讨适用于绝大多数企业的一些基本招聘标准。

企业在人员选聘过程中，主要考虑的标准和依据分为两大类，分别是基本标准和关键标准。基本标准即从事这项工作的人需要具备的基本知识、技能和能力等，以确保新员工能够顺利从事该职位。关键标准则进一步考察了应聘人员是否能够胜任该工作，是否能取得一定的成绩从而创造价值。二者是互为补充与递进的关系，缺一不可。

(1)招聘标准制定的基本原则

考虑到我们在上文中提及的制定招聘标准前要掌握的信息和考虑的因素，在此我们将人员的基本标准由浅入深划分为三个层级，分别考虑到其与岗位职责、岗位特性及企业价值观的契合度，以此来判断应聘人员是否符合企业招聘的基本标准，是否有可能适应企业的工作。

① 技能与岗位职责相契合。

要想明确应聘人员技能与岗位职责是否匹配，企业工作人员需要事前进行详细的工作分析、制作职位说明书，明确岗位职责等，并随着企业发展、变革等对其进行更新与补充。一般情况下，企业招聘员工的基本标准中包括的基本内容有教育背景、专业知识、从业经验和相关技能等。同时，在职位说明书中要明确招聘职位的工作内容、特点和对人员技能的要求等，以方便求职者对照自己目前的情况进行合理判断，企业招聘者在招聘环节也会有所依据。

有了以上基本条件的约束，可以减少一些招聘过程中出现的不良现象，避免出现人才浪费等现象。比如，现在一些企业招聘时，由于没有明确的岗位职责和任职要求，往往被应聘者优秀的个人条件所吸引，引进人员时盲目注重学历等硬条件，甚至内勤、前台人员都非本科不要。尤其是随着就业压力的加大，许多企业对人才更是挑肥拣瘦，大材小用的事非常普遍，部分高学历人才甚至还被当成装潢门面的花瓶，派不上实际用场。这样不仅造成人员的浪费，还为以后的人员流失埋下了隐患。

② 个性与岗位特点相契合。

应聘人员的个性也是招聘过程中要考虑的重要因素。比如，随着工作专业化程度的提升，企业内部更多地以团队合作的形式完成富有挑战性的项目，那么应聘人员是否能快速地融入团队中，与原有团队成员和谐相处、共创价值就是需要着重考虑的因素。以自我为中心、缺乏合作意识的人就不应该成为招聘时、考虑的对象。另外，具有不同个性的团队成员往往在思维上也能碰撞出不同的火花，因此在招聘时要考虑到团队还欠缺哪类个性的人才。例如，协调者、推动者或者领导者，通过分析团队的特点，招募并补充适合的新员工，实现新团队 1 + 1> 2 的效果。

③ 价值观契合。

由以上两点可知，岗位职责在员工甄选标准中有非常重要的影响，但是在实际操作中，许多公司在招聘时往往只强调工作经验和技能，而忽视对应聘人员的职业道德的评估，也很少考察求职者与本公司企业文化、制度、工作作风等是否契合。企业文化是经过长时间积累沉淀后形成的，个人价值观也是人们在生活、学习与工作中慢慢形成的，具有稳定性，不会轻易改变。所以，公司考察应聘者价值观与企业文化、价值观是否契合是至关重要的指标，二者的价值观只有达到一定的契合度，才能在今后的工作中合作愉快，员工对企业的忠诚度也会得到相应提升。

(2)招聘标准制定的关键原则

在了解了招聘人员的基本标准并实施后，我们发现仅按照以上标准招来的员工，往往其工作绩效参差不齐。适合岗位的人很多，但并不是所有人都可以取得优秀的绩效。员工的绩效差异还受到很多非技能方面因素的影响，如系统思考能力、决策能力、激励能力、人际交往能力、自我控制能力等。这些因素就是岗位关键胜任能力，它决定了人员能不能出色地完成某项工作。

① 关键胜任特性：发掘人员的潜能。

关键胜任特性是指任职者从事某个职位工作应具备的个性特征、关键胜任能力等。同时，企业应对职位胜任特性进行定义分级、明确界定。这样依据胜任特性选人，可以有效避免人员学历、资历、名气对选拔者的影响，更容易发现人员的潜能。如办公室主任需要经常接待客人、协调各类关系、处理突发事件等，沟通能力、组织协调能力、责任心就成了他的关键胜任能力。对设计人员来说，技术水平、逻辑思维能力、创新能力就成了他的关键胜任能力。

② 权重设计：突出最重要的胜任力。

对一个职位来说，各项胜任力的重要性往往不同，因此对各项胜任力设定一定的权重会使选拔的结果更为合理。对办公室主任来说，组织协调能力、沟通能力、灵活性是最重要的，因此它们的权重可以加大，而冲突管理、团队合作相对不如前者高，权重可适当减少。只有对各项胜任力设定不同的权重，才能保证人员是在最重要的胜任力上表现最优秀的人。根据胜任特性和权重，我们可以画出办公室主任的职位轮廓图。有了这样的职位轮廓图，就清楚地知道在招聘中应该对候选人的哪些特征进行考察，对不同候选人的比较也主要依据这些特征进行。

③ 招聘标准制定的附加原则：理智不歧视。

现代社会经济高速发展，人们愈发重视精神、文化水平的发展，“公平”“平等”等理念受到大众的广泛关注。但是许多企业在招聘过程中仍然存在“歧视”现象，对应聘者不能一视同仁，用既定标准来评价应聘者，往往会因此错失优质人才，并引发公众不满，甚至导致企业形象受损，为企业带来实质性的损失与名誉的损毁。2017 年，两家互联网型知名企业先后发生了“招聘歧视”风波，由于企业知名度高，影响力大，以至于相关内容在网络等媒体上快速扩散，其在招聘标准中所表述的各项歧视内容引起了求职者的极大不满，对企业形象造成了一定的损失。虽然两家企业都及时采取措施制止事件继续发酵，但我们要从这两起事件中总结经验教训，在制定招聘标准时，应保持理智，避免歧视问题出现影响我们对应聘者的正常判断。

4.1.3 合理制定并执行招聘标准的重要性

刘备如何招聘与面试诸葛亮

进入 21 世纪以来，互联网的变革与迅速发展给传统行业、企业带来了危机与挑战，新兴行业与企业顺势而生，市场环境变幻莫测，竞争愈发激烈。而在企业间相互“厮杀”竞争的背后，是“人才”支撑着企业不断克服困难、“杀出重围”。也就是说，企业的竞争就是人才的竞争，企业要想在市场中占有一席之地并长期稳定发展，必须开展并打好一场场“人才争夺战”。所谓“争夺”，并不代表我们不挑剔、对应聘者全盘接收，而是甄选出适合企业的优秀人才，在与众多企业的人才竞争中，通过各种途径和措施，让这类人才更愿意加入本企业，那么“战争”就有了胜利的开端。而在这种

"战役"中，最关键的环节就是"甄选"，我们需要明确"战役"争夺的对象：谁是"人才"？谁是"企业需要的人才"？谁又是"最适合企业的人才"？这些问题都需要我们在制定招聘标准时给予清晰、明确的答案，才能为企业选对人，让真正适合的人才加入企业发挥能力、创造价值。

然而，在现实招聘流程中，许多企业都未能认识到制定招聘标准的重要性，且在招聘过程中往往出现主观性、随意性及不专业性的现象，导致企业在消耗了大量的人力、物力及财力后，仍然未能在招聘及识人技术方面达到理想状态，未能给企业找到符合下一发展阶段所需的、适合的人才。究其原因，就是企业的招聘技术不专业、以及企业招聘标准不明确，是凭自己的感觉和"社会标准"在招人。也就是说，企业内部优秀人才往往是其碰运气招来的，而单位内部产生破坏力的不适合人员，也是企业碰运气招来的。没有技术含量的、缺乏科学有效标准的招聘，使得大致在 12 个人里面只有 1 个能让企业满意，有 3 个来产生破坏作用，有 2 个有待培养观察，还有 5 个是鸡肋，食之无味、弃之可惜。

也有很多企业具备招聘相关技术，并在其招聘过程中加以运用，如面试形式选择、面试次数与面试官层级设置、各种辅助评估手段等一应俱全。由于每一个面试官对应聘者的态度和评价都会有差异，因此在面试时，面试团队通常由人力资源部门、直接主管、平级同事及更高层级主管等组成，综合各个面试官的考核结果及意见，有利于对应聘者做出相对公正的评价。但是，在实际招聘过程中，直接主管的面试意见及决定往往在整个招聘环节中起到决定性作用，其他面试官的意见则作为参考，这与管理的伦理也是吻合的，因为人是直接主管用，业务目标是直接主管来承担，自然要给直接主管用人权。那么此时，直接主管在面试甄选环节是否能够客观公正的评价应聘者就成为招聘甄选的关键，而客观公正的评价要以合理的招聘标准与原则为依据。如果企业招聘标准模糊、随意，那么往往易使直接主管在招聘过程中忽略招聘标准，造成缺乏客观评估的情况出现，具体可以归为以下几种情况。

(1)"熟人"现象

将以前熟悉的同事、同学、朋友招聘进公司是非常普遍的现象。对熟人比较了解，相互之间信任度高，一起工作起来会比较顺畅，这类招聘有大量成功的例子。但是，我们也应注意到招聘熟人存在的隐患：①熟人是几年前的熟人，最近几年联系不多，凭着几年前的印象判断招聘进来；②对熟人的某方面比较熟，但没有真正了解其工作能力和与现在岗位的匹配性，碍于情面没有评估直接招聘进来。以上两点都是招聘失败的隐患，所谓"熟人"真的能符合企业需求吗？"熟人"在工作能力方面真的就一定可靠吗？"熟人"未经过努力轻易进入企业后还会努力工作吗？

(2)以点带面，以偏概全

招聘者在选择候选人时或多或少会偏向自己熟悉或与自己类似的人，这是由人的认知特点决定的。比如说，教育背景好的人偏向选择教育背景好的候选人，来自某个地域的人偏向选择这个地域的候选人，来自某家公司的人偏向选择来自这个公司的候选人，甚至有偏向选择某个爱好相同的候选人……选择与自己具有类似经历的人没有错，但容易发生的现象是以偏概全，就是招聘者被一点类似的东西打动了，忽视了其他关键要素的客观评估，或者将一个点的好感投射到对这个人的评估上，导致错误的评估。

(3)公共关系维持

社会关系推荐也是招聘中比较常见的现象，有一些候选人被推荐过来确实也能发挥很好的作用，如果只是推荐评估后可以被否决，不失为一种招聘渠道。但现实中更多一些社会关系的推荐却是为了帮候选人安排工作，虽然没有说不能否决，但对很多公司来说，很多情况下是不能够否决的，否则伤了面子，影响到企业的外部公共关系，导致更大的损失。这类推荐，已经超出了常规招聘评估的讨论范围，就当作企业维护公共关系的成本了。

(4)超范围“调整”招聘标准

招聘标准在制定后企业应严格按照其内容进行招聘与甄选，但不意味着我们不可以根据实际情况进行适当的调整，以达到更好的招聘效果。适当的调整招聘标准，权衡各个招聘标准的重要性与优先级，是衡量、选择候选人的重要过程，毕竟人无完人，完全符合招聘标准的人才少之又少。正如著名企业家马云所说：“不要迷信找最好的人，而是要找最合适的人。最好的人一定是在培训和争吵里面磨合出来的，天下没有一个人招聘进来是完美无缺的，新员工一定是需要磨合的。天下没有完美的人，其实有才华的人都有点怪，在某一方面特别厉害的同时，就有另外一方面不太靠谱。”

但是，在实际执行中，面试官很容易曲解“调整”的含义及作用，随意附加对所招聘职位无意义的招聘标准，如形象必须端庄、要是处女座、期望薪资要低等不一而足，而且变化频率快，使整个招聘周期延长。这种随意调整招聘标准与附加苛刻条件的行为，将应聘者的外在条件和要求与实际工作能力完全割裂，原有招聘标准反而成为企业招聘时的辅助参考指标。

以上问题其实都是在招聘前未能制定并明确招聘标准造成的，导致面试人员忽略招聘过程的严谨性与重要性，采取主观、随意的态度决定用人与否，都是对招聘过程与结果造成损害的因素。企业在实际招聘过程中应注意避免上述问题的出现，以“招聘标准”为准绳，衡量各应聘者的优劣，选择最适合企业发展的人才，才有机会赢得“战役”的最终胜利。

HR 辩才识人的
6大“透视”工具

4.2 人员甄选流程与指标

企业在制定了合理、匹配企业用人需求的招聘标准之后，下一环节就是人员甄选阶段。“甄选”包括两层含义，“甄别”和“选择”。我们不仅要在众多应聘者中找到符合企业招聘标准的人才，还要鉴别其自身素质、能力、知识等要素是否符合具体职位及所在部门的要求。最后，还需要在多个符合条件的人员中选择最适合企业和岗位的人才。简而言之，人员甄选就是对应聘者的综合素质进行测量与评价，从而选择适合的应聘者的过程。

企业建立完善的人员甄选指标和流程体系，具体有以下几点优势：①有助于企业在招聘过程中节省成本，提高效率；②招到与岗位匹配度高的员工；③甄选流程与指标的设置会让员工与应聘者产生公平感，从而更愿意为组织绩效提升、为组织发展贡献力量，实现员工与组织双赢。

4.2.1 人员甄选流程

招聘中的人员甄选是一个复杂且有技术要求的环节，要求面试者掌握管理学、心理学、组织行为学等相关学科的理论、方法和技术。同时，还要将其加以灵活运用，对应聘者的任职资格和工作胜任关键要素进行客观的鉴别和测评，并在此基础上做出最终的录用决策。

人员甄选的流程以应聘者的资格审查为开端，期间要经过用人部门和人力资源管理部门对应聘者进行初选、面试、复选、测评、体检、个人资料的核实和背景调查等过程，最终企业决定人员录用代表了甄选环节的结束。可见甄选环节贯穿于整个招聘过程中，具有指导企业招聘工作进行的重要作用，是招聘过程的关键环节，也是技术性要求最高、对面试人员难度要求最大的一个环节。

将以上多个过程按照顺序、内容划分，可以得到人员甄选流程的四个阶段，即筹备阶段、策划阶段、实施阶段及评价阶段。

筹备阶段企业的主要任务是要做到明确甄选目的，并组织具有专业性和技能性的考官。

策划阶段企业的工作有以下几点：确定甄选指标体系，即确定在面试过程中具体需要考察应聘者的哪些素质和细节要素；选择测评方法组合，即选择甄选测评的手段和工具，如确定面试形式、次数及是否采取人才测评等工具；设计甄选实施方案，即设计如何将以上甄选手段和工具合理安排，使整个招聘甄选流程更加高效、节省成本并顺利筛选出匹配的候选人；开发测试甄选试题，即根据甄选指标设计问题，关键在于该问题能够合理地反映出应聘者是否具备工作需要的能力和素质，也可以选择与专业人才测评公司合作进行试题设计或引进已经成熟的测评试题，以提升试题的可靠性；培训考官团队，即对面试官进行专业技能和知识的培训，强调此次甄选的目的，就如何在筛选、面试、测评过程中发现应聘者的潜在能力和真实能力等进行培训。

在筹备与策划阶段顺利完成后，企业将进入实施阶段，该阶段中我们要向应聘者说明甄选、测评的流程和评价规则，让应聘者明白企业需求的人才标准，并与其自身进行对比；测评具体实施过程中主要包含以下几个程序：初步甄选及简历初筛；面试，具体根据策划阶段设计的甄选实施方案执行；评价中心，是一种包含多种测评方法和技术的综合测评系统，用来对中高层岗位和关键岗位人员进行综合测评。

甄选流程最后一个阶段是评估阶段，即对候选人的质量、数量、能力等与岗位、部门和企业匹配度等进行衡量；对此次招聘甄选过程进行评分；总结经验，保留优点查找不足之处；撰写报告等。

实施阶段是甄选阶段的关键环节，是检验筹备阶段与策划阶段是否圆满完成的重要检验方式，也是下一阶段是否能顺利展开的重要依据。然而该阶段中面试官与应聘者都具有主观性、复杂性等特点，因此更容易受到人为因素与环境等主客观因素的影响，难度更大，实施过程更需要得到企业的高度重视，加强监督和把控。具体流程如图 4.2 所示。

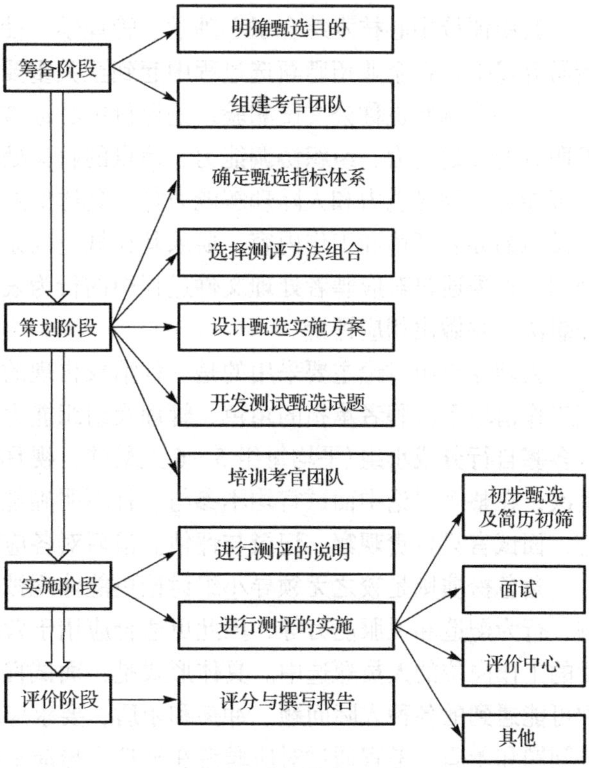

图 4.2 人员甄选流程图

4.2.2 人员甄选方法

在人员甄选的策划阶段，我们要对甄选方法进行选择，形成一套适合所招聘岗位的、具有针对性和有效性的方案。常用的甄选方法有简历/申请表分析；知识测验；心理测验；面试；评价中心等。在实际招聘过程中，根据招聘岗位性质、职级、能力要求等不同，往往采取不同组合的甄选方法对应聘者进行全面、综合的测评。各个甄选方法的主要形式及分析如表 4.1 所示。

表 4.1 各种甄选方法的分析比较

甄选方法	测评形式	主要适用对象	可靠性	公平度	成本
评价中心	文件筐 无领导小组讨论 角色扮演 管理游戏 案例分析 演讲	1. 中高层管理人员 2. 关键岗位人员	高	高	高
结构化面试	问答	所有人员	高	高	高
半结构化面试	问答	所有人员	高	高	高
心理测验	纸笔测验	所有人员	中	高	低
知识测验	纸笔测验	普通人员和基层管理者	中	中	中
个人简历	资料分析与调查	所有人员	低	中	低

其中评价中心技术综合了心理学、管理学、社会学、行为科学、人类学等学科领域的最新研究成果，在企业招聘甄选过程中起到至关重要的作用。

文件筐测验也称公文筐测验，是评价中心最常用和最核心的技术之一。主要考察和评价求职者的计划能力、组织协调能力、信息的收集处理能力、分析判断能力、书面表达能力、决策能力、领导能力和人际理解能力等。具体形式为赋予求职者某管理者的角色，并为其提供模拟的办公环境和工作内容，要求其在规定的条件下、在限定时间内对各类公文进行现场处理。评委通过对应聘者处理文件过程中的行为表现和书面答案考察其在测验情景中的行为和想法，并做出相应评价。

无领导小组讨论主要采用的是一种情景再现的方式，对应聘者进行集体应试，考察在模拟工作情境下应聘者承担的角色、管理及组织能力等。主要形式如下。首先，根据应聘者人数多寡自行分成小组(平均每组 5～6 人最佳，视具体情况而定)，就所给材料进行小组讨论。其次，在整个讨论中面试官均不参与，且不明确规定成员角色，讨论皆由应聘者自行组织安排，面试官只负责观察、记录与评估。最后对各应聘者表现的差异进行综合性的评价。

角色扮演则是较之无领导小组讨论更能体现被试者一些人际技巧的测评形式，如人际理解、行为塑造和说服能力等，因此更适合应用于营销、管理、服务等需要较强人际关系敏感度的工作岗位的人员甄选中。具体形式是：面试官为应聘者提供模拟工作情境，并设计工作中可能遇到的各种人际问题、冲突和矛盾，要求应聘者通过所扮演的不同角色处理和解决相应问题和矛盾；考官通过对应聘者在模拟中扮演不同角色时表现出来的行为进行观察、记录和分析，评估应聘者的素质和能力，得出相应的录用结论。

管理游戏是将应聘者置身于一个模拟的环境中，它要求应聘者扮演相关的管理角色去解决模拟工作情境中的实际问题，管理游戏能够真实地再现企业中的经营与管理场景，能够很好地测评应聘者处在工作环境下的能力。在这种甄选方法中，应聘者之间的互动性比较强。它能够突破实际工作情景的时间和空间，使测评被评价者的实际管理能力变得更简便易行。

案例分析主要测评业务知识、理解能力、文字表达能力、态度、价值观等。演讲主要测评说服力、语言表达能力、应变能力、沟通能力、战略思维等。

在组合测评方法时，首先要考虑的是测评目的与测评指标，其次要考虑测评质量、时间与成本之间的平衡关系。根据测评指标选定测评方法后，还要考虑实施测评的顺序，一般将简单的、成本低的测评方法放在前面，以便于实现单项淘汰的策略，筛选掉部分不合适的人选，降低选拔成本；另外，要将压力大、或易产生疲劳的测评方法放在后面，以避免影响测评的效果。

招聘活动中的笔试形式也越来越被更多的企业所采纳，其类别与测试内容一般如表 4.2 所示。

表 4.2　笔试分类表

笔试类别	测试内容
知识水平	对应聘者的知识水平和知识结构进行测试，分为文化知识和工作知识两大类，一般为笔试形式。招聘人员根据测试结果推测应聘者的接受能力和学习能力，为录用决策提供依据
工作能力	分为一般能力测试和特殊能力测试 一般能力测试：对应聘者的基本能力和素质进行考察，如注意力、心理稳定性、理解能力、逻辑思维能力、观察力、想象力、分析判断能力等； 特殊能力测试：对招聘岗位所需要的特殊技能进行考察，如公文写作能力、协调能力、创造力、视力、机械操作能力等，如果招聘职位对特殊能力无要求，则可以不进行此项测试
职业兴趣	对应聘者的职业兴趣和爱好方向进行测试，了解其职业兴趣与招聘工作的一致性，从中推测出应聘者对该职位是否真正有兴趣，从而选出那些既有工作能力又有职业兴趣的应聘者
个人品质	对应聘者的个性特征进行测试，如价值观、性格、兴趣、特长、情绪、气质等，判断其是否与招聘职位相匹配

如表 4.1 和表 4.2 所示，每种甄选方法都是针对特定的目的而设计的，且在适用对象、形式、效果、成本等方面存在差异，各有千秋。企业在考察候选人时对想要测评的内容进行有针对性地选择，才能得到有效的甄选结果。在选择甄选方法时，应掌握以下的原则。

①确保甄选方法重点突出且具有可用性。对各甄选方法的适用范围、测试形式、测试内容、特点、需具备的条件和技能等进行了解并熟练掌握。在甄选过程中突出甄选重点，不要求面面俱到，在保证甄选有效性的前提下适当简化甄选流程，节约成本且提高可操作性。

②确保甄选方法的可靠性，如测量工具的每次测量结果应基本保持一致，或控制在一定的范围内。

③确保甄选方法的公平度。应考虑到应聘者具有不同的学历、年龄、专业背景等，在进行甄选测评时要排除与甄选目的无关的因素对测试结果的影响。

④确保甄选方法具有针对性。即必须针对组织的甄选要求，针对职位的甄选需求，有的放矢。

⑤注意各甄选方法的顺序性。先易后难，即简单的甄选方式在前；低成本、批量化的甄选方法优先执行，易于提高筛选效率；会对其他甄选产生影响、易产生疲劳、压力及内容敏感的甄选方法放在后阶段执行。

阿里的人才观

4.2.3 人员甄选指标设计原则

信度与效度是企业在决定采用何种甄选方法时所依据的两个非常重要的指标。在对应聘者进行甄选测试时，应做到既可信又有效。

(1)测试的信度

① 信度的定义。

信度又叫可靠性。为了使甄选标准有更高的可信度，甄选的标准必须保持一致性，这就是所谓的信度。一种好的甄选工具必须稳定可靠，即多次测量的结果要保持一致，否则就不可信。招聘过程中所有的甄选工具都需要有信度，但目前人们对信度的讨论主要集中在甄选测试及面试上。

② 测试信度的种类。

重测信度：是指两次测试结果之间的相关程度。

复本信度：是指用两个功能等值但内容不同的测试复本(如 A、B 卷)来测量同一组被试者，这两个测试的相关系数。

内部一致性信度：是指不同评分者使用同一测评工具时所评分数间的一致性。

③ 影响测试信度的误差来源。

其中包括：被测试对象的特征；招聘者或主测者的影响因素；测试内容的影响因素；实际测试的情景方法的影响因素及其他干扰因素。

(2)测试的效度

① 效度的定义。

效度是比信度更重要的甄选标准。效度又称为有效性或正确性，指一种甄选技术能够真正衡量所要衡量对象的程度。

② 测试效度的种类。

其一是内容效度：试题是否充分代表了所要测量的内容范围。

其二是构思效度：测评对某一理论概念或特质测量的程度。

其三是效标效度：用于显示结果与工作绩效相联系的效度。

③ 影响效度的误差来源。

其一是测试组成方面的影响因素；其二是测试实施方面的因素；其三是受测者反应方面的影响因素。

(3)设计甄选测评试题应遵循的原则

① 针对性。

根据测评目的，确定测评指标。

测评的首要问题是通过科学的需求分析方法，了解对人才素质的具体要求，并将这些具体要求转化为测评指标，作为测评重点考察的维度。

测评指标的设计要有很强的针对性。当企业批量引进新员工时，必然会对新员工的拟聘岗位有了事先的规划，在确定测评指标时，除了要考虑企业的文化特点、价值观念、用人原则等公司层面的因素外，还要充分考虑这些岗位的工作性质、特点，以及对任职者的素质能力要求。如对于销售序列的岗位，重点考察的是应聘者的表达能力、说服能力、抗压能力等；对于管理序列的岗位，重点考察的则是应聘者的影响力、组织能力、协调能力、逻辑思维与分析能力等。

② 明确性。

测评指标的设计要具体化、明确化。每个观测指标的内容只能有一个明确的测评内容，不能含糊不清，只有这样才便于测评者运用统一的标准对应聘者进行考察。如果一个测评指标含有很多个观测的维度，则要对这个测评指标进行拆分，如“沟通能力”，包含书面沟通能力和语言沟通能力。其中语言沟通能力又包括语言表达能力和倾听能力，只有对应于“语言表达能力”和“倾听能力”来设定统一的评价标准时，测评结果的信度才会高。

③ 精炼性。

测评指标的设计要少而精。由于受测评时间、测评题目、测评难度等多种因素的限制，不可能对所有要求的素质特征都做出测评分析，而只能选择其中对工作影响较大的、有代表性能、企业最为关注的素质特征进行测评。实际上测评指标越少越精，测评的信度相应越高。如上述招聘大学生的案例，通过对企业层、岗位层的胜任素质能力特征的分析，最终确定了“沟通能力、分析与逻辑思维能力、团队合作精神、影响力、解决问题能力、成熟度”等几项测评指标。

④ 合理性。

在组合测评方法时，首先要考虑的是测评目的与测评指标，其次要考虑测评质量、时间与成本之间的平衡关系。根据测评指标选定测评方法后，还要考虑实施测评的顺序，一般将简单的、成本低的测评方法放在前面，以便于实现单项淘汰的策略，筛选掉部分不合适的人选，降低选拔成本。另外，要将压力大、或易产生疲劳的测评方法放在后面，以避免影响测评的效果。

4.2.4 人员甄选指标体系

人员甄选指标体系由测评指标和测评权重两个部分构成。

(1)测评指标

测评指标包括测评要素和测评标准。测评要素指将职位所需每一项素质用专业、规范化的行为特征进行描述与规定，根据各企业、职位的不同要求，测评要素包括多种测评维度，反映了该测评体系所测对象各类素质的深度、宽度和层次关系。同时，各个测评维度又可以根据测试的行为特质不同进一步细化出二级和三级指标。如综合能力为测评要素(一级指标)，自我认知能力、沟通表达能力、分析能力、应变能力等为测评内容(二级指标)，说服能力、沟通能力则可以作为沟通表达能力的测评内容(三级指标)。具体指标级别的划分应视企业招聘岗位的实际情况而定。

测评标准则是对测评结果进行判断的一种方式，是将抽象化的测评指标具体化、可操作化。例如，自我认知能力的测评标准为“对自己的优点和缺点有准确判断，并能够提出有针对性的弥补措施”。有了测评标准，在评价应聘者时就有了具体的行为参考，可以更好地把握测评的重点，提升效率与公平性。

(2)测评权重

测评权重指测评指标在测评体系中的重要性或测评指标在总分中应占的比重，其数量表示即为权重。测评权重有两种形式，赋分与权重系数。

赋分指企业将各个测评指标直接赋予一定的分值，是绝对分数，如某集团公司其将一级测评指标举止仪表、对本职位的欲望、综合能力、综合素质、职位匹配分别赋 8、8、25、35、24 分，具体测评指标分级和对应的赋分见表 4.3。

表 4.3　某集团公司面试评分表

<table>
<tr><td>姓名</td><td></td><td>性别</td><td></td><td>年龄</td><td></td></tr>
<tr><td>毕业院校</td><td></td><td>专业</td><td></td><td>工作年龄</td><td></td></tr>
<tr><td colspan="2">评分要素</td><td colspan="3">参考标准</td><td>得分</td></tr>
<tr><td colspan="2">举止仪表(8 分)</td><td colspan="3">仪表端正，装扮得体，举止有度</td><td></td></tr>
<tr><td colspan="2">对本职位的欲望(8 分)</td><td colspan="3">对本公司做过初步了解；面试经过精心准；面试态度认真；待遇要求理性</td><td></td></tr>
<tr><td rowspan="5">综合能力
(25 分)</td><td>自我认知能力(4 分)</td><td colspan="3">能准确判断自己的优势、劣势，并针对劣势提出弥补措施</td><td></td></tr>
<tr><td>沟通表达能力(6 分)</td><td colspan="3">准确理解他人意思；有积极主动沟通的意识和技巧；用词恰当，表达流畅，有说服力</td><td></td></tr>
<tr><td>分析能力(5 分)</td><td colspan="3">思路清晰，富有条理；分析问题全面、透彻、客观</td><td></td></tr>
<tr><td>应变能力(4 分)</td><td colspan="3">有压力状况下：思维反应敏捷；情绪稳定；考虑问题周到</td><td></td></tr>
<tr><td>执行力(4 分)</td><td colspan="3">在任何情况下都能服从领导的工作安排，全力以赴完成工作任务</td><td></td></tr>
<tr><td rowspan="6">综合素质
(35 分)</td><td>可塑性(6 分)</td><td colspan="3">有较强的学习能力；能理性接受他人的观点；对他人、他事无成见</td><td></td></tr>
<tr><td>情况稳定性(5 分)</td><td colspan="3">特殊情况下(如较大的压力、被冤枉、被指责)能保持情绪稳定，不会做出极端言行</td><td></td></tr>
<tr><td>求职动机(3 分)</td><td colspan="3">需要生存？自我提高？自我实现？职业规划</td><td></td></tr>
<tr><td>主动性(7 分)</td><td colspan="3">找借口还是找方法；工作方法的灵活多样性</td><td></td></tr>
<tr><td>服从性(7 分)</td><td colspan="3">能服从自己不认可的领导；服从并接受自认为不合理的处罚；能接受工作职责外的任务</td><td></td></tr>
<tr><td>团队意识(7 分)</td><td colspan="3">过去自认为骄傲的经历中有团队合作事项；能为团队做出超越期望值的付出</td><td></td></tr>
<tr><td rowspan="5">职位匹配
(24 分)</td><td>经历(4 分)</td><td colspan="3">是否经常换工作，工作稳定性，平均每份工作时间最少应超过 1 年</td><td></td></tr>
<tr><td>性格(5 分)</td><td colspan="3">自信、谦和、积极乐观、心态成熟、性格与岗位要求相匹配</td><td></td></tr>
<tr><td>专业背景(4 分)</td><td colspan="3">所学是否相关专业；有无相关工作经验</td><td></td></tr>
<tr><td>对本职位的认识
(5 分)</td><td colspan="3">了解本职位的工作内容和工作方式，能预见并接受可能出现的困难</td><td></td></tr>
<tr><td>对企业的认同程度
(6 分)</td><td colspan="3">对以前企业和老板的态度；是否认同行业和公司未来的前景，是否认同公司的文化和管理方法</td><td></td></tr>
<tr><td>评定总分</td><td></td><td colspan="3"></td><td></td></tr>
<tr><td>评语及录用建议</td><td></td><td colspan="3"></td><td></td></tr>
<tr><td colspan="6">面试人：　　　　　　(签字)　　　　　　日期：　　　年　　月　　日</td></tr>
</table>

权重系数则是根据测评指标相对总体所占的不同分量赋予不同的百分数，是隐形的赋分。如某集团副总经理素质测评指标体系中，一级测评指标中个人内在能力占比 30%，人际沟通能力占比 30%，组织管理能力占比 40%。二级指标中个性品质、逻辑思维能力、改革创新能力的权重系数分别为 10%、10%、10%；个人影响力、沟通技能、客户服务导向、沟通技能的权重系数分别为 10%、10%、10%；业务组织能力、目标组织能力、团队建设能力、果断决策能力、危机应变及处理能力权重系数分别为 8%、6%、8%、10%、8%。

对测评权重的分配，应根据企业所处的历史阶段、企业文化需求、企业性质、测试岗位的性质、岗位职责、岗位技能要求的不同灵活制定。

在确定测评指标及权重分配之后，企业就可以采取相应的甄选方案，搜集相关信息，按照测评标准对应聘者进行测评，得出最终分数。具体指标与其获取方式如表 4.4 所示。

表 4.4 甄选指标与获取方式表

指标		获取方式
能做什么	知识 技能 能力 培训 认证 学位	基本能力测试 知识考试 模拟操作 情景测试 行为面试
愿意做什么	个性 兴趣 偏好 动机 态度	兴趣和偏好量表 职场个性测试 个人经历表 行为面试 结构化的背景调查
会做什么	身体条件 技能 敏捷性 协调性 耐性	模拟体力任务 健康状况评估 敏捷性和协调性测试 录用后体检
做过什么	经验 业绩 担任过的职务 职业发展 参考标准	简历搜索和匹配技术 结构化的业绩记录 行为面试 工作模拟评估练习 结构化的背景调查

4.3 人力资源损耗分析

4.3.1 人力资源损耗含义

人力资源损耗是指人力资源的流失、贬值和浪费。人力资源损耗可分为有形损耗和无形损耗。其中有形损耗指的是员工在工作的时候伴随着的体能的过度损耗，健康状况下降，工作效能明显降低。表现的形式是员工因为从事工作而带来疾病、过度疲劳、衰老等。无形损耗指的是伴随着技术效率、生产效率、市场资源配置效率的提高，导致了员工知识老化或者过时。同时，员工的技术和思想等观念滞后，智力素质退化，最终导致了效率的降低，影响了企业最大经济利益的达成。具体可以表现为员工在没有改变他们的学历、岗位的情况下，原有的素质、智力的退化和下降。因而他们不再能够适应企业发展的新需要，也无法面对市场的快速变化，无法适应先进快速变化的管理机制，缺乏创新和主动精神。

4.3.2 人力资源损耗产生原因

人力资源的有形损耗是由企业片面的追求当前的经济利益最大化，而不顾未来企业持续发展导致的。由于企业对经济利益的疯狂追求，强迫员工加班加点的工作，长此以往导致了员工劳动强度过大，劳动时间过长，从而影响了他们的心理和生理健康。员工们重复着简单机械的工作，承受着巨大的压力，感受着企业压迫的工作氛围，不仅使他们的身体健康出现了问题，还让他们的心情长期处于被压抑并且高度紧张的状态。如果员工们的紧张情绪得不到缓解，早期会出现预防疲劳的抑制过程，表现为胸闷、气短、四肢无力、头脑紧张等。如果这些早期症状没有引起人力资源管理部门的重视，没有得到有效地缓解，就会使员工的身体出现严重问题，如积劳成疾、职业病、猝死等。尽管很多企业为员工购买了保险，建立了合作医疗制度，但是这些措施都是在事情发生后用来弥补其家庭成员的，并没有在前期疾病预防上做好工作。

无形损耗则是由于新文化、新知识的出现，企业没有做好培训工作及员工自身学习观念不强，没有建立终身学习观念导致的。近年来高速发展的科学技术带来了新知识、新技术、新技能，这些信息每时每刻都在以飞快的速度发展着、创造着，这就给员工带来了非常大的挑战。信息更新的速度如此之快，如果企业没有做好员工培训计划，没有有效地督促员工们不断寻求新知识，探索新世界，必然会被这个高速发展的世界甩下。如果员工自身没有树立良好的终身学习的观念，自主寻求获得新信息的渠道，企业又没有合理的计划，就会造成企业人力资源的无形损耗，大大影响员工的工作效率，影响企业资源最大潜能的发挥。

4.3.3 人力资源损耗特征

人力资源损耗具有增值性、再生性和时效性的特点。

(1) 人力资源损耗的增值性

不同于客观物体随着使用时间增加而减值，如连续播放的磁带其音质越来越差，人力资源在使用过程中虽然也有损耗，但是可以通过休息、疗养、补充知识、技术等来进行劳动能力的再生产，并且在一定时期内其使用价值是递增的。例如，教师的教龄越长，其授课水平越高；医生行医时间越久，其医治经验越丰富。因为人具备学习与调整的能力，在使用过程中员工的工作经验不断丰富，方法不断完善，劳动能力不断积累、增强，智力不断发展、提高。因此，人力资源的配置和使用得当，不但可以创造出价值，其自身也能不断增值。

(2) 人力资源损耗的再生性

人力资源是诸多生产要素中唯一具有主动性和创造性的生产要素，除了要遵循一般的生物学规律之外，还要受到人力资源的意识支配，受人类社会活动和企业文化、环境、制度，特别是人力资源的开发管理等手段的影响。人力资源可以通过休息、疗养和锻炼等方法恢复体能，保持旺盛的精力，通过劳动经验的积累，或通过培训、学习获得新知识、新技能，达到再生的目的，在其生命周期内，通过"人力资源的损耗——人力资源的维护——人力资源的再损耗——人力资源的再维护"的循环过程得以实现。

(3) 人力资源损耗的时效性

由生命周期理论可知，人的生命可根据年龄、体力、心智等划分为多个阶段。通常，早期是人们探索世界、形成价值观的阶段，到了成年中期(35～50 或 55 岁)才是其真正能够参与社会活动，变得更能意识到他人的存在，是其知识、技能和力量得以真正发挥作用的阶段。成年晚期(50 或 55～75 岁)则是另一个睿智时代，生活与工作的历练使他们成长，并可以为后人提供具有价值的经验指导。这两个阶段中人力资源损耗转移到其生产的新产品中的价值最高，开发和利用价值也最大。到了老年期(75 岁以上)则是对自我进行反思的阶段，需要人们调整心态重新认识自我。此阶段人力资本的折旧率逐步提高，会出现智力衰退、体能下降、思想保守等情况，影响其知识、技能及潜能的发挥，使劳动效能逐渐削弱，经济效益下降。此时人力资源损耗转移到其生产的新产品中的价值也就越低，开发和利用价值也就愈来愈小。

人力资源如果不能充分有效地开发、利用、维护和保养，就会随着时间的流逝而降低或丧失作用。

4.3.4 人力资源损耗指标与分析

(1)人力损耗指数

人力损耗指数(Labor Wastage Index)，即离职率的计算公式为：

人力损耗指数(LWI)=(某一期间内离职人数/该期间内平均人数)×100%

人力损耗指数也就是我们平时常说的离职率，是计算某一期间内离职人数和该期间内平均人数的比值，也是用来探究在一个期间内离职人数的相对多少的指数。由公式可以清晰地看出，人力损耗指数越高，即离职率越高，说明企业在此期间内的离职人数越多，也就是企业在此期间内有大量的员工离职，员工的流动造成了企业的不稳定。如果人力损耗指数，即离职率突然出现大幅提升，此时人力资源部门就要对这个问题予以足够的重视。如果企业的老员工突然大量流失，就需要探究他们出走的原因，寻找是否是领导人出现了问题，或者竞争对手为他们提供了更好的机会等，一定不能置之不理。

(2)人力稳定指数

人力稳定指数(Labor Stability Index)的计算公式为：

人力稳定指数(LSI)=(目前服务满一年的人数/一年前总人数)×100%

人力稳定指数计算的是目前服务满一年的人数占一年前总人数的比值，即探究有多少新员工在被录用后在企业稳定地做满一年。这个指数对于探究新员工稳定程度非常重要。如果指数较高，说明新员工比较稳定；如果指数较低，说明新员工比较不稳定。如果企业的人力稳定指数突然出现大幅下降，说明在这一期间内录用的新员工非常不稳定，这时人力资源部门需要考虑是否是招聘方式出现了问题，是否是新员工培训出现了问题，是否是在人员安置时，给这些新员工配置了不太合适的岗位和部门。人力稳定指数是用来考量新员工心理状态的重要衡量参数之一。

(3)人力流动率

人力流动率(Labor Turnover Rate)的计算公式为：

人力流动率(LTR)=(某一期间内离职人数+该期间内新进人数)/该期间内平均人数×100%

人力流动率即为某一期间内离职人数和该期间内新进人数的和占该期间平均人数的比值。这里我们将某一期间内的新进和离职人数统一归为员工的流动，因此该流动率的分子应为二者之和。另外，由于该期间内人数可能会出现变化，因此分母不能采用该期间之前的人数或期间后的人数，而应采用该期间内的平均人数，也就是期间内每天变动后总人数的平均值作为分母，最为科学。这个比率是用来探究员工的流动情况的，同时涵盖了新老员工的离职和新员工的录用。该指数越高，说明企业的离职人数或新进人数非常高，也就是企业员工的流动性非常大，会带来企业组织结构的不稳定，同时伴随着工作效率的降低。如果企业正处于转型期，涉及员工的“大换血”，则人力流动率出现大规模变化是正常现象。如果不是处于转型期，那么就应该进一步探究问题出现的原因，并着手解决。

(4)人力替换率

人力替换率(Labor Replacement Rate)的计算公式为：

人力替换率(LRR)=(某一期间内新进人数-该期间内离职人数)/该期间内平均人数 × 100%

人力替换率是指某一期间内新进人数与该期间内离职人数的差值与该期间内平均人数的比值。与人力流动率不同的是，该比率的分子为某一期间内新进人数与离职人数的差值，而非总和。这是因为人力替换率考察的是该期间内老员工被新员工所替换的情况，即为新进员工数量比老员工数量多了多少，就相当于考察老员工被新员工替换的比率。因此，如果该比率为零，说明不论有多少新员工入职或多少老员工离职，但员工总数是没有变化的。企业的员工保持了一定程度上的稳定。如果该比值为正数，说明入职的新员工比离职的老员工多，这样企业的总人数是呈上升趋势的；反之，如果人力替换率为负数，则说明企业的总人数是呈下降趋势的。对于一个健康的，正在蓬勃发展的企业来说，该比率应为正值，表明企业不断有新鲜的血液注入。但是如果人力替换率过高，则说明企业新招聘的员工远远多于离职的老员工，人力资源部门就要重点考虑这些新员工的安置问题，以及对企业人力资源未来的规划问题，考虑企业是否需要这些新员工，是否会造成资源的浪费等。

4.3.5 人力资源损耗的防止与应对

由以上章节我们了解到人力资源损耗有两种形式，分别为有形损耗和无形损耗，且人力资源损耗具有增值性、再生性和时效性。企业发展离不开人力资源，而随着时间的流逝，企业人力资源都会不可避免出现损耗，增加企业的隐性成本。但是除了那些自然发生的、正常的人力资源损耗外，更多的损耗是由于企业与员工未能重视人力资源维护而造成的。因此，我们要学习并掌握预防与应对不正常人力资源损耗的策略和方法，以保障企业人力资源更好地发挥作用。

(1)人力资源无形损耗的维护对策

① 树立终身学习观念。互联网的发展使知识的获取更加便捷、有效、快速，同时也使企业和员工暴露在各种未知的挑战下。而想要在这个知识膨胀型社会占据一席之地，企业必须要构建学习型组织，使员工树立终身学习的观念。知识迭代速度快、社会人才需求变化多样、科技发展水平不断进步、外部环境竞争愈发激烈，故步自封必然被社会淘汰。因此，一方面，企业必须使每一个员工都成为自觉学习的“学习人”，树立终身学习观念，不断更新已经老化和过时的知识、技能，及时了解当今世界科技发展的前沿及趋势，从多方面提升自己的素质，使人力资源无形损耗能够被及时有效地维护和保养，保持组织人力资源的活力。另一方面，政府在人力资源损耗补偿方面也要有所行动，如加大教育经费的投入，为广大职工的终身教育提供政策支持和法律保障等，以全面提高员工的素质。经过多方的共同努力，构建学习型社会、树立终身学习观念，最终实现人力资源的可持续发展。

② 加强员工的教育培训。企业要增强人力资源教育培训的紧迫感，增加教育培训经费，将培训视为一种投资，把培训学习制度化，有计划、有步骤、分层次地安排员工参加跟班学习、职业培训、业务进修和脱产深造等，实现人力资本保值增值，并从人、财、物、时、空等方面予以投资和帮助。员工通过教育培训可以补充新知识、掌握新技术、开阔视野和更新观念，及时补偿劳动力知识、技能等方面的无形损耗，防止员工知识、技能和观念的退化，提高员工的素质和能力，增强员工的工作满意度和对组织的归属感与责任感，提高企业的劳动生产率和市场竞争力，调动他们工作的积极性，实现增强人才素质和提高企业经济效益的良性循环。

③ 加强交流与学习。竞争对手、相关企业的优秀经营理念、管理方法也是企业与员工要学习的对象。员工通过交流、学习、参观、合作等方式了解同类或相关产品的生产与开发的最新动态，使员工居安思危、拓宽格局与视野、更新观念以不断适应快速变化的市场，提高自身综合素质，增强自身的学习能力、适应能力、竞争能力、管理能力和创新能力，培养新的思维、观念、方式方法。

人力资源是具有内在建设性潜力的生产要素，是第一资源。我们应该在保证人力资源推动企业发展和为企业做贡献的同时，使人力资源的无形损耗得到及时有效的维护和保养，充分实现人力资源的可持续发展。

(2) 人力资源有形损耗的维护对策

① 创造良好的工作环境。在脏乱、嘈杂、空气污浊或过冷过热的环境里工作，会使劳动者提前出现疲劳，引发疾病，加速衰老，降低工作效率。而洁净、幽雅、空气清新和温度适宜的工作环境对人的心理、生理都会产生良性影响，不仅能够使人工作愉快、心情舒畅，防止疲劳的过早出现，还能最大限度地调动人的积极性和创造性，提高工作效率。因此，用人单位要为员工设计良好的工作环境，使工作环境、工艺、建筑、墙壁色彩、灯光照明、工作场所的位置等更适合人的作业，让员工在健康和安全的环境中工作，从而给自身和企业带来长远的利益。

② 建立定期体检和健康档案制度。企业领导要高度重视，提供必要的经费和时间，为职工建立定期检查和健康档案制度。这样可以使企业员工的健康权益得到保障，使人力资源得到必要的维护和良好的保养，减少因病误工的工时损失，充分挖掘和利用人力资源的产出能力。通过组织员工定期体检，做到无病早防、有病早治，防患于未然。通过健康档案的管理，对某些易发性疾病进行超前预防，使不少潜伏性疾病在初始阶段就得到有效控制和及时治疗，从根本上预防和减缓人力资源的有形损耗。在实施健康档案管理的同时，还可以通过定点医院、社会中或企业内的专门机构，开展人力资源的心理和精神健康咨询服务，进行心理疏导和精神减压，解决员工的心理问题，使员工始终保持良好的精神状态和饱满的工作热情。

③ 做到劳逸结合，加强身体锻炼。做到劳逸结合可以做到工作和休息两不误。既可以使员工的身体得到必要的休整，消除工作中的疲劳，又可以使员工保持旺盛的精力和良好的心态，把自己的工作做得更好。因此，做到劳逸结合，处理好休息和工作的关系，就能够使企业和员工相互受益。在实际工作中，我们应该根据劳动强度的大小、时间的长短、环境的好坏等因素来组织劳动，对于劳动强度大、劳动环境差的工作，应该缩短工作时间，增加劳动过程中的休息次数；制定合理的轮班制度，科学地安排劳动时间，使企业员工能够及时休整，调节身心，保障身体健康，及时消除人力资源的有形损耗。

④ 实行员工带薪休假制度。这是缓解员工精神压力、消除疲劳、恢复体力的好办法。我国《劳动法》已经明确规定员工拥有带薪休假的权利。员工在带薪休假期间，可以从城市的喧嚣和繁忙的工作中解脱出来，自由自在地休闲、娱乐、观光、旅游，消除工作的紧张心情，缓解工作上的精神压力，消除身心疲劳，为上班工作保持良好的精神状态和饱满的工作热情，提高工作效率。用人单位必须转变观念，大力提倡、鼓励和允许职工带薪休假，充分认识到员工带薪休假不仅不会影响企业的经济效益，而且有利于人力资源有形损耗的维护和保养。同时，带薪休假对员工也是一种有效的情感激励，体现了用人单位对员工的关心、理解、尊重，更容易调动员工工作的积极性、主动性，为企业的发展创造更好的经济效益，真正实现用人单位和员工的双赢。

讨论案例

长城公司的人才选聘

长城公司是一家2001年上市的大型企业集团。2002年前，该公司的投资方向多元化，但是效益并不十分显著。因此，2002年，长城公司董事会做出了战略调整，把环保作为公司的主营方向。环保的概念、环保的产品、环保的领域在国内都是刚刚起步，因此这可以说是一个非常明智的决策。

到了2001年年初的时候，长城公司已经拥有了16亿元合同金额的项目。此外，长城公司的管理采用的是工程管理的模式，也就是总承包一个项目然后再分包出去的方式，这种经营模式就当时来说一个是流行，二是无奈之举。因为当时整个集团公司不到100人，而从董事长到基层员工，几乎都没有大型工程项目运作和管理的经验。与此同时，公司最大的一个合同项目额达到8.9个亿。为了能够解决这个人力资源的困境，长城公司唯一的选择只有面向全国招聘专业人员、管理人员。通过媒体的宣传，原计划招聘120人，有4300多人前来应聘。刚开始的时候，长城公司用的是使用传统的方法：电话沟通+面试，通过第一轮的筛选，最后剩下363位。在决定这363位应聘者中哪些能胜任项目经理、技术经理，哪些能胜任部门经理的过程中，长城公司遇到了很大的难题。由于长城公司的合同项目金额都比较大，对人员的要求比较高，但他们在面对应聘者时，看起来却觉得这300多人都差不多，谁能用，谁不能用，心里实在没有底。于是他们就希望能够借助于人才测评的技术来为公司把好这个关。人才测评专家为职业经理人的选拔增加了专业的评估过程。这一过程中，专家将对应聘者进行综合分析评价，然后向该企业的HR部门提交报告。测试对象所应聘的职位包括了一些重要的项目经理和副总等。在对经理候选人的测评中，使用到的技术包括：①电脑测试。这种测试主要是以人机结合的方式进行的标准化测验，包括基本潜能、个性品质、核心能力等。②评价中心(情景模拟)。主要是通过角色扮演等方式来对候选人加以评估。③投射练习。心理学认为，人的原动力都来自人的潜意识。高层次的职业经理人要有强烈的成就愿望和动机、积极和乐观的态度，这些素质通过面试等一般的方法是很难发现的。④背景调查技术。主要调查候选人的社会背景、职业资历等。在一次长假中，公司把剩下的这300多名应聘者都集中到了M市。专家对这些应聘者进行各种各样的测试，并对结果进行了分析。针对“这个人能不能用”“能用到什么岗位”“用到什么程度”的问题，根据招聘岗位的情况，人力测评公司将应聘者分成了5个等级。其中5级是所有应聘者中最优秀的，所占比例为2%；4级为“比较优秀”，所占比例为8%；3级为“合格”，所占比例为45%；2级为“慎重使用”；1级则被淘汰。总体来看，学历高的应聘者，在高等级的人才中占到的比例还是相对较高的。在这个测评过程中，出现了一些非常有趣的个案，为大家进行分享。

个案一：A君是所有应聘者中唯一的“海归”，他在美国获得了MBA学位，在国际知名公司也有工作经验。他所应聘的岗位是战略研究部。由于A君具有“海归”背景，原工作公司在业界有很高的知名度，原岗位又在市场调查部，因此长城公司相当看好他。但测评结果却显示，他回答问题有很高的掩饰性。而实际上，他的逻辑能力比较弱，资料分析能力只有中等程度。由此，人才测评公司判断此人无法胜任战略研究部主管一职。后来，又针对A君专门进行了一次市场调查方面的面试，结果同样印证了之前的结论。原来，虽然A君之前工作的那家公司比较著名，但该公司的市场调查部很弱，所谓的市场调查也很简单，只是发些调查问卷而已。但是当时，这个职位光年薪就达到了 25 万元，如果选错了人，会是什么样的结果呢？

个案二：F 先生的能力很强，他是大型设计院的业务骨干。之前曾与单位同事同来面试。在关于薪金的讨论中，面试主考官提出，项目经理有 25 万元左右的年薪，但是要根据项目多少而进行浮动。其同事直截了当地说，可以接受浮动，但幅度不能过大，于是主考官认为他过于看重钱，将他淘汰。但是 F 先生则表示，薪酬根据项目浮动是正常的，自己完全可以接受，这个回答让负责面试的主考官非常满意。F 先生也成了最终获胜的热门人选。然而，测试结果显示，F 先生在掩饰性上的得分同样很高。而掩饰性高大致有两种情况，一则可能是应聘者动机太强烈，所以总是挑一些社会期许的答案来回答，二则可能是应聘者不太诚实，比较夸张。之后，专家又对 F 先生做了一次职业背景调查。其同事表示，F 先生业务确实很强，曾被评为全院先进工作者，但当他作为先进代表在大会上发言时，曾借机发表许多的牢骚，令场面非常难堪。这一细节说明，F 先生是有很强的掩饰性，所以在表彰会上突然发难完全出乎他人意料，二是用这种极端的方式表达不满，说明 F 先生具有一定的破坏性，当他的愿望得不到满足时，往往不是通过沟通等比较温和的方式解决，而是采用极端的形式来发泄。最终，专家建议把他放在技术岗位，而不要让其在管理岗位任职。

个案三：C 是长城公司原有的内部人员，董事长助理。他是由现任董事长亲自相中的人选，深得董事长的信任。而给他做的测评结果却只有 2 级左右，属于应该谨慎使用的人，人才测评公司也将这个情况向长城公司做了反馈，但最终由于 C 和董事长的特殊关系，C 并没有被调整。结果一年后，C 君就因出卖公司秘密而被开除。在惨痛的教训面前，长城公司内部达成一致：今后任何一个高层人员的选拔和招聘，都必须经过人才测评的检验。这已成了长城公司内部一个规范化的流程。

思考题：

1. 长城公司在人才选聘时采用了哪些测评技术？这些测评技术是否适用于长城公司的人才选聘工作？
2. 测评技术是否是人才选聘的唯一工具？为什么？
3. 从三个个案中你获得了哪些启示？

本章小结

1. 招聘标准是指企业等组织确定的人才选聘指标、基本素质和能力要求。企业在人员选聘过程中，主要考虑的标准和依据分为两大类，分别是基本标准和关键标准。基本标准即从事这项工作的人需要具备的基本知识、技能和能力等，以确保新员工能够顺利从事该职位。关键标准则进一步考察了应聘人员是否能够胜任该工作，是否能取得一定的成绩从而创造价值。二者是互为补充与递进的关系，缺一不可。

2. 制定招聘标准的基本原则：①技能与岗位职责相契合；②个性与岗位特点相契合；③ 个人与价值观契合。

3. 企业常见的招聘标准可总结概括为：道德素养、胜任能力、交往能力、潜在发掘能力、创新能力、职业兴趣、团队合作能力、忠诚度、自信、实践经验、奉献精神、专业技能、敏锐度等。而在众多因素中，忠诚度、职业兴趣、潜在发掘能力、胜任能力更受企业关注。

4. 人员甄选流程的四个阶段，即筹备阶段、策划阶段、实施阶段及评价阶段。

5. 常用的甄选方法有简历/申请表分析、知识测验、心理测验、面试、评价中心等。其中面试可分为结构化面试和半结构化面试。评价中心包括文件筐、无领导小组讨论、角色扮演、管理游戏、案例分析和演讲等甄选方法。

6. 人员甄选指标体系由测评指标和测评权重两个部分构成。测评指标包括测评要素和测评标准。测评要素指将职位所需每一项素质用专业化、规范化的行为特征进行描述与规定，根据各企业、职位的要求不同，测评要素包括多种测评维度，反映了该测评体系所测对象各类素质的深度、宽度和层次关系。测评标准则是对测评结果进行判断的一种方式，是将抽象化的测评指标具体化、可操作化。

测评权重指测评指标在测评体系中的重要性或测评指标在总分中应占的比重，其数量表示即为权重。测评权重有两种形式，赋分与权重系数。

7. 人力损耗是指人力资源的流失、贬值和浪费。人力资源损耗可分为有形损耗和无形损耗。有形损耗指的是员工在工作的时候伴随着的体能的过度耗费，健康状况下降，工作效能明显降低。无形损耗指的是伴随着技术效率、生产效率、市场资源配置效率的提高，导致了员工知识老化或者过时。同时，他们的技术和思想等观念滞后，智力素质退化，最终导致了效率的降低，影响了企业最大经济利益的达成。

8. 人力资源损耗具有增值性、再生性和时效性的特点。

9. 人力损耗指数(Labor Wastage Index)——离职率

$$LWI=(某一期间内离职人数/该期间平均人数)\times 100\%$$

人力稳定指数(Labor Stability Index)

$$LSI=(目前服务满一年的人数/一年前总人数)\times 100\%$$

人力流动率(Labor Turnover Ratio)

$$LTR=(某一期间内离职人数+新进人数)/该期间平均人数\times 100\%$$

人力替换率(Labor Replacement Ratio)

$$LRR=(某一期间内新进人数-离职人数)/该期间平均人数\times 100\%$$

第5章

招聘面试与效果评估

学习目标

1. 了解什么是面试，面试的种类；
2. 了解招聘面试的方法，掌握面试的技巧；
3. 熟悉和掌握自荐及应聘技巧；
4. 掌握招聘效果评估及其方法。

引导案例

面试面面观

面试情境1：微软公司面试软件设计师的问题：“请问美国纽约市有几个下水道？”通常会有几个答案。

答案1：“不知道。”

答案2：“不知道，但是请您给我一天的时间，我会找到答案。”

答案3：“您可以从市政府的网站找到答案。”

答案4：“请问您要这个答案是要做什么用途呢？”

你认为谁会被聘用呢？

面试情境2：通用汽车面试销售代表的时候，会请应征者舒服地坐在会客室里等候。面试主持人共有三位，一列排开，坐在面对大门的另一面。整个面试室约有50平方米，除了面试主持人的桌椅以外，完全是空的，没有其他任何家具。

当应征者被请进来，主持人第一句话就是：“请坐。”然后就会停下来看应征者的反应。

反应1：“左右看看，继续站着。”

反应2：“走出去拿了一张椅子进来坐下。”

反应3：“请问我应该坐在哪里？”

反应4：“请问我可以到外面拿张椅子进来吗？”

你认为谁又会被聘用呢？

面试情境3：微软招聘人才的一道推理题是10名海盗抢得了窖藏的100块金子，并打算瓜分这些战利品。这是一些讲民主的海盗(当然是他们自己特有的民主)，他们的习惯是按下面的方式进行分配：最厉害的一名海盗提出分配方案，然后所有的海盗(包括提出方案者本人)就此方案进行表决。如果50%或更多的海盗赞同此方案，此方案就获得通过并据此分配战利品。否则提出方案的海盗将被扔到海里，然后下一名最厉害的海盗又重复上述过程。

所有的海盗都乐于看到他们的一位同伙被扔进海里，不过，如果让他们选择的话，他们还是宁可得到一笔现金，他们当然也不愿意自己被扔到海里。所有的海盗都是有理性的，而且知道其他的海盗也是有理性的。此外，没有两名海盗是同等厉害的——这些海盗按照完全由上到下的等级排好了座次，并且每个人都清楚自己和其他所有人的等级。这些金块不能再分，也不允许几名海盗共有金块，因为任何海盗都不相信他的同伙会遵守关于共享金块的安排。这是一伙每人都只为自己打算的海盗。

最凶的一名海盗应当提出什么样的分配方案才能使他获得最多的金子呢？

为方便起见，我们按照这些海盗的怯懦程度来给他们编号。最怯懦的海盗为1号海盗，在这样的编号提示下大家开始思考吧，看谁满足微软的用人标准。

面试情境 4: 德勤招聘时的一道推理题是五个人来自不同地方，住不同房子，养不同动物，吸不同牌子香烟，喝不同饮料，喜欢不同食物。根据以下线索确定谁是养猫的人。

1. 红房子在蓝房子的右边，白房子的左边(不一定紧邻)。
2. 黄房子的主人来自香港，而且他的房子不在最左边。
3. 爱吃比萨饼的人住在爱喝矿泉水的人的隔壁。
4. 来自北京的人爱喝茅台，住在来自上海的人的隔壁。
5. 吸“希尔顿”香烟的人住在养马的人右边隔壁。
6. 爱喝啤酒的人也爱吃鸡。
7. 绿房子的人养狗。
8. 爱吃面条的人住在养蛇的人的隔壁。
9. 来自天津的人的邻居(紧邻)一个爱吃牛肉，另一个来自成都。
10. 养鱼的人住在最右边的房子里。
11. 吸“万宝路”香烟的人住在吸“希尔顿”香烟的人和吸“555”香烟的人的中间(紧邻)。
12. 红房子的人爱喝茶。
13. 爱喝葡萄酒的人住在爱吃豆腐的人的右边隔壁。
14. 吸“红塔山”香烟的人既不住在吸“健牌”香烟的人的隔壁，也不与来自上海的人相邻。
15. 来自上海的人住在左数第二间房子里。
16. 爱喝矿泉水的人住在最中间的房子里。
17. 爱吃面条的人也爱喝葡萄酒。
18. 吸“555”香烟的人比吸希尔顿香烟的人住的靠右。

面试情境 5: 怎样栽四棵树，使任意两棵树之间的距离相等。

面试是一种最常见的选拔方法，绝大多数的职场人员都经历过不同形式的面试过程，无论是成功的面试，还是失败的面试，都会给人留下一定的印记和回忆。人们常常还依稀记得在很多年以前的那次面试体验和场景，也许这次不期而遇的面试，改变了我们的职业轨迹和人生道路，它可能让我们遇到某个人或一些人，这些人对自己的人生产生了极其重大的影响。也许是某个面试官与你就某个话题的讨论，或者是他不经意的一席话，使你幡然醒悟，从此让你走在正确的职业道路上。总之，这些令人紧张和记忆深刻的面试经历是我们职业生涯的一部分。

面试是一种经过组织者精心设计，在特定场景下，以面对面交谈与观察为主要手段，由表及里测评应聘者的知识、能力、经验等有关素质的测试评价活动，是企业挑选员工的重要和常用方法。面试给企业和应聘者提供了面对面交流的机会，增进双方之间的相互了解，从而成为双方做出雇佣和被雇佣选择决定的重要依据。

一般来说，面试的目的主要包括了解应聘者的动机与工作期望，考察应聘者仪表、性格、知识、能力、经验等特征，以及获得笔试、技能测试等其他选拔方法难以获得的信息。

尽管企业在招聘过程中，选拔技术和方法不断的推陈出新，筛选和选拔方式越来越多样化，但是面试仍然是不可替代的主要方式，也是最有效的甄别方法。人们发现，没有什么可以完全代替我们的眼睛，最先进的甄选方法和工具也无法取代我们面对面的沟通、深入的互动和了解、对细节的观察及人们的某些经验直觉，因为我们是人。

虽然面试可能存在主观意识和偏见，但事实上所有的选拔方法都不会把一个主观的过程变得客观，无论这些选拔方法有多先进和多新颖，它们都不会去掉偏见，也不会避免错误。在现代企业中，筛选与选拔应当是一个基于应聘者信息的系统手段，可能是多种选拔方法和形式的综合运用，但需要特别说明的是，其他方法和形式应当只能作为面试的辅助工具，而不是凭借面试以外的手段做出决策，面试仍然是正确决策的主要依据，尽管它不能保证万无一失。

人们可能因为面试的技术门槛低或者过于主观随意而质疑这种方法的科学性和有效性，转而选择那些新兴的选拔工具和方式来代替面试方式——人们总是对新的方法充满好奇。然而，问题的核心并不在于面试方式本身，而在于面试者，或者面试者所掌握的面试方法、面试也可能是风险最大的选拔方式，它可能滋生腐败等。

面试还是成本最小，实用性、普遍性、可接受性、合法性最好的选拔方式。一次成功的面试也许是一次愉快的交谈，一次相互学习的机遇，一次美妙的结识和邂逅，以及一次个人形象和企业形象推广的过程。面试能使供需双方坐下来，并利用这个机会传递尊重和寻找各种可能性，而不是一方以某种机械的方式居高临下地评价另一方，因此它更具有可接受性和人本意义。

5.1 面试的种类

面试有很多种类，按面试的结构可以分为非结构化面试、结构化面试和半结构化面试；按面试的组织方式可以分为一对一面试、系列式面试、小组面试和集体面试；按面试的目的可以分为压力式面试、非压力式面试和宽松型面试。每一种面试形式都有自己特殊的优点和缺点，如果它们因为正确的原因被选择，同时它们的缺点被了解，企业就可以针对不同职位的招聘采用不同的面试形式，或者将这些面试形式综合起来使用。

5.1.1 根据面试的结构分类

(1)非结构化面试

在这种面试中，面试考官可以随意地与应聘者讨论各种问题，所问的问题没有一个事先安排的，需要遵守的框架。因此，面试可能根据不同的应聘者提出完全不同的问题，面试的话题也会围绕不同的方向展开。当然，问题必须是与招聘和录用有关的。在非结构化面试中，面试考官可以根据应聘者在上一个问题的具体回答来决定下一个问题问什么，而且可以根据应聘者的回答对某些问题进行追问，以了解更深入的信息。

非结构化面试的优点在于：面试考官和应聘者在谈话过程中都比较自然。由于问题不是事先设计好的，因此提问不会显得前后没有联系和唐突。面试考官可以由此全面了解应聘者的情况，应聘者也感觉更自在，回答问题时也可能更容易敞开心扉。非结构化面试的缺点在于：由于对不同的应聘者问不同的问题，可能会影响面试的信度和效度，其中最大的问题在于，这种面试可能会漏掉最关键的问题。

(2)结构化面试

这种面试会提前准备好问题和各种可能的答案，要求应聘者在问卷上进行选择。结构化程度最高的面试方法是设计一个计算机化程序来提问，记录应聘者的回答，然后进行数据分析，给出录用决策的程序化结果。结构化面试在工作分析的基础上提出与工作有关的问题，设计出应聘者可能给出的各种答案。因此，面试人员可根据应聘者的回答迅速对应聘者做出不理想、一般、良好或优秀等各种简洁的结论，所以说结构化面试是一种比较规范的面试形式。表 5.1 给出了一个结构化面试的实施程序。

表 5.1　结构化面试实施程序

1．工作分析
根据工作职责、必备知识、技术和能力，拟定工作说明书
2．评估各项工作职责
根据完成各项工作职责所需的时间长短等因素评估各项职责的相对重要性，目的是发现最主要的工作职责
3．设计面试问题
根据各项工作职责的内容及其重要性设计面试问卷。问题包括工作常识问题、意愿问题和情景问题
4．设想每个问题可能的答案，并进行事先评分
5．确定面试小组，开展面试
面试小组一般由 3～6 人组成，应包括参与工作分析和问卷设计的人员、人力资源部门的代表、招聘职位的直接上司和招聘职位的同仁
6．根据面试问卷表格上的项目进行评分，以此来评价应聘者

结构化面试的优点在于：面试考官可以根据应聘者回答的情况进行评分，并且将不同应聘者的回答进行比较。在结构化面试中，每一个应聘者都被问及相同的问题，一般不会发生漏掉重要问题的情况，面试的有效性和可靠性更高。结构化面试的缺点在于：不能进行话题外的提问，限制了谈话的深入性。由于每个问题都是事先安排好的，提问时可能显得不自然或比较唐突。

在结构化面试中，问题大致应包括以下几类：第一类是与职位兴趣有关的问题；第二类是针对现有工作情况设计的问题；第三类是工作经历方面的问题；第四类是与教育相关的问题；第五类是业余爱好和活动方面的问题；第六类是关于工作职位安排的问题；第七类是关于应聘者的自我评价问题。

在结构化面试中，通常会使用结构化面试表，按预先确定的问题的顺序提问。结构化面试表仅提供一般性指导，因为所有项目可能并不都适用于每一种情况。有了结构化面试表，面试考官在面试提问中不易遗漏重要的问题。

(3)半结构化面试

顾名思义，半结构化面试是介于非结构化面试和结构化面试之间的一种面试方式。它包括两种含义：一种是面试考官提前准备重要的问题，但是不要求按照固定的次序提问，且可以讨论那些似乎需要进一步调查的题目；另一种是指面试人员依据事先设计的一系列问题来对应聘者进行提问，一般根据管理人员、业务人员和技术人员等不同的工作类型设计不同的问题表格。在表格上要留出空白以记录应聘者的反应及面试人员的主要问题。这种半结构化面试可以帮助企业了解应聘者的技术能力、人格类型和对激励的态度等。最后，面试人员要在表格上做出评估并提出建议。

5.1.2 根据面试的组织方式分类

(1)一对一面试

这是一种运用的比较多的面试方式。在这种面试中，面试考官和应聘者两个人单独进行面试，一个人进行口头询问，另一个人进行口头回答。

(2)系列式面试

又称顺序面试，指企业在做出录用决定前，由几个面试考官依次对应聘者进行面试。在非结构化系列式面试中，每一位考官从自己的角度观察应聘者，提出不同的问题，依据标准评价表对应聘者进行评价，然后对每位应聘者的评定结果进行综合比较分析，最后做出录用决策。假定这种方式针对的是取得令人满意的工作业绩所需的技能和个人特征，与非结构化系列式面试相比，结构化系列面试能产生更可靠、更有效的结果。在结构化系列式面试中，每位应聘者被问及相同的问题，面试考官在相同的评分表上对他们进行评分，最后进行综合分析。

系列式面试可以避免一对一面试中由一个面试考官决定应聘者命运的缺点。因为由几个面试考官分别对应聘者进行面试，可以获得多种对应聘者的看法，在这些看法的基础上进行综合，可以得出更准确的结论。

(3)小组面试

小组面试即由几个面试考官(其中某一人为主考官)同时对一个应聘者进行面试。

小组面试有几个优点。第一，小组面试允许每位面试考官从不同侧面提出问题，要求应聘者回答，这类似于记者在新闻发布会上的提问。因此，与系列式的一对一面试相比，小组面试能获得更深入、更有意义的回答。第二，小组面试由几位面试考官同时对一位应聘者进行综合考察，评价会更准确。小组面试的最大缺点在于：这种面试会给应聘者带来额外的压力，可能难以得到那些可以在一对一面试中得到的信息。

(4)集体面试

这是小组面试的一种变形，是由多个面试人员同时对多个应聘者进行面试。面试小组提出一个需解决的问题，然后不采取行动，而是观察哪位应聘者首先回答。

与一对一面试不同，在集体面试中，若干应聘者在面试考官面前会相互影响。这种方法有助于了解应聘者在参加集体活动时的人际关系能力。此外，该方法还可为工作繁忙的专业技术人员和管理人员节省时间。

(5)决策者综合面试

在挑选重要岗位人选时，有一种方法是由最高决策者进行综合面试。通常是在有一定地位和阅历的人对具体岗位推荐了人选时采用这种方法。最高决策者对被推荐者的学历、经历、能力已有一定的了解，面试是为了对其能力和岗位的匹配度、与企业文化的融合程度、本人的性格和领导风格等进行进一步的考察。面试的方法和手段可能是全方位的，如邀其一起品茶、喝酒、打高尔夫球、登山、游泳、打牌、下棋等，所有考察均在不经意中进行。这种面试常能获得意想不到的成功。

5.1.3 根据面试的目的分类

(1)压力式面试

压力式面试是用穷追不舍的方法对某一主题进行提问，问题逐步深入，详细彻底，直至应聘者无法回答。在这种面试中，应聘者会因一系列的追问而觉得很不舒服。这是为了测试应聘者如何应对工作中的压力，了解应聘者的机智和应变能力，了解应聘者在适度的批评下是否会恼怒和意气用事。如果应聘者对面试中的提问表现出愤怒或怀疑，则说明他容忍工作压力的能力可能有限。

在压力式面试中，面试考官可以一开始就从应聘者的背景中寻找弱点，如询问他离开原来的工作是不是由于出现了工作不积极、经常缺勤等问题，通过这样的问题使应聘者不能保持平静。又如，如果发现一个从事顾客关系管理工作的人在过去两年之间更换了四次工作，就可以问应聘者是不是不负责任、行为不成熟或者经常与顾客发生矛盾等，如果应聘者能很平静地、有理有据地解释他多次更换工作的原因，就说明应聘者有较强的应对压力的能力。如果应聘者之前还十分平静，听完这些问题后马上露出愤怒或者不信任的神色，就说明应聘者对压力的忍耐力比较差。

在面试中使用施加压力的方法有助于识别那些抗压能力弱的应聘者，这些应聘者对于即使很温和的批评也会做出过激反应。而对于需要面对顾客的职业，这种个性的人是不合适的。

需要指出的是，由于压力式面试的特殊性，主持面试的考官必须具有运用这一方法的经验及一定的技巧和控制力。对应聘者施加的压力不宜过大，且应该是实际工作中真正存在的。

(2)非压力式面试

与压力式面试相反，在非压力式面试中，面试考官从各个方面减轻对面试者的压力。注意考场的布置、考官的表情、提问的语气和方式，使应聘者能够在最小压力下回答问题，以获取录用所需的信息，但整个面试依然是很正规的，应聘者仍然会感受到压力。

事实上，除了那些需要真正在压力下工作的员工外，非压力式面试适用于绝大多数员工。目前有些人力资源专业人士认为，压力式面试不仅不够人性化，而且作用不大，在压力环境中获得的信息经常被扭曲、被误解，通过这种面试获得的资料不应作为录用决策的依据。

(3)宽松型面试

与上面两种面试不同，宽松型面试不需要正规的考场，考官的人数通常为2～3人，在十分宽松的环境中进行宽松的交谈。在这种面试中，应聘者也可以向考官提出一些极想了解的问题，如企业发展的状况，在交谈中双方可以获得对彼此的充分了解。无论被拒绝还是被录用，应聘者的自我感觉都会比较好。在中层领导岗位招聘时，常采用此种方法，但此种方法最大的难点是对进入面试程序人员的筛选。因为宽松型面试容易跑题，所以要求考官要有足够的实践和充分的耐心，而这二者恰恰是企业指定或聘请的考官所缺少的。

5.2 面试方法

5.2.1 情景模拟面试

情景模拟面试是指根据应聘者可能担任的职位，编制一套测试项目，安排应聘者在模拟的、逼真的管理系统或工作环境中处理有关问题，用多种方法来测试其心理素质、实际工作能力、潜力的一系列方法。这种面试方法重点在于测试书面测试无法准确测试的领导能力、工作能力、人际交往、沟通、合作、理解、创造、解决问题、语言表达等综合素质。适合用于招聘服务人员、事务性工作人员、管理人员、销售人员。

常用和经典的情景模拟面试主要包括公文筐测验、无领导小组讨论、管理游戏、角色扮演等，其他的方法如案例分析、演讲、事实搜索、情景面谈等也常常结合具体的实际需求加以应用。下面简单介绍几种常用的方法。

1. 公文筐测验

公文筐测验也叫文件筐测验，是一种情景模拟测验，是对实际工作中管理人员掌握和分析资料、处理各种信息及做出决策的工作活动的一种抽象和集中。测验一般在假定情景下实施，该情景模拟一个组织所发生的实际业务、管理环境，提供给受测人员的信息包括涉及财务、人事备忘录、市场信息、政府的法令公文、客户关系等十几份甚至更多的材料。这些材料通常是放在公文筐中的，公文筐测验因此得名。测验要求受测人员以管理者的身份，模拟真实工作情景中的想法和行为习惯，在规定条件下(通常是较为紧迫困难的条件，如时间与信息有限、独立无援、初履新任等)，对各类公文材料进行处理，形成公文处理报告。处理完毕后，一般还要求受测候选人填写行为理由问卷，说明处理的理由、原则或依据，对于不清楚的地方或想深入了解受测候选人时，评估者还可以与候选人进行深入面谈，以澄清模糊之处。通过观察受测候选人在规定条件下处理公文过程中的行为表现及分析候选人的处理理由说明，评估其计划、组织、授权、决策和问题解决能力等多方面的管理潜质。

(1)测试的能力

公文筐测验所要测试的能力主要包括对组织中人、财、物、时间、信息等多方面的控制，理解和把握等能力。具体来说，主要考察以下几个方面的能力。

① 分析能力。受测人若能从众多公文中分析问题的轻重缓急，了解问题产生的根源、背景，快速抓住关键性问题，则分析能力强。

② 计划能力。面对浩繁的公文信息，受测人若能有条不紊地对公文进行分类，急事急办，在处理文件的过程中表现沉稳，工作有序，清晰了解各类文件的处理过程，将办公桌上的文件进行分类后归档，能准确排序并有序处理，则计划能力强。

③ 资源整合能力。在时间资源有限的情况下，要将公文筐内必须处理的文件都处理完毕，必须充分使用纸、笔、电话、电脑、复印机、打印机等资源(如有助手还应学会如何使用助手)。有些公文必须通过电话请他人处理，有些公文必须亲自处理。能将手边的各种资源充分使用者的资源整合能力强。

④ 协调与授权能力。在处理公文筐内的公文时，在完全仿真模拟的环境中，应有部分文

件的处理须与其他部门、单位或个人进行协调。受测人若协调沟通得当，语言表达清晰准确，授权干脆利落，协作氛围好，工作效率高，能快速解决问题，则协调与授权能力强。

⑤ 决策能力。在处理公文筐内的公文时，受测人应能快速做出判断与决策，把所有处理好的公文归为一类，将尚需调集其他信息或需要做出进一步分析的公文放在手边。如果无法获得处理公文的进一步资源，应根据现有信息做出果断的判断和决策。有这种表现能力的人决策能力强。

⑥ 创新能力。在处理公文的过程中，受测人应能够立即发现问题(如工作中的问题、公文交接的问题、资源整合的问题、工作程序的问题)，并对所发现的问题进行思考，提出一些极富建设性的意见。有这种表现的人创新能力强，常能在工作中提出一些新颖的工作思想和工作方法。

(2)考察的要点

在公文筐测验中，招聘人员主要是对应聘者的行为表现及其对公文的处理方式进行评价，从而做出是否录用的决定。其中招聘人员的观察要点主要包括以下几项：

① 文件是否有遗漏；

② 能否根据工作的轻重缓急逐一处理；

③ 授权是否合理；

④ 对工作细节的把握是否恰到好处；

⑤ 能否巧妙而高效地处理问题；

⑥ 处理问题的依据是否充分而合理。

(3)公文筐测验的优缺点

相比于其他的纸笔测验，公文筐测验更接近于招聘职位的实际工作状态，因此具有更高的考察效度。如表 5.2 是公文筐测验的优点和缺点，组织要结合自身的状况，确定最终是否应用公文筐测验，以达到控制招聘成本、提高招聘质量的双重目标。

表 5.2 公文筐测验的优点和缺点

优 点	缺 点
考察能力全面： 文件涵盖公司生产、人事、财务、客户、市场等各个方面，能够对应聘者的能力进行全面考察	考察时间较长： 公文筐测验的时长一般为 2～3 小时，考察时间较长
高效度： 文件大致类似于招聘职位实际处理的文件，通过测验基本可以预测应聘者在招聘职位的表现，招聘效度较高	成本较高： 测验专家、管理专家、行业专家共同进行试题编制，企业需要投入大量的精力和费用
内容灵活： 根据招聘职位的性质灵活制定测验内容，针对性高	评价标准不统一： 评价结果带有很强的主观色彩，评价标准无法实现客观统一
操作简便： 操作以书面形式进行，可多人同时进行测验	无法考察交际能力： 因为测验由个人以书面形式完成，所以无法对其与别人的交往和合作能力进行考察

(4)试题的设计

有效的工作分析是公文筐测验的最核心的基础工作，工作分析的关键内容准备的越规范、越全面、越深入、越细致，公文筐测验的题目设计就越容易，测验结果的信度和效度也就越高。但仅有系统的工作分析还远远不够，对行业特点、组织内外环境、组织文化和测验目的分析也是设计公文筐测验题目时需要考虑的重要内容。公文筐测验试题设计的主要依据为：

① 组织所在行业的特点及内部和外部环境状况；

② 组织文化和核心价值观；

③ 管理职务设置的目的和工作职责；

④ 管理者工作活动的内容、各项工作活动占全部工作活动的时间的比例、各项工作活动的执行权限和执行依据、工作活动结果的预期标准(每个管理者的工作活动都包括团队维系、信息传递和决策制定三大类活动)；

⑤ 管理者每项工作活动的主导业务流程；

⑥ 管理者的工作关系，包括管理者的直接上级和间接上级、直接下级和间接下级、管理者的同级、组织的公众；

⑦ 管理者可调遣或协调的工作资源，包括人力资源、物力资源、财力资源和信息资源。

公文筐测验的优势在于其情景模拟的特性，因此，必须进入一线管理部门收集管理者的日常公文，以确定其遇到的典型公文及在工作中出现的关键事件和典型事件。收集公文素材的最好方式就是邀请一批比较优秀的任职者或者他们的直接上级召开交流会，运用关键事件法，获取重要的仿真公文原型，一般要按所需文件数量的 2～3 倍来征集。在进行公文搜集时，电话记录、请示报告、上级管理者的指示、待审批的文件、各种函件、建议等多种形式的文件都要有一定的比例。此外，还要根据多项细目表逐项设计公文筐试题，在这个过程中首先要考虑到公文的重要性和紧迫性的比例，最后是公文的形式和内容的比例。在充分掌握信息的前提下，一般用 2～3 个工作日即可完成一个重要管理职务的公文筐测验的题目设计。

(5)公文筐测验的实施流程

① 准备阶段。

首先，材料准备。公文筐题目的设计在前面已作相应阐述，具体的题目编制步骤为：a. 收集文件。收集拟任岗位的日常文件，所收集的相关公文材料应该能充分地反映拟任岗位的特点，并且能够让受测人处理时有一定的难度；b. 文件筛选。对收集的所有原始案例进行甄别、筛选，选出内容合理、形式各异、轻重缓急各不相同的文件约为 20 份；c. 编制文件。对所筛选出的文件进行加工和整理，使其符合公文筐测验的要求，各种公文的内容及难易程度，都是围绕目标职位可能遇到的状况进行设计的。

对所有公文应有一个总体情景的介绍，内容包括：a. 日期、时间；b. 事件背景；c. 公司概况(组织结构图)；d.受测人所在职位及职责权限。

为了得到尽可能多的与拟聘职位有关的公文材料，在编制题目的过程中需要得到人才需求部门主管的支持，因为只有他们能够提供第一手、最翔实的各种文档。此外，还需要准备答题纸和评分表。受测人对文件的处理意见应填写在答题纸上，答题纸的内容包括文件编号、重要程度、紧急程度、处理意见、处理依据或理由。处理意见是受测人关于如何处理文件中具体事宜的指示，处理依据应表明处理意见的缘由。评分表则包括评分标准及行为样本。评分范围给出各测评能力指标在总分中的权重和具体分值，及该能力优、良、中、差等级的评分区间。

其次，人员准备——考官的选择与培训。为确保公文筐测验的测试效果，主考官原则上应由咨询顾问、测评专家或心理学家担任。企业的高管或人力资源管理人员作为辅助考官。由于企业高级管理人员对企业现状有着更为深刻、切实的感受，在通过标准化的培训及专业人员的指导后，他们能够与具有专业背景的主考官形成有益互补。

公文筐测验要求主考官具有以下素质：

a．了解企业基本情况，对目标职位的内涵理解深刻；

b．具备相关基础知识，了解公文筐测验的理论和实践依据；

c．熟知测试题的各种可能答案及题目之间的内在联系；

d．明确题目的评分标准及测试要素的定义，并与其他主考官达成一致；

e．善于观察受测人的行为表现，准确记录并形成判断；

f．具备较强的沟通能力，能恰如其分地进行深度问询；

g．能够对受测人进行独立、客观公正、审慎的评价。

考官的培训一般包括两个方面：一方面是接受公文筐测验的模拟测试。进行一次模拟测试，可以让考官了解测试内容、答题方式、考试的组织程序。另一方面是让考官对模拟测试的结果进行自评，通过这一过程可以了解测试的评价内容和评价标准。

最后，场地准备。依据预定的参加测试的人数选择合适的测试地点，布置考场。考场环境应整洁、安静、无干扰、采光照明良好。由于要处理大量公文，因此桌面要足够大，如有多人参加，相互之间的距离要远一些，以免相互干扰。可以在测试地点准备一台摄像机，以便考官回顾受测人的表现。

准备好测试所用的如下材料：测试材料、答题册、铅笔、橡皮等。保证每一位受测人有以上所有的测试材料和工具。

② 实施阶段。

首先，宣读标准化的指导语。指导语是在测试过程中说明测试方式及如何回答问题的指导性文字。主考官向受测人宣读公文筐测验的指导语，介绍测试材料、测试步骤和测试要求。指导语应力求清晰、简明，使受测人很快明白应该做什么及如何对文件做出处理。

以下为测试材料指导语示例。

本文件袋内的材料反映了××职位典型的一天工作，本练习需要你处理一些通过信件、备忘录、便条和其他文件带给你的工作，这些材料都已置于文件袋中。

本练习提供了展示大量管理技能和领导技能的机会，练习设置的情景有严格的时间限制和资源限制，这与你在××职位上实际面临的情境是一致的。

你将有一个小时的时间阅读背景材料并完成练习，建议你最好在阅读完所有材料的基础上再采取行动。你所在的职位是××，你应尽量根据职位实际的情境来处理事务。

写下你将如何处理每件事情。在答题册上写下你的处理意见。

其次，控制进程。工作人员宣读完指导语之后，可以留一点时间让受测人就不解之处提问，然后开始正式测试。在测试过程中，应保持考场安静，受测人不能交头接耳，工作人员也不应该对受测人的问题作答。考官应仔细观察并记录受测人的行为、情绪，借助摄像机记录受测人的表现。

最后，计分及评价。首先，考官要对受测人的文件处理书面结果和他在测试过程中的行为表现独立做出判断和评价，然后由工作人员进行汇总。其次，对考官的评分结果进行比较，如果某项指标上的评分差距较大，就必须进行讨论，然后就该指标分别重新打分，若仍有争议，则继续讨论，继续打分，直到意见较为一致为止。最后，通过深度询问了解受测人处理文件过程中表现出来的各项管理能力，如表 5.3 所示。

表 5.3 公文筐测验考察管理能力的操作定义、行为样本和提问方式

管理能力	操作定义	行为样本	提问方式
计划能力	追求事物的清晰、有序和准确	根据材料的主要内容对材料进行分类；根据材料的重要性和紧迫性，确定材料的优先级，即优先（材料极其重要，立即处理）、重要（可稍后处理）、不重要（搁置处理）	这个文件应归入哪一类？ 在解决文件中问题时，你将采取什么步骤？请按先后顺序列出
表达能力 沟通能力	准确地分析并把握他人话语背后的想法和情感，清晰地表达自己的想法	处理人际沟通问题的意见条理清晰、措辞恰当（有效、清楚、正确、全面、符合逻辑）。能够建立和保持有效的人际关系	如何以适当的措辞处理人际关系？ 在处理文件和执行某项任务的过程中需要涉及与哪些有关人员的直接沟通和间接沟通
组织协调能力	坚持自己的主张，有指挥他人的个人意愿，利用职权使他人按照自己的意思去做	提供详细的指导，分配任务以使他人完成工作，并使自己有精力去做更重要的工作	如何在职权范围内要求有关部门和人员完成工作？ 如何对任务的实施提供详细指导
分析能力 决策能力 预测能力	通过将问题分解，确定问题的内在原因，找出复杂情况中已有或潜在的问题	找出事情的可能原因或行为的可能结果；预测困难并事先考虑接下来的步骤；运用不同的分析方法确定不同的解决方案，并权衡每一种方案的价值；考虑决策背后的理性成分（考虑决策正确与否、各种方案的优缺点、采取各种决策的理由）	处理文件优先等级的依据是什么？ 这个文件最关键的问题是什么？ 你这样处理文件的理由是什么
解决问题能力 创新能力	收集解释并评估信息，制定合理的决策，促使组织目标实现	根据已有的信息来源确定问题，采取恰当的行动解决有关问题	你将采取哪些有效的行动（措施）来解决这个问题（不必阐述理由）

③ 结果处理阶段。

在结束测试后，所有考官结合受测人在活动过程中的具体表现进行沟通。沟通内容包括受测人的总体表现、出现的相关问题、解决问题的方式、优缺点。之后应给出一份评定报告，主要说明每个受测人的具体表现，并给出是否录用的建议。然后结合具体的测评维度权重系数，计算得出受测人的综合得分。

评分工作结束后，应给出评语，并将结果反馈给受测人。

2. 无领导小组讨论

在无领导小组讨论中，招聘人员按照 5～7 人的标准对应聘者进行分组，不指定小组角色，每个人自由、平等地发表观点，就招聘人员指定的主题进行讨论，最后得出统一观点，以所有小组成员签字的书面报告形式向招聘人员汇报。招聘人员对应聘者在讨论过程中表现出来行为举止、专业能力、个性特征等进行评价，得出评价结果。

在无领导小组讨论中，考官可以根据应聘者的表现来评价其综合素质和管理才能：①发言的次数和发言的质量如何，能否抓住问题的关键并提出合理的见解和方案；②能否倾听别人的意见，尊重他人的不同看法，是否注意语言表达技巧，特别是沟通的技巧；③是否敢于坚定自己的正确意见，是否敢于发表不同意见，是否支持或肯定别人的合理建议；④是否擅于消除紧张气氛，并说服他人，创造积极融洽的气氛；⑤是否具有分析判断能力、反应能力、自控能力等能力及宽容、真诚等良好品质；⑥最重要的是能否脱颖而出，成为无领导小组的“领导”，引导讨论顺利进行。这种领导角色的表现凭借的是默默地让人感受到他的领导才能。

无领导小组讨论不仅创造了一种给予候选人平等的表现机会，亦呈现了一种全面、系统

和直接观察候选人显性能力和潜在素质的发掘场景。通过观察候选人的言谈举止及候选人之间的相互作用，能够准确了解和掌握候选人的个性特征、思维习惯、处事风格等全面的个人潜在信息，有利于对候选人做出更加全面的判断和评价，也为区别对比不同候选人之间的素质差别和个性差异提供了直观的条件。

(1)测试的能力

无领导小组讨论主要比较和评价应聘者在下列能力方面的差异。

① 领导能力。

可以从以下方面考察领导能力。a. 在讨论中，能否在经意和不经意间引导小组讨论的进行。若能做到，就具有一定的领导能力。b. 在讨论中，用什么方式和态度引导会议的讨论。如果能够不显山露水地指导和掌握全局，就是一个天生的领导者，具备领导者的魅力。c. 在讨论中，态度强硬，如自己发言时不让别人插嘴，或用更大的声音去压倒不同的声音。这种人看似引导了讨论，实际上缺乏真正的领导能力，缺乏把握大局、左右他人的内在潜质。d. 在讨论中，其发言始终无法引起他人的注意，或更多地附和强势的一方，这种人通常缺乏领导能力。

② 沟通能力。

可以从以下方面考察沟通能力。a. 能否倾听他人的意见，特别是与自己不同的意见，能否完整地耐心研究。能倾听并善于倾听的人沟通能力强。b. 能在他人与自己意见完全不同，并严厉反驳自己的意见时，态度温和，不骄不躁，准确地表达自己的意见与他人的意见之分歧所在。能分析产生不同意见的原因和背景，或者分析这两种意见在深层次及本质上有无共同点，并由此引导大家继续讨论。有这种表现的人沟通能力强。c. 能在小组其他人之间产生争论时，准确地把握他们的分歧点，帮助分析他们各自意见中的正确和不够合理之处。能缓和气氛、准确表达、态度恰到好处，其意见能为他人所接受。有这种表现的人沟通能力强。d. 如果一遇到矛盾就动怒，控制不了自己的情绪，或者不能耐心倾听他人的意见，在争论开始时无法主动、平和地积极参加，则沟通能力较弱。

③ 应变能力。

可以从以下方面考察应变能力。a. 当讨论出现激烈争吵和矛盾时，表现稳重自信，能准确抓住产生各类冲突的原因，说服对方，缓和气氛。有这种表现的人应变能力强。b. 当个人的发言被粗暴打断或听到他人反驳自己的意见时，能稳定情绪，面露笑容，静候他人粗暴无礼地讲完意见，然后及时调整自己的态度和讨论问题的方式，缓和会议气氛。有这种表现的人应变能力强。c. 如果出现某些突发状况，如其他小组喧哗、提前结束讨论或其他未预料的情况，能镇定自若，有那种“泰山崩于前而色不变，麋鹿兴于左而目不瞬”的风度，从而使小组的讨论得以继续。有这种表现的人应变能力强。d. 对于任何一件意料之外事情的发生或环境的变化均不知所措者，应变能力弱。

④ 团队精神。

可以从以下方面考察团队精神。a. 尊重他人、顾全大局、不以小乱大者，具备团队合作精神。b. 遇事稳重、谦让、谈吐得体、态度谦和、主次分明、缓急有序者，具备团队合作精神。c. 对于临时组成的小组成员均能态度友善、善于妥协和让步、能快速了解他人的性格和需求、愿意先己后人、不出风头者，具备团队精神。d. 说话尖刻、态度骄横、出语不逊、不懂礼让者，不具备团队精神。

(2)考察的要点

无领导小组讨论是通过对小组成员互动过程中表现出来的信息进行评价的方法，招聘人员的考察要点主要有两部分，即讨论内容和个人表现，具体内容如下：

① 各个应聘者在讨论过程中的参与程度；

② 应聘者在小组讨论中的影响力；

③ 应聘者的处事风格，强硬、民主或者放任；

④ 决策过程是否合理；

⑤ 讨论结果是否令人满意；

⑥ 小组讨论气氛；

⑦ 应聘者扮演的角色。

(3)无领导小组讨论的优缺点

无领导小组讨论的优缺点如表 5.4 所示。

表 5.4 无领导小组讨论的优缺点

优　点	缺　点
对应聘者的行为与能力进行综合考察	对测试题目要求较高
测试方式公平、公开，易于被应聘者接受	对招聘人员的专业技术要求较高
贴近实际工作状态，考察信度较高	应聘者的表现有一定的随机性
可以在应聘者之间进行横向比较	应聘者可能进行造假、伪装
集体测试，减轻招聘的工作量，节省时间	评价标准主观性较强
应用范围广	操作成本较高

(4)试题的设计

无领导小组讨论的试题一般都是智能性的题目，这类题目应该符合三个条件：首先，题目必须是大家关心的热点问题，容易引起大家的兴趣、关注和争论；其次，题目的内容应该浅显易懂，属于常识性问题，不要将试题变成考“状元”的难题；最后，试题的答案是开放式的，无准确答案，便于激发每个人的想象力，同时话头多、视角多、争议多，难以形成一致意见。从形式上看，试题可以分为以下五种，如表 5.5 所示。

表 5.5 无领导小组讨论试题一览表

问题类型	定　义	考察要点	举　例	特　点
开放式问题	答案的范围可以很宽、很广，没有固定答案	全面性、针对性、思路清晰、新见解	你认为什么样的领导是好领导？	容易出题，不容易引起争辩
两难问题	在两种各有利弊的答案中选择一种	分析能力、语言表达能力及说服能力	你认为以工作为导向的领导是好领导，还是以人为导向的领导是好领导	编制试题比较方便，可以引起争辩，两个答案要保持均衡
多项选择问题	每一种选择都有自己的分析和判断，只要能自圆其说，就是一个好的回答	分析问题实质，抓住问题本质的能力	有四个人掉进井中，一个是军人，一个是妇女，一个是官员，一个是商人，请问你先救哪一个	可以有多种答案，每一个答案均包含多种个性倾向和能力特征，便于考察
操作性问题	给应聘者提供一些材料、道具和工具，要求制作出考官指定的一个或一些物品	主动性、合作能力以及在实际操作任务中充当的角色	给应聘者提供一些材料，要求他们相互配合构造出一种建筑物的模型	主要考察操作能力，不太容易引起争辩，对考官和题目的要求较高

续表

问题类型	定义	考察要点	举例	特点
资源争夺问题	给某个小组成员提供有限的资源，要求在指定的时间内完成各自的任务，谁先获取资源取决于其进度	反应能力、敏感性、整合资源的能力、快速反应能力	给一个4人小组提供一定数量的积木，这些积木可以搭建4座房子，但大小可能不一，看谁能在最短时间内搭建最大的房子	可以快速观察应聘者的行动能力，但是对讨论题的要求较高，要保证案例之间的均衡性

(5)无领导小组讨论的实施流程

无领导小组讨论的实际操作可分为准备、具体实施和结果处理三个阶段。

① 准备阶段

无领导小组讨论的有效性主要取决于讨论题的编制和评分表的设计，此阶段是整个过程的主要环节。

首先，编制讨论题。讨论题的编制一般按照以下几个步骤进行。a. 进行工作分析。进行工作分析是为了了解拟任岗位所需人员应该具备的特点、技能，根据这些特点和技能来进行有关试题的收集和编制。b. 收集案例。收集的拟任岗位的相关案例应该能充分地反映拟任岗位的特点，并且应聘者在处理时会感到一定的难度。c. 案例筛选。对收集的所有原始案例进行甄别、筛选，选出难度适中、内容合适、典型性和现实性均较好的案例。d. 编制讨论题。为符合无领导小组讨论的要求，对筛选出的案例进行加工和整理，主要包括剔除那些不宜公开讨论的部分或者过于琐碎的细节，根据所要考察的目的，相应地补充所需的内容，尤其是要设定一些与岗位工作相关且符合特点的情况或者问题，使讨论题真正具备科学性、实用性、可评性、易评性等特点，既新颖凝练又具有典型性。

在拟定讨论题时，应考虑测评目的、性质及对象的特点，并注意以下几点。a. 内容应该大众化，即选择应聘者熟悉的话题，避免过于冷僻或专业化，以使每个应聘者都有发言的机会。b. 最好呈中性，即没有绝对的对或错，这样就容易引起辩论，以便应聘者有机会更充分地展示自己的才华，应尽量避免出现观点一边倒的讨论题。c. 最好能给应聘者比较广阔的空间，让其有自由发挥的余地。d. 试测讨论题。讨论题编制完成后可以对其相关的一组任职者(不是应聘者)进行测试，来检查该讨论题的优劣，以及能否达到预期的目的。e. 修正讨论题。检验完成后，对于那些效果好的讨论题便可以直接使用，对于那些效果欠佳的讨论题要进行修正，直至讨论题达到预期的效果。

其次，设计评分表。评分表包括评分标准及评分范围。评分标准是对各测评能力指标的表述，评分范围给出各测评能力指标在总分中的权重和具体分值，及该能力优、良、中、差等级的评分区间。在设计评分表时，要注意以下两个方面。

一方面，应从岗位分析中提取特定的评价指标。不同的岗位对员工的要求是不同的，比如，对基层岗位的员工主要考察其业务技能，而不是人际技能和领导技能；对营销岗位或高层管理岗位主要考察其人际技能、团队意识、洞察力。即使是同一层级的岗位，不同部门对岗位的要求也是不同的，因此，对测评的管理能力指标不能强求一致。针对不同部门的不同岗位要分别设计其特定的评价指标。评价指标主要看应聘者三方面的能力：其一是应聘者在团队工作中与他人交往时表现出来的能力，主要包括语言和非语言的沟通能力、说服能力、组织协调能力、合作能力、影响力、人际交往的意识与技巧、团队精神等；其二是应聘者在处理一个实际问题时的分析思维能力，主要包括理解能力、分析能力、综合能力、推理能力、想象能力、创新能力、对信息的探索和利用能力；其三是应聘者的个性特征和行为风格，主要包括动机特征、自信心、独立性、灵活性、决断性、创新性、情绪的稳定性等特点。根据招聘岗位对各能力要求的不同，确定各能力指标在整个能力指标中的权重及其所占分数，然后根据优、良、中、差等级分配分值。

另一方面，应确定统一的评分标准。评分标准应该具体到要素的行为水平，不能太抽象，以免考官不得要领，或产生不同的理解，仅凭印象给分。

再次，人员准备。a. 选择和培训考官。考官是决定应聘者能否顺利进入下一轮的重要因素，因而有必要对他们进行培训，以提高他们对评分表中各项指标的判断力。培训内容主要包括：准确理解测评指标的含义，包括各指标的考量重点及对实际工作的意义；学会观察并准确记录应聘者的行为，考官要记录应聘者的表达或行为特点，而不是对这些观点或行为加以主观判断。b. 培训工作人员。除了培训考官之外，还应对参与无领导小组讨论的工作人员进行培训。培训的内容包括：无领导小组讨论的工作流程；工作人员的职责；熟悉应聘者的情况。

最后，场地准备。无领导小组讨论的测试环境要安静、宽敞、明亮等。如果有条件，要对无领导小组讨论的整个过程进行监测、录像，以便在考官发生争议时回顾讨论实况；如果没有条件录像，考官必须坐在小组讨论场地的旁边，其方位必须能观察到各讨论者的表情。并能清晰地听到他们的谈话。讨论中需要用计时器来掌握应聘者的发言时间，作为评分的依据，并控制讨论进程。

② 实施阶段

首先，将应聘者分组。适当控制小组的人数，以 5～7 人为宜，在性别、年龄方面相对均衡。适当的比例搭配有助于营造讨论气氛，使考官更容易做出全面的评价。

其次，宣读指导语。指导语是在测评过程中说明测评方式及如何回答问题的指导性文字。主考官向应聘者宣读无领导小组讨论测试的指导语，介绍讨论题的背景资料、讨论步骤和讨论要求。指导语应力求清晰、简明，使应聘者能够很快明白应该做什么。

最后，开展具体讨论。应聘者明白讨论规则后，进入正式讨论阶段。测试时间根据需要而定，与招聘的级别、层次、专业等因素有关，也与小组的人数有关，通常在 60～120 分钟之间。在正式讨论阶段，应聘者先轮流阐述自己的观点，然后在应聘者之间进行交叉辩论，在“无领导”的状态中展开辩论并发表意见，多数情况下会很快产生一个“主持人”。

③ 结果处理阶段

在结束无领导小组讨论后，所有考官结合应聘者在活动过程中的表现进行沟通。沟通内容包括应聘者的态度、各种能力、优缺点，以及性格特征是否适合岗位的需要。应对应聘者的综合评价进行排序。

3. 案例分析与公开演讲

案例分析与公开演讲是给应聘者提供一些实际工作中出现的问题的背景资料，要求他们解答案例中的问题，在小组讨论会上做口头发言、讨论并进行公开演讲。这种测评方式的优点是操作相当简便易行。它不但可以用于测评一般能力(如组织一个生产活动)，而且可以用于测评应聘者某一方面的特殊才能(例如处理一些财务问题等)，还能够测评应聘者多方面甚至全面的管理才能。

考官可以根据应聘者的表现来评价其综合素质和管理才能：(1)对案例的思考和背景推测是否全面合理，问题分析是否准确到位；(2)解决措施是否切实可行，能否从多方位考虑实施的障碍，并提出实施的阶段性建议和保障性措施；(3)分析和解决问题的思路是否反映了全面的管理思路和成熟的管理技巧以及专业技术技能；(4)公开演讲是否情绪稳定、措辞得当、角色定位准确、逻辑思路清晰、富有感染力和影响力。

4. 管理游戏

管理游戏是一种以完成某项或某些"实际工作任务"为基础的标准化模拟活动，通过某种活动以观察应聘者实际的管理能力、团队合作能力、协调能力等。因此模拟的活动大多要求应聘者通过游戏的形式进行，并且侧重评价应聘者的管理潜质，管理游戏因此得名。

在管理游戏测评中，应聘者置身于一个模拟的工作环境中，面临着一些管理中常常遇到的各种现实问题，要求想方设法加以解决。同公文筐测验类似，管理游戏中涉及的管理活动范围也相当广泛，可以是市场营销管理、财务管理，也可以是人力资源管理、生产管理等。在测评过程中，主试者常常会以各种角色身份参与游戏，给应聘者施加工作压力和难度，使矛盾激化、冲突加剧，目的是全面评价应聘者的应变能力、人际交往能力等素质特征。

管理游戏的优点在于整个测评活动充满了趣味性，缓解了测评过程中的紧张气氛，有利于应聘者发挥出正常水平，使企业招聘到合适的人才。

5. 角色扮演

角色扮演是一种主要用以测评人际关系处理能力的情景模拟活动。在这种活动中，评价者设置一系列尖锐的人际矛盾与人际冲突，要求应聘者扮演某一角色并进入角色情景，去处理各种问题和矛盾。主试者通过对应聘者在不同人员角色的情景中表现出来的行为进行观察和记录，测评其反应速度、组织能力、语言表达能力、协调能力等。

在角色扮演中，主试者对应聘者的行为表现一般从以下几个方面进行评价：一是角色适应性，应聘者是否能迅速地判断形势并进入角色情景，按照角色规范的要求采取相应的对策行为；二是角色扮演的表现，包括应聘者在角色扮演过程中所表现出来的行为风格、人际交往技巧、对突发事件的应变能力、思维的敏捷性等；三是应聘者在扮演指定的角色处理问题的过程中，所表现出来的决策、问题解决、指挥、控制、协调等管理能力。

5.2.2 行为描述面试

行为描述面试的假设前提是一个人过去的行为能预示其未来的行为。因为说和做是截然不同的两码事，所以行为描述面试要注意了解应聘者过去的实际表现，而不是对未来表现的承诺。行为描述面试的目的是了解应聘者过去的工作经历，判断他选择本单位发展的原因，预测他未来在本组织发展中采取的行为模式，了解他对特定行为所采取的行为模式，并将其行为模式与空缺岗位所期望的行为模式进行比较分析。

目前行为描述面试运用得越来越广泛。行为描述面试与情景模拟面试的不同之处在于，情景模拟面试关注的是应聘者对某一情景将会做出什么反应，行为描述面试关注的是应聘者曾经怎样处理这种情景。著名跨国企业宝洁公司就经常使用行为描述面试。例如，"请举例说明你曾经遇到了一个很大的困难并最终克服了它"，"请举例说明你的一个想法曾经对团队的成功起到了至关重要的作用”,“请举例说明你是如何学到一门新技术并把它运用到实践中去的”,等等。

(1)行为描述面试的优缺点

行为描述面试的优点主要表现在以下几个方面。

① 行为描述面试观察识别素质的能力及效度优于其他资料收集方法。

② 行为描述面试方法不仅描述了行为的结果,并且说明了产生行为的动机、个性特征、自我认知、态度等潜在方面的特征。因此采用行为描述面试方法解释素质与行为的驱动关系是非常有效的。

③ 行为描述面试方法可以提供与工作有关的具体事件全景,可以发展成为企业模拟培训的有效工具与角色扮演蓝本。

行为描述面试的缺点主要表现在以下几个方面。

① 一次有效的行为描述面试需要花费 1.5～2 个小时,另外仍需要几个小时的分析时间。

② 面试人员必须经过相关的专业培训,必要时要在专家指导下才能通过面试获得有价值的信息。

③ 行为描述面试通常集中于具有决定意义的关键事件及个人素质上,所以可能会失去或忽略一些不太重要但仍与工作有关的信息与特征。

④ 时间、成本及必要的专家支持使行为描述面试无法大规模进行,只能限定职位在小范围展开。

(2)行为描述面试的提问技巧

① 从好的事件开始。

② 让应聘者先非常简单地描叙关键事件的概要。

③ 在应聘者详细讲完一个工作故事之前,不要让其转到别的事件上。

④ 引导应聘者按事件发生的时间顺序来报告。一旦发现应聘者的报告中有跳跃,就提出问题请其提供详细的资料。

⑤ 让应聘者讲述过去发生的事件而非假定的事情或抽象的思想观点。如果应聘者讲的是抽象的观点,立即让其举例予以说明。

⑥ 探求细节、刨根问底。面试者使用非常简单的问话引导应聘者讲出事件的细节,而且要让应聘者讲过去而非现在的看法或行为。

⑦ 如果应聘者在叙述中提及“我们”,一定要问清楚“我们”是指谁。目的在于了解应聘者在当时的情景中做了什么。

⑧ 追问应聘者行为背后的思想。如:“您是如何做出那个决定的?”或“您当时是怎么想的?”

⑨ 如果应聘者在面试中变得很情绪化,就暂时停止发问直到其平静下来为止。

⑩ 如果应聘者不能想到任何具体事件,你可以通过自己的经历举例,向其描叙一个完整的事件,或让其思考和回忆以前的经历。

⑪ 不要过多地重复应聘者的话。一来得不到新的信息,二来很可能被应聘者理解为一种引导性的问题。

⑫ 不要给应聘者过多地限定报告的范围。

⑬ 不要给应聘者提供过多建议。如果应聘者向你咨询意见,可顺势将问题返还。

5.2.3 心理测试

心理测试是指在控制的情境下，向应试者提供一组标准化的刺激，以所引起的反应作为代表行为的样本，从而对其个人的行为做出评价，进而评定应聘者的能力和发展潜力。这种面试是由心理学家或人力资源专家主持的，目的在于评价应聘者的某种心理素质(如独立性、责任心)。当某种心理素质对于一个职位特别重要时，多采用这种面试方法，当然一般只有在选择高级人才时才使用这种方法。

由于心理测试的难度较大，应选择专业的心理测试人员，或委托专业的人才机构或心理学研究机构进行测试。一般来说，情景化面试、职位能力面试、行为描述面试既可以是结构化的，也可以是非结构化的，心理测试则更倾向于设计成非结构化的。

心理测试应遵循的原则：(1)保护个人隐私；(2)做好测试前的预备工作；(3)测试结果不能作为唯一评定依据。

5.3 面试技巧

面试技巧是面试经验的积累，而每个人由于经验积累年限不同，所采取的面试过程的控制方法也不同。作为人力资源管理部门，定期对业务部门各级主管和企业相关领导做好面试技巧培训，对于提升面试质量是非常必要的，本节我们主要针对常见的一些面试技巧展开讨论。

5.3.1 过程控制技巧

面试过程中充斥着连续的提问、对话，但也具有一定的阶段性。一般面试过程分为 5 个阶段，在每个阶段中，面试官都应该具备有效的控场能力。

(1)预备阶段。该阶段多以社交话题为主，主要是帮助应聘者消除紧张戒备心理，营造面试阶段所需的和谐、宽松、友善的气氛。当应聘者的情绪平稳下来后，就可以进入第二阶段。

(2)引入阶段。这个阶段围绕应聘者的履历情况提出问题，逐步引出面试正题。在这个阶段，要给应聘者一个真正发言的机会，同时面试官开始对应聘者进行实质性的评价。

(3)正题阶段。进入面试的实质性阶段后，面试官可以通过广泛的话题，从不同侧面了解应聘者的心理特点、工作动机、能力、素质等，评价内容基本上是企业自行制定的面试评价规范中的多维度评价要素。

(4)变换阶段。这是面试的尾声阶段，主要问题已经谈过，面试官可以提一些更尖锐、更敏感的问题，以便更深入地了解应聘者，但要注意尊重应聘者的人格和隐私权。

(5)结束阶段。在这个阶段，面试官应给应聘者留出自由提问的时间，结束要自然，不要让应聘者感到很突然，留下疑惑。

面试的各个阶段是有机连续的过程，主考官要熟练掌握面试技巧，使面试过程既具有连续性又能显出阶段性，保证面试过程的顺利进行。

有效的面试技巧之一

5.3.2 面试的提问技巧

1. 提问的形式

在面试工作中面试人员有很多种提问方式，对不同素质的考察可以采取不同的提问方式。如表 5.6 所示是对各种提问方式的总结。

表 5.6 面试提问方式

提问方式	特点	举例
封闭式提问	对应聘者的求职信息进行验证，应聘者回答“是”或者“不是”即可	你是要应聘公司文员一职吗 你曾在×公司实习六个月是吗
开放式提问	让应聘者发表对某项事物的看法，没有固定模式，充分激发应聘者的自主意识，对其逻辑思维、语言表达能力、自信心、知识水平等进行考察	谈谈你对电子行业的认识 你对×经济政策是如何看待的
假设式提问	以“如果”开头，将应聘者置身于假设情境中，对其应变能力、解决问题的能力、逻辑思维能力等进行考察，有时会测出应聘者心里真正的想法	如果马上要进行一场客户谈判，你将如何安排工作 如果你被录用，将如何处理上下级以及同事之间的关系
引导式提问	以个人意愿为导向的一些问题，应聘者根据实际情况回答即可	你喜欢自由度高一点的工作吗 你的期望薪酬是多少
连串式提问	就应聘者的回答衍生出的有关问题进行一连串提问，考察应聘者的记忆能力、逻辑能力、语言表达能力、反应速度等	你上一份工作的主要内容是什么？你是否需要加班？你对加班的态度是怎样的？你可以接受多大程度的加班
重复式提问	对于应聘者的回答有疑问或者不清楚时，可以进行重复式提问	你刚才说的意思是 麻烦你说的再详细一点
投射式提问	采用一些模糊的情景对应聘者进行考察，测试其潜意识里的真正想法。	看到这幅图你有何感想 请完成下列句子：“成功和失败就好比，只有_____最后_____。”
压迫式提问	提问中制造一定的紧张情绪，测试应聘者的抗压能力、应变能力和情绪控制能力等	你的上级在众人面前批评你，你将会如何处理 在我们看来，你这次被录取的可能性很小，你有什么想法
案例分析式提问	面试考官让应聘者对所给出的案例进行分析，对应聘者的问题解决能力、综合分析能力，以及决策能力进行考察	请根据案例提出解决问题的方案

2. 面试的提问技巧

面试人员对提问技巧的应用在很大程度上影响着面试工作的成败。一方面这关系到面试人员是否可以就招聘职位的要求对应聘者进行有针对性的提问，从而得到有价值的参考信息，为录用决策提供依据；另一方面只有熟练掌握提问技巧，面试人员才可以达到控制面试节奏和面试进度的目的，保证面试工作按照计划正常进行。一般来说，在面试中，面试人员要掌握以下提问技巧：

(1)从应聘者最容易回答的问题问起。由于应聘者在面试的初始阶段还较为紧张，因此面试人员要提问一些轻松的问题，以此来缓解应聘者的紧张情绪。当应聘者渐渐适应面试的环境，心情放松之后，再进行较难问题的提问。

⑵提问语气要平常、随和、和蔼、亲切。在面试的开始阶段进行提问时，面试人员要尽量用和蔼、亲切的语气和应聘者进行交流，以拉近彼此之间的距离，使应聘者尽快进入面试情境中。

⑶提问的问题要准确、合理。面试人员在对应聘者进行提问的过程中，要使用应聘者能够接受的表达方式和语言，而且要尽量使用标准的语言，不使用模糊、不准确或者生僻的字眼，以免给应聘者造成困扰和误解。同时面试人员在进行提问的时候，注意对问题的表述要简洁明了，不要占用太多的时间，以给应聘者留下足够的时间回答问题。一般面试人员要保证在一场面试活动中，自己和应聘者所用的时间比为 4:6，使应聘者有足够的时间来表达自己的看法和观点。

⑷提问时要精神饱满，语气活泼。在面试活动中，面试人员的情绪对应聘者的情绪有很大影响。一般情况下，如果面试人员使用激昂的语调提出问题，应聘者也会精神十足地进行回答；而如果面试人员在提问时无精打采，应聘者在回答的时候往往也会敷衍了事。显然在后一种情况下，面试人员很难得到想要的信息，无法对应聘者进行全面公正地评价，从而影响企业招聘工作的效率和质量。因此面试人员在面试过程中要保持积极饱满的精神状态，刺激应聘者也积极地投入到面试情境中来，从而得到对招聘工作有参考价值的信息，为录用决策提供依据。

⑸提问要全面。面试人员要保证面试提纲中列举的问题全部被提到，这样才能保证对应聘者进行的面试全面而有效。

有效的面试技巧之二

5.3.3 面试的聆听技巧

在面试的过程中，面试人员提出问题后要仔细聆听应聘者的答案，并对其进行记录和分析，最后得出面试结果。因此面试人员要掌握聆听技巧，能够从应聘者的回答中得出自己想要的信息。一般在企业中，面试人员需要掌握以下三种聆听技巧。

① 善于利用眼神和肢体语言。在聆听的过程中，面试人员要注意和应聘者的目光接触，以此表示对应聘者的尊重，以及对其答案的关注和兴趣。另一方面在谈话的进行过程中，面试人员可以用眼神或者点头等肢体语言来鼓励应聘者继续说下去，引导应聘者发挥出其真实水平。

② 及时对有疑问的地方进行发问。在聆听的过程中，面试人员遇到有疑问的地方，要及时请应聘者对其进行说明。

③ 调节应聘者的情绪。当发现应聘者的情绪比较紧张时，面试人员要注意变换提问方式，缓解应聘者的紧张情绪，如：可以说说你的优点都有哪些吗？你以前在工作中的成就主要有哪些？可以给我们说说吗？

5.3.4 控制局面技巧

面试实际上是面试官控制面试局面的过程，为了通过有效的面试达到预期的目的。作为面试官必须掌握相关技巧，合理应对不同类型的应聘者。

① 沉默型。在招聘过程中，有些技术型或研发型的人员不擅长交流，很少说话或者说话很拘谨，这种情况下可采取以下措施。

A. 营造一种亲近、轻松的气氛，鼓励对方讲述自己的经历。

B. 加强交流，言谈中对应聘者的某项工作点头以表示认可，鼓励其大胆发言。

例:“你对工作如此认真负责，我想你在这方面是能胜任工作的，你可以再讲述另外一个相关的案例吗?”

② 滔滔不绝型。有的应聘者口才很好，在面试过程中谈起话来滔滔不绝，以显示其本领或者试图取悦面试官。在这种情况下，面试官可以有礼貌地适时打断应聘者，提醒应聘者回答问题要“长话短说”，或者尽快转变话题。

例:“你讲得很好，我已经了解得很清楚了，由于时间关系，接下来我们讨论另一个问题……”

③ 言不达意型。主要表现为应聘者回答问题长篇大论而且不中要害，在这种情况下，面试官可礼貌地打断应聘者，明示或暗示应聘者真正需要了解的问题是什么。

例:“可能刚才我的意思表达得不太清楚，或者你没有明白我的意思，其实我想重点了解一下……”

④ 啰嗦型。主要表现为应聘者在回答问题时啰嗦、逻辑性不强、语无伦次或者颠三倒四。在这种情况下，面试官可礼貌地打断应聘者。

例:“不好意思，我再阐述一遍我的问题是……请你依序回答，简单说明即可，无须赘述。”

⑤ 炫耀型。这种应聘者面试喜欢展示自己的才华，希望面试官对自己更有好感。这种情况下，面试官不能被不相关的东西所迷惑，要明确面试的目的。

面试中可能遇到各种各样的人，这是一项复杂的工作，需要我们在工作中不断总结经验。除上述几种情况外，面试官合理运用沉默也是一种技巧。适时保持沉默可以从应聘者那里引导出更多的信息，也意味着面试官可以聆听更多的信息。最富有价值的答案往往来自面试官保持一段时间的沉默之后。

5.3.5 虚假信息识别技巧

在面试中，有些应聘者为了获得工作可能会发生造假、撒谎的行为，作为面试官必须掌握一些相应的面试技巧，以识别虚假信息。

面试本质是面试官和应聘者双方进行心理博弈的过程。为了取得博弈的胜利，面试官不仅需要有丰富的人生阅历和深厚的知识积淀，还需要有较强的辨别谎言的技能。如何从面试者的语言表述和体态语言中发现其说谎的线索是一项需要积累的技能。

任何人在说谎的同时都会引起一些细微的不自主的生理或心理反应，而这些反应会很自然地通过他的体态语言呈现出来，作为面试官要有捕捉身体微语言的能力，从面试者细微的身体语言中寻找蛛丝马迹。

在面试进程中，应聘者面对一些关键经历的提问和描述，如果出现如下情况，则可能需要进一步的印证：表达概略不详，无法深入，多是一语带过；多用虚词描述，“应该”“可能”“大概”；不敢直视面试官，神态紧张，缺乏安全感；在举止或言语上表现迟疑；语言流畅，但感觉像背书；具体细节多用“我们”、而非“我”，面部表情、姿势、手势和语言行为不一致，等等。

5.3.6 薪资谈判技巧

企业招聘新员工时，常常会遭遇漫天要价的现象，特别是面对稀缺人才高到离谱的报价，如何尽可能压低薪资成本，同时留住人才，这时就可以参照下面的技巧，做一个能够控制全局的面试官。

（1）企业要规范不同职位的薪酬职级

企业只有针对不同岗位（职务）制定统一的《薪酬职级表》，才能规范薪酬管理，为保证薪酬内部公平和外部公平奠定良好的基础。当然，企业要通过科学的薪酬水平调查，根据企业人才战略和薪酬策略及时维护《薪酬职级表》，以确保《薪酬职级表》的科学有效性。

（2）巧用面试登记表

应聘者在填写《面试登记表》的时候，需要填写以往工作经历中的薪酬待遇。HR 部门要认真分析以往经历、职位和薪酬的匹配性问题，并注意其信息的可信度，这些都是薪酬谈判的基础信息。应聘者在填写《面试登记表》时要注明“期望薪酬”和“最低可接受薪酬”两栏信息，通过这两条信息的对比可以分析出应聘者求职的紧急程度，这是确保企业在薪资谈判时占据主动地位的一个重要筹码。

（3）注意薪酬谈判时机

企业在初试的时候，要避免一开始就和应聘者谈论薪资，只有对应聘者有充分的了解，同时让应聘者对企业及招聘岗位有一定程度的认识，进入复试环节之后才可以谈薪酬。当双方的沟通还不够时，招聘方就盲目说出薪酬数据会降低谈判成功的可能性。

（4）深入研究不同岗位人才供求关系

市场供求是决定人才市场价格的关键要素。对于人才供不应求的职位，相应的薪酬待遇会很高；反之，对于人才供大于求的职位人才价格会低一些，这是人才价值最核心的市场规律。企业招聘人员要深入分析人才供求关系，只有掌握不同岗位的市场行情和供求关系，才能为企业薪酬谈判留出更多的谈判空间。如果应聘者条件优越，那么企业在给薪上必须大方些；相反，如果应聘者只是条件相当的可能人选之一，企业则可以把薪资压低些并且延后谈论薪资的时间，以获得薪酬谈判的主动权。

（5）巧用薪酬待遇范围的概念

企业在招聘中常常直接询问应聘者的期望待遇是多少，一般而言应聘者都喜欢多要一些，可谓薪酬待遇“多多益善”，这是人的本性使然。有些企业喜欢在招聘之初就公布职位的薪酬范围。例如，直接在招聘广告中写明。这种做法有利有弊，对于普通大众化职位的影响可能不大，但对于中高级职位来说，公布薪酬有时会对企业造成不利影响（比如可能因为不符合高水平人才的薪酬预期而错失人才，也可能因为高于某些应聘者的实际价值而增加企业成本）。如果应聘者询问企业招聘岗位的待遇情况，招聘人员适合采用的做法是，告诉应聘者薪酬范围的下限及中间值（切忌不要给最大值，否则会失去薪酬谈判的空间和余地）。

（6）通过有效沟通引导实现薪酬预期

企业招聘员工的过程，本质上是“采购”的过程，其目的即以最合理的价格招聘到最合适的人员。企业在薪酬谈判过程中，更重要的是要对应聘者清晰描述企业发展前景、薪酬待遇方面具有竞争力和吸引力的地方（即企业薪酬待遇核心特色，特别是企业崇尚“多劳多得”的价值观及代表案例），同时将企业薪酬的亮点告诉对方，尽量避免开始就将企业的薪酬待遇底牌亮出。一个让应聘者更加心动的发展前景、更加公平的用人机制，以及更加科学的薪酬待遇结构，会提升应聘者对企业的满意度，从而自然降低对薪酬的期望。

企业在薪资谈判过程中，要特别注意以下几点：

① 要向应聘者清晰阐述本企业的薪资结构，同时要了解应聘者的期望薪资待遇和他曾经的薪资待遇，要注意判断其合理性与可信度，同时要清楚同类人才的社会平均薪资水平。

企业通过全面、充分的调查可实现“知己知彼”，从而掌握谈薪的主动权，在与应聘者谈判时，降低应聘者的心理预期，使应聘者主动降低薪资要求。

② 要和应聘者清晰阐述本企业的报酬并不只体现在薪资上，还涉及企业的若干福利待遇。例如，可以向应聘者阐述企业的整体薪酬待遇体系，虽然职务的基本底薪比应聘者的预期低，但是企业佣金及年终奖金比一般企业高，要让应聘者看到努力后的奋斗价值，以增强薪酬待遇的吸引力。

③ 在薪酬谈判时要及早掌握应聘者最关心的是什么，要了解他们重视的其他条件是什么。对某些应聘者而言弹性的上下班时间、企业良好的发展平台、良好的发展前景、良好的培训机会、人性化的管理环境、解决户口等方面，虽然不是直接报酬，但对于应聘者而言可能是其更加在意的方面。

(7)善用心理战术

无论是多么紧缺的人才，在薪资谈判阶段都不能操之过急，要充分利用时间的维度来解决问题。人才的薪资预期要求比企业的薪资水平高出很多时，也不要轻易放弃，必要时可以提问一些专业领域的尖锐难题，降低应聘者的自信水平，从而降低其薪资要求。薪资谈判是心理战，更是耐力战和智慧战，只有充分结合各方面因素，对症下药，才能获得企业与应聘者博弈的胜利。

(8)薪资谈判的态度应该诚恳

薪资谈判的目标不是把薪资压到最低，而是为企业找到更合适的员工。企业如果在谈论薪资上要了太多花招，例如，误导应聘者将来加薪的幅度很大，只求把应聘者先抢到手。这样即使应聘者当时勉强接受了过低的薪资，以后也会因为薪资确实不符合他们的需求而伺机离开。暂时来看企业付出了较少的成本，但以后会为此付出更高昂的代价。

如果应聘者目前的薪资高于企业预定的最高给薪值很多，招聘负责人应立刻诚实告知应聘者，以避免浪费双方的时间。当企业诚实告知应聘者虽然企业很希望聘请他，但是真的无法支付如此高的薪资时，有时候应聘者甚至会因为喜欢工作内容或者喜欢工作环境等原因，主动在薪资上做出让步。这种诚实的做法，比起在听到应聘者的高价后，再寻找其他借口拒绝应聘者，更能促使企业提高以更低薪酬获得人才的可能性。

(9)欲擒故纵

对付那些漫天要价的求职者可在谈判时故意降低薪酬，在企业认为可行的薪酬待遇范围内直接选择低位薪酬待遇，通过有效引导把应聘者可接受的最低待遇摸清。事实上，如果招聘负责人的招聘经验足够丰富，可以通过面试了解到应聘者真正的价值，当应聘者把底线亮出来以后，招聘人员再进行谈判就会轻松很多。如果他同意这个最低薪资，企业可采用“多付一点点”的方式来敲定。

(10)务必谈好薪酬待遇，达成君子协议

招聘负责人务必在应聘者入职前谈好试用期考核与薪酬待遇的关系(企业可制定统一的规则并且明示给应聘者)。企业不怕高薪高能者，怕的是高薪低能者或浑水摸鱼者，将这类人员招聘进来，不仅会影响企业的发展，还会降低能者加盟企业的可能。

作为一名优秀的人力资源管理者，不宜采用拼命压价的方式进行薪酬谈判。原因在于，企业拼命压低求职者的工资很难长久留住人才，企业在招聘过程中进行薪酬谈判的目的是取得一个平衡，剔除虚报高薪的情况。

5.3.7 面试中应避免的误区

面试的评估结果有时会带有很强的主观色彩，因面试人员的个人偏爱和个人经历而出现偏差。因此，在实际工作中面试人员要尽量从客观的角度对应聘者进行评价，避免掉入一些误区。一般招聘工作中存在的误区主要有以下五种。

(1)先入为主

当人们第一眼看到某个人的时候就产生喜欢或者厌恶的情绪，在以后的接触中会继续加重这种看法，而且拒绝削弱这种认知，这就是人们常说的先入为主。如面试人员刚见到一个应聘者的时候觉得他是诚实的，那么当发现他说谎时，面试人员会认为是紧张或者害怕而导致的；而如果面试人员在见到另一位应聘者的时候认为他是不诚实的，那么当发现他说谎时，面试人员就会认为是本性如此。

(2)个人偏好

面试人员更容易对与自己相似的人产生好感，如销售经理在面试中会给能言善辩，沟通能力强的应聘者更高的分数；而另一个面试人员则会给与他毕业于同一所学校的应聘者更高的评价。另外，面试人员其他的一些个人偏好也会对面试结果产生影响，如有的面试人员偏好于高学历的人员，则他会对应聘者中的高学历人员首先产生好感。这些都会影响面试人员对应聘者评价结果的客观性和公正性，因此面试人员要尽量不将个人偏好带进面试中。

(3)晕轮效应

晕轮效应是指人们往往因为某个人在某一方面的出色才能，从而推测其在其他方面也同样出色。如由于某个员工在软件开发方面的出色表现，上级委派他担任某项目的小组负责人，而忽略了他的团队组织能力和沟通协调能力如何；人们看到一位穿着得体的销售人员时，下意识地会认为他的专业能力非常出色等。晕轮效应会严重影响面试人员对应聘者的判断，因此面试人员要尽量消除对应聘者的晕轮效应。

(4)首因和近因效应

人们往往对出现在面前的第一个人和最后一个人印象深刻，而对其他的人则相对没有很深的印象。这种效应会影响面试人员的公正判断，也是需要面试人员尽力消除的一种误区。

(5)经验主义

人们喜欢根据自己以前的经验而对同种类型的人进行评价，却忽略了两者之间的不同之处，从而对眼前的事物做出错误的判断。面试人员在面试过程中有时也会因为经验主义而对应聘者做出不公正的评价，影响面试效果。

有效的面试技巧之三　　　　有效的面试技巧之四

5.4 自荐与应聘技巧

5.4.1 自我认知

自荐的前提是自我认知，能够客观地对自己的技能、禀赋、兴趣和偏好做出评价。在人力资源管理方面，自我评价是指求职者对可能影响其工作的因素进行全面的认识。自我评价对于求职者和企业来说都很重要。真实的自我评价可以帮助求职者认识自己的优势，发挥自己的特长寻找适合自己的岗位，为企业多做贡献，实现自我价值；同时还可以帮助求职者认识自身不足，扬长避短，少犯错误。职业规划必须从自我认知开始，然后个人才能建立可实现的目标，并确定怎样达到这些目标。

在求职之前，求职者至少应从以下四个方面进行自我评价，如表 5.7 所示，发现自己的优势和不足，兴趣与潜能，职业适应性等关系重大的个人特征。

表 5.7　自我评价的内容

评价内容	含　义	示　例
技能	通过后天学习得到的能力	我在学校里学到了哪些技能 我通过打零工、兼职学到了什么技能 我通过个人兴趣爱好学到了什么技能
禀赋	先天赋予的能力	我有没有领导能力？我有什么证据 我有没有和一组人良好合作的能力 我是不是有很好的分析能力 我是不是有很好的综合能力 我是不是一个主动自觉的人 我有哪些其他的禀赋可以让公司受益
兴趣	与个人内在价值观相联系	我想要怎样一个活法 我喜欢做些什么 从现在开始五年内我想干点什么 我的工作应有什么样的特点：稳定、出差、钱、权、名声
偏好	与外在环境相联系	数字、人、事，我喜欢面对哪个 我是喜欢和别人合作还是自己单独做 我喜欢大公司还是小公司 我是喜欢和人还是和机器打交道

5.4.2　自荐方式与技巧

世界 500 强企业
最重视的员工能力

自荐是应聘的基础，对于求职者来讲，就是在了解、认识对方的同时，利用各种途径和方法正确地宣传自己，让企业认识自己、了解自己、选择自己，从而实现自身的就业愿望。自荐在很大程度上决定自己是否能获得进一步的面试机会。

(1) 自荐方式

目前常见的自荐种类可分为口头自荐、电话自荐、书面自荐、广告自荐及学校推荐，如表 5.8 所示。

表 5.8　自荐方式

自荐方式	特　征
口头自荐	口头自荐要求应聘者必须亲临用人单位或招聘现场。优点是直接面对用人单位，便于展示自己的风度和才华，容易给用人单位留下较深的印象，如表现出色，可能会被用人单位现场录用。缺点是涉及面有限，不适宜路途遥远的单位
电话自荐	电话自荐也是口头自荐的一种方式，但只能是“投石问路”，仍需要书面材料或面试方式。对于风度潇洒、谈话自如、反应敏捷的毕业生，此种方式更能发挥自己的优势
书面自荐	书面自荐是通过自荐材料的形式向用人单位推销自己。自荐材料可以邮寄，也可以当面呈递，还可以让他人捎带。这种方式覆盖面宽，可以扩大自荐范围，不受时空限制，简便易行，但反馈率较低

续表

自荐方式	特征
广告自荐	广告自荐是近年来出现的一种新的应聘方式，借助于新闻媒体进行，覆盖面宽，可以扩大应聘范围。此外，有一种广告形式的自荐——网络自荐，即通过电脑传递求职信息，使双方在网络上“供需见面，双向选择”
学校推荐	学校推荐是一种比较间接的自荐方式，是指由学校的毕业生就业部门直接向用人单位推荐毕业生。多年来，学校在向社会输送毕业生的过程中，与一些用人单位建立了长期密切合作、相互信任的工作关系，学校对毕业生的全面情况又比较了解，而且以负责的态度向用人单位推荐的毕业生，具有较大的可靠性和权威性，也更容易得到用人单位的认可

需要强调的是，选择适当的自荐方式，在求职就业过程中是十分重要的。上面介绍的五种自荐方法并不是独立存在的，在现实的求职活动中往往要综合应用才会达到自我推荐的目的。就每一个择业的求职者而言，究竟采取何种自荐方式，首先应当从自己的实际情况出发，其次选用哪种自荐方式当然还要看招聘企业的需要。

(2)自荐技巧

当到招聘企业应聘时，灵活掌握一些基本技巧有助于求职的成功。这里应注意以下几点。

① 要积极主动。自荐是求职者的主动行为，自荐信、个人简历等自荐材料的呈交、寄送要尽量及时进行。在了解到需求信息时，更不能迟疑，否则会错失良机。为使招聘企业更全面地了解自己的情况，事先应做好各种自荐材料的准备。应做到：不等对方索要，主动呈交；不等对方提问，主动向对方介绍；不消极等待回音，主动询问。这样往往给人一种“态度积极、求职心切、胸有成竹”的感觉。

② 重点突出。在介绍自己的情况时，要重点突出自己的能力和知识。可以详细介绍自己的专长、经验、能力、兴趣等，本人和家庭情况简单介绍即可。为了取得对方的信任，有时还要举例说明。例如，在大学、工作单位、研究生在学期间发表的论文、获得的奖励、承担的社会工作或某些工作经验、社会阅历等。要突出自己的优势和闪光点。与众不同的东西，才是魅力所在。要平铺直叙、过分谦虚会有碍招聘企业对自己的全面了解和评价，而且易失去求职的机会。

③ 要如实全面。在介绍自己各方面情况时一定要实事求是，优点不虚谈，缺点不掩饰，客观全面，不能吹嘘或夸大，尤其是在介绍自己以往学习、工作上取得的成果时，一定要恰如其分，否则，效果将适得其反。同时，自我介绍材料要全面、完整，切忌丢三落四，个人基本情况、社会关系、工作简历、学习成绩、业务特长及爱好，不能缺少其中任何一项，否则会有不全面的感觉。自荐信、推荐表、个人简历、证明材料一应俱全，才能给招聘企业以系统全面的整体印象。

④ 要有的放矢。针对招聘企业的具体要求，强调自己的社会经验和专业所长，这样才能使招聘者相信自己就是最理想的应聘者。比如企业招聘文秘人员，应介绍自己文、史、哲知识及写作才能；企业招聘科研人员，应该介绍学习成绩和科研成果；企业招聘管理人员，应介绍做学生干部和在工作期间当领导的经验及组织管理才能。强调针对性的同时，也不能抹杀相关知识才能的作用。专业特长加上广泛的知识面和兴趣爱好会更受招聘企业的青睐。

5.4.3 简历与求职信

(1)简历

简历是以个人表达的意图出发而制作的，因此除了人才网站的在线简历以外，个人准备的简历在形式和格式上差异很大。通常一份简历的内容包含姓名、性别、年龄、民族、籍贯、政治面貌、婚姻状况、学历、地址、联系方式，以及工作经历、培训经历、荣誉与成就等个人基本信息，但列举和表达的形式因人而异。

显然，简历是个人职业意识和形象的某种表现，简历的某些细节信息反映了个人的一些基本习惯、叙事逻辑及职业素养，比如字体字号、字距行距等版面设计是否美观和符合常用的职业标准，经历信息的顺序逻辑是否简练清晰，是否特别讲求细节和一丝不苟等。因此，职场精英们对个人简历的叙写方式和细节通常极其重视，但是无论如何重视，一份个人简历透露和折射出来的全部信息，能够真实地反映个人的思维习惯和许多品质因素，所谓"文如其人"，你在乎哪些和不在乎哪些，它都不会出卖你。

制作简历的建议。①内容全面，应详细介绍自己学过什么，做过什么和能做什么，愿意干什么，在实事求是的基础上，把自己的学历文凭、专业特长，取得业绩和获得荣誉等一一展现出来。②页数上 1 页最佳，不要超过 2 页。③保证在 10～30 秒内可以浏览完，并找出亮点。④在保证简历信息真实的前提下扬长避短。⑤注重版面设计，凸显质朴之美。⑥有的放矢，重点突出，简洁凝练。⑦争取信任、感兴趣、具有吸引力。

(2)求职信

求职信集介绍、自我推销和下一步行动建议于一身，它总结归纳了履历表，并重点突出你的背景材料中与未来雇主最有关系的内容。一份好的求职信能体现你清晰的思路和良好的表达能力等。

尽管求职信上所讲的内容已经在简历上具体说明，但在求职信上你还必须以一种个人化的、令人信服的语气来强调突出你的个人品质及资历。简历主要是罗列了事实，而求职信则讨论了这些事实。

写求职信前要考虑的问题。①未来的雇主需要的是什么？在你期望得到的职位中什么样的技能、知识和经历是最重要的。②你的目标是什么？你写求职信的目的是什么，是想获得一个具体的职务，一次面试的机会或仅仅希望有人通过电话花 10～15 分钟与你谈一下有关机构的总体情况。③你已为此雇主或职位提供三至五个优点或优势。如果你是针对某个具体的职位而写此信，那么所列的你的优点应该就是招聘广告上需求的；如果你不是针对具体的职位的话，就按通常的所需知识和经历来考虑。④如何把你的经历与此职位挂钩？请列举两个具体的你曾获得的成就，它们能证明你在第三问中所提的你的优点。⑤你为什么想为此机构或雇主服务？你对他们的了解有多少？关于他们的产品或服务、任务、企业文化、目标、宗旨等一切与你自己的背景、价值观和目标相关联的东西。

求职信的十条规则：

① 对不同的雇主和行业，你的求职信要量体裁衣；

② 提出你能为未来雇主做些什么，而不是他们为你做什么；

③ 集中精力于具体的职业目标；

④ 不要对你的求职情形或人生状况说任何消极的话；

⑤ 直奔主题，不要唠叨；

⑥ 不要写没有实力的空话；

⑦ 尽量不要超过一页，除非你的未来雇主索要进一步的信息；

⑧ 对任何打印或拼写错误都要仔细再仔细；

⑨ 书写格式要规范；

⑩ 要使用礼貌用语，体现出良好的职业素养。

求职信格式如表 5.9 所示。

表 5.9　求职信格式

求职信的格式	
开篇	介绍自己
	说明你这封信的目的
正文	把你自己和这个工作联系起来
	不要有空洞的阿谀奉承
	具体一点
	要有根据来支持你的请求
	语言要生动积极
	把托沓冗长的句子简写
	表现出热情
结语部分	再次申明你对该工作的兴趣
	强调你的灵活性及有不断学习的意愿
	简单提及你的其他重要个人优点
	如果就住在公司附近，请求一次面试

5.4.4　应聘时的技巧

投递简历后，企业通过简历筛选、笔试等一系列考察后，最终进入面试阶段，选择招聘合适的人才，那么如何在最后的关键一环使自己表现出色，顺得到工作机会呢？

(1)要注意面试中的礼仪。要善于“包装”自己：首先，衣着、发式、行为举止、体态等要得体、适度，给人以舒服的感觉。得体的外表形象一般更容易被面试官赏识，增加就业的成功率；其次要注意面试用语，不能过于随意，要轻松但不能放松。职场表现就应该职业化，尤其是初次见面，应该是面试官觉得你有礼貌，有良好的表达能力来胜任工作，过于随意甚至世俗的语言会让面试官觉得你过于轻浮。不要只等面试官提问，变主动为被动，这也是大忌，如果面试官没有问到你精通的地方，你也就浪费了一次展现的机会。

(2)合理分配时间。面试的自我介绍时间有限，在此期间，你需要介绍自己的基本情况(姓名、教育背景、性格特点等)，还需要对自己的工作经历有一个大体的描述，如果不能很好地掌控时间，刚开始长篇大论地介绍细节，而后发现时间不够用了，之后的介绍只能草草了事，这就使整个面试显得头重脚轻。留给面试官的印象也是慌乱且没有条理的，另外，介绍的情况不全面，也可能导致面试官的评价不准确。还有另外一种情况，介绍过于简短，本应 3 分钟的介绍 1 分钟就完成了，这样也不利于面试人员了解情况。

(3)介绍内容主次分明。将已有工作经历中的工作单位、岗位、职务、工作内容讲清楚，尤其要着重介绍与应聘岗位相关的经历，这可能会起到加分的作用；对于自己过去的业绩也要有所表现，面试官往往喜欢能为企业带来绩效的人才，适当突出自己的价值，可以吸引面试官的注意；也可以介绍自己的特长，必不可少的是自己擅长并且与目标职位密切相关的技能，如果有其他特别突出的技能也可介绍一下，但要注意适可而止，不要使其“喧宾夺主”。

另外，关于个人爱好，如果面试官不主动问，便无须提及，个人爱好不等于个人特长，于工作无益的事情，会让有的面试官觉得你不务正业。

(4)做一个“聪明”的求职者。面试中应聘者要掌握主动，任何消极等待都是不可取的。要注意面试官的需求和感受，争取自己所讲的正是对方所需要的，自己所问的正好是对方想说的；要善于展示自己——有技巧地介绍自己：会提问题、会回答问题、会发挥优势。

(5)要适度地规划未来。介绍自己要建立在过往经历上，同时要让面试官了解你今后的规划，对未来的工作进行合理、具体的设计会让面试官感受到你的诚意，同时对你寄予希望。即便过去与你计划的将来毫不相干，你仍要表达出你为未来的工作愿意付出努力并有能力获得良好的业绩。

5.5 招聘效果评估

招聘效果评估是企业招聘活动的最后一个环节，是对整个招聘活动的回顾和总结，不仅有助于检验招聘工作的有效性，提高招聘质量，降低招聘费用，改进今后的招聘工作，而且可以完善企业经营，提高企业整体绩效，有利于企业更好地发展。总体来说，招聘效果评估对企业主要有以下几个作用：

(1)了解企业招聘活动的整体情况和人员录用情况；

(2)分析招聘费用使用模式，便于下次进行招聘成本预算；

(3)通过评估，总结经验，吸取教训，有利于招聘工作的改进；

(4)发现企业的潜在问题，有利于企业更好的发展。

对企业招聘效果的评估一般包括以下几个方面：招聘数量评估、质量评估、时间评估和成本评估等。

5.5.1 招聘数量评估

对录用员工数量的评估是检验招聘工作有效性的一个重要方面。可通过分析在数量上满足或不满足需求的原因，找到各招聘环节上的薄弱之处，改进招聘工作；同时，通过人员录用数量与计划招聘数量的比较，为企业人力资源规划的修订提供依据。

此项评估主要可从应聘比例、录用比例、聘用比例和招聘完成率四方面进行。

(1)应聘比例

应聘比例是指应聘人数与拟招聘人数的百分比。对企业来说，应聘比例越高，说明来应聘职位的人数越多，企业的选择机会就越多，相对来说企业招聘到优秀人才的概率也就越大，企业的招聘质量就会越高。

$$应聘比例=应聘人数 \div 计划招聘人数 \times 100\%$$

(2)录用比例

录用比例是指录用人数与应聘人数的百分比。企业招聘活动的录用比例越小，通常表明企业可以进行人才选择的余地较大，招聘的人员质量越高，招聘活动越成功。

$$录用比例=录用人数 \div 应聘人数 \times 100\%$$

(3)聘用比例

聘用比例是指企业最终聘用人数与最初录用人数的百分比。聘用比例高的招聘才是成功的招聘。相反，如果企业的聘用比例很低，则说明企业的招聘活动存在一定的不足，需要改进以提高招聘效果。

聘用比例=最终聘用人数 ÷ 最初录用人数 × 100%

(4)招聘完成比例

招聘完成比例是指录用人数与拟招聘人数的百分比。招聘完成比可以体现出企业招聘计划的完成情况，是评估招聘活动成功与否的重要指标。当招聘完成比等于或大于 100%时，则说明在数量上全面完成或超额完成了招聘任务。但在实际工作中，超额完成的情况很少发生，因为一般都会根据招聘计划中确定的人员需求数量招人，除非遇到了很优秀的候选人而临时决定增加招聘指标，将其作为人才储备，或者用于替换一些业绩相对较差的员工。

招聘完成比例=录用人数 ÷ 计划招聘人数 × 100%

5.5.2 招聘质量评估

除了运用录用比例和应聘比例这两个数据来反映录用人员的质量外，也可以根据招聘的要求或工作分析中的要求对录用人员进行等级排列来确定其质量。招聘质量评估是对所录用的员工入职后的工作绩效、实际能力、工作潜力的评估，它既可以为改进招聘方法提供指导，又为此后的员工培训、绩效评估提供了必要的信息。实际上是人员选拔过程中进行的能力、潜力、素质等各种测试与考核的延续，也可根据招聘要求或从工作分析中得出的结论，对录用人员进行等级排列来确定招聘质量，其方法与绩效考核方法相似。

常用的指标有以下三个：

录用合格比例=录用人员胜任工作人数 ÷ 实际录用人数 × 100%

基础合格比例=以往录用合格比例的平均值

录用合格比例与基础合格比例之差=录用合格比例–基础合格比例

其中，录用合格比例一般用试用期考核合格转正的人数与同批次总的员工录用人数之比来表示。基础合格比例是反映以往招聘有效性的绝对指标，用以往平均录用合格比例来表示。录用合格比例与基础合格比例之差反映当前招聘的有效性是否高于以往招聘有效性的平均水平，可以考察招聘有效性是否在不断提高。

实践中有人用“现有人员胜任工作人数 ÷ 实际聘用人数 × 100%”来计算基础合格比例，这种做法有失偏颇。

首先，胜任工作指的是员工绩效符合工作要求，但对于一个在公司已经工作多年的员工来说，和当初应聘时相比，其能力和态度乃至价值观都已经发生了巨大变化，而恰恰是员工能力和态度决定了员工绩效。因此，不可以根据其现在的绩效情况来判断当初招聘决策的质量。

其次，录用合格实际上是指新聘员工的素质与其岗位要求相匹配，但个人—岗位匹配本身具有动态性，匹配度的高低会随时间的推移而变化，甚至所任岗位与刚入职时也不同。不管任职时间的长短，完全根据现有员工的个人—岗位匹配情况来考察企业后续招聘的质量显然不合理。至于考察新员工是否胜任工作的期限到底以多长时间为宜，目前还没有形成明确的、科学合理的结论。但显然，期限长短与岗位性质和员工个性特点有关。一些生产操作性和事务性岗位，完成一项工作的周期很短，绩效在短时间内就可以衡量，从而短期内就能判断出新聘员工是否胜任工作。但对一些管理类和技术研发类等工作周期较长的岗位，判断是否胜任所需时间则相应延长。

公司发了录用通知又反悔，需要承担什么责任

5.5.3 招聘时间评估

招聘时间评估也就是招聘的及时性评估，或者叫招聘周期评估。招聘周期是指从提出招聘需求到新聘员工实际到岗之间的时间，也就是岗位空缺时间。一般来说，岗位空缺时间越短，招聘效果越好。但不同类型和层次的岗位，由于劳动力市场上的供求情况不同，其招聘的难易程度和招聘周期也往往有很大差别，需要结合实际情况进行分析。

有的企业将招聘周期统一规定为三个月，每个季度初提出招聘需求（其他时间不开放招聘需求窗口），只要三个月内到岗，就认为满足了招聘的及时性要求。这种方法操作简单，但显然不够合理，某些市场稀缺的关键人力资源可能不是三个月就能招聘到岗的，而一些初级岗位可能相对很容易招聘到岗，根本不需要三个月。还有，如果在每个季度的其他时间，比如季度中期，某关键岗位员工跳槽，而此时用人部门又不能提出招聘需求的话必然导致岗位空缺期延长，企业损失增加。还有的企业使用平均职位空缺时间（职位空缺总时间/补充职位数×100%）作为考察招聘及时性的标准，反映平均每个职位空缺多长时间后新员工才能补缺到位。例如，一个企业招聘 10 个初级职位和 1 个高级职位，前者 20 天招聘到岗，后者耗时 6 个月，那么总的平均职位空缺时间是 34～35 天，但这个时间其实对今后的招聘没多大参考价值，无法为缩短高级职位的招聘周期提供明确可行的建议。而且每次招聘的具体职位都可能不同，其平均职位空缺时间自然也不一样，相互没有可比性，不能作为衡量招聘时间效率的标准。

由此可见，即使不考虑相关福利费用，招聘的间接成本也占有相当数额，不可小视。在实际工作中有时一次招聘流程并不能找到合格人选，需要重复两三次。此时间接成本的消耗更加不容忽视，但多数企业在实际操作中往往没有对招聘的间接成本进行核算。

5.5.4 招聘成本评估

招聘成本评估是企业招聘评估工作的一项重要内容。通过对招聘活动进行过程中的各种花销进行核实、计算与汇总，得出每个员工招聘的实际成本，并对其进行评估。其中招聘成本是指在招聘活动中所发生的一切费用，如招聘广告费用、笔试试题设计费用、新员工录用费用等。

招聘单价=总经费（元）/录用人数（人）

做招聘成本评估之前，应该制定招聘预算，其中主要包括：招聘广告预算、招聘测试预算、体格检查预算、其他预算，其中招聘广告预算占据相当大的比例，一般来说按 4:3:2:1 比例分配预算较为合理。

招聘单位成本=招聘总成本÷实际录用人数

如果招聘实际费用少，录用人数多，表明单位招聘成本低。反之则高。值得注意的是，对于不同的招聘渠道，其招聘成本构成不同，会导致不同的单位招聘成本。因此，单位招聘成本必须在选择合适的招聘渠道的情况下才具有可比性这一点正好为招聘渠道的合理选择提供了依据。

另外，不同类别和层次的岗位空缺，招聘单位成本也不相同。即使职位类别和层次一样，因招聘的地理位置不同，人力资源供求状况不同，其成本自然也不相等。

因此，单位招聘成本不能在不同层次或不同类别间比较，而应综合考虑多种因素。可见，由于招聘对象和招聘工具的多样性，单位招聘成本也呈现出多元化特征，很难归纳出一个统一的单位招聘成本计算公式。只能根据历史数据对每个职位的单位招聘成本进行统计，并将各职位的平均单位招聘成本作为核算标准。

为了让招聘效率及效果达到最大化，适时的结合一些招聘工具使用，可以让招聘更有效。表 5.10 是招聘数据统计与分析时常用的一些指标。

表 5.10　招聘常用指标及统计与分析方法一览表

指 标 类 别	指　　标	计 算 方 法
关键计算指标	招聘计划完成率	实际报到人数/计划招聘人数
	人均招聘成本	总招聘成本/实际报到人数
	平均招聘周期	总招聘时间/总招聘人数
过程管理指标	简历初选通过率	人力资源部初选合格简历数/收到的简历数
	有效简历率	部门选择合格通知面试的人数/HR 专员初选合格简历数
	初试通过率	初试通过人数/面试总人数
	复试通过率	复试通过人数/初试通过人数
	录用率	实际录用人数/面试总人数
	报到率	实际报到人数/发出录用通知人数
分类统计指标	招聘渠道分布	不同招聘渠道录用的人数占录用总人数的比率
	录用人员分布	不同性别、学历、层级、职类、区域等的录用人数占录用总人数的比率
入职异动指标	招聘转正率	转正人数/入职人数
	招聘离职率	离职人数/入职人数
团队管理指标	招聘人员胜任率	胜任工作的招聘人员数/招聘团队总人数
	招聘服务优良率	服务优良的招聘人员数/招聘团队总人数
	内部客户满意度	对招聘工作满意的内部客户数/内部客户总人数

讨论案例

一次情景面试

M 商业集团聘请招聘专家为其下属百货公司选拔总经理。在最后阶段，招聘专家对一路过关的四位候选者使用了情景面试的方法。四位候选者被安排同时观看一段录像，录像内容如下：

画面呈现出一座小城市，画外音告知这是一个中等发达程度的小县城。镜头聚焦于一家百货商场，时间显示当时是上午 9 时 30 分。这时，商场的正门入口处出现了一位身高 1 米

80左右、穿夹克的年轻小伙子。他走进商场，径直走向日用品柜台。柜台里是一位三十岁出头的女售货员。小伙子向女售货员说：“拿支牙膏。”女售货员问：“什么牌子？”“中华牌”小伙子答道。女售货员说：“三块八毛钱。”小伙子掏出钱包，取出一张一百元的人民币，女售货员找给他96元2角。然后，小伙子将钱和牙膏收好，走出了商场。

画面重新回到了商场正门入口处，时间显示是上午10时整。这时，一位高1米65左右、穿笔挺西装的小伙子出现在门口，并径直向日用品柜台走去。“同志，要点什么？”女售货员问道。“一支牙刷，”小伙子答道。“什么牌子？”女售货员接着问。小伙子用手指了其中的一种。女售货员说：“两块八毛钱。”小伙子掏出钱包，取出一张十元的人民币递给女售货员。女售货员递给小伙子一只牙刷并找给他7元2角钱。然而，小伙子突然说：“同志，你找错钱了，我给你的是一百块钱。”“你给我的明明是十块钱呀！”女售货员吃惊地说道。“我给你的就是一百块钱，赶快给我找钱，我还有事情要做！”小伙子提高了嗓门，语气也相当严厉。女售货员急了，声音也提高了八度：“你这人怎么不讲理呢？你明明给的是十块钱，为什么偏要说是一百元呢？你想坑人啊？”这时，日用柜台边已经聚拢了十几位买东西的顾客看热闹。这位小伙子似乎实在难以容忍了，向整个人群说道：“大伙都瞧瞧，这是什么服务态度！你们经理呢？我要找你们经理。”

说来也巧，百货商场的总经理正好从楼上下来，看到这边有人围观，便走了过来。总经理看上去是一位二十八、九岁的年轻人。“怎么回事？”总经理问道。女售货员看到总经理来了，像来了救兵一样，马上委屈地向总经理告状：“经理，这个人太不讲理了，他明明给我的是一张十块钱，硬说是一张一百块钱。”经理见她着急的样子，立即安慰她说：“张姐，别着急，慢慢讲，他买了什么？你有没有收一百块钱一张的人民币？”这位被总经理称为“张姐”的女售货员心情似乎平静了些。“他买的是牙膏，嗷……不，他买的是牙刷。对了，我想起来了，今天，我没收几张一百块钱的人民币，有一位高个儿给了我一百块钱，他买的是牙膏。这个人给我的就是十块钱。”总经理听了张姐的话，眉头有些舒展，转身走向人群中的那位身高1米65左右的小伙子，很有礼貌地说道：“很不好意思出现了这种事情。您能告诉我事情的真实情况吗？”小伙子似乎也恢复了平静，同样有礼貌地坚持自己付给女售货员的是一张一百块钱，是女售货员将钱找错了。这时，总经理环视了一下人群，然后将视线定格在这位小伙子身上，继续有礼貌地说：“这位先生，根据我对这位售货员的了解，她不是说谎和不负责任的人，但是我同样相信您也不是那种找茬的人。所以，为了更好地将事情弄清楚，我可否问您一个问题？”“什么问题？”小伙子问道。“您说您拿的是一张一百块钱，请问您有证据吗？”总经理问道。小伙了的眼睛一亮，马上提高了嗓门说：“证据？还要什么证据？不过我想起来了，昨天我算账的时候，顺手在这张钱的主席像一面的右上角用圆珠笔写了2888四个数字。你们可以找一下。”总经理立即吩咐张姐在收银柜中寻找，果真找到了一张主席像一面用圆珠笔写有2888的一百块钱纸币。这时，小伙子来了精神，冲着人群高喊：“那就是我刚才给的一百块钱，那个2888就是我写的。不信，可以验笔迹。”

人群开始骚动，顾客们明显表示出对商场的不满。镜头在人群、小伙子、张姐和总经理之间切换，最后定格在总经理眉头紧锁的脸上。

思考题：

1. 假如您是该百货商场的总经理，您将如何应对当时的局面？

2. 如果你是总经理，你将如何处理善后？

3. 四位候选者被要求准备 10 分钟，然后分别向专家陈述自己的答案，时间不超过 5 分钟。

本章小结

1. 面试有很多种类，按面试的结构可以分为非结构化面试、结构化面试和半结构化面试；按面试的组织方式看可以分为一对一面试、系列式面试、小组面试和集体面试；按面试的目的可以分为压力式面试、非压力式面试和宽松型面试。

2. 情景模拟面试是指根据应聘者可能担任的职位，编制一套测试项目，安排应聘者在模拟的、逼真的管理系统或工作环境中处理有关问题，用多种方法来测试其心理素质、实际工作能力、潜力的一系列方法。

常用和经典的情景模拟面试主要包括公文筐测验、无领导小组讨论、管理游戏、角色扮演等，其他的方法有案例分析、演讲、事实搜索、情景面谈等。

3. 行为描述面试假设前提是一个人过去的行为能预示其未来的行为，行为描述面试要注意了解应聘者过去的实际表现，而不是对未来表现的承诺。行为描述面试的目的是了解应聘者过去的工作经历，判断他选择本单位发展的原因，预测他未来在本组织发展中采取的行为模式；了解他对特定行为所采取的行为模式，并将其行为模式与空缺岗位所期望的行为模式进行比较分析。

4. 自荐的前提是自我认知，能够客观地对自己的技能、禀赋、兴趣和偏好做出评价。简历是以个人表达的意图出发而制作的。一份简历的内容包含姓名、性别、年龄、民族、籍贯、政治面貌、婚姻状况、学历、地址、联系方式，以及工作经历、培训经历、荣誉与成就等个人基本信息。求职信集介绍、自我推销和下一步行动建议于一身，它总结归纳了履历表，并重点突出你的背景材料中与未来雇主最有关系的内容。

5. 企业招聘效果的评估包括招聘数量评估、质量评估、时间评估和成本评估等。

第6章

培训与开发

学习目标

1. 了解什么是培训与开发；
2. 熟悉与理解培训与开发相关理论；
3. 熟悉和掌握培训管理的一般流程；
4. 了解培训与开发的发展趋势。

引导案例

员工离职的真实原因

宏远公司成立于2005年，其注册资本3000万，被国家相关部门认定为软件产品和软件企业的“双软企业”.公司的宗旨是为商品交易所及中国期货交易市场提供信息化技术服务。宏远公司的技术研发人员比例占到80%以上，汇聚了多个知名院校的博士、硕士、本科生，目标是成为中国金融IT行业中的品牌企业。

宏远公司自成立以来，依托交易所和外部资源，完成了1～6期系统的开发和维护工作。在公司获取了金融开发管理的宝贵经验之余，培养了一大批期货金融领域的专业技术人员。他们在精通IT技术基础上，深入掌握期货业务，能够承担期货行业大型信息化系统的完整项目，包括前期业务调研、需求分析、合理解决方案、系统开发、软件测试、日常维护等工作，甚至也开始承接其他期货公司甚至其他金融领域项目。同时，凭借与交易所及会员单位的多年合作经验，宏远公司在多地建立高标准高服务的托管中心，为期货公司、证券公司等金融机构提供交易系统和主机托管等服务。

宏远公司通过近10年经验积累、人才储备、形象打造、渠道建设等努力，公司的业务定位已经从单一服务交易所转型成为对国内证券期货合约研究、提供期货市场行情信息服务、托管业务、多领域验收测试服务等多样化的综合金融信息服务企业。除此之外，宏远公司的附加业务也已经形成体系，公司系统部之下设立负责期货市场会员系统交易及灾备托管业务，用于负责期货市场业务和对外链路服务业务。

宏远为交易所开发的深度行情(包括level-2、DCE五档行情)是公司借鉴国外期货市场信息产品服务的成功经验，与多家信息服务商合作，面向投资者推出的期货市场增值信息服务。与传统的行情数据相比，深度行情发布频率更快、信息内容丰富、数据安全保障更强。同时为满足市场上套利投资者的需求，还推出了专为套利交易策略研究的历史数据支持服务。为满足会员单位和个人投资者的个性化数据需求，在公开数据基础上，进一步加工处理，挖掘出具有更高附加值的数据信息产品。

宏远公司的发展战略是以交易所的应用服务为基础，逐步实现交易所系统的自主开发创新。同时加强行业公司的横向合作，提升行业市场的服务水平，扩大资源优化配置能力，强化市场服务载体功能。提高应用服务水平，确保交易所信息系统的稳定运行，保证公司的盈利能力，使公司能够进入良性运转轨道。

2013 年，为了适应市场发展需要，配合公司发展战略，公司进行了一次组织结构重大调整，如图 6.1 所示：

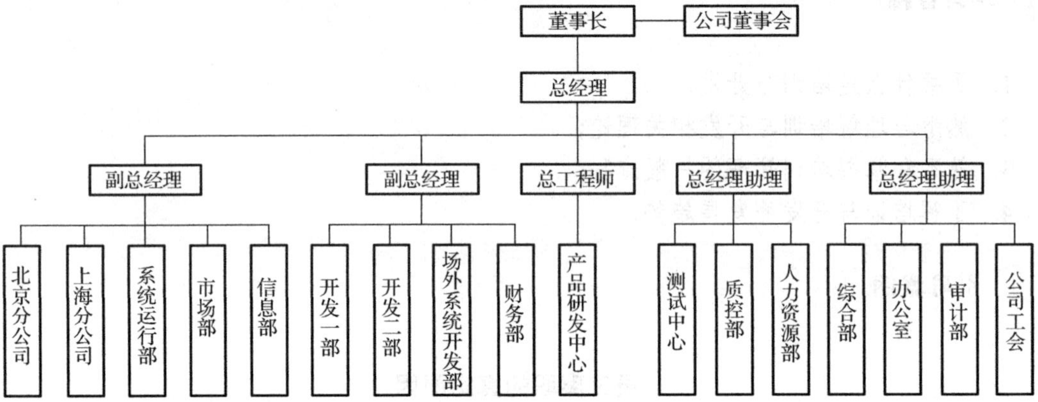

图 6.1　宏远公司结构图

宏远公司重建办公室、财务部、人力资源部、市场开发部、运行服务部、应用开发部、系统集成部，其中办公室、财务部、人力资源部合并，市场开发部和运行服务部合并。实行董事会领导下的总经理负责制，公司拥有用人自主权，可以根据需要自行从社会招聘中层以下(含中层)管理和技术人员，制定并执行独立的考核制度，对于来自交易所人员和社会人员，公司采用统一办法和标准进行考核和管理。

对 IT 公司来说，员工的技术水平是公司的灵魂，公司招聘的员工都是能力较强的优秀毕业生，或者是有丰富的项目经验的社会人员。公司也一直在努力组织各种培训，但是发现并未起到作用，员工工作质量下降，效率低下，很多人出现了“混日子”的状态。且这种氛围已经蔓延到整个公司。按理说这些优秀人才通过培训应该会被激发出潜力，创造价值，但是效率却不断降低，业绩下滑。对于这个现象人力部门一直很头疼，他们一直认为员工激励方面做得不足，在绩效考核和工作奖惩的方向制定计划，但是收到的效果甚微。

近几年公司骨干员工陆续有提出辞职的现象，人力部门对提出辞职的人很诧异，大多数提出离职的薪酬是符合目前市场行情，且公司也一直看中他们。李林就是其中之一，他在招聘进来的时候是有着 5 年相关工作经验的员工，且个人能力很强，部门也是重点培养。提出离职的时候，人力总监亲自与他沟通：“什么原因使你想离开，对岗位不满意？还是薪酬？”李林为人耿直，也开门见山：“在这个公司待了好几年，其实是相当有感情的，反正已经决定要走了，我就把我所见所想说出来，希望能在最后一刻对公司有所贡献。我对自己的薪酬没有太大意见，新去的公司其实和现在薪酬差不太多，但我更看重以后的发展，以后还要工作二十多年，我要为我未来能做什么铺好路。宏远公司的培训体系非常不完善，我在这里学不到我想要的东西，年复一年地干着差不多的工作，职业没有规划，个人没有成长，这样慢慢地会磨掉我的斗志和工作的激情。”听到李林这么说，人力总监有些出乎意料，她怎么也没想到是这里出了问题。人力总监回应道：“我们一直也在做培训，能具体说说不完善在哪里吗？”李林接着说：“其实员工很清楚公司一直也很重视员工的培训，每年也都花大力气和成本去建立培训体系，培训目标。但是你们确定达到了你们想要的培训效果吗？你们的培训内容，没有针对性，员工水平不同，相同的培训内容，肯定有的人觉得听不懂，有的人觉得浪费时间。另外你们没有调查员工想要的培训需求，只是靠出勤率和绩效强制参加培训，我想效果如何你们应该也心中有数。再有就是我想你们只局限在注重技术培训，员工的综合素质培养，还有领导团队管理能力培养似乎都忽略了。我认为这些才是一个公司能够持续发展的关键，而不仅仅强调技术。还有些问题我就不一一说明了，一个好的培训体系，不仅能培训员工的技术水平，而且能提升员工的自身素质、工作热情，甚至对公司的归属感，这些因素往往才是员工产出效率的关键因素。”

人力总监对各个部门的部分员工进行了访谈，访谈对象包括待了近十年的老员工，或者是新进公司一两年的员工。年龄跨度从 70 后到 90 后。根据访谈结果，总结目前员工普遍存在的问题。(1)项目中团队的凝聚力不强，员工缺乏集体荣誉感。大多数人都有种事不关己高高挂起的心态，我只要做好分配给我的工作就行了，只要这个项目出现的问题与我无关就行了。一个好的团队，员工会齐心协力相互鼓励，在这种热情的感染下，每个人会热情高涨，积极思考，工作效率也会大大的提升。但是目前整个项目在开发过程缺乏团队合作意识，对项目没有热情，效率低下，相互推脱，项目质量也难以把控。(2)员工没有被需要被重视的感觉，总觉得在项目中，我就是个机械干活的，项目经理告诉我怎么做我就怎么做。核心工作总是在那固定的几个人手里，在一个项目完成之后没有成长，时间长了员工对未来的职业规划也越来越模糊，也越来越没有工作的动力了，甚至就有了离职的想法。(3)公司培训重心基本都在技术上，员工自身各方面能力没有机会提升。比如期货业务更新速度迅速，开发人员如果不懂得创新，因循守旧，势必事倍功半。再比如员工缺乏沟通技巧，与客户沟通不当，引发客户的不满意，会影响公司服务形象及利润。员工之间欠缺沟通技巧，也会造成不必要的沟通成本。(4)部分中层管理者反馈，现在越来越多的 90 后加入团队，员工年龄段跨度越来越大，70 后、80 后、90 后的员工对工作的想法是不一样的。几年前的管理理念和方法不一定适用于现在的情况，公司缺乏对中层管理者进行领导力、管理能力等与时俱进的培训，也会影响团队管理效果。

通过这次访谈，公司高层认识到目前公司培训体系不健全引发的严重后果，员工工作积极性不高，没有完全认可公司的企业文化，仅仅是为了工作而工作，个人发展方向不明确；人才培养严重欠缺；团队合作意识差，项目质量下降。如果不及时亡羊补牢，公司可能会面临巨大的损失。改变目前员工工作状态成为人力部门和公司领导亟待解决的问题。

6.1 培训与开发的定义及区别

培训与开发是人力资源管理的重要内容，是指组织根据组织的目标，采取各种方式对员工实施的有目的、有计划的系统培养和训练的学习行为，使员工不断更新知识、开拓技能、改进态度、提高工作绩效，确保员工能够按照预期的标准或水平完成本职工作或更高级的工作从而提高组织绩效，实现组织目标。

6.1.1 培训与开发的定义

Disney 乐园之父 Walt Disney 曾经说过：任何人都可以畅想、设计和建设全世界最美丽的乐园，然而想让这样的梦想变成现实，关键在于“人”。

培训是组织用来发展雇员的知识、技巧、行为或态度，以有助于达到组织目标的系统化过程。组织为了满足其业务发展与人才培育的需要，通过学习、研究、进修、交流合作等方式，有计划地组织和实施适合的培养和训练，旨在使员工能够不断地获得新的知识与技能，具备持续良好的工作能力，既能够胜任现在的本职工作也具备将来担任其他职务的潜力，适应技术革新所带来的知识组成、技能水平、管理素质等方面的转变。

在当今激烈的市场竞争中，企业要想获得竞争优势就必须有超过竞争对手的人力资源，而实现这一点无非通过两种途径。一种途径是从人才市场上招聘已经具有比较好的人力资本储备的人；另一种是对既有的人力资源进行培训。许多企业有意识无意识地更加重视从人才市场上获取人才，这对起步阶段或者中小企业是一种更好的选择。但是对于大型企业来说，培养既有的人力资源无疑是更重要的。对这样的企业来说，培训不仅具有培养的意义，更重要的在于培训还具有吸引和激励的意义。

培训是企业对当前组织发展欠缺的弥补，也是对将来发展需要的未雨绸缪。员工培训是以改进员工的知识、技能、态度和社会行为，提高员工工作绩效和组织效益为目的的一种学习过程。培训是为保证人们具备实际工作的能力而实施的有组织、有计划地介入行为。英国培训委员会把培训定义为：通过正式的、有计划、有指导的途径来获得和工作要求相符合的知识与技能的过程。

培训是企业实施的有计划的、持续性的、系统性的学习行为或过程，是为了提高受训人员自身的知识结构、技能水平、价值观念、思维方式及心理素质，使其有足够的能力去完成本职工作，并为日后能够胜任更具挑战性的工作做准备。

培训的目的主要有以下四个方面。

(1)长期目的：满足组织战略发展需要。这是最核心也是最根本的目的，一个组织能够生存下来，长期发展，需要制定正确合理的组织战略。组织对员工的要求即是对组织的战略发展做出贡献，因此员工培训的长期目的就是为满足组织战略发展需要。

(2)短期目的：满足组织年度计划需要。这是组织的小目标，同时是员工在组织中实现自我价值的快速通道，组织人力资源培训的小目标就是满足员工培训诉求，尽快实现员工的潜在价值。

(3)职位目的：满足职位技能标准需要。古语云“在其位谋其政”，员工在自己的工作岗位就要完成相对应的工作，培训能够使员工快速达到技能标准。

(4)个人目的：满足员工职业生涯发展需要。合理安排人力资源培训，能够帮助员工实现自身职业规划。

员工培训的目的是根据实际工作的需要，为提高劳动者素质和能力而对其实施的培养和训练。培训的根本任务是解决企业激励的问题，提高员工的工作效率，从而提高企业的生产力。培训工作的目标就是要使所招聘的员工不仅满足工作岗位的能力需要，而且要最大限度的发挥员工的潜能，实现个人与工作的真正融合，实现组织发展与员工个人发展的双赢目标。

培训的种类可以细分成以下四种，不同的培训可以满足不同的需求。

(1)补习性培训或者基础技能培训。这种培训能使雇员具备入门的知识、技能、能力和态度，这是他们被挑选进入一个企业后或者是他们开始新的工作时就应该具备的。

(2)导向培训。向员工提供关于组织、工作、团队和职务的基本信息。一般来说，导向培训向新员工提供关于组织的规章制度、工资福利和相关设施方面的信息。在导向培训中，许多国家还规定了强制培训的内容，如关于安全和健康方面的相关信息和知识。雇主必须按照国家的相关规定，向员工提供他们在工作场所可能接触到的危险物质的信息。

(3)资格培训。这种培训是对导向培训没有解决的问题所做的补充。它帮助员工获得他们的职务要求和完成职务的特殊任务所需要的基础知识、技能、能力和态度等。这种培训通常以特殊的职务为对象。例如，在管理培训中包括对高级管理者、中级管理者和初级管理者的培训。再如，对销售和顾客服务人员，对技术工人，对专业人员，对熟练工人，对文秘人员和对半熟练工人等的培训。这种培训常常是依组织而有很大差异的。因此，这样的培训是一般的职业教育、大学教育所不能满足的。每个组织中的新进人员都会有一个非熟练的时期，因为他们不知道企业的特殊文化，因此如果不培训他们应该怎么做，他们的非熟练期就会比较长，这对组织是一种很大的损失。

(4)补救性培训。这种培训是对导向培训和资格培训所不能解决的问题的一种补充，因此被称为“Second-Chance”。当员工在前面两种培训后仍然不能达到职务所要求的绩效标准时，那么就通过这种培训来解决他的绩效差距问题。在让员工参与这种培训之前，他的主管应该认真分析这个员工绩效差距的原因。只有由于员工个人的知识、技能、能力和态度方面的差距才能用这种培训来解决。如果是主观的原因、激励的原因造成的绩效差距，就不适合用培训来解决。

开发是组织为了使员工获得或改进与工作有关的知识、技能、动机、态度和行为，以利于提高员工的绩效及员工对企业目标的贡献，所采取的有计划、有系统的活动。

由图 6.2 可知，员工培训与开发的作用通过绩效体现出来，绩效由行为导致，而行为又是由员工的动机引起的。员工的动机受到其知识、技能和态度的影响，尤其是以态度为核心。因此，员工的培训与开发工作就要在使员工增长知识、提高技能、培养积极的态度和价值观上下功夫，起作用也首先在这些方面体现出来。

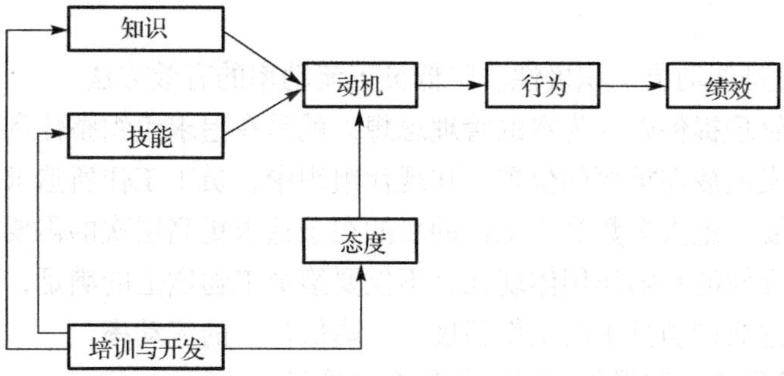

图 6.2　培训与开发的作用模型

6.1.2 培训与开发的区别

尽管培训与开发这两个术语在一些场合可以混用，但实际上两者还是存在区别的(如表 6.1 所示)。两者的主要区别在于目标的指向。培训侧重于近期目标，是组织为了有计划地帮助员工学习与工作有关的综合能力而进行的教育训练。其关注点是目前工作所需要的知识和技能。开发则拥有一个更长期的关注焦点，是指有助于员工为未来工作做好准备的正规教育、工作实践、人际互动及人格和能力评价等所有活动。是依据组织发展要求对员工潜能进行挖掘和对其职业发展进行系统设计与规划的过程。

表 6.1　员工培训与开发比较

比较因素	培　训	开　发
侧重点	当前。着眼于近期目标，即提高员工当前绩效，从而开发员工的技术、技巧	未来。着眼于培养提高管理人员的有关素质
达到的目标	为当前服务。使员工掌握基本的工作知识、方法及步骤	为适应未来变化服务。帮助员工为企业的其他职位做准备
参与性	强制性	自愿
培训对象	员工与技术人员	管理人员

6.1.3 培训与开发的重要性

(1)培训与开发是协调人事矛盾的重要手段

人与事的结合处在动态的矛盾运动之中，要解决这一矛盾，一要靠人员流动(即用“因事选人”的方法实现人事和谐)；二要靠员工培训，即用“使人适事”的方法实现人事和谐。

(2)培训与开发是人才培养的主要途径

组织对员工进行必要的培训正是继续教育和终生教育的一个重要的途径。特别是由于知识爆炸和科技高速发展，每个人的知识和技能都在快速老化，而社会环境及市场在快速变化，这就使企业中的员工素质提高尤为重要。

组织培训员工的直接目的就是提高员工的知识水平、技能水平，改进员工的工作态度，使之能够更好地胜任本职工作。在培训的过程中，不仅要注重技能的提高，还要教会员工知识的共享，尤其是现代人类社会步入知识经济时代，智力资本已成为获取生产力、竞争力的关键。这就要求建立一种新的适合未来发展的培训理念，提高企业员工的综合素质。

(3)培训与开发是调动员工积极性、降低员工流动率的有效方法

现代人力资源管理提倡以人为本的管理思想，就是在追求组织整体利益的同时，也把员工个人的职业生涯发展放在重要的位置。在现代组织中，员工工作所追求的目标已经不仅仅停留在低层次的需要，绝大多数员工工作的目的在于追求更高层次的需要，以及实现自我价值的需要。培训与开发的激励作用体现在，不仅要给员工物质上的满足，而且要让他们感到精神上的成就感，进而调动员工的工作积极性，降低员工的流动率。

(4)培训与开发是建立和强化组织文化的有效途径

企业文化建立和强化不是孤立的，尤其离不开人力资源管理活动。培训是建设企业

文化的重要环节，应把企业文化作为人员培训的重要内容，在培训过程中宣传和强化企业文化。

企业文化具有导向功能、凝聚功能、激励功能和优化调节功能等。企业文化是企业生存和发展的根源，优秀的企业文化更加是企业良性发展的有力保障。培训是建立企业文化的有效途径。

(5)培训与开发是培养核心竞争力的重要手段

培训与开发着眼于提高人的素质，而人才正是企业最根本、最主要的竞争优势。随着知识经济时代的来临，人力资本对于促进经济增长的贡献日益突出，已经成为企业竞争优势的最主要的来源，在企业发展中发挥着越来越关键的作用。为此，企业的竞争优势将依赖于人力资本——知识、经验、技能等“软”资本，而不再是它们的厂房、设备等“硬”资产。员工的技术、知识、能力及同顾客间的相互关系，会创造出一种核心竞争力，这种能力远比可购买到的现成的科技能力更加有效。

(6)培训与开发是提高企业劳动生产率的重要保障

通过人力资本的增加有利于提高企业的劳动生产率。经过培训的员工，劳动的熟练程度会得到提高，同时也加强了对新知识、新技能的吸收能力，与其他员工的配合也会更加默契。培训与开发的作用可以在两个方面体现出来：一方面，通过增加工人的知识和技能，直接提高劳动生产率；另一方面，通过促进知识的进步，促进技术的进步，改善生产要素的组合，从而间接提高劳动生产率。

6.1.4 培训与开发在 HR 体系中的作用

培训与开发在 HR 体系中的作用表现在以下几个方面。从企业角度看，与企业战略对接，培养战略发展所需人才；建立学习型组织，提升组织的竞争优势；外在薪酬的一种形式，增强企业对员工的吸引力。对员工来说开发员工的知识技能、提升员工的能力素质；在没有终身就业保证的时代，提高员工终身就业能力；实现个人与组织同步发展。总之，培训与开发在整个人力资源管理体系中起着加速器的作用。

培训与开发是企业战略性人力资源管理中的一个模块。在某些组织中，培训与开发是通过一个独立的职能部门来完成的，但在大多数组织中培训与开发则是人力资源管理部门的一个组成部分，它与人力资源规划、薪酬管理等相并列，作为人力资源部门下的子部门而存在。因此培训与开发体系的设计需要与其他人力资源管理职能模块对接。

(1)培训与开发和职位设计的关系

培训需求分析主要建立在三个层面的分析上，包括组织分析、任务分析和人员分析。而根据组织中的职位设计可以进行上述三个层面的分析。组织分析是针对企业的战略目标和整体组织状况展开分析，因此需要企业的战略和组织研究系统的支持；任务分析主要通过职位分析来进行，职位分析是人力资源管理的基础性的操作技术，它通过明确工作内容、业绩标准和任职资格要求来为培训需求分析提供基本的信息，从而使企业能够结合每个职位的具体工作特性和工作要求来制定分层分类的培训计划；而人员分析则需要建立在绩效管理体系和素质模型的基础之上，通过绩效考核，发现员工的工作绩效与组织期望之间的差距；另一方面，通过素质模型评价，找到员工能力上的不足与短板。两个方面相互结合就可以知道员工具体需要通过什么样的培训来提升自己的能力与业绩。

(2) 培训与开发和人力资源规划的关系

人力资源规划是预测未来组织任务和环境对组织的需求，以及为完成这些任务与满足这些需求而提供人力资源的过程。组织结构的复杂性要求组织必须制定人力资源规划，因为它可以确保组织在发展过程中对人力资源的需求；能够有计划地在预测基础上调整人员在未来职务上的分布状态，可以有效地预测和控制人工成本。在大型组织中，人员的需求与供给、人员的晋升与补充、人员的培养与开发、薪酬的提升速度与成本控制、人员在组织中的有序运动，以及提供公平的管理等，不能盲目处理，必须进行有计划的指导，人力资源规划可以提供可靠的信息。

组织的人力资源规划应该是培训与开发策略制定的基础和前提条件。通过组织的整体人力资源规划来确定培训与开发的阶段性和层次性，确定重点对哪些人员、重点进行哪些内容的培训与开发，并确保与人员补充规划和晋升规划的连接性等。

(3) 培训与开发和人员招聘甄选的关系

在培训与开发体系设计中，入职培训是其中非常重要的内容。通过入职培训，企业向刚刚进入组织的新员工灌输组织的文化与价值观，并使其了解组织的基本状况，传授职位的基本技能，这样能使员工迅速地融入组织，减小进入陌生的组织环境所带来的冲击，提高员工整个职业生涯发展的质量。

从整个人力资源管理流程来看，入职培训是继招聘甄选之后的人力资源管理环节，同时，它是员工上岗的前提和基础。只有经过了入职培训，在确保员工了解了组织的基本情况，认同了组织的文化，掌握了基本的岗位技能的前提下，员工才能够正式步入工作岗位。

(4) 培训与开发和绩效管理的关系

绩效管理就是管理者和员工双方就目标及如何达到目标而达成共识，并促进员工成功地达到目标的管理方法。绩效管理是一个由绩效计划、绩效过程监控、绩效考核、绩效反馈和绩效改进等环节组成的一个完整的系统。绩效管理与人力资源开发体系的接口主要体现在绩效考核与绩效改进这两个环节。其中，绩效考核为培训需求分析中的人员分析提供了基本的数据和信息，另一方面，培训与开发作为员工绩效改进的重要手段和工具，为提升员工的绩效水平提供了重要的支撑。

员工培训——想说爱你不容易

6.2 培训与开发理论

6.2.1 成人学习理论

马尔科姆·诺尔斯(Malcolm. S. Knowles，1913—1997 年)是美国著名的成人教育学家。1967 年提出“成人教育学”概念。他把成人教育学定义为“帮助成人学习的艺术和科学”。成人学习行为改变过程如图 6.3 所示。

图 6.3　成人学习行为改变过程

成人学习理论的出发点是区分成人和儿童(包括在校学习的青少年)在身心发展和社会生

活方面质的区别，成人学习的特点大致包括：成人具有独立的、不断强化、自我导向的个性，有丰富多样并且个性化的经验；他们的学习目的明确，学习以及时、有用为取向，以解决问题为核心；成人学习的能力并不会由于年龄增长而明显下降，在某些方面还具有优势。通过分析成人学习活动和儿童学习活动的差别，诺尔斯提出了确立其理论的四个基本论点。

学习心理倾向上——自主学习。“随着个体的不断成熟，其自我概念将从依赖型人格向独立型人格转化”。

学习的认知过程上——以经验学习为主。“成人在社会生活中积累的经验为成人学习提供了丰富的资源”。

学习任务上——完善社会角色。“成人的学习计划、学习内容与方法，与其社会角色任务密切相关”。

学习目的上——解决问题。“随着个体的不断成熟，学习目的逐渐从为将来工作准备知识，转变为直接应用知识而学习”。

成人学习理论对培训项目的开发十分重要，成人学习理论对培训的启示中一个基本的要求是互动性，也就是培训对象和培训师都要参与到培训的学习过程中来(如表 6.2 所示)。因为成人具有以上我们指出的一系列特征，所以他们能够把理论与实践在高层次上结合起来，善于理论的灵活运用，强调知识的可操作性和实践性，以此来指导自己的工作。同时他们具有的人生阅历，使之对人和事形成了相对固定的思考模式和见解，这就使得对成人的培训并非易事，需要采用多种形式和方法实现最终的目的。一旦企业员工掌握了创新的方法、技巧，提升了创新素质，他们就会在应用层次上实现最优化，达到效益的最大化。

表 6.2　成人学习理论对培训的启示

设 计 问 题	启　示
自我观念	相互启发和合作指导
经验	将培训对象的经验作为范例和应用材料
准备	根据培训对象的兴趣和能力进行开发指导
时间角度	立即应用培训内容
学习定位	以问题为中心而不是以培训主体为中心

在成人学习的众多原则中，有三条是最重要的。这三条原则是从事培训工作的专业人员必须掌握的，如果这些人员能理解这些原则和其背后逻辑，他们就能很好地设计培训项目，能很好地在培训中激励成年人并和他们一起学习。

① 成年人把很多的经验带进学习中,因此他们既可能做出贡献,也可能失去一些东西(例如自尊心)。这一原则是建立在下列假设下的：每个成年人的学习都是独特的，每个人以自己的速度和方法学习；他们有许多经验可供投入；成年人很少愿意改变他们的自我认知。如果希望他们发生变化，最好是出于他们自己的决心和意志，培训师不能强制这种状态。

这一原则对培训的实践指导包括：a. 成年人想把他们知道的东西带到学习中来进行检验，因此可以鼓励他们提出各种来自他们自身经验的问题；但是，另一方面，他们又常常不愿意以自己的自尊受到伤害为代价。如分享经验，这时可能暴露他的缺点、弱点或者错误，因此需要注意培训的气氛。例如，当学习者的上司在场时，他们是很不愿意发言的。b. 成年人不会“购买”培训师提供的答案，他会自己去寻找答案，因此，应该避免将信息陈述为

"真理"。c. 成年人在学习中很需要自尊心和自信心的保护，如法国人所说，当你教育一个成年人时，最好的方法就是让他看不出，或者让旁人看不出你是在教育他。d. 学习应该是一种支持性的、富于挑战性的，培训师的最重要的一点是要多鼓励，尽量少批评。当学习气氛是支持性的和富于挑战性的时，成年人会积极地投入学习中，如果他们感觉到威胁，就会对抗和撤退。e. 成年人需要对他们学习效果的反馈，在他们尝试新的技能时，他们应该得到积极的肯定和确认，他们也特别需要关于他们的潜能的反馈。

② 成年人希望能以现实生活中此时此地的问题和任务为核心，而不想讨论学术问题。这一原则的假设是，成年人将学习当成是达到目的的手段，而不是将学习本身当成目的。学习对他来说应该是自愿的，具有个人意义的。学习最好是直接的、立竿见影的，否则他就不会感兴趣。他只学他想学的。当然，这也是成人学习容易发生的问题所在，因为很少有人能够立竿见影的。

这一原则对培训的指导在于：a. 应该保证培训项目或活动能提供一些有用的知识，这些知识与学习者当前的需要直接相关，因为学习者是很现实的，他将思想聚焦在当前问题，而不思考未来；b. 应该将培训的目的、好处和计划进程告诉学习者，他一旦感到项目会浪费时间就会失去耐性，他们必须清楚培训的内容是什么；c. 经常总结和回顾，进行积极的评价，成年人想知道自己已经取得了什么。

③ 成年人习惯于积极和自我引导的方式。这一原则的假设是，成年人习惯于以经验和实践为基础进行学习；大多数的成年人喜欢与人合作，努力推动一个合作进程，喜欢分享别人的经验。

这一原则对培训的指导意义有：a. 应该给予成年人更多的机会，需要鼓励、支持，也需要要求。在参与方面，刚刚开始是很难发动的，但是如果培训师坚持，培训对象常常能给予配合，最后的结果是大家都感觉有所收获；b. 应该安排他们在学习中做一些事情，他们必须有投入感，致力于他们进行的练习或者他们需要完成的任务，他们需要通过动手和犯错误来进行学习，他们需要自己发现解决问题的方法；c. 成年人需要培训师同他商量，并倾听他的意见。

6.2.2 戈特的成人学习理论

美国管理学家戈特(Tom W Goad)提出有效培训的八个步骤：第一步，努力促进学习；第二步，重在提高业绩；第三步，精心组织学习；第四步，做好充分准备；第五步，提高授课效率；第六步，发动学员参与；第七步，获得信息反馈；第八步，不断改进提高。

同时，戈特提出了成人学习原理 16 条，如下所示。

① 成人是通过干而学的。通过动手干具体的工作，不但能给学员留下深刻的感性认识，还能激发学员的学习积极性。

② 运用实例。成人学员总是习惯于利用熟悉的参考框架来促进当前的学习。

③ 成人是通过与原有知识的联系、比较来学习的。成人倾向于集中注意那些他们了解最多的东西，因而应多利用成人丰富的背景和经验来影响学习。

④ 在非正式的环境氛围中进行培训。这点是提醒培训组织者设法使学员在心情轻松的环境下接受训练，避免严肃古板的气氛。

⑤ 增添多样性。在培训中通过灵活改变进度、培训方式、教具或培训环境等能帮助增加

学习兴趣，取得良好的培训效果。

⑥ 消除恐惧心理。反馈结果最好通过非正式渠道传递，以减轻学员担心学习成绩和个人前途的恐惧心理。

⑦ 做一个推动学习的促进者。成人学习要避免单向讲授，灵活有效的培训方式能大大促进学习的进程。

⑧ 明确学习目标。有了明确的目标，学员才能经常注意自己是否走在成功的道路上。

⑨ 反复实践，熟能生巧。实践是帮助学员完成规定学习目标的有效手段。

⑩ 引导启发式的学习。通过启发式的教学使学员投入到学习中，自己找到结果，完成任务，这才是培训所期望的最终结果。

⑪ 给予信息反馈。及时的学习信息反馈会成为学员积极学习的动力。

⑫ 循序渐进，交叉训练。某一阶段的学习成果在另一阶段中得到应用和加强，可使学员的能力逐步得到强化和提高。

⑬ 培训活动应紧扣学习目标。紧扣学习目标将使培训过程中的所有活动沿着预期的轨道进行。

⑭ 良好的初始印象能吸引学员的注意力。培训初始给学员的印象非常重要，好的开始能引起学员的充分重视，从而影响培训效果。

⑮ 要有激情。一个充满激情的培训师能感染学员，引导他们投入到学习的角色中。

⑯ 重复学习，加深记忆。这是遵循重复记忆的原理，最好通过不同的方式重复所学内容三次，以加深认识。

这些原理被许多企业应用，并经实践证明能有效促进培训工作取得成功。

6.2.3 体验式学习理论

体验式学习理论在二十世纪 80 年代由美国人大卫·科尔博完整提出。他构建了一个体验式学习模型即“体验式学习圈”，提出有效的学习应从体验开始，进而发表看法，然后进行反思，再总结形成理论，最后将理论应用于实践当中。在这个过程中，他强调共享与应用。该理论给当时西方的教育管理者很大的启示，他们认为这种强调“做中学”的体验式学习，能够将学习者的潜能真正发挥出来，是提高学习效率的有效方式。

体验式学习或培训的主要形式如下。

(1)户外拓展训练

户外拓展训练是指利用崇山峻岭、瀚海大川等自然环境，通过精心设计一系列具有挑战性的户外运动项目，有效地拓展企业员工的潜能，达到“磨炼意志、陶冶情操、完善人格、熔炼团队”的培训目的。

户外拓展训练的特点如下：①以培训对象为中心，强调培训对象在活动过程中的感受、感悟；②户外拓展训练是通过一些体验式游戏讲述深刻道理的一种培训方式。这些游戏项目都是经过多年心理学、管理学、团队科学等方面的论证，能够使个人心理素质和团队质量得到提升的项目；③通过这些培训项目能够有效地增进团队成员之间的感情，培养团队合作精神；④ 户外拓展训练可以有效地改善员工对企业、对工作乃至对人生的态度，从而以更加积极的心态去工作。

户外拓展训练是一项旨在协助企业提升员工核心价值的训练过程，通过训练课程能够有效地拓展企业人员的潜能，提升和强化个人心理素质，帮助企业人员建立高尚而有尊严的人格，同时让团队成员能更深刻地体验个人与企业之间，下级与上级之间，员工与员工之间唇齿相依的关系，从而激发出团队更高昂的工作热情和拼搏创新的动力，使团队更富凝聚力。

(2)行动学习

行动学习是一种以完成特定工作任务为目的，在小组成员支持下，持续不断地反思实际遇到的情景问题，致力于解决问题的学习和反思的过程。

行动学习能够使学习者及时将行动体验上升到认知水平，并将新认知及时转化为行动，继而在行动中检验认知，并产生新的学习体验。行动学习具有以下五个方面的特性。

①反思性。行动学习建立在反思与行动相互联系的基础上，特别关注从以往经验中进行学习，具有反思性，而且反思的质量是学习成败的关键。②行动性。行动学习是学习与行动不断循环的过程，注重在行动中学习。行动学习小组更关注于学员个体及其将要采取的行动上。③合作性。行动学习强调学习是一个团体活动的过程，行动学习小组是有效的学习媒介。小组具有学习交流、激发思考、澄清问题、提供支持和批评意见等多项功能。成员在小组内向其他人陈述问题并寻求反馈，其他成员作为支持者、倾听者、观察者、协商者和提问者，帮助陈述者探索问题和形成新的行动要点，小组成员之间形成有效互动。④主体性。行动学习小组的成员是学习的主体，它强调个人的主动学习，而并非依赖教师灌输知识。团队各成员间的经验和理性的发散、碰撞、整合是一个生动的创造性的过程，对学习者个人沟通能力的提高和改进组织行为方式起着重要的作用。⑤参与性。行动学习中学员的参与是思维上、情绪情感上、行为上的真正参与。每个学员都要积极地参与到每个环节中并充分发挥个人的潜能。学习小组中个体的相关经验和对现实问题的认知与理解是小组中非常宝贵的资源。

(3)沙盘模拟

沙盘模拟是指在一种仿真、直观的模拟市场环境中，将现代经营管理与管理信息技术相结合，通过培训对象扮演企业中的各种角色来模拟企业的经营，培训学员如何综合运用各种管理知识和技能，发挥团队的协作精神，领导企业和部门在与众多竞争对手的激烈角逐中，获取竞争优势的一种培训方式。

沙盘模拟是一些跨国公司或国内大型企业采用较多的一种培训方式。沙盘模拟培训特有的互动性、趣味性、竞争性特点，能够最大限度的调动学员的学习兴趣，使学员在培训中处于高度兴奋状态，充分运用听、说、学、做、改等一系列学习手段，开启一切可以调动的感官功能，对所学内容形成深度记忆，并能够将学到的管理思路和方法在实际工作中很快实践与运用。在沙盘模拟培训中学员得到的不再是空洞乏味的概念、理论，而是极其宝贵的实践经验和深层次的领会与感悟。

沙盘模拟的优点：①模拟沙盘中各职能中心涵盖了企业运营的所有关键环节，包括战略规划、资金筹集、市场营销、产品研发、生产组织、物资采购、设备投资与改造、财务核算与管理等；②将理论与实践、角色扮演与岗位体验相结合，使培训对象在分析市场、制定战略、营销策划、组织生产、财务管理等一系列活动中，领悟科学的管理规律，同时也对企业资源的管理过程有一个实际的体验。

沙盘模拟的缺点：①模拟中的环境毕竟与真实的市场环境有差别，容易对培训对象产生一定的误导；②沙盘模拟培训需要条件较多，不是每个企业都能做到的。

(4)教练

教练能激发学员的潜能，是一种态度训练，而不是知识训练或技巧训练。教练的使命是帮助被教练者明晰目标，激发潜能，发现更多的可能性，充分利用可用的资源，以最佳的状态来达成目标。教练会协助做出最佳的选择，会推动被教练者的行动，会和被教练者一起评估效果，调整策略。

教练解决的问题主要包括：①帮助被教练者洞悉自我，掌握自己的心态，理清自己的状态与情绪，使被教练者及时调整心态，认清自我，以最佳的状态去创造成果；②帮助企业中所有的个人懂得如何学习及如何为自己思考问题；③帮助管理者学会如何运用教练技术；④帮助领导者懂得如何创建学习型组织。

教练培训适用的员工类型：①希望提高工作绩效，使工作更有效率，向往成功的人；②希望生活发生改变，但尚没有方向、目标和手段的人；③长期处于工作压力下生活的人。

在传统的培训中，培训师以指令为主，喜欢给出建议，注重解决短期内出现的问题。教练则是以人为本，着重于激发潜能，让被教练者发挥积极性，找到最适合自己的方法，有效而快捷地达到目的。教练将帮助被教练者打破思维定式，重新审视周边的环境，并协助他们制定清晰的行动计划。如果被教练者还不清楚目标是什么，专业教练将与他们一起把目标找出来，并设立非常明确的步骤去达成结果。被教练者将从教练那里得到鼓励，设立目标，追求他们的理想。教练通过巧妙而适当的发出挑战，激励被教练者的求胜欲望。被教练者在追求理想遇到了困难时，可以从教练那里得到帮助；在迷茫不知所措时，可以请教练为他们分析形势，指出正确的方向。教练提供新的学习方法，以帮助他们更快掌握知识，同时允许他们决定选择什么方法来学习。在这种培训方式中，教练需要通过精巧细致的培训策略和富有魅力的人际交流技巧，在自己和被教练者之间建立良好的伙伴关系，相互信任，以便开展工作。

6.2.4 终身教育理论

终身教育理论的基本观点是：将人的一生分为两部分，前半部分用于学习，后半部分用于工作是毫无科学根据的；教育应当是一个人从生到死持续着的过程；为此要实现教育的一体化，即从纵的方面寻求教育的连续性，从横的方面寻求教育的统合(沟通融合)；今后的教育应当在每个人需要的时候随时为其提供必需的知识和技能，这就要求建立一体化的教育体系。

由此，教育改革的目标，首先是组织适当的结构和采取适当的方法帮助人在其一生中保持学习和训练的连续性，同时使每个人通过多种形式的自我教育，真正和充分的发展自我。这也是终身教育的总的概念和范畴。

终身教育的特点如下。

① 终身性。这是终身教育最大的特征。它突破了正规学校的框架，把教育看成是个人一生中连续不断的学习过程，是人们在一生中所受到的各种培养的总和，实现了从学前期到老年期的整个教育过程的统一。既包括正规教育，又包括非正规教育，它包括了教育体系的各个阶段和各种形式。

② 全民性。终身教育的全民性，是指接受终身教育的人包括所有的人，无论男女老幼、贫富差别、种族性别。联合国教科文组织汉堡教育研究员达贝提出终身教育具有民主化的特色，反对教育为所谓的精英服务，应该使具有多种能力的一般民众能平等获得教育机会。而事实上，当今社会中的每一个人，都要学会生存，而要学会生存就离不开终身教育，因为生存发展是时代的主流，会生存必须会学习，这是现代社会给每个人提出的新课题。

③ 广泛性。终身教育既包括家庭教育、学校教育，也包括社会教育。可以这么说，它包括人的各个阶段，是一切时间、一切地点、一切场合和一切方面的教育。终身教育扩大了学习天地，为整个教育事业注入了新的活力。

④ 灵活性和实用性。终身教育具有灵活性，表现在任何需要学习的人，可以随时随地接受任何形式的教育。学习的时间、地点、内容、方式均由个人决定，人们可以根据自己的特点和需要选择最适合自己的学习。

6.2.5 三维学习立方体

欧洲学者费奥和博迈森提出了学习立方体模型，如图 6.4 所示。

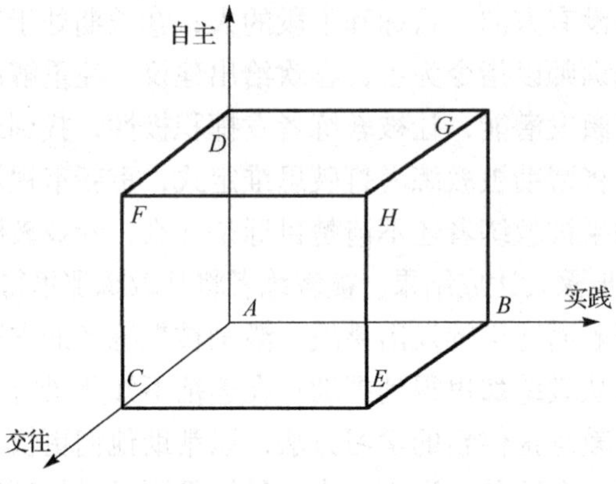

图 6.4 学习立方体模型

这个模型是三维的，有三个轴。横轴为实践性。沿此轴越近原点（*A*），则学习的内容越抽象化、概念化和理论化；反之，离原点越远，则学习内容越具体化、可操作化、越应用导向化。纵轴为交往性。沿此轴越近原点（*A*），则学习越是个人独自进行、与同事、同学间隔离的；反之，离原点越远，则学习中相互交往讨论越多，采用的不外乎是以小组或是全班的形式。立轴为自主性。沿此轴越近原点（*A*），学习越是在教师严密监控与指导下进行的；反之，离原点越远，则无教师乃至书本指导而由学生自己去独立摸索。

从实践性、交流性与自主性三方面分析，寻找有效的管理教学方法。在企业开展培训和开发活动中，多以 *H* 点学习模型为主。在培训过程中应让学员有更多的参与，企业培训必须强调实践性，使学员在接受培训后能较快地将所学到的知识技能运用到工作中去。

在此三维模型中的立方体，其八个节点分别代表着一种典型的教与学的模式，其中最值得注意的是位于坐标原点的 *A* 及与之沿立方体对角线相对的另一顶点 *H*，如表 6.3 所示。

表 6.3 三维学习立体模型分析

结 点	特 征			举 例
	实 践	交 往	自 由	
A	低	低	低	教师（主管）讲授
B	高	低	低	教师（主管）帮助设计
C	低	高	低	教师（主管）与员工探讨
D	低	低	高	员工自行研究
E	高	高	低	教师（主管）与员工共同设计
F	低	高	高	员工之间探讨

G	高	低	高	员工自行设计
H	高	高	高	员工共同设计

A 模式的特征是结构式课堂讲授，即教师系统而有条理的讲解理论，学生听、记。

H 模式则相反，学习内容是某种实践性很强的技巧，教师不参与或退居幕后，由学生相互切磋讨论。

三维学习立方体模型可以检验一种学习方法是否有效，具有以下几个作用：①开拓企业培训方式设计思路；②设计合适的培训方式；③达到企业员工培训的效果。

不过由于管理者的具体情况不同，学习人员的素质差异，教学和培训的内容不一，很难说明哪种模式最有效，只能根据具体情况找出最适合的模式。例如，A 模式在传授知识上效率甚高，而 C 模式则更利于学员能力的培养。

应根据教学目的、内容、学生条件等具体情况，也不排除采用几个典型模型的混合运用的可能。这个模型重要的地方在于它给我们提供了一个探索的方法，能让人们从中学会根据自己的逻辑与现状独立地解决问题并做出决策。

6.2.6 员工培训模式

(1)系统型培训模式

系统型培训模式是指通过一系列符合逻辑的步骤，有计划的实施培训。是目前国内组织有意无意采纳最多应用最为广泛的培训模式。系统型培训模式的步骤如图 6.5 所示。

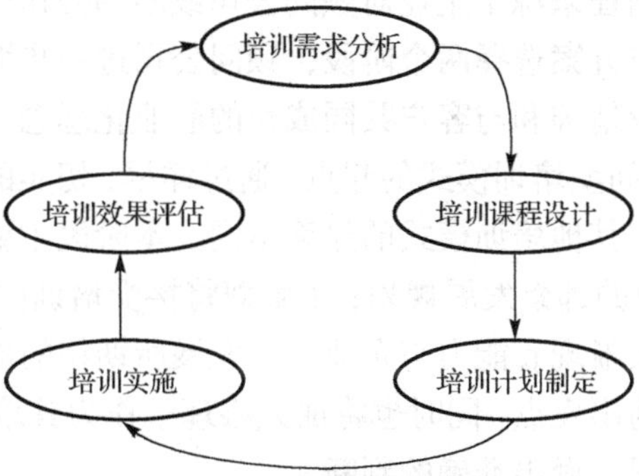

图 6.5 系统培训模式

系统型培训模式是在对个人或组织的培训需要和培训过程进行全面调查的基础上提出来的，具有两个典型的特征：①培训应被看作一系列连贯的步骤；②培训需求的确定可以在一个适当的阶段引入到培训循环中。

系统培训模式的价值在于，它确实使培训师认识到有结构、有规则的从事培训的重要意义，最重要的是它强调了对培训活动实行有效评价的地位，以及它可以带给培训过程其他环节的益处。

系统型培训模式的出现和广泛运用，是培训理论发展的一个重要里程碑，为培训管理者在组织内部建立规范的培训运作体系提供了工具，对组织内部的培训文化的发展起到较大的促进作用。

(2)顾问型培训模式

顾问型培训模式是指运用咨询诊断的专业知识和方法，在深入调研与分析的基础上，为企业量身定做的培训课程，并协助企业系统跟踪、成果转化。这种培训模式之所以受到关注，原因是它提供了较有价值的培训管理解决方案。顾问型培训模式能够深入企业的独特实践，帮助企业强化培训的内容，将其转化为执行力，增强培训的效果转化。这一方案对于培训管理者最具吸引力的一点是它为培训管理者扮演组织战略促进者时所要实行的培训支援的职能提供了方法，如图 6.6 所示。

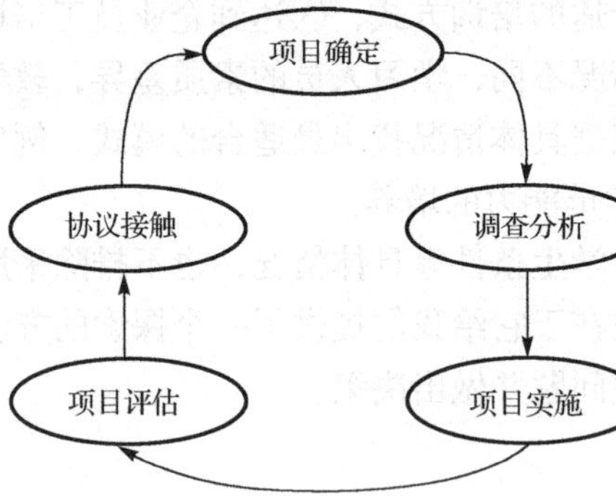

图 6.6　顾问型培训模式

顾问型培训模式的特点如下。

① 信任是顾问型培训模式的基础。客户提出培训需求的前提是客户对顾问公司或培训公司有极大的信任。这种信任来源于企业对顾问公司或培训公司的专业能力及品格的信任。同时，经过意向洽谈和项目方案选择两个阶段，顾问公司进一步取得客户对公司团队品格的认同，特别是顾问公司敬业精神和与客户共同成长的职业化理念。

② 企业调研是整个顾问型培训模式的起点。通过详尽、切实的调查反映客户的实际个性需求，是顾问型培训模式与其他培训模式的显著不同。本阶段主要目标是把握客户公司的现状、问题与问题根源及企业的远景发展规划；了解即将接受培训的学习者的现有能力、性格、心理状态、学习能力等；明晰现有能力与企业远景发展所期望的能力的差异。顾问型培训模式不仅以企业的实际情况为出发点，同时也将成人心理学作为其培训的深厚基石，只有这样，才能全面地了解学员的状况，做出准确的判断。

③ 客制化的课程设计是顾问型培训模式的亮点。顾问型培训模式决定的该次培训所使用的课程和教材，都是为客户量体裁衣度身订制的，也就是所谓的设计客制化的培训课程。课程设计采用指导性设计过程，指导性设计过程是开发培训项目的系统方法，包括需求评估、确保雇员做好受训准备、营造学习环境、确保培训成果在工作中的应用、选择培训方法、进行项目培训等六个步骤。

④ 针对性培训是顾问型培训模式的高潮。培训过程中，培训师的精心选择，培训教材的针对性，培训过程的把控，以及培训中大量的结合企业现状的案例等，是培训效果的保证。这个过程，是整个顾问型培训模式的高潮。

⑤ 后续跟踪评估是顾问型培训模式的尾声。柯克帕特里克的四级评估模型是目前国内外运用得最为广泛的培训评估方法，主要是分为四个递进的层次——反应、知识、行为和效果。一般的公开课类型的培训的评估仅仅停留在第一、二个层面的评估上，如针对培训内容、培训师的授课、场地设施及通过考试等方式考察学员对原理、事实、技术和技能的

掌握情况。

顾问型培训模式也包含第一、第二层面的评估，这种评估一般是在培训结束后马上进行。除此之外，顾问型培训模式还会让学员制定行动计划，在随后的一到三个月中跟踪学员在工作场所中运用培训所学内容的情况，并对这些情况进行统计，同时为企业的后续培训提出建议和咨询，此时的培训评估实际上已经达到了第三、第四层面的评估。这一过程可以看作是培训的“售后服务”，咨询的过程又是一个培训的过程。

从一般意义上来讲，顾问型培训模式就是在培训中做顾问，在顾问中做培训。顾问公司或培训公司作为外部顾问介入企业内部，了解企业的实际情况，与企业商讨他们存在的问题、原因，进行培训需求、企业运营及受训人员状况的调研，更深层次地了解客户，对现阶段该企业的现状有较为全面的了解，由此确定的培训内容是完全按照该企业的个性问题设计的针对性培训提纲。运用鲜明的案例，对在培训时注重解决哪些问题，客户的疑惑在哪里、方案有哪些、可能有哪些困难等等，做到了如指掌。与公开课等短期培训不同，顾问型培训模式往往经历一个相对而言较长的时间，会比较重视后续的追踪活动。顾问型培训模式能充分利用组织内外顾问的优势，使组织获得较大的收益，能够给组织一定的灵活度，同时也更能满足学习者和组织的个性需求。因此，顾问型培训模式作为一种注重实效的培训模式，会越来越得到企业的青睐并最终取代传统培训。

(3) ST 型培训模式(螺旋培训发展模式)

ST 型培训模式(螺旋培训发展模式)是以企业战略和目标为基础和导向，结合影响企业的内外环境因素和员工个人职业生涯规划，以“全程评估”贯穿螺旋上升的各个流程环节的培训模式。ST 型培训模式如图 6.7 所示。

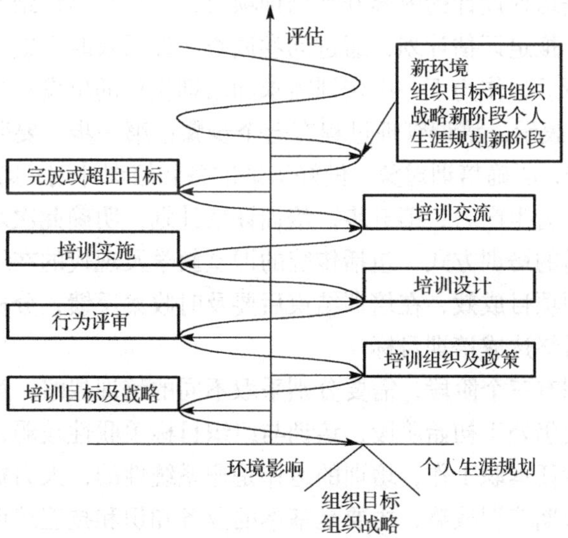

图 6.7　ST 型培训模式

这种培训模式具有以下特点：使培训与发展的关系体现得更加形象化；培训模式本身具有很强的自我更新能力，评估成为整个培训循环的核心环节；更加强调了培训循环的系统性和连贯性并使之保持持续化发展的方向；进一步强调了“供应为先”的内部市场观念，为学员参加培训创造更加自由的选择空间；培训实施与战略促进同时得到体现并保持一脉相承的关系；更加强调了对组织环境因素影响的重视；更加强调了组织中个人目标的实现和通过培训的促进；对能否适应组织形态的发展要求做了充分的考虑；更加注重了对培训信息管理的强调，在此模式中增加了“培训交流”的内容。

ST型培训模式相对于原有的其他几种模式更加强调了在不同环境、不同的组织目标和不同的个人目标阶段将出现不同的培训目标和培训战略，培训组织也同时要根据这些因素进行调整才能够保障不同的培训目标的实现。

具有上述优越性的同时，ST型培训模式也难免有一些局限性。虽然它是建立在对学习型组织的研究基础上的，但是它忽略了培训中改善员工心智模式、团体学习等内容，关于系统思考的应用还是局限在培训工作本身之中。

6.3 培训管理

6.3.1 培训管理的含义及过程

培训管理包括培训战略管理、资源管理、运营管理和行政管理。培训战略管理涵盖企业家培养、管理人员培养、推动组织变革、建设企业文化、培养核心技术及制定培训政策等。

兰迪·L·德西蒙等人把培训管理分成四个阶段：首先是培训需求评估阶段，在培训开始前，需要对培训的需求进行详细的调研，依据马斯洛需求层次理论将需求分级，确定组织对培训的期望；其次是培训设计阶段，需要确定培训目标和培训对象，并针对目标制定培训计划、开发培训课程、收集培训素材、选择培训方式、建设培训师资队伍等；然后是培训的实施阶段，主要是依据培训设计的内容开展培训项目；最后是培训结果评估阶段，依据培训目标来制定评估标准，拟定评估计划，通过问卷调查、课后及时反馈、专家评定等方式得到评估结果，在经过分析后，作为下一次培训需求和培训设计的出发点。

雷蒙德·A·诺伊表示，培训管理过程有七个步骤：第一步，要明确培训的目标，做好培训需求分析；第二步，明确培训对象，做好培训准备和培训计划；第三步，营造培训环境；第四步，转化培训成果为生产力；第五步，培训评估计划，明确此次培训需要达成的预期结果；第六步，选择合适的培训方式，包括传统的课堂教学及现代的在线培训、视频教学等方式；第七步，评估培训项目成效，在培训结束后要及时收集反馈，分析此次培训项目的效果及需要改进的地方，最终达成培训目标。

阿施里德认为培训有三个阶段，需要分别采取不同的培训战略：第一个阶段关注基层员工，公司现阶段的发展仍处于初始阶段，培训与组织目标关联性较弱，公司组织培训主要是为了让基层员工能够胜任本职工作，培训的运作是非系统性的，人力资源部门是培训组织的主角，这时候应采取短期培训战略，主要是基本的业务知识和技能培训；第二阶段关注中层管理者，这个阶段培训与公司需求相结合，也与评估体系相联系。这时的培训不仅要强调基础知识，还要强调技能性的培训内容。中层管理者成为此时的培训发起人，他们将培训需求传递给人力资源部，并进行在职辅导。由于中层管理者更了解培训需求和培训内容，他们的参与能够为基层员工设计合适的培训课程，这样也减轻了人力资源的负担；第三个阶段重视整个组织。这个阶段的培训与组织战略和个人目标联系紧密，培训发展和个人生涯发展被看成是组织发展的必要条件。公司更关心员工个人的职业发展，专家的培训内容涉及知识结构、技能水平、价值观等各个方面。这时培训的重点是整个组织，公司培训将形成一个员工主动学习的良性生态圈，员工能够自发地学习，自行选择培训课程，公司更加重视培训的评估与培训活动的效果。

6.3.2 培训的组织方式

① 从培训资源的维度上看，培训可以分为内部培训和外部培训。

现代企业大多通过内、外部培训相结合的方式来实现培训战略。内部培训是指企业为提高员工的知识水平、技能素质和工作效率，以自身力量通过各种方式、手段开展的有计划的培育和训练等活动。内部培训是培训体系中最重要的组成部分，是培训的基石和不可再生力量，在企业中起着非常重要的作用。内部培训师是企业内的老师，是一个对企业最认同，最拥护的群体，他们将企业精神融入课程，讲解知识，传授技能，为员工解答各类疑难问题。

内部培训通常结合企业自身的实际情况，有针对性地选择培训项目和课程。例如新员工入职培训、员工岗前培训，或根据实际工作中所遇到的难题、技能上的不足从而进行的有针对性的培训，为企业带来直接的绩效和利润。相比于传统的学历制教育而言，企业内部培训具有更强的灵活性和可行性。企业熟知自身的实际情况，清楚企业内部需要的人才，根据实际需求进行更有针对性的内部培训，可以统一员工的思想和观念，增强企业的凝聚力，提高公司的管理水平。

在开展内部培训时应注意以下几点：

a．培训专题的设计。一定要有十分明确的目标——到底要解决企业的哪些问题，而不要把精力放在专题结构上；

b．要用企业自己的教材。企业运作的内容、经营管理体系文件、存在的问题、典型的案例等，都是现成的教材，整理成教案，就可以授课。这样，不论是管理培训或车间操作培训，都能起到“作业指导”的作用。这样的培训，既学到了知识，又提高了执行力。内部培训要拿出企业自己的东西才有指导意义。

c．授课时，要以内部案例“说事”。内部培训要深入到企业中去，收集、整理现成的案例，课堂上信手拈来，这样更能提高吸引力。

d．课程要与企业的经营目标、工作计划、工作重点保持一致。企业都有自己明确的经营目标、工作计划和不同阶段的工作重点。企业的培训计划，也要与计划目标保持一致，要有“一盘棋”意识。

内部培训虽然能够满足企业大部分的培训需求，然而企业仍有必要进行一定的外部培训。外部培训，是指管理咨询公司、管理学院等的培训课程。参加这种培训的学员来自不同行业、企业，培训内容强调专业性、完整性，偏重于理论分析。外部培训具有以下几个特点：a．可以带来许多全新的理念；b．对学员有较大的吸引力；c．可以从第三方的角度揭示企业的一些敏感问题。

具体开展外部培训的方式，企业可以与高等院校合作来为员工提供基础知识培训，并与学校合作建立实验项目，为学生提供更多的实习机会，一方面解决了学生社会实践的问题，另一方面也缩短了人才培养的周期，节省了企业的培训成本。另外，企业还可以聘请高等学校的老师，为员工提供在职继续教育，或者联系第三方机构，把企业开发培训课程、实施培训等活动外包给专业的培训公司，并聘请培训公司的专业讲师组织员工培训。

② 从培训周期的维度上看，我们又可以将培训的方式分为长期培训和短期培训。

短期培训是企业通过短时间的补习与训练以促进经营发展的一种有效手段，包括短期的岗前培训、新技术的学习、新产品的维护等，这种培训的方式一个鲜明特点是现在导向，且专业性、针对性较强，急用先学，立竿见影，具有投资少，周期短，见效快，近期效益突出的优势。短期培训的内容一般针对性较强。短期培训的内容大部分是随着生产急需而设置的。例如，为改善组织经济技术指标急需掌握的知识和技能；为产品创优，产品开发应急需掌握的知识和技能；为掌握组织已决定采用的新工艺、新技术、新设备所急需的知识和技能；为强化组织内部运行机制急需掌握的管理工作的基本技能；为从事营销工作，学习市场营销的基本知识和技能等。

长期培训是把组织发展与个人发展相结合，有计划、有目的地对员工进行持续性的培训，把员工个人看成是企业组织中不可缺少的一部分，为组织发展提供源源不断的新鲜血液，也为个人的职业生涯发展提供了指导。长期培训不仅要与企业的长期规划相结合，还要与员工职业生涯规划相适应。员工对培训内容的选择、参与培训的热情、对培训效果的期望，都与其个人职业发展的规划息息相关。

这种培训一般都具有综合性和未来导向，所培训的内容涵盖理论、业务等多方面，培训的方法多采取全脱产类型下的进入大学深造、出国研修等，主要是提高培训对象的综合素质、学历水平、领导才能或业务技能。

长期培训的内容包括政治理论、生产技术、营销、文化科学知识、经营管理知识及组织文化等方面。由于培训的对象层次不同，培训的内容还应结合岗位目标来进行。例如：对生产技术人员，要进行专门技术和同行业技术信息的培训，以达到开发适销对路、技术含量高的新产品、精品、拳头产品；对营销人员进行产品定位、市场开发、促销等方面的培训，以培养其强烈的市场观念和竞争意识；对新进组织的员工，不仅要进行岗位基础知识和技能的培训，还要增加文化基础知识的培训，以提高他们的整体素质。

企业在进行长期的人才培养过程中还需要对员工进行约束，如可以通过绑定协议、退款合同或者股权激励等方式来保证人才长期培训的回报率。员工的长期培训投入较大、见效较慢，如果企业对员工缺乏约束则有可能在还没有获得回报时，便出现员工离职的情况，造成巨大损失。把长期培训与约束条件相结合，也能够帮助企业保留人才，使员工能够毫无顾虑地为企业打拼。当企业面临经济危机、结构调整、业务转型、环境变化等不良因素时，则可以适当地加入一些成本低、耗时短、见效快的短期培训课程，使得企业能够在逆境中生存并发展。

③ 从培训手段的维度上看，我们可以将培训的分为传统的课堂培训、案例教学、场景模拟、启发式教学、头脑风暴等。随着现代化技术的发展，诸如网络学习、直播教学、数字图书馆等新型的电子化培训方式，既能够降低企业的培训成本、节省时间，又能够使员工主动的学习，提高学习的效率。因此，现在我国的很多企业也都开始尝试现代化的培训模式。各种培训方式的适用范围如表 6.4 所示。

表 6.4　各种培训方式的适用范围

培训方式	适用范围
课堂讲授	① 适用于一些理念性、原理性知识的培训 ② 适用于企业介绍、企业文化等入门培训活动

现场培训	① 适用于新员工培训 ② 适用于引进新技术或新设备时的培训
岗位模拟	① 适用于经管类岗位，尤其是财务岗位的培训 ② 适用于技术实操类岗位培训

续表

培训手段	适用范围
远程培训	① 适用于拥有较多分支机构的大企业 ② 适用于企业介绍、管理培训、生产培训等各类培训活动
企业导师制	① 适用于新员工入职前的培训 ② 适用于骨干核心员工的培训
企业商学院	① 适用于规模较大的企业 ② 适用于企业介绍、管理培训、生产培训等各类培训活动
户外拓展训练	① 适用于一些员工思维改善、能力提升等项目 ② 适用于培养团队合作精神
沙盘模拟	① 适用于规模较大的企业 ② 适用于企业经营管理培训活动
E-Learning	① 适用于一些具有较多分支机构的企业 ② 适用于企业介绍、管理培训、生产培训等各类培训活动

6.3.3 跨国公司的培训管理

随着经济全球化的深入，跨国公司几乎进入世界的每一个角落，企业要想获得长远的发展，必须加入到全球化的浪潮中，积极地开展全球化经营，提高自主创新的能力，通过全球竞争机制来激发企业的活力与潜力。在全球化的进程中，企业必然要不断完善和优化自己的管理体系，并培育优秀的企业文化，提高自身竞争力。

很多跨国公司都具备良好的培训文化，并重视企业内部的培养与员工的晋升。随着技术的不断革新，跨国公司在培训管理过程中越来越多地使用新的技术和手段，课堂培训已经不再是企业组织培训的主流方式。跨国公司通过推行新的培训方法和高效的工作实践，例如员工在职进修、考取专业认证、在线学习、股权激励机制、交换学习和工作等，既增加了公司的知名度又提高了员工的满意度和归属感。

(1)对来自母国的管理人员的培训

从母国挑选的海外管理人员一般在国内工作较为出色，而且选用他们也具备相当的优势。例如，他们有尽忠于本企业的精神。在发生冲突时，其民族主义倾向能促使他们将本国利益放在第一位，亦利于加强母公司对子公司的控制等。但在海外任职往往要求他们具备更全面、更特殊的知识和技能，因此，跨国企业必须对这类人员进行有针对性的培训。

①在培训形式上跨国公司针对外派管理人员制定的培训计划主要有外部培训、内部培训和在职培训三种形式。

外部培训计划不是由某个跨国公司制定的，而是由独立的培训机构针对跨国公司的某一类管理人员设计的。例如工商管理学院开设的国际管理课程，专业化培训公司提供的沟通技能和人际关系技能培训等。这类培训计划往往邀请有经验的或在某个领域著名的专家授课，让学员从别人的经验中得到借鉴，或了解某些领域的最新发展。许多跨国公司喜欢把管理人员送到东道国接受培训，这样做可以使得管理人员在感受到工作压力之前，已经亲身经历了文化差异的影响。

内部培训计划一般是根据跨国公司自己的需要制定而成的。这种培训的效果通常较为直接和明显。培训计划的内容可以根据公司遇到的不同问题灵活地进行改变。现在许多知名的跨国公司都设立自己的公司大学，这是一种典型的内部培训方式。公司大学的主要任务是培训公司内部的管理人员等骨干力量。因此这些外派的管理人员可以去公司大学进行培训，培训计划也可以根据受训人员需要灵活设计。例如，在出国前准备阶段，可请一位熟悉两国文化的人担任培训人员，了解所在区域的环境因素，并对当地特有的管理问题进行探讨，为受训人员到任后有效地建立工作关系打好基础。在职培训也是跨国公司内部设置的一种培训，培训对象是具有特殊工作需要的个别管理者，在职培训强调实践性，由有经验的上级监督培训对象在实际工作中的表现。由于在职培训可以在工作中进行，时间约束性小，更适合于文化差异的调节。

值得注意的是，跨国公司任命母国人员去海外工作遇到的最大问题是由他们的家属引起的。即使管理人员本人能适应并喜欢在海外工作和生活，其家属却并不一定如此。如果其家属不乐意，会带来一系列麻烦问题。例如，管理人员不安心海外工作、家庭破裂等。于是在海外管理人员派往海外任职之前，很多公司都要努力估计管理人员的家属是否能适应在国外的环境生活。因此，跨国公司在制订培训计划时，除了考虑培训计划的目标、课程的组织及其内容之外，还要帮助返回母国的管理人员及其家属重新调整回国后的职业与个人生活。例如，在道化学公司，海外任职者的部门领导要给其一封信，说明该海外分支机构保证其在返回时至少能得到与其离开总部时同级的工作。在外派管理人员计划返回母国之前，其新工作就由其指导员给安排稳妥。这样可解除外派管理人员的后顾之忧，增强他们的职业安全感。

② 在培训内容上，跨国公司不仅注重课程内容的权威性、时效性，而且会按需制定相应培养方案和课程设计。

进行文化差异性培训。派往国外的管理人员要在东道国陌生的环境中重新建立工作关系和社会关系，必须了解东道国特有的文化及这种文化对当地人员产生的影响。研究表明，在不同文化背景下，管理人员的行为具有不同特征。例如，在管理风格上，美国企业的管理人员较为民主，鼓励参与，日本企业的管理人员则习惯于集权；在财务决策上，发达国家的管理人员偏爱高风险、高收益的策略，发展中国家的管理人员则奉行较为保守的原则；在处理事情时，西方发达国家管理人员比较讲究原则，亚洲许多国家的管理人员比较讲究交情等。许多特征在一定程度上反映出文化差异对工作带来的影响。因此，外派管理人员只有尽快适应东道国文化环境，才能与当地管理人员建立良好工作关系，保证管理工作的顺利开展与进行。

进行文化敏感性培训。提高雇员文化敏感性的培训一方面能使雇员对自己的文化属性和环境做到自觉和自知；另一方面，这种培训还能提高管理人员对异国文化在知识和情感上的反应能力。获得文化敏感性最有效的方法来自一个人在国外环境中的生活或工作经历。

文化敏感性培训有两个主要内容：一是系统培训有关母国文化的主要特点；二是培训外派管理人员对东道国文化特征的理性和感性分析能力，掌握东道国文化的精髓。实践证明，较为完善的文化敏感性培训可以在较大程度上代替实际的国外生活体验，使外派管理人员在心理上和应付不同文化冲击的手段上做好准备，减轻他们在东道国不同文化环境中的苦恼、不适应或挫败感。

目前许多大型跨国公司采用课堂教育、环境模拟、文化研讨会、外语培训等多种方式对他们进行系统的文化敏感性培训。系统的文化敏感性虽然可以提高学员对东道国文化的敏感性和适应能力，但并不能保证他们能够在东道国有效应付不同文化的各种冲击。因此，外派管理人员必须学会以尊重和接受的态度对待异国文化。切忌用本国文化标准随便批评异国文化，更不能把本国的文化标准强加于东道国公民，即应努力做到克服自我参照习惯的干扰。在遇到挫折时，要善于忍耐和克制自己，把自己当作东道国文化的承受者，灵活地处理因文化差异产生的各种摩擦和冲突，在建立良好工作关系和生活关系的过程中增强对不同文化的适应能力。

对于这种外派人员的培训通常在两个阶段上展开，上述所言及的是派出前的准备培训，第二阶段是现场指导，即外派管理人员在海外上任后，企业总部及当地的辅导者要对他们给予支持。在海外子公司是已存企业的情况下，前任者通常要给接任者进行几个月的指导。

此外，需引起注意的是，为了留住人才，让有能力的人安心工作，一些企业还对海外离任回国人员进行回国培训，以帮助他们减轻反向文化冲击，重新适应母国的企业文化，寻求进一步的发展。

(2)对东道国员工的培训

在培训方法上必须符合当地员工的实际需求，适应当地的文化和知识水平。跨国企业国际人力资源管理部门必须选择当地雇员所接受的方式进行培训。例如，在中国，可以对员工采用传统的“讲课加考试”这种被动式的培训方法，但是在发达国家中，这种被动式培训方法是不为员工所接受的，而且不能够达成培训的目标。所以在发达国家对雇员进行培训，想要达成培训目标，就需要采用主动式的学习方法，如在职培训、进修学习、职务外培训等。

培训即管理——知名企业如何通过培训实现“人本投资”

6.3.4 人力资源培训和开发专业人员的主要工作范畴

① 需求的分析和诊断。设计问卷，进行需求分析，并且对反馈进行评估等。

② 确立合适的培训方法。对可供选择的准备好的课程和材料进行评估，运用计划说明书、录像带、电脑和其他结构化的技术。

③ 方案的设计和开发。设计培训方案的内容和结构，运用学习理论，建立目标，评估和选择有指导性的方法。

④ 开发材料来源渠道。准备好讲稿、幻灯片、指导手册、复印材料、学习计划和其他教学材料。

⑤ 管理内部资源。获得和评估内部指导者/项目培训人员，训练其他人如何培训、如何管理他们的工作。

⑥ 管理外部资源。联络、管理和评估外部培训师及外部顾问。

⑦ 个人发展规划和辅导。对个人职业发展需求和计划进行辅导，整理和保存他们参与项目的记录，管理学费，建立培训资料库。

⑧ 工作/业绩相关的培训。进行在岗培训和开发时，协助管理者和其他人分析工作所需要的技能和知识，确定绩效问题。

⑨ 指导课堂培训。指导项目、做好项目的后勤保障、操作可视设备、授课、讨论，同时在反馈的基础上修订材料。

⑩ 团队和组织开发。运用诸如团队建设，内部组织会议，行为模型化，角色扮演，情景

模拟，讨论，案例等技术。

⑪ 培训研究。提出并理解关于培训的统计量和数据，并通过报告，计划，演讲和文章与下属沟通，做好数据收集工作。

⑫ 管理者和员工的关系。建立和保持管理者和员工之间的良好关系，对他们进行指导，并推荐他们进行培训和开发。

⑬ 管理培训和开发的过程。准备资金、组织者、员工，制定正式的计划说明书，记录成本信息，管理其他人的工作，计划未来的需求等。

⑭ 自我职业开发。参加会议，跟上先进的培训与开发理念和技术以及先进的组织活动。

6.4 现代培训与开发的发展趋势

6.4.1 培训目的演变为对组织人和现代人的塑造

企业培训目的已从主要使员工适应当前工作需要逐渐演变为对“组织人”和“现代人”的塑造，企业以往的员工培训主要是为了使人更好地适应机器，提高工作效率，而现代企业管理的发展使人们逐渐认识到人力资源是管理的核心，企业发展首先依赖于人的综合素质的提高，这不仅需要员工掌握现代知识技能，更要有现代人的意识与适应能力，并形成共同的价值观，即通过培训塑造“企业人”“公司人”“现代人”。为了激励员工、稳定队伍，培训既要考虑企业发展的需要，又要考虑员工个人发展的需要，与他们的个人职业生涯规划结合起来，满足企业经营发展与员工个人成长两个需要。

以往员工培训主要考虑企业当前的工作需要，开展得几乎都是单纯的岗前技能培训，注重知识、技能方面的提高或补充。随着科技革命带来的生产力和生产方式的大变革，社会主义市场经济、现代企业制度的逐步推进，企业步入了高科技化、国际化、竞争化的新时代，需要员工培训更具战略性，不仅着眼于员工知识与技能方面的补充或提高，而且要培养企业文化与企业精神，培训员工的新观念和良好的工作作风，让他们掌握市场竞争、国际交往的知识和能力，保证企业经营和个人发展同时进行。

现在的培训不再纯粹地针对技术人员，而更多的是针对中、高层管理人员。因为越来越多的大型企业的破产与倒闭使大家明白这样一个道理：当今的企业运营不再是资金与技术就能解决的，没有良好的科学管理，企业的失败是注定的。所以，优秀的管理人才成为炙手可热的抢夺对象，同时管理人员的培训也成为新的管理理念的内容之一。

6.4.2 企业逐步演变成“学习型企业”

从 20 世纪 80 年代开始，在企业界和管理思想界，出现了推广和研究学习型企业的热潮，并逐渐风靡全球。美国的杜邦、英特尔、苹果、联邦快递等世界一流企业，纷纷向学习型企业改进。初步统计，美国排名前 25 名的企业，已有 20 家按照学习型企业的模式改进自己。在我国，建立学习型企业也是当前管理界和企业界共同的认识和关注的焦点。可见学习型企业已成为组织和管理理论与实践的一个中心议题，所以今后的培训将从一般意义上的员工培训发展为整个企业层面上的学习。

成功的企业将培训和教育作为企业不断获得效益的源泉。“学习型企业”的最大特点是：

崇尚知识和技能，倡导理性思维和合作精神，鼓励劳资双方通过素质的提高，来确保企业的不断发展。这种学习型企业与一般企业的最大区别在于，永不满足地提高产品和服务的质量，使企业不断学习进取和创新，进而改变原先通过行政措施来提高效率的做法。

这中间，另外一个为人所关注的就是知识管理。随着新技术的发展，施乐等公司提出了知识管理的概念，即公司通过各种方式把员工的知识转变为公司的共享资产，这也为公司的培训部门增加了新的职能。惠普公司有个内部咨询小组，为各业务部门提供咨询服务，它负责收集各种以往的案例和各种最佳练习，把他们收进公司的网址内。一名经理很容易就知道公司内其他部门有没有做过某类事，以及是怎么做的。

微软公司总裁提出“知识工人”的概念，这是面对信息社会企业员工所必须具备的素质条件，为此需要不断学习和培训来帮助员工获得新知识。“学习型企业”的提出，反映了社会的需求和趋势，将使企业员工的培训和教育带来革命性变化，其意义是非常深远的。

6.4.3 培训的方式越来越灵活多样

企业员工培训的方式越来越灵活多样，越来越呈现高科技和高投入的趋势。在传统的以讲授为主的培训中，培训工具十分简单，一间教室、一张黑板、一本教材，培训方式主要是课堂教学及车间实习、师傅带徒弟。这种培训往往易受时间、地点、人员方面的限制，难以收到良好的培训效果。而现代的培训工具则最大限度地把高科技产品应用于培训工作中，利用高科技来丰富培训手段和提高培训质量，是近年来国际上兴起的企业培训的潮流。现代企业采用了更加灵活多样的方式，并引入了许多现代化的方法与手段，如视听教学、模拟演习、研修讨论、职务轮换、自我测评、基层锻炼、挂职锻炼、游戏、电脑化培训、互联网培训、情景模拟、行为模拟等，使培训更加吸引人，效果也更好。技术创新使员工获得新知识和新技术的速度大大加快，使企业可以迅速适应市场的快速变化。

在新的培训方式中，培训对象在培训时间、地点、进度、途径及培训内容方面的自我控制程度都大大提高了，使自我方向和行为控制形式的个性化培训成为可能。同时，新技术的使用能提供更多的实践与交流机会，并能及时反馈信息，缩小培训环境与工作环境的差异，以提高培训效果转化率。

但是新技术、新方式的使用并不是意味着传统方法的终结。相比较起来，信息技术下的新的培训方式需要购买大量设备及软硬件，成本较高。对于资金紧张，信息化程度低，员工多且集中的劳动密集型企业，传统培训方式可能更适合。

6.4.4 培训进入 3.0 时代

成人学习本来就是目的性极强的活动，所以，培训不应该去灌输知识，而应该制造“搜索知识的动机”。通过打造“人才折腾体系”，让员工形成强烈的学习动机，自我构建自己需要的知识体系。HR 们应该观察到，在互联网时代，培训的功能已经开始快速迭代，企业需要的“培训模块”已然是一个新的存在。培训会发展到“实景模拟”，即培训的情景与实践高度接轨，此时，培训的效果是不需要评估的，这可以叫“新培训 1.0”。

而后，培训开始能够与实践融为一体，“战训结合”成为大趋势，不少企业用行动学习包裹战略解码，用培训执行战略，这可以叫做“新培训 2.0”。当前，企业已经开始将培训功能升级为打造“人才折腾体系”，全面加速知识的快速交互，全面强化企业的自我迭代能力，这可以叫做“新培训 3.0”。大家共同认为培训问题是当前的培训 HR 急需推动自身工作进入这个阶段，只有这样才能跟上企业进化的步伐，培训才会成为一项不可缺少的功能。“新培训 3.0”将培训产品化。也就是说，在云化的组织里，我们不能期待去强行规划和设计出知识交互的场景，而是应该用产品经理的视角将培训打造成产品，让员工作为用户爱上它。腾讯在这个方面是标杆，他们的培训产品就是在与用户的交互中产生的，用户的在线数据反馈成为他们迭代产品的素材。

6.4.5 培训与开发逐渐走向社会化、合作化

培训由一个企业内部用来提高员工素质的单一部门逐步走出大门而跨向社会。这是因为现代企业的许多要素，如管理、经营、销售，乃至文化理念，都有许多相通之处，这就为培训的社会化创造了基本条件。同时，现代社会的分工和信息交流的畅通，使得培训能以社会化的形式出现，通过培训产品的组合来满足各方面的需求。越来越多的企业通过与学校挂钩合作培训，如与技工学校、职业培训中心或高等学校签订培训承包协议，让员工进学校或学校派教师送教上门培训各类员工，其内容可以是一般知识性培训，也可以是针对特殊需要的专门培训。还有各种各样的成人教育，如夜大学、广播电视大学、函授、刊授等，也常被作为员工培训的手段。也有为了培养某类专门人才，企业选派员工到高等学校作定向的正规学制深造的形式。

在美国，近些年来，在职培训与正式课堂培训相结合的培训有不断增加的趋势。这样学生们既可选择从事技术工作也可选择大学教育。许多机构，包括凡尼梅公司、汉堡王公司、冠军国际公司、太平洋电话公司、克雷研究公司和越能人寿保险公司，均与大学建立了密切的联系，并向教育项目投入了上百万美元。还有一种合作方式，即实习计划，即大专院校和各类公司机构合作，为学生提供了接触社会的机会，帮助学生们了解如何在现实的机构内工作。学生们崭新的思想、旺盛的精力、对工作成果的强烈渴求同样使组织获益匪浅。亚利桑那州立大学，宾州大学及其他许多大学都支持学生们通过工作和完成实习计划获取学分。

6.4.6 注重适应企业的发展和国际化趋势

随着工业 4.0、中国制造 2015 的颁布，工业化、信息化、智能化时代的到来迫使企业必须努力完善自己的服务系统，扩大销售网络，积极开拓国外市场的同时，积极培训适应新常态和时代赋予的任务。在培训指导思想上，强调开阔员工的视野，着重开发员工独立工作能力。近年来，为适应国际化的发展，大企业着重培养“经济型”“未来型”和“国际型”人才，以迎接未来更加激烈的国际竞争。熟悉跨国公司的运作模式、管理方式及其业务流程，将成为企业员工培训的明确目标。

过去，跨国公司在对中国员工进行培训时，采用的往往是母国的培训体系和内容，有时会让员工感觉与中国实际相差太远。后来一些公司进行了改进，在中国的培训采用中国的案例和实践，而进一步的趋势将是既吸收国际化的优秀实践又结合当地的具体情况开展培训。另外，国际化要求经理人员了解和领悟各地的文化，能胜任全球范围的工作。带着这种观念，一些企业不惜重金开展驻外培训。如德国大众公司的驻外培训措施有：①加强对教师的国际化培训。目前，大众公司已有 60 名教师结束了在国外的工作和学习；②德国本部与海外公司

交流管理人员。根据这一计划，已有 400 多人签订了去海外公司工作的合同，同时，海外公司的管理人员也需到集团本部工作一段时间；③开展国际青年交流活动。与国外公司或高校签订交换学员培训、教师培训或专业培训的协议。这些国际化培训满足了企业对外拓展的需要，是企业跨国经营成功的基础。国际化员工素质的提高，促进了企业海外业务的发展。

总之，现代企业员工培训一方面呈现综合化、复合化、广泛化趋势，另一方面呈现专业化、精细化、高品质化趋势，而且企业培训本身向市场化、企业化、集团化和高科技化发展。

6.4.7 注重培训文化建设

美国培训与发展协会在 2001 年年会中率先提出了培训文化的概念,认为培训文化是企业在培训活动中逐步形成的关于培训职能的共同价值观、行为准则、基本信念及与之相应的制度载体的总称。是企业文化的重要组成部分，也是知识经济时代企业文化的重要特征之一。

培训文化在各阶段的主要表现有以下两点。

① 发展阶段。培训成为人力资源管理部门的重要职责，并被视为胜任工作的重要依据，培训管理职责和目标明确，以人力资源规划和员工需求为导向，培训工作有计划，系统性强；培训内容包罗面广，知识、技能和心态方面的培训能够有机融合；培训形式多样，注重培训对象的参与；重视培训信息的收集和整理，培训结束后会对培训效果进行评估；培训的参与者涵盖企业的大多数员工。

② 成熟阶段。培训的根本目的是实现企业战略目标，培训被视为组织发展与个人发展的有效途径，培训战略得以体现并能够不断调整；培训不再被认为只是人力资源管理部门的职责，也成为企业各部门乃至每一位员工的重要职责；培训对象在选择培训内容、形式、时间、地点等方面有很高的自由度；培训计划更强调系统性和成长性，建立了培训信息系统，强调契合培训需求和跟踪评估培训效果，培训结果不仅实现了培训对象满意，更推动了企业长足发展。

培训文化是衡量培训工作完整性的工具，更是考察组织中培训发展现状的重要标志。在企业中高层管理人员树立起现代培训理念之后，要把培训理念转化为实际行动并推行到整个企业中，让每一位员工都能有培训意识，使培训文化深入人心。

培训“黑洞”是如何形成的

讨论案例

京东：企业的成败大都是因为人

2010 年，京东商城董事局主席兼 CEO 刘强东做了一个决定：从这一年起，公司斥资 6000 万元，陆续将中高管送到学校里读 EMBA 课程。

到了 2011 年，刘强东表示自己仍不知道这个决定对公司的未来是对还是错，“至少在商学院读 EMBA 的两年里，我自己学到了很多的东西”。在他看来，京东商城的管理层多出身于基层，长于流程和细节把控，但对公司的管理和更宏观层面的判断和掌握有很多欠缺。“在这方面，他们一直只能靠个人的聪明领悟和摸索”。刘强东认为，随着京东商城的规模越来越大，这对公司来说会成为越来越危险的问题。因此，改变已迫在眉睫。

此前，刘强东自己就读的是中欧商学院 EMBA 班，该班的学费目前已涨到近 50 万元。

总计6000万元的成本，并不是刘强东担心的问题。他所担心的是这一批放出去学习的人或许会受到更多的诱惑，因为EMBA班里能够接触到更多的企业家，丰富的同学关系本身就是很多人就读的原因。为此，刘强东甚至做好30%管理层可能回不来的准备。

刘强东深知，企业的成功与失败大都是因为人。"我想不到第二个因素"，他说。

这正是京东商城目前面临的最大挑战。只要团队得力，刘强东甚至认为企业能解决所有的难题。在解决人的问题上，它的章法和策略至少可以用高效来评价。所谓章法和策略，无外乎人们所共知的三大环节：招人，培训，留人。但企业与企业的不同之处，恰恰在于舍得用多大的本钱来做这些事。招人，是京东商城现阶段面临的最大考验。公司的高速扩张，需要大量普通员工，主管人力资源的副总裁关有民今年接下的任务是：招收5000名新员工。明年，任务量翻倍还挡不住，要再招进12 000名。除了与其他公司相同的招聘渠道，京东商城欢迎自己的员工推荐亲戚、朋友、老乡到公司来工作。

"我们认为，员工如果对公司认可的话，他们的口碑传播比任何宣传都管用"，京东人力资源副总裁关有民说。而他的底气是，京东有足够的留人能力。

除普通员工之外，未来巨大的管理人员缺口也是京东商城必须解决的问题。在这方面，五年前刘强东一手打造的管培生项目已经在发挥作用。很难找到像京东这样看重应届高校毕业生的公司——年薪10万，有股权，前半年无任何工作任务。那么，到公司后做什么呢？就一件事：先接受培训。培训资源方面有外聘的讲师，还包括刘强东自己。培训结束后，管培生们开始在京东商城每个部门不断轮岗。轮岗结束后，他们可以忽略掉自己原来的专业，自由选择喜欢的岗位，半年后再进行第二次选择，工作满两年还可以进行第三次选择。刘强东不仅亲自上培训课，还带这些管培生在实际工作中摸爬滚打。"甚至坐在饭桌前该怎么做，怎么敬人家酒，这些基本的我都会跟他们讲。"目前，以往培养的管培生已经成为京东商城重要的管理力量。优秀的人才仅大学毕业4年就已经成为京东商城华中大区总经理。手机、小家电等4个年销售额超过20亿元的业务的总监也出身于管培生。2010年，当年招进的管培生已经达到101人，他们是从6000多应聘者当中层层选拔出来的。

除了管培生培训和高管EBMA培训，在京东商城内部，还有"站长培训计划"和"管理干部培训班"等项目。对于有升职潜力的员工，京东商城会把他们集中起来，进行三个月全脱产培训。"培训团队不是一朝一夕的事情，团队存在一天，你就要培训一天"，刘强东说。招人进门，择人培训，更关键的是要让这些公司已经付出心血的员工能够留得下来。京东商城在这方面愿意拿出超过行业平均水平的待遇。向员工赠送股权，是其一大特色。而赠送股权特点之一，是股权直接赠送，不需要员工花钱以行权价认购；特点之二是覆盖面广，20%～30%的核心员工都可以获得赠股；特点之三是这些股份权力充足，不但有分红权，还拥有投票权。"任何互联网企业都做不到这些"，刘强东说。

最让刘强东和京东商城骄傲的一件事是，公司员工流失率很低，倾注了心血的管培生们，五年来无一人离开。然而，到了2013年，京东也不再像过去那样疯狂招人。刘强东解释称，公司业务规模基数越来越大，再保持翻两倍的增速可能是灾难性结果。往年京东三分之二是新人，三分之一是老人，带来公司文化严重稀释。今年京东老人比新人多，这使得京东得到很好的喘息机会，能够迅速利用这个时间对组织结构彻底进行梳理，为第二个十年增长打下好的基础。

思考题：

1. 京东是如何培养人才的？

2. 培训作为一项重要的人力资源管理职能，如何实现其在企业发展过程中的支撑作用？

3. 如何理解“企业的成败大都是因为人”这句话？

本章小结

1. 培训是组织用来发展雇员的知识、技巧、行为或态度，以有助于达到组织目标的系统化过程。开发是组织为了使员工获得或改进与工作有关的知识、技能、动机、态度和行为，以利于提高员工的绩效以及员工对企业目标的贡献，所采取的有计划、有系统的活动。

二者的主要区别在于目标的指向。培训侧重于近期目标，是组织为了有计划地帮助员工学习与工作有关的综合能力而进行的教育训练；其关注点是目前工作所需要的知识和技能。开发则拥有一个更长期的关注焦点，是指有助于员工为未来工作做好准备的正规教育、工作实践、人际互动以及人格和能力评价等所有活动；是依据组织发展要求对员工潜能进行挖掘和对其职业发展进行系统设计与规划的过程。

2. 培训与开发的作用主要体现在：培训与开发是协调人事矛盾的重要手段，是人才培养的主要途径，是调动员工积极性、降低员工流动率的有效方法，是建立和强化组织文化的有效途径，是培养核心竞争力的重要手段，是提高企业劳动生产率的重要保障。

3. 培训与开发的理论主要包括成人学习理论、体验式学习理论、终身教育理论、三维立方体理论等；培训的模式很多，主要有系统性培训模式、顾问型培训模式、ST(螺旋)型培训模式。

4. 培训管理包括培训战略管理、资源管理、运营管理和行政管理。

5. 现代培训与开发的发展趋势是：培训目的演变为对组织人和现代人的塑造；企业逐步演变成“学习型企业”；培训的方式越来越灵活多样；培训进入 3.0 时代；培训与开发逐渐走向社会化、合作化；注重适应企业的发展和国际化趋势；注重培训文化建设。

第7章

培训与开发体系

学习目标

1. 了解什么是培训与开发体系，对其有一个全面、清晰的认识；
2. 了解培训与开发体系的构成；
3. 熟悉和掌握培训与开发体系的设计与实施过程；
4. 掌握培训运作的一般流程；
5. 掌握培训需求调查的重点；
6. 熟悉和掌握培训效果评估的内容及方法。

引导案例

索尼：以人为本，不遗余力

培训是现代企业发展的必备手段，索尼公司花在培训上的费用，每个员工大约每年 15 000 日元，不包括在职培训的费用。刚走出校门的员工进行技术方面的培训时间，每人每年约 3.3 天，不包括在职培训。公司还拨出巨额专款，建立了索尼技术专科学校，用于员工的再教育。另外还有各种各样的讲座、英语班等，从业人员可自由报名。为了更进一步帮助在职员工获取新知识，公司还设立了智能情报中心，有任何问题只要拨通公司的专用电话就有专人解答。

为了有效地培养复合型人才，更好地适应社会发展的需要，索尼公司在雇用一个员工之后，常常立刻对他进行广泛的交叉培训。工程师和科学家要做销售工作，甚至法律学校的毕业生，也要到索尼工厂的生产线上见习。年轻的经理工作出色，就有可能获得奖学金去国外深造，公司尽力安排他们到美国、英国、法国、德国等国家去学习商贸、法律和各种科学技术，在条件许可时，每两年到三年轮换一次。这种轮换不仅促进了经理们的知识更新，而且能使他们找到每个人的最佳岗位，并发现自己对公司最有作用的能力。结果是每个经理都安排得人尽其才，他们不仅仅是专家，而且是知识面很广的专家。

自我开发是索尼公司培育员工的一个重要内容。因为经常性的提升和增加工资激发了索尼员工潜在的自我开发欲望。公司采取分发各种阅读书目、资助员工购买书籍等方式鼓励员工的自我开发，广泛地参加像读书报告会那样的小组活动以增进信息的交流共享和员工的团队合作精神。在索尼公司，有 80%以上的员工都参加了这种读书小组活动，公司为了鼓励这样的活动，还给这些读书小组的活动支付加班费用。

员工培训与开发的工作要取得好的效果，就必须有组织、有计划、有目的地进行。而培训与开发体系的设计与实施就是其中最基础的工作，也是最重要的一个环节。

7.1 培训与开发体系及其设计

培训与开发体系，通常简称“培训体系”，是一整套有效运用各种培训方式和人力资源开发技术，帮助企业实现战略目标的运行机制和管理系统。培训与开发体系是组织基于发展战略和培训目标，针对员工的培训与开发而制定的一套动态系统和机制。

组织的培训与开发体系可分为总体系与子体系，总体系通常是一个宏观、指导性培训与开发文件，包括以下两种类型。其一是一些大中型企业(组织)设立总体系。总体系包含三个层面：制度层面、资源层面和运作层面。制度层面通常是指制定的培训与开发制度、政策等；资源层面通常是指培训课程库、资料库、培训师队伍等培训与开发所具备的资源；运作层面通常是指培训与开发运作流程，即培训需求分析、培训计划制订、培训组织与实施、培训效果评估等。培训与开发总体系的具体内容包括培训目标、培训指导思想、培训原则、培训组织与领导、培训运作管理、培训要达到的效果等。其二是一些中小企业(组织)只有培训与开发总体系，不分设子体系。这类培训与开发总体系除包含上述内容外，通常还将设立的部分子体系如培训课程体系、培训师管理体系等纳入其中。比较重视培训与开发的一些大中型组织通常都分设培训与开发子体系。一套完整而系统的培训与开发体系通常由若干子体系构成，具体包括组织学习与发展体系、人力资源发展与职业生涯规划体系、培训需求调查体系、培训课程管理体系、机构与讲师筛选和内部培训师培养体系、培训资格审查体系、培训行政支持体系(培训管理与服务体系)、培训效果评估与跟踪辅导体系、培训预算控制体系等。

培训与开发体系是动态的、可调整的，组织可根据自身发展战略与目标、培训与开发实际需要有选择地构建和调整培训与开发体系。也就是说，每个组织的培训与开发体系构成都不相同，培训与开发重点也不尽相同。例如，围绕培训与开发体系的重心不同，有以能力为主线的培训与开发体系，有以绩效为主线的培训与开发体系，也有以组织文化、岗位任务、培训课程或培训流程为主线的培训与开发体系，更多的是以能力与绩效相结合，组织文化与能力、绩效相结合等多主线相交叉而形成的培训与开发体系。

7.1.1 组织学习与发展体系

组织学习与发展体系是组织着眼于可持续发展和创建核心竞争力而构建的员工培训与开发体系。组织的学习与发展，偏重于组织的学习以及培训工作，重点包括学习体系建设、员工的能力提升、建立学习型组织和培训文化等。

组织学习与发展体系的构成如图 7.1 所示。

7.1.2 人力资源发展与职业发展体系

人力资源发展与职业发展体系是着眼于组织可持续发展，为组织持续培养关键人才而构建的一系列素质、能力模型，技术方法，关键岗位培训与开发计划，职业发展路径，职业生涯管理策略等。人力资源发展与职业发展体系构建的重心是负责关键岗位的人力资源发展工作，具体工作如胜任力模型搭建或任职资格体系建设、人力资源盘点、职业发展、继任者计划等。

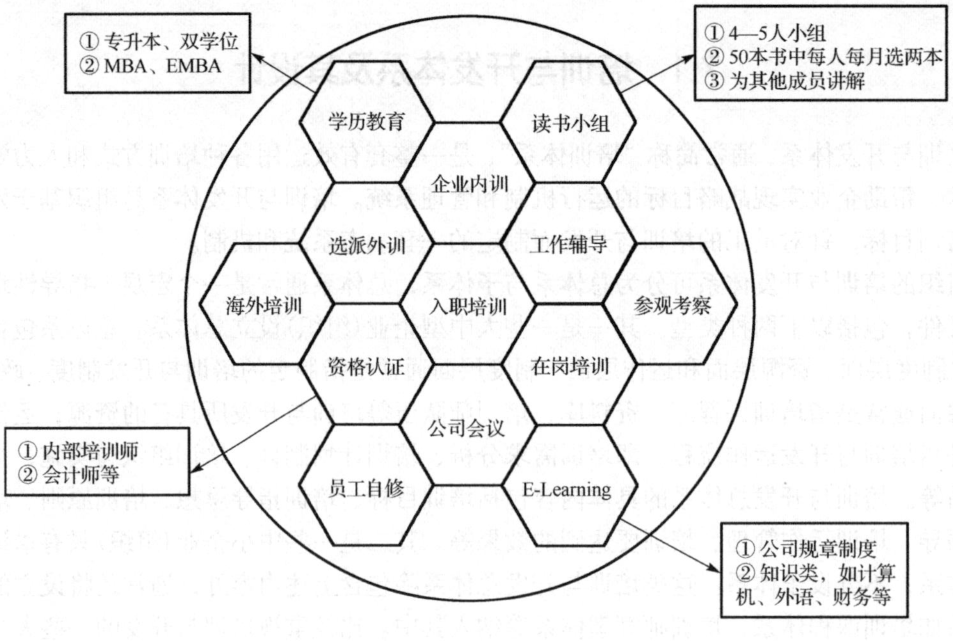

图 7.1　组织学习与发展体系构成

从人力资源管理策略的结构和模型(见图 7.2)可见，人力资源发展处在人力资源管理策略的第三个环节，兼顾其他环节的部分工作。

组织学习与发展体系是人力资源发展与职业发展体系的基础，人力资源发展与职业发展体系更侧重于人力资源发展技术、专业能力构建等，具体包括以下三方面的内容。

① 能力构建，包括文化价值观的能力构建、不同层级的能力构建，以及不同职能的能力构建。能力构建的核心是运用科学、规范的技术和方法选择并确定各项能力指标，构建能力指标体系。

② 评鉴技术，指在建立素质模型后，需要使用评鉴技术对人员进行盘点，对人员能力进行评鉴。评鉴技术的核心是对各种评鉴活动确定科学的评价标准，如为无领导小组面试、行为面试、360 评估、评价中心等评鉴技术活动制定评鉴标准。

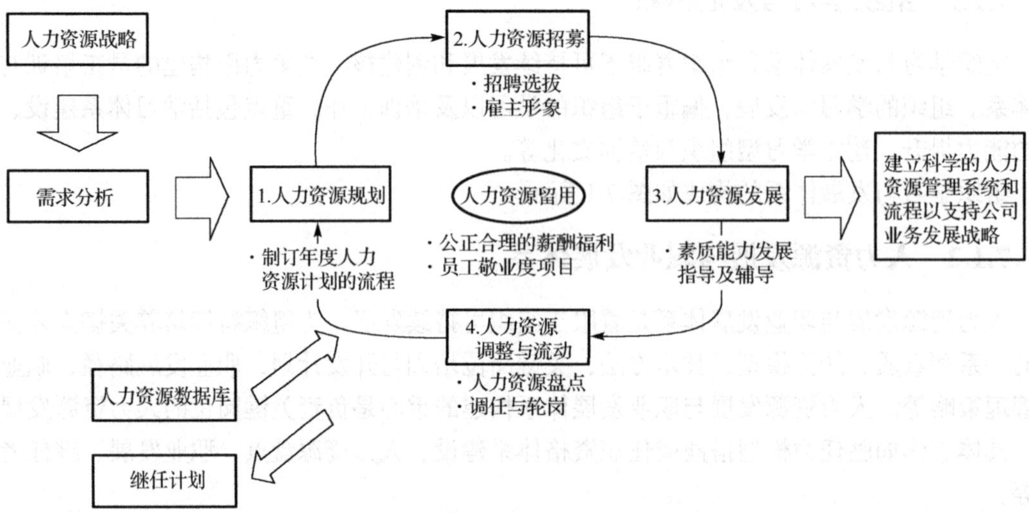

图 7.2　人力资源管理策略的结构和模型

③ 培训与开发方式方法设计。除了采用传统的培训方式方法，组织还需要与时俱进，设计各种新的培训与开发方式方法，如行动学习、导师制、拓展训练等。

传统的职业生涯观念由于经济和社会的变革而发生了变化，这些变化对传统的职业生涯管理提出了一系列挑战。Sullivan(1999)认为易变性职业生涯和无边界职业生涯等新型职业生涯的出现引起了雇佣关系、职业生涯管理等诸多变化。这些变化对组织、个人都提出了挑战：如何建立良好的雇佣关系，降低离职率，提高员工的满意度和忠诚度；如何提高员工的组织承诺和可就业能力，促进预期职业成功目标的实现；如何采取有效的职业生涯管理策略，使个人与组织的职业生涯管理有效契合；如何调整人力资源管理系统，通过有效的人力资源管理实践活动使个人-组织在价值观、目标、需求与供给、要求与能力等方面有效契合，以达成个人的职业成功与组织绩效目标的共同实现。

面对这一系列挑战，组织必须重视员工的职业发展需求，重视员工的职业生涯设计。其主要有三个目的：一是借助职业发展需求分析可以了解员工参与培训的动机、员工的期望值及其对培训规划的选择，职业生涯理念的变化对员工所需的知识产生何种影响；二是为每一位员工提供令人满意的职业发展环境，员工可以根据自己的实际情况选择职业生涯发展途径；三是组织通过灵活、高效的职业生涯管理策略为员工职业发展提供咨询、指导和服务。

7.1.3 培训需求调查体系

培训需求分析是培训管理工作的第一环，是否能准确地预测和把握真实的需求直接决定了培训是否具有合理性和有效性，从而影响整个组织的绩效和经营目标的实现。传统的培训需求分析包括组织分析、任务分析和人员分析。而以战略为导向的培训需求分析，还包括企业战略分析。

(1)企业战略分析

企业的战略决定着企业的发展方向。企业的发展方向，意味着企业需要具有相应的知识结构和能力的人才。企业要想成功实现任何一个战略，首先必须要有人才的有力保证。虽然人才也可以通过招聘获得，但招聘并不能解决所有的人才需求，培训才是解决战略人才需求的重要方式。战略对培训需求的影响，主要表现在对培训的类型、数量以及培训所需要的资金、培训师所需要的时间等产生的影响。不同的战略对培训需求的影响是不一样的，表 7.1 以三种基本竞争战略对培训需求的影响力为例进行分析。

表 7.1　三种基本竞争战略对培训需求的影响力

战略类型	对组织和技能的要求	对培训的要求
成本领先战略	结构分明的组织和责任、严格的成本控制、良好的加工技能、低成本制造系统	培训以降低成本、提高效率为核心，主要开展降低成本、提高业务技能方面的培训
差异化战略	先进的研发系统、强大的创新能力、技术和质量处于领先地位	进行有个性、有针对性的培训，主要围绕新技术、新方法、新知识开展培训
集中一点战略	针对具体战略目标，在相关领域培训技术和经营管理能力	培训集中在特定的某个领域或几个方面进行

企业战略不仅可以将企业培训的管理纳入正规化、标准化和系统化，还可以大大缓解企业培训管理者的工作压力，起到事半功倍的作用。构建以企业战略为导向的培训模式可以搭建起有效的培训基础管理平台，进一步保证企业培训活动效果达到预期的设想。在此基础上更进一步完善企业培训体系的结构和内容，企业培训才会取得长期的稳定的成果。只有构建

战略导向培训体系的模式，企业培训才能发挥长久的、持久的作用。

(2)组织分析

组织分析指的是在公司经营战略的条件下确定企业范围内的培训需求，决定相应的培训内容，为培训提供可利用的资源及管理者和同事对培训活动的支持，以保证企业培训的内容符合企业的整体目标和战略要求。

培训的组织分析要求企业从战略发展高度预测企业未来的技术、销售市场及组织结构可能发生什么变化，人力资源的数量和质量的需求状况会是什么样的状态，从而确定适应企业发展需要的员工能力，具体包括：①工作分析，包括工作内容、工作的独立性和多样化程度，员工的劳动行为规范，完成工作的方法和步骤等方面的分析。工作分析的结果应以工作说明书的形式准确、规范地表达出来，以作为相应的培训标准。②责任分析，包括对工作的重要性、配备相应权限保证责任和权利、对应性等方面的分析。③任职条件分析，包括对使用的机器设备、材料性能、工艺过程、操作规范规程及操作方法工具的选择和使用、安全技术及其他管理和专业知识的最低要求。④关系分析，包括对工作的协作关系和隶属关系的分析，如直属上级、直属下级，该工作制约哪些工作，受哪些工作制约，在哪些工作范围内升迁或调换。⑤组织文化分析，包括分析组织哲学、经营理念、组织精神等。

(3)任务分析

任务分析通过确定重要的任务，以及需要具备的知识、技能、行为方式等，帮助员工胜任本职岗位的工作任务。任务分析一般分为以下四个步骤。

① 根据组织的经营目标和部门职责选择有代表性的工作岗位。

② 根据该工作岗位的说明书列出初步的任务及完成这些任务所需要的知识、技能和能力清单。

③ 工作任务和所需技能的确认，包括：反复观察员工的工作过程，特别是操作性、重复性较强的工作，以确认工作说明书中的工作任务、工作技能要求是否符合实际。

对有经验的员工、离休人员、部门主管及制定工作说明书的部门负责人进行访谈，以对工作任务和所需技能进行进一步确认。

向专家或组织顾问委员会再次求证，以确定执行的任务需求，完成每一项任务所需的时间质量标准，以及完成任务所需的技能要求和操作程序，等等。

④ 为该工作岗位制定针对培训需求分析的任务分析表，包括已量化的指标，如工作量要求、工作质量要求、工作技能要求、工作操作规范等。

(4)人员分析

人员分析是指将员工现实的工作能力与达到业绩标准的素质要求进行比较，明确两者之间是否存在差距。

① 确定培训人员。培训的一个重要目的就是让不符合岗位技能要求的员工，通过培训符合要求。因此，企业首先要确定需要培训的人。

② 明确员工差距。对于每个重点培训对象，都要明确其与目标的差距。由于每个员工的岗位或具体工作能力不同，在明确员工差距方面应是单独进行的。培训管理者要将每个员工的差距记录下来，以便下一步制订培训计划时参考。

③ 确定培训内容。在企业战略分析、工作分析后，培训管理人员就要确定培训内容，如企业介绍、产品知识、先进技术、财务常识等。

7.1.4 培训课程管理体系

培训课程管理体系是基于培训计划而制定的培训课程选择、设计与开发，培训课程库、素材库建设等一系列管理制度、措施等。培训课程管理体系建设主要包括培训课程库建设、培训素材库建设、培训课程设计及开发等。

培训课程库建设是一个复杂的系统工程，需要协调企业各方面资源，成立专门的项目组，根据企业发展战略和目标、培训需求等构建一个动态的培训课程名录。

培训课程库建设的一般流程是：

① 成立项目小组。项目小组一般由组织主要领导牵头，人力资源部人员、各系统分管副总、部门经理、业务骨干能手、内部讲师、外部专家或顾问等构成。其主要职责是对培训课程库建设统一管理，对知识提炼和培训课程库的流程、标准、形式等统一协调，对出现的问题进行集中处理；调动组织各方面人员参与培训课程库建设等。

培训课程库项目组成员具体分工如下：领导主要起确定方向和提供资源的作用，对重大事项进行拍板。而人力资源部主要是牵头组织，负责建立培训课程库过程或大的事项安排和日常事务性工作，包括专项讨论会的组织、培训库框架格式的确定、培训手册的编写督促、问题协调处理等工作内容。分管副总、部门经理和业务骨干负责本部门或本系统的知识内容提炼、总结和完善。外部专家或顾问主要起参谋和指导作用。

培训过程中也应对员工的培训需求进行调查，并根据员工的培训需求分析对培训课程库进行补充和完善。

② 梳理与组织相关的知识。与组织发展有关、有用的知识，都需要总结和提炼。这不仅包括本组织，也包括同行、对手及外界其他优秀的成果。大体来说，主要包括以下各类别：组织各项业务作业流程、方法、标准、注意事项等；技术图纸、业务档案、客户资料等；重大事件、内部经验、教训事故、专有技术等；其他组织的经验教训(同行、同类型公司、其他类型企业)；社会其他优秀成果(如社会中的培训类光盘，培训类书籍/教材等)。

对组织相关知识的提炼总结，可根据组织发展的战略重点、核心需求等，按照轻重缓急，排列优先次序，逐步理清、提炼与完善。

③ 提炼关键岗位知识。确定了关键部门、关键岗位知识后，就需要项目小组集中进行提炼。如可以召开头脑风暴会议，由人力资源部人员主持，项目小组人员一起针对某岗位需要的知识进行头脑风暴，相互补充完善，逐步提炼关键岗位知识。

④ 设计培训课程框架或模板。岗位培训课程框架或模板一般需要根据岗位说明书、岗位作业流程确定。通常分为：岗位主要职责、岗位作业流程、需要掌握的知识技能、常见的问题及防范措施、经验与技巧分享等。这样就把岗位培训课程内容分成几大类，然后在每大类里面再继续细分各个独立的小类，直到不能细分为止。这样就形成了与组织相关知识的主干、次干、细枝，整个培训课程的框架一目了然，然后再在这个框架的基础上确定培训内容。

⑤ 培训素材库建设。培训素材库建设首要的是培训教材建设。建设一套合适的培训教材，对大型的培训项目来说，是必须认真投入的重要环节；而对短平快的培训课程来说，要从头开始设计并编写一套与之相适应的教材，就不是那么轻而易举的事情了。培训课程教材应切合学员的实际需要，而且必须能反映该领域最新成果。

培训素材库建设除了组织编写一套适合学员实际的、先进的、实用的教材，还要搜集和积累与课程相关的资料、书籍、案例、视频等。例如建设培训资料包，即有与培训内容相关的报纸杂志上的论文与案例、同行的经验与体会、专家学者的论文与报告等，并配有音像教材、参考读物。这些经设计者精心选择并加工的信息资料，来源面广、新鲜生动，再配之以详细的课程大纲，学习者对全部课程内容及其重点就会有较清晰的认识，也可以作为以后继续学习的依据。

⑥ 培训课程设计及开发。培训课程设计及开发是一项极其重要、既费时又费力的工作。课程设计与开发投入巨大，按国外相关统计，开发 1 小时的传统面授课程需要投入 30～40 小时，开发视频课件则可能需要 200～400 小时。

在设计与开发课程时，需要正确回答的一个重要问题是：进行这项培训时，需要哪些培训手段来实现培训目标。回答这个问题需要从课程内容、课程实施、学员的构成及培训手段的可行性几个方面来考虑。

① 课程内容和培训方法。不同的课程内容需要利用不同的培训方法进行培训，如知识的传授多以课堂讲授或讲座等方法为主；技能学习以示范模拟、角色扮演等方法较为有效；态度培训则以情景模拟、测量工具等方法为主。不同的培训方法需要不同的教学材料，要在确定培训方法的基础之上，选择相关的培训材料。

② 学员的差异性。在选择培训手段时，还要考虑学员的差异性。由于一般员工、基层主管和中高层管理人员工作性质有所区别，在接受问题、学习方式等方面也会有所不同。因此，要从学员需求出发，设计适合的培训手段。

③ 评估手段的可行性。在选择培训手段时，需要评估这种手段是否具有可行性。可行性评估主要考察培训手段的成本收益率，尽量开发企业已有的培训材料（或自己可制作的材料）、器具和设备，如果要从外面购买培训项目的硬件，则要仔细考虑其价值的大小。

课程的设计开发如果缺乏有效的过程管理，容易导致课程延期交付、课程质量不佳、开发成本提高，甚至使课程无法完成。因此，进行课程的设计开发需要建立对应的项目管理机制。

(1) 立项：课程设计与开发立项需要确定项目范围、开发团队、开发模式、交付标准等核心问题。

(2) 设计与开发过程：一般包括召开项目启动会、需求调查、教学设计、课程初稿开发四个阶段。

(3) 培训课程验收：包括大纲验收、初稿验收、正式试讲测试（专家串讲、正式试讲）、汇报评审（汇报验收）、入库推广。

培训课程三明治体系设计如图 7.3 所示。

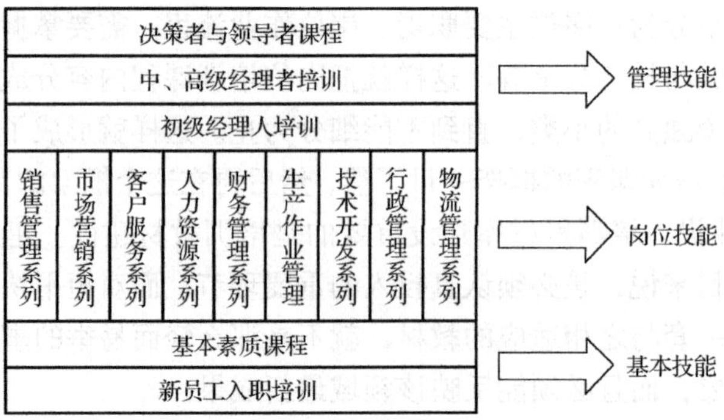

图 7.3　培训课程三明治体系

培训课程结构设计与开发过程

7.1.5 机构与讲师筛选和内部培训师培养体系

选择培训机构及培训师常常是被组织培训管理人员忽视的一个重要问题。选择专业机构的重要原因是专业机构的培训师能力及素质能更好地引导参与培训的员工实现组织的培训目标。为保证培训达到预期的效果，培训主管应亲自参与培训师的选拔工作。

培训师能力的高低及培训师的能力结构对培训效果有着至关重要的影响。所有的培训课程要素设计能否得到很好的实现，取决于培训师是否熟悉培训内容、是否具备良好的交流技巧等诸多条件。培训师要在个人素质和资历两方面都达到一定的水准，能够将深厚的专业理论功底和丰富的实践经验结合起来，同时还要具备良好的交流能力和沟通技巧。因此，培训管理人员一定要重视对培训师的选聘与开发工作。

培训师的选配标准如下：①具备经济管理类和培训内容方面的专业理论知识；②对培训内容所涉及的领域有实际工作经验；③具有培训授课经验和技巧；④能够熟练运用培训中所需要的培训教材与工具；⑤具有良好的沟通能力；⑥具有引导学员自我学习的能力；⑦善于在课堂上发现并解决问题；⑧积累与培训内容相关的案例与资料；⑨掌握培训内容所涉及的一些相关前沿问题；⑩拥有培训热情和教学愿望。

一般来说，培训师主要有外部聘请和内部培养两大来源。组织培训管理人员应根据实际情况，确定适当的内部和外部培训师的比例，要做到内外搭配、相互学习、取长补短。

(1)选择培训机构或聘请外部培训师

委托培训机构进行培训或从企业等组织外部获取培训师资源是大多数中小型企业采取的做法，对于一些涉及比较深的专业理论方面问题或前沿技术问题的培训项目，企业也常从外部聘请师资。

外部聘请师资的优点：①选择范围大，可获取到高质量的培训师资源；②可带来许多全新的理念；③对学员具有较大的吸引力；④可提高培训档次，引起企业各方面的重视；⑤ 容易营造气氛，获得良好的培训效果。

外部聘请师资的缺点：①企业与其之间缺乏了解，加大了培训风险；②外部教师对企业及学员缺乏了解，可能使培训适用性降低；③学校教师可能会由于缺乏实际工作经验，导致培训只是“纸上谈兵”；④外部聘请教师成本较高。

外部培训资源的开发途径：①从大中专院校聘请教师；②聘请专职的培训师；③从顾问公司聘请培训顾问；④聘请本专业的专家、学者；⑤在网络上寻找并联系培训师。

(2)培养组织内部的培训师

对于培训已经处于成熟期的企业或一些需要定期开展的培训项目来说，企业一般从内部培养教师资源。内部培养的教师与外部教师相比，在某些方面有着很大的优势，如他们对企业文化、企业环境、培训需求等方面比较了解，而且他们可能与学员熟识，这样也有利于相互之间的交流。

内部培养的优点：①对各方面比较了解，使培训更具有针对性，有利于提高培训的效果；②与学员相互熟识，能保证培训中交流的顺畅；③培训相对易于控制；④内部开发教师资源成本低。

内部培养的缺点：①内部人员不易于在学员中树立威望，可能影响学员在培训中的参与态度；②内部选择范围较小，不易开发出高质量的教师队伍；③内部教师看待问题受环境决定，不易上升到新的高度。

培训机构与培训师筛选和内部培训师培养流程如图 7.4 所示。

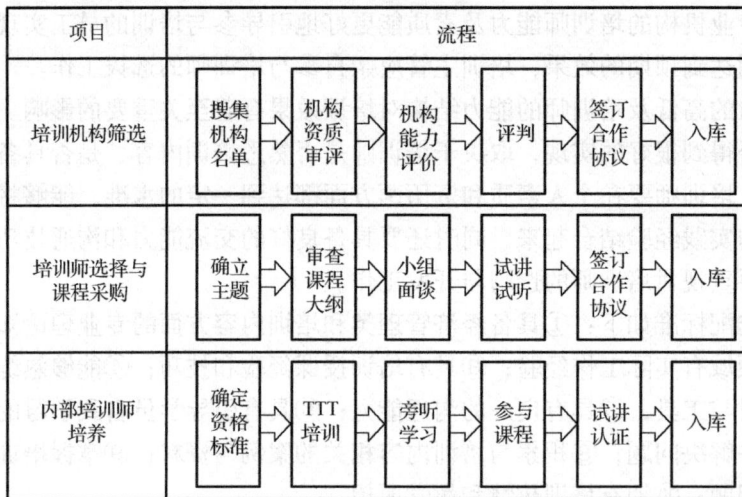

项目	流程
培训机构筛选	搜集机构名单 → 机构资质审评 → 机构能力评价 → 评判 → 签订合作协议 → 入库
培训师选择与课程采购	确立主题 → 审查课程大纲 → 小组面谈 → 试讲试听 → 签订合作协议 → 入库
内部培训师培养	确定资格标准 → TTT培训 → 旁听学习 → 参与课程 → 试讲认证 → 入库

图 7.4 培训机构与培训讲师筛选和内部培训师培养流程图

7.1.6 培训资格审查体系

培训资格审查体系是组织根据培训计划和方案中对培训对象的资格要求，对申报培训的人员进行资格审核查验，以确保培训有效性的一种制度和机制。培训作为一项人力资本投资，旨在通过培训提升人力资本价值，为组织创造可持续竞争能力。基于此，培训前通常根据培训计划，公布培训目标、培训对象、培训时间、培训内容等，由相关员工填写培训申报表，由业务部门和人力资源管理部门根据报名人数、相关要求等进行资格审查。培训资格审查体系是确保培训公平性、有效性的有力保障。

7.1.7 培训行政支持体系

培训行政支持体系又称为培训管理与服务体系，是指为确保培训顺利实施而制定的一系列政策、培训辅助设施与设备、培训资料印制、培训师接待服务等制度和机制。培训行政支持体系通常包括组织制定的培训政策和制度、员工参与培训的相关制度、与培训相关的辅助设施与设备(教室、投影、电源、音响等)、培训师的选择与服务、培训资料管理、教学现场管理、后勤保障服务等。

培训行政支持体系是组织培训管理与实施的重要保障。

7.1.8 培训效果评估与跟踪辅导体系

培训效果评估与跟踪辅导体系是指组织在培训后为了解培训效果而制定的一系列评估制度和方法、问题反馈与跟踪辅导机制。

在企业培训的某一项目或某一课程结束后，一般要对培训的效果进行一次总结性的评估或检查，以便了解培训对象有哪些收获与提高。员工培训评估是指企业组织在员工培训过程中，依据培训的目的和要求，运用一定的评估指标和评估方法，检查和评定培训效果的活动过程。实际上，员工培训的评估就是对员工培训活动的价值做出判断的过程。培训效果是指企业和培训对象从培训当中所获得的收益，即通过系统的培训，员工可以端正工作态度，学习新的行为方式，掌握新的技术技巧；而企业则可以提高产品质量，增加产品产量，促进销售额的上升，提高顾客的满意度，取得更高的经济和社会效益。

员工培训效果评估是企业培训工作极为重要的一个阶段。它是通过建立培训效果评估指标和标准体系，对员工培训是否达到了预期的目标，培训计划是否有效的实施等进行全面的检查、分析和评价，然后将评估结果反馈给主管部门，作为以后制订修订员工培训计划，以及进行培训需求分析的依据。

首先，培训效果评估需要根据培训计划、目标和内容等构建培训效果评价指标体系。不同组织对培训效果的评估因侧重点不同，选择确定的指标体系也各不相同。例如，有的培训评估是根据培训内容展开的，包括培训需求及其满足情况整体评估，培训对象知识、技能和工作态度评估，培训对象工作成效及行为评估，培训计划可行性、实效性评估等。有的培训评估是针对个人绩效和组织绩效确定相关指标，根据个人和组织的业绩评估培训效果。有的培训评估侧重于培训活动参与状况监测（目标群体的确认、培训项目的覆盖效率、培训对象参与热情和持久性），培训内容监测（培训的构成或成分、培训强度、提供的培训量、培训的频率、培训的时间安排），培训进度与中间效果监测评估（培训组织准备工作评估、培训学员参与培训情况评估、培训内容和形式的评估、培训讲师和培训工作者评估，现代培训设施应用的评估），培训环境检测评估，培训机构和人员检测评估（培训机构的规模和结构特征、培训机构的内部分工状况、培训机构服务网点分布状况、培训机构的领导体制、培训机构的沟通和协调机制、培训师的素质和能力、培训师的工作安排、培训师的工作态度）等。

其次，建立培训评估数据库。进行培训评估之前，培训主管必须将培训前后产生的数据收集齐备，因为培训数据是培训评估的对象。培训的数据按照是否用数字衡量的标准可以分为两类：硬数据和软数据。硬数据是对改进情况的主要衡量标准，以比例的形式出现，是易于收集的事实数据，可以分为四大类：产出、质量、成本和时间，它们都是具有代表性的业绩衡量标准。在难以得到硬数据的情况下，软数据也很有意义。常用的软数据可以归纳为：工作习惯、氛围、新技能、发展、满意度和主动性。

再次，选择培训评估的方法。选择评估方法的过程回答了如何对学习环境、学员和培训内容实施评估这一问题，因为方法的选择必须适合数据的类型。评估方法的类型包括课程前后的测试、学员的反馈意见、对学员进行的培训后跟踪、采取的行动计划，以及绩效的完成情况等。应针对不同的评估内容选择相应的评估方法。

最后，确定评估方案及测试工具。提出并确定一套适合的评估实施方案，选择适合的测试工具是培训评估的一项重要工作内容。评估方案构成了整个评估过程的框架，测试工具则提供收集数据、获取信息的途径。评估方案和测试工具与培训项目、培训对象的匹配程度则直接决定了培训评估能否取得成功。

跟踪反馈与辅导就是要及时向培训管理人员、高层领导者、员工及其主管等反馈评估结果，分析存在问题的成因，并提出改进意见和建议等。

对人力资源管理部门的培训主管来说，他们需要及时掌握培训项目各种相关评估信息及其评估结果，只有掌握了全面翔实的信息，才能找出差距，弥补不足，精益求精，提高培训质量。

高层的领导者是员工培训的决策者，决定着培训项目的未来。评估的基本目的之一就是为领导的培训决策提供依据。该培训项目是否值得设立？是否有必要再延续下去？它对组织的生产经营管理产生了什么影响？做出了什么贡献？等等。这些信息应该及时反馈给高层管理者。

接受培训的员工应该知道自己的培训效果如何，并且将自己的业绩表现与其他人的业绩表现进行比较。这种信息反馈有助于他们继续努力学习和工作，也有利于激发其他员工参加培训项目学习的积极性和主动性。

对培训对象的直接主管来说，当下属参加某一培训项目的学习时，需要了解其接受培训后的效果，以便于根据其掌握的技能做出必要的岗位或工作调整。

在企业员工培训活动的过程中，人们往往忽视培训评估结果的沟通与反馈，没有尽快将经过分析和解释的评估结果传输给上述的四类人员，以至于在一定程度上影响了培训项目质量，以及培训项目投资效益的提高。

7.1.9 培训预算控制体系

(1)培训成本及其控制

培训成本包括直接成本和间接成本。直接成本：受训人员的交通费、餐饮费及其他各项费用的开支；购买或租用培训设备、场地、教材等的费用；管理人员的交通费、餐饮费等；外聘讲师、机构所要求支付的报酬。间接成本：受训人员因参与培训而减少工作的损失；受训人员在培训期间所支付的工资；内部讲师在培训期间所支付的工资；内部讲师因参加培训而减少工作的损失；培训管理人员的工资及时间损失。

培训的可控成本必须符合三个条件：培训管理人员能够了解所发生成本的性质；培训管理人员能够对所发生的培训成本进行计量；培训管理人员能够对所发生的培训成本加以控制和调节。

培训可控成本要素：培训授课费、培训材料费、培训期间的食宿差旅费。

在实际工作中，培训的直接费用，仅仅占一小部分，而大部分的培训费用，是员工因未参加工作而带来的损失。减少培训的损失方法包括：由企业进行集中培训，提高资源利用效率，减少培训人工费、场地租用费、设备及器材购买费用等；用一系列简短的课程，取代单次长时间的课程，单次的课程时间最好不要超过 90 分钟，使员工能够方便省时的参与培训，减少员工因参与培训而造成的损失；聘请培训训练师训练部分员工，使这些员工掌握培训主题，以及培训方式，再由这部分员工培训企业的其他员工。

(2)培训预算

培训预算的四个层次：老板的培训预算，是最低的培训预算；一事一议的培训预算，涉及员工，但培训的开展缺乏整体的预算，没有计划性，采取一事一议的方式，随意性大；软性预算，缺乏完整的培训体系和专职的培训经理，但企业会根据当年的销售情况安排预算，不过如果财务状况出现问题，则培训预算会被取消；硬性的预算，有完备的培训体系和详细的培训计划，培训预算不会因企业的财务状况变动而取消，是硬预算。

培训预算编制的依据：组织历年培训预算数据；组织内的培训需求；组织全年总经费预算；组织人力资源部全年费用总额；组织上年度的销售额；组织上年度的总利润；同行业培训预算数据；组织规定的人均培训经费和员工数等。

培训预算项目设置应遵守会计预算项目设置的相关要求，培训预算设置要适应各部门培训活动的特点，适应预算管理要求；培训预算中的支出项目，须按用途统一设置；培训预算项目设置，应统一准确、简明扼要。

培训预算收入通常来源于三个方面：一是来自组织自有资金的培训经费，可以根据情况按照一定的比例，从组织的自有资金中提取；二是来自组织员工的培训经费，这部分经费通常按照员工工资总额的1.5%提取；三是来自组织外部的培训资金支持，包括国家、各级政府的财政支持，其他组织、协会的支持等。

培训预算支出项目主要包括以下几个方面。

① 场地费：休息室、培训教室、活动室、会议室、参观场地费等，公司若有自己的培训场地，则分摊当年的折旧费即可；若租赁则可能包含场地附带的培训设备费用。

② 食宿费：住宿费、餐饮费等，在组织经营机构和业务场所分散的情况下，由各分公司和业务机构分摊。

③ 人工费：培训讲师的报酬、培训辅助人员的工资、培训咨询费、培训设计费等，包括本组织及聘请外部组织培训相关人员的工资及报酬。

④ 交通差旅费：公交费、火车费等，特指在培训期间发生的与培训相关的交通差旅费。

⑤ 培训器材、教材费：培训讲义、练习册、培训课题横幅、白板笔、荧光笔、打印用纸等费用；在确定该部分费用预算时，应主要考虑能预测且能提升培训效果的费用。

培训预算总额应考虑的因素：公司的培训需求；公司的支付能力；竞争者的培训状况；培训单位费用；公司的发展现状及发展潜力；公司所在行业的岗位结构。

培训预算总额确定办法如下。

① 比例法：根据组织预期的销售额、工资总额、利润率，以及总费用预算等指标，从中核定出一定比例作为培训预算。

② 推算法：根据以前的培训费用使用情况，对新一年的培训费用进行推算，大多针对上一年的培训总额和组织的发展情况进行一定额度的增加或减少。

③ 费用总额法：有些公司会制定人力资源部全年的费用总额，费用总额包括招聘费用、培训费用、社会保障费用、体检费等。培训费用的额度，由人力资源部自己确定。

④ 比较法：参考行业或优秀公司的培训预算，与本公司做比较，估算出本公司的培训预算总额。

⑤ 人均预算法；预先确定公司内的人均预算额，再乘以在职员工总数，即得出本公司的培训预算总额。

⑥ 零基预算法：指在每个预算年度开始时，以零为基础，根据组织目标重新审查每项培训活动对实现公司目标的意义和效果，并在费用效益分析的基础上，重新安排各项活动的优先次序。

培训预算的流程：收集培训预算相关信息；确定培训课程；确定授课方法；确定课时；确定是内部开发还是购买课程；确定培训预算费用。

确定授课方法可以分为三步：第一步，确定授课环境、独立学习环境或小组学习环境；第二步，确定授课方式，给予技术方式或基于书面材料的方式；第三步，选择授课方法，如讲授法、研讨法、试听法、角色扮演法等。确定课时的四个主要因素：课程内容的难易与复杂程度，授课方式的影响，学员人数的多少，组织对课程的约束。确定是内部开发还是购买课程的条件是：内部开发，公司要拥有丰富的教学设计专业知识，拥有充足的课程开发时间，公司内部要有课程内容专家，拥有足够的课程内容相关专业知识；课程外包，需要教授的东西是公司独有的，公司内部没有课程开发所需要的专业知识，内部没有足够的时间自己开发课程，有充足的预算进行课程外包；购买，购买成本低于课程开发成本，可以找到符合公司需要的课程，不需要量身定做，公司不具备开发课程所需要的人力、财力条件。

确定培训预算费用，包括确定课程供应商；估算内部开发课程费用；估算外部课程和购买课程费用；估算培训实施费用。

培训预算审核管理流程：培训部门根据公司的培训计划，在收集公司内外部培训费用的前提下，编制培训费用预算申请表；公司组建由财务部、人力资源部经理等人员在内的培训预算审核委员会；培训预算审核委员会，对培训预算申请的各项内容、费用标准进行审核。

培训预算申请，经培训预算审核委员会审核通过后，由总经理审批。

7.1.10 培训体系的设计

(1)培训体系的设计程序

培训体系设计是一项创造性工作，也是一项系统性工作。因此，在设计培训体系时，要有一个指导体系，并遵循一定的程序。如果完全依靠主观想法来设计体系，必然会导致培训失效。当然，培训主管也不能老是按部就班地进行设计，而应发挥创造力，这是由培训体系活动本身的特性所决定的。

① 设计准备。在开始体系设计之前，培训主管首先要进行相关的准备工作。这些准备工作将对以后的体系设计产生重要的影响，准备工作做得越充分，体系设计也就越容易。

② 设计目标。设计目标是指在培训体系结束时，希望培训对象通过学习能达到的知识、能力的水平。目标描述是培训的结果，而不是培训的过程，所以重点应放在培训对象应该掌握什么。明确的目标可以增强培训对象的学习动力，也可为考核提供标准。

③ 搜集材料。目标确定以后，培训主管就要开始搜集与培训内容相关的材料。培训主管搜集材料的来源越广越好，可以从企业内的各种资料中查找自己所需要的信息。征求培训对象、培训相关问题专家等的意见，从企业外部渠道挖掘可利用的资源。除了这些信息资料，还要了解在培训中所需的授课设备，如电影、录像、幻灯等多媒体视听设备。这些现代化的教学手段有助于增强课堂的趣味性，提升培训效果。

④ 要素拟定。培训体系设计涉及很多方面，培训主管可以将其分成不同的模块，分别进行设计。当然，模块设计不能脱离体系设计，它们之间也具有关联性。

⑤ 试验体系。培训体系设计完成以后，工作并没有完成。此时需要对培训活动按照设计进行一次排练，这就像演戏一样，在正式公演之前，要做一次预演，以确保做好了充分的准

备。这是对前一阶段工作的一次全面检阅，不仅包括内容、活动和教学方法，还应包括培训的后勤保障。

⑥ 反馈与修订。在培训体系预演结束以后，甚至在培训项目开展之后，还要根据培训对象、培训专家及培训部门的意见对培训体系进行修订。此项工作非常重要，及时发现问题、解决问题对培训效果将有积极的影响。培训体系需要做出调整的内容视存在的问题而定，有些只需要对一小部分培训内容做出调整，也有可能要对整个培训体系进行重新设计。但不管怎样，存在的问题一定要及时解决。

(2)企业培训体系的设计要点

培训体系的设计，一定要充分开发和利用一切能利用的培训资源，以便取得良好的培训效果。培训体系设计必须要充分体现人、财、物、时间、空间及信息等几个主要资源的合理配置，协调统一地发挥作用。以下为培训体系的设计要点。

① 注意互动。培训师与学员作为培训活动中的两大主体，在培训中扮演的是两个完全不同的角色。在培训体系的设计中，应注意培训的互动，即让培训对象变成培训师，应充分开发学员本身所携带的“财富”，提升培训效果。

② 充分、合理地利用时间。培训主管在设计培训体系时，要充分、合理地利用时间。对时间的理解应有两方面：一方面是总的课程时间长度，即总学时；另一方面是单位的时间长度，即每天的学时数。这种时间的设计是有必要的，它可以使人们对课程所需的时间有一个总体的认识。

③ 合理使用空间。培训负责人在设计培训体系时，应合理使用空间资源。对此可以从内涵和外延两个方面来讨论对培训空间的开发利用。从内涵来看，在设计培训体系时，应重新审视所能掌握的培训课程要求的最传统、最基本的空间——教室；从外延来看，可以把培训体系的实施地点设计到现场、室外，以及所能利用的社会环境中去。

④ 开发教材。培训教材的开发是体系设计的中心，能否为培训对象提供一套与课程内容相吻合的教材，是培训体系设计中的一个重要方面。因此，应该尽可能地开发一切所能利用的信息资源，打破传统的教科书体系，同时充分利用现代科学技术的先进成果，把单一的文字教材扩充到声、像、网络和其他各种可利用的媒体。

⑤ 运用多种方法与手段。培训体系的设计必须跟上时代的步伐，利用最新的方法与手段，最大限度地发挥培训的作用。方法与手段的先进性与多样性，是培训体系设计的一个很重要的特色。

⑥ 个性化教学的实现。所谓个性化教学，就是真正地因人施教，根据培训对象不同的背景与不同的岗位需要，给每一个人单独设计课程计划。利用多媒体技术开发的个人学习软件，一个教学班可以在同一时间、在不同地点上同一门课。每个人都可以根据自己的学习计划，采取不同的策略，根据不同的理解与接受程度去学习，而且每一个人对课程内容的学习时间和进度都可以不同。但是，使其达到共同的课程目标却成为可能。

⑦ 整建制培训的实现。所谓整建制培训就是一个组织或一个团体，其内部有许多不同的岗位，要求在同一时间内对组织中的所有成员进行各自不同的岗位培训。要同时开出若干门不同的课程，这是许多培训机构不可能适应的。但多媒体技术的应用，就使这种特殊的培训要求得以实现。

7.2 培训运作流程

培训运作流程一般包括以下四个步骤。

7.2.1 培训需求调查

培训需求调查主要是甄别需求、确立目标。

(1)甄别需求

甄别需求就是要通过培训需求分析理清培训需求。Steve Cook(1994)认为培训需求分析主要是寻找理想的绩效标准与实际绩效表现之间的差距，它是人力资源开发的基础工作，是进行有效培训的前提条件，它有助于培训计划的顺利实施，也是衡量培训方案的标准。Catherine M. Sleezer(1996)认为培训需求分析是由培训专业人员对培训需求进行排序，将进行培训所需的资源和实际可用的资源进行调整与匹配，从而设计出切实可行的培训方案。Chester Delaney(2002)主张培训需求分析是寻找组织中谁需要学习什么，以帮助更好地完成工作。它是力求在因缺乏培训而可能引发的后果与通过培训改善现有业绩上建立的一种相关关系。

David M. Harris 和 Randy L. DeSimone(2002)则认为培训需求分析是明确组织目标，找出普通员工实际具备的技能与优秀员工所需具备的技能之间的差距、现有技能和未来能够使工作做得更好所需的技能之间的差异，掌握企业人力资源开发活动的情况的一个过程，它是企业人力资源培训与开发的起点。

综上，培训需求分析的作用主要体现在：确认差距；改变原有分析；促进人力资源管理系统向人力资源开发系统转换；提供可供选择的解决问题的方法；形成一个信息资料库；决定培训的成本与价值；为获得组织对培训的支持创造有利条件等。

经过二十多年的实践，I.L. Goldstein 与 E. P. Braverman 和 H. Goldstein 等人在已有研究模型基础上，构建了 Goldstein 模型(见图 7.5)。该模型系统地将培训需求分析分成了组织分析、任务分析和人员分析三个部分。

Goldstein 模型认为，组织分析是指在组织的经营战略下，为保证培训计划与组织战略目标和要求相符，应从整体的角度来判定哪些部门及其员工需要培训。组织分析重点在于组织目标分析、组织战略分析、组织资源分析、组织特质分析(系统结构特征、文化特征、信息传播特征等)、组织环境分析(新市场、新业务、新产品、新法规等)等。

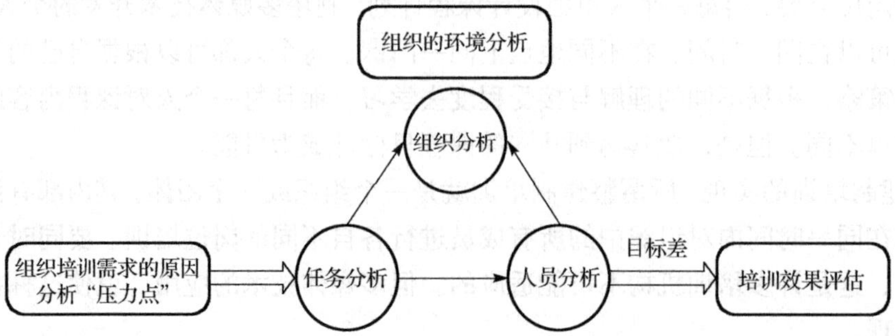

图 7.5 Goldstein 模型

任务分析是指通过分析完成某项任务所需要的技术和能力，来确定与任务相关的培训内容。任务分析的重点在于通过查阅工作说明书或具体分析完成某一工作需要哪些技能，了解员工有效完成该项工作所必须具备的条件，找出差距，确定培训需求。具体包括工作的复杂程度、工作的饱和度、工作内容和形式的变化(如公司业务发展引起的工作发展状况；从公司整体工作的角度，对其所在的岗位工作进行分析)。

人员分析是指从员工的实际情况出发，分析员工现有情况与任务要求之间的“目标差”，以此作为培训目标和内容设定的依据。人员分析的重点在于从培训对象的角度分析培训需求，确定哪些人需要培训及需要何种培训。具体包括员工知识、员工专业(专长)、年龄结构、个性特征、员工能力等。

组织分析、任务分析和人员分析三者相互补充、缺一不可。组织分析是培训需求分析的前提，任务分析侧重于完美绩效的任务状态，人员分析则侧重于员工个人的主观特征及认识方面的分析。

培训需求分析的结果或收获通常包括以下几个方面：了解各类员工要学些什么，哪些员工希望接受培训，希望采取的培训类型、培训次数，是开展内部培训还是实行外包等。

(2)确立培训目标

培训目标是在培训需求分析结果的基础上，根据组织目标，以及查找出的培训现状与组织和员工期望的理想状况之间的差距，确定未来一定时期组织培训的对象、重点内容、培训效果、绩效指标等。

确立培训目标要结合各方面的需要，满足组织和员工培训方面的需要，帮助员工理解培训的重要性和必要性；有助于明确培训对象、培训类型、培训要求或培训要达到的效果；能指导培训政策及其实施过程，使培训目标与企业目标趋于一致，等等。

7.2.2 制订培训计划

培训计划是根据组织确立的培训目标，从组织的战略出发，在全面、客观的培训需求分析基础上，对培训对象、培训时间、培训地点、培训师、培训方式和培训内容等所做出的预先安排。

制订培训计划要考虑的问题可归结为 5W2H，具体解释如下。

Why：为什么要进行培训？

What：培训内容是什么？

Who：培训的负责人是谁？

When：什么时间进行培训，需要多长时间？

Where：培训场所在哪里？

How：如何实施培训？实施操作步骤和采用什么方式、技术？

How much：培训的投入和预算是多少？培训的直接成本和间接成本是多少？

培训计划的种类可分为长期培训计划(4 年以上)、中期培训计划(1—3 年)和短期培训计划(1 年以下)。

培训计划的内容具体包括：培训目标、培训对象、培训内容、培训形式、培训师、培训时间、培训地点、培训组织、培训评价、培训经费等。

(1)培训目标

确定培训目标会给培训计划提供明确的方向。有了培训目标，才能确定培训对象、培训内容、培训时间、培训师、培训方法等具体内容，并在培训之后对照此目标进行效果评估。在培训设计中，培训目标既可以明确地表述，也可以在对其各个要素的选择之中体现。一般情况下，它们是通过培训内容，以行为术语表述出来，而这些术语通常属于认知范围。在我们所熟悉的培训的教学大纲中，最常见的如“了解”“熟悉”“掌握”等认知指标。确定了总体培训目标，再把培训目标进行细化，就成了各层次的具体目标。目标越具体越具有可操作性，越有利于总体目标的实现。

(2)培训对象

培训对象作为培训体系的主体，也是培训体系的一个要素。根据培训需求、培训内容，可以确定培训对象。在培训体系的设计中，培训对象不仅是培训的接受者，同时也是一种可利用的学习资源。而且，只有充分调动培训对象积极参与培训体系的设计，才有可能让培训的效果最佳、效益最大。岗前培训的对象是新员工，而在岗培训或脱产培训的对象是即将转换工作岗位的员工或者不能适应当前岗位的员工。

(3)培训内容

一般来说，培训内容包括三个层次，即知识培训、技能培训和素质培训。培训内容的安排有顺序和范围两个问题需要我们重视。顺序是指内容在垂直方向上的安排，即要体现其连续性和逻辑性，以使学员通过按照合乎逻辑的步骤不断取得学习上的进步。范围是指对培训内容在水平方向上的安排，既不能太宽，也不能太窄，要精心地限定，使其尽可能地对培训对象有意义并具有综合性，而且还要在既定的时间内安排。培训内容可以是学科领域内的概念、判断、思想、过程或技能。

(4)培训形式

培训形式，主要指的是学习活动的安排和教学方法的选择。这些安排和选择要与培训的目标和方向直接相关。学习活动的安排及教学方法的选择，旨在提高培训对象的学习兴趣，使他们在学习过程中将注意力集中在培训所希望的方向上。培训的形式有很多种，如讲授法、演示法、案例分析法、讨论法、视听法、角色扮演法等，各种培训形式都有其自身的优缺点。为了提高培训质量，达到培训目的，往往需要将各种形式配合起来灵活运用。

(5)培训师

培训体系中一般要包括培训师，因为培训师是培训的执行者，培训师是可以根据课程的目标和内容要求进行选择的。“能者为师”是一个基本原则，但是这里的“能者”并不是指培训内容的专家学者，而主要说的是有能力去驾驭课程，去引导培训对象达到培训目的的人。

培训师的来源分为内部资源和外部资源。内部资源包括企业的领导、具备特殊知识和技能的员工；外部资源是指企业外部的专业培训人员；各类专家、学者等。外部资源和内部资源各有优缺点，应根据培训需求分析和培训内容来确定。

(6)培训时间

时间是不可再生的有限资源，要最大限度地利用它。培训主管要巧妙地利用有限的培训时间，使培训对象在整个培训期间积极地参与学习活动，把课堂时间看成是最有价值的时间。课后作业也是一种开发利用时间的方法。

(7) 培训地点

培训地点主要就是指培训教室。另外，还有一些特殊空间可以利用，如图书馆、实验室、研讨室、运动场等。若以技能培训为内训内容，最适宜的场所为工作现场，因为培训内容的具体性，许多工作设备是无法弄进教室或会议室的。

(8) 培训组织

培训体系大多数的教学组织形式是面向全体培训对象的班级授课制，但是分组教学也经常被课程设计者运用。通常的分组教学是根据培训对象学习能力的相似和学习进度的相同来设置的。分组教学为因材施教的个性化培训提供了某种可能。

(9) 培训评价

从培训需求分析开始到最终制定出一个系统的培训体系，并不意味着培训体系的设计工作已经完成，还需要不断评价、修改。只有不断评价、修改，才能使培训体系逐渐完善。培训评价程序要安排好、制定好，因为它是用来确定培训对象在多大范围内和程度上掌握了学习内容，达到了程序设定的行为目标。学科课程的评价重点放在定量的测定上，衡量可以观察到的行为。例如，在报告培训对象的学习状况时，常常用 A、B、C、D 等人们假定能表明某种程度的字母等级来表示。

(10) 培训经费

培训经费包括场地费、交通费、授课费、餐费、住宿费、教材费、设施费、文具用品费等。

以年度培训计划（短期培训计划）为例，制订年度培训计划时一般需要考虑以下构成要素：公司当年发展经营策略、培训目标与行动计划、当年主要培训方式、企业文化培训、业务培训重点、职能类培训、经理人员管理培训、员工基本技能培训、个性化培训重点、年度培训经费状况、培训经费构成表、计划培训人员比例、计划人均培训时间等。

年度培训计划中通常还需要细化具体的培训项目计划，如按照员工类别可划分为新员工培训计划、骨干员工培训计划、班组长培训计划、中层管理者培训计划、高层管理者培训计划等，也可根据组织和员工发展需求，设计一些特色的短期培训计划，如员工化妆与着装礼仪培训、突发事件处理培训、××新项目管理培训、领导力开发培训等。

以制订短期培训计划中的某一课程培训为例，通常需要考虑以下培训要素及问题（见表 7.3）：

表 7.3　课程培训计划制订需要考虑的要素特征及问题

要素特征	思考的关键问题
1. 学习的目标或成果	● 本课程将要实现什么目标 ● 采用什么标准来衡量最后学习的成果
2. 目标学员	● 主要的培训对象是谁 ● 目标学员应具备哪些特征
3. 培训师和学员应具备的资格条件	● 为了取得更好的培训效果，学员应事先做哪些准备 ● 学员应具备哪些资格 ● 培训师应具备什么样的资格和条件
4. 时间分配	● 课程中每个单元的时间分配
5. 课程纲要	● 课程中每个单元应包括哪些具体的内容 ● 内容编排的前后顺序 ● 应该是怎样的
6. 活动安排	● 在课程的每个单元中，学员和培训师应分别扮演什么角色

续表

要素特征	思考的关键问题
7. 辅助材料	● 在课程实施中应准备哪些辅助材料或设备
8. 培训环境的布置	● 培训教室的布置和座位的摆放应该是什么样的
9. 前期准备	● 学员是否在参加培训前应完成课前作业 ● 培训师应做哪方面的准备
10. 具体培训内容	● 每门课程的各个单元中都具体包括哪些内容
11. 效果评估	● 学习效果采用哪种评估方式（测验、角色扮演等）
12. 培训成果的应用	● 采用哪些具体措施来确保培训成果在工作中的应用

7.2.3 培训的组织与实施

培训的组织与实施是保证培训成效的关键。各类培训计划制订后，就必须按照培训计划有条不紊地付诸实施。培训组织与实施的主要责任者是培训管理部门，通常是企业的人力资源管理部或综合管理部。

培训的组织与实施可分为两个阶段：培训前准备工作和培训中的组织管理。

(1)培训前准备工作

① 落实场所与设施。由于培训场所对培训会产生很大的影响，并关系培训实施的效果，所以必须慎重地选择。特别是在利用外界的培训场所时，对场地的大小、通风、空调、噪声、安全等必须做详细的检查。

② 通知培训对象。为了使培训对象对培训课程的意义、目的、内容等要点事前有所了解，以便有正确的心理准备，并使其能在培训前自觉地进行一些必要的调查研究，培训部门在可能的情况下，应准备一些相关的资料在课前发给培训对象，这些资料最好在培训前 10～20 天分发。开班前 2 天，要再次确认培训对象能否参加培训。

③ 联系培训师。培训需要哪方面的专家要在培训实施前尽早确定，然后把希望讲授的内容、培训要求、用何种方法授课明确地传达给培训师，并请其提供培训大纲，以便进行审核。在审核时主要看内容是否完整、重点是否突出，同时要注意培训师之间所培训的内容有无交叉、有无遗漏。对接送培训师的时间和方法、食宿的安排、酬金的支付，以及培训师对教材、教室、教学器材、座位的安排等有何要求也要提前沟通好。

(2)培训中的组织管理

培训实施阶段主要是对培训计划的具体落实。

① 培训主管对培训计划的简要介绍。主要介绍培训主题，向培训对象说明培训的目的，对培训对象提出学习期望；培训课程简介，以便于培训对象了解培训课程的意义、目的、要求、培训方法等；介绍培训师，目的是让培训对象了解培训师的工作经历；介绍日程安排，使培训对象知晓培训日程、作息时间等；说明如何通过这些安排达到预定的目标，即培训对象在培训结束后能做到什么。

② 培训过程管理

培训过程中需要安排专人负责培训教室及设备的准备与维护。培训主管必须确保教室清洁，布置座位要准确无误；检查教室的大小、教学器材的准备，尤其是投影仪、笔记本电脑、麦克风、白板笔等必备物品；为培训师提供服务，包括接送培训师、与培训师沟通满足课堂培训必需的设备、饮品及休息室的安排等；维护培训秩序、环境；及时反馈培训对象的要求、意见和建议；培训满意度或培训效果调查问卷发放与回收；培训师的食宿安排等。

7.2.4 培训效果评估

(1)培训效果评估的内涵和意义

培训效果是指企业和个人从培训当中获得的收益。培训评估是一个系统的收集有关人力资源开发项目的描述性和评判性信息的过程，其目的是有利于帮助企业在选择、调整各种培训活动，以及判断其价值的时候做出更明智的决策。

有关培训效果评估的概念曾经有许多学者做过阐述，综合各位学者的见解，培训效果评估指收集企业和培训对象从培训当中获得的收益情况以衡量培训是否有效的过程。

培训效果的评估，从整个培训流程来看是最后一个环节，但其作用不可忽视。培训效果的评估，能为决策者提供有关培训项目的系统信息，从而做出正确的判断；有利于改进和优化培训体系；可使培训管理资源得到更广泛的推广和共享；可以促进培训管理水平的提升。

培训的主要目的是为了确保组织中的成员拥有能够满足当前和未来工作所需要的技术或能力。组织之所以需要对人力资源培训项目进行认真、系统地评估，是希望通过系统地收集有关培训的描述性和评判性信息，在判断该培训项目的价值及持续地改进各种培训活动时，做出更明智的决策。

组织对其所开展的培训项目进行评估的意义主要体现在以下几个方面：

① 通过评估可以让管理者及组织内部的其他成员相信培训工作是有价值的。如果培训主管不能用确凿的证据来证明他们对组织所做的贡献，那么在将来编制预算的时候，培训经费就可能被削减。

② 通过评估可以判断某培训项目是否实现了预期的目标，及时发现培训项目的优缺点，必要时进行调整。

③ 计算培训项目的成本—收益率，为管理者的决策提供数据支持。

④ 区分出从某培训项目中收获最大或最小的学员，从而有针对性地确定未来的受训人选，并为将来培训项目的市场推广积累有利的资料。

总之，评估是培训流程中的关键组成部分。只有通过评估，大家才能了解某个培训项目是否达到了预期的目标，并通过培训项目的改进来提高员工个人及组织的整体绩效。

(2)培训效果评估的形式选择

① 非正式评估和正式评估。非正式评估指评估者依据自己主观性评价做出的判断，而不是用事实和数字来加以证明的评估。非正式评估一般不需要记录有关信息，但有时需要记下某些注意到的、认为对评估有价值的信息，如培训对象的有关表现、态度和一些特殊困难等。虽然非正式评估是建立在评估者的主观看法上，但在有些时候能够发挥很大的作用，尤其是在要就培训师与培训对象之间的关系，以及培训对象对待评估的态度等问题做出评估时。非正式评估最大的优点是可以使评估者在培训对象不知不觉的自然状态下对其进行观察。因为培训对象的这些态度在非正式场合更容易表现出来，这就减少了一般评估给培训对象带来的紧张和不安，不会给培训对象造成太大的压力，可以更真实而准确地

反映出培训对象的态度变化，从而在某种意义上，增强了信息资料的真实性，增强了评估结论的客观性和有效性，可以使培训师发现意料不到的结果。非正式评估另外一个优点是方便、易行，几乎不需要耗费什么额外的时间和资源，从成本—收益的角度来看是很值得的。

当评估结论要被高级管理者用来作为决策的依据，或者为了向特定群体说明培训的效果时，就需要用到正式评估。正式评估往往具有详细的评估方案、测度工具和评判标准。正式评估应尽量剔除主观因素的影响，从而使评估更有信度。在正式评估中，对评估者自身素质的要求降低了，起关键作用的因素不再是评估者本身，而是评估方案和测试工具的选择是否恰当。

正式评估的优点是：在数据和事实的基础上做出判断，使评估结论具有说服力；更容易将评估结论用书面形式表达出来，如记录和报告等；可将评估结论与最初计划进行比较核对。

在一些正式评估中，也并不是完全排除了评估者的主观因素，还是可以发现一些主观性的。作为一名评估者，应该分清楚在对培训对象的评估中，哪些是正式的，哪些是非正式的，哪些是主观的，哪些是客观的。

② 建设性评估和总结性评估。建设性评估就是在培训过程中以改进而不是以是否保留培训项目为目的的评估。如果评估结论表明培训项目并不像培训师所期望的那样良好地运转，就可以对培训项目做出适当的调整，如改变培训的形式等。建设性评估经常是一种非正式的、主观的评估。

培训过程中的建设性评估作为培训项目改进的依据，它有助于培训对象学习的改进。除此之外，建设性评估还可以帮助培训对象明白自己的进步，从而使其产生某种满足感和成就感。这种满足感和成就感在培训对象后一阶段的学习中，将会发挥巨大的激励作用。

在进行建设性评估时，需要保证定期评估不过分频繁，也不能让培训对象有一种他们一直在进行简单、乏味和重复学习的感觉。否则，建设性评估就无法发挥它的激励作用，其他一些优势也会因此而丧失。很显然，如果培训对象对频繁的评估感到厌烦，甚至因此憎恨培训，认为进行测试的时间甚至超过学习、工作的时间，那么评估显然是失败的。这时，我们就要考虑评估频率的问题。

评估频率的问题主要是针对建设性评估提出的。它指进行两次评估之间所隔时间的长短。时间越短，频率越高；时间越长，频率越低。何为适当的频率，只能针对每一培训项目的实际情况而言，并没有一个统一的标准。尽管如此，对于多次评估利弊的分析还是有助于我们对评估频率的选择的。

总结性评估指在培训结束时，为对培训对象的学习效果和培训项目本身的有效性做出评价而进行的评估。这种评估经常是正式和客观的。

总结性评估的终局测试身份正规，具有较强的说服力。它适用的情况包括：当评估结论将被作为决定给予培训对象某种资格，或为组织的决策提供依据时才采用。但是，终局测试毕竟是结束的象征，无论评估结论如何，只能用于决定培训项目的生死，而不能作为培训项目改进的依据，只能用于决定是否给培训对象某种资格，而无助于培训对象学习的改进。

总结性评估关注整个培训项目使培训对象获得的改进，从而引发出这样一个问题：评估者是否能够全面评估培训对象所学习的全部内容。一个短期培训可能不具有这个问题，但对于一个长期培训而言，这个问题往往十分突出。为了解决这问题，评估者不得不定期地对培训对象进行相隔不算太长的阶段性测试。

当进行总结性评估时必须注意，培训目标和预期培训效果必须从头到尾是清晰的，这不仅是对于培训师而言，同时也包括培训对象在内。在培训之前，可以通过书面测试或通过小型座谈会的形式，使培训对象了解培训目的。

(3)培训效果评估的信息收集

培训效果评估信息的收集主要有四种方法，即资料法、观察法、面谈访问法和调查问卷法。

① 通过资料收集评估信息。要收集有关培训项目效果评估的全面资料，首先要明确需要收集的资料有哪些，并列清表格，避免毫无目标地收集。要收集的资料包括：有关培训方案的资料；有关培训方案的领导批示；有关培训的录音；有关培训的调查问卷的原始资料和统计分析资料；有关培训的考核资料；有关培训的录像资料；有关培训实施人员写的会议记录、编写的培训教程等。

② 通过观察收集评估信息。通过观察来收集培训效果评估信息主要分为三个阶段，即培训前观察收集、培训中观察收集和培训后观察收集。一般需要收集如下信息：培训组织准备工作观察；培训实施现场观察；培训对象参加情况观察；培训对象反映情况观察；培训后一段时间内培训对象的变化观察等。

③ 通过面谈访问法来收集培训效果评估信息。一般在培训项目开展之前和培训项目开展之后进行，在培训项目进行过程当中进行面谈访问往往会影响培训计划的正常进行。面谈访问的范围要相对较为广泛，组织内部的决策者也同样包括在内，要通过访问组织决策者来了解高层领导人员对所评估的培训项目的期望。一般访谈对象包括：访问培训对象、访问培训实施者、访问培训管理者、访问培训对象领导和下属。

面谈访问法是通过面对面进行交流，充分了解相关信息的方法。面谈访问法有利于双方相互了解，建立信任关系，获得比较准确的信息，但是面谈访问法也有自身的弱点。面谈访问法需要花费较长时间，在一定程度上可能影响被访谈者的工作。而且面谈访问法的技巧要求较高，一般被访谈者不会轻易吐露实情。面谈访问法有个人面谈访问法和集体面谈访问法两种具体操作方法。

面谈访问法通常的应用问题清单如下。

A. 事前对决策者面谈访问问题的清单。例如，请问本次培训与企业目标和战略的相关性如何？请问您对本次培训持怎样的态度？请问您如何看待本次培训给予的支持性资源？请问您如何预测本次培训的效果？请问通过本次培训您想解决什么问题？请问本次培训的前提是什么？请问本次培训的目标是什么？请谈一下本次培训采用的策略和方法好吗？请谈一下本次培训的资源配置及计划构想好吗？

B. 事后对培训项目管理者面谈访问问题的清单。例如，请问您认为本次培训的目标实现程度如何？请问您认为本次培训较为成功的地方有哪些？请问本次培训中应该改进的地方有哪些？本次培训计划有哪些失误？您认为本次培训项目还有必要进行推广吗？

C. 事前对培训对象面谈访问问题的清单。例如，您认为您有必要参加本次培训吗？你希望通过本次培训解决哪些问题？您得到本次培训的详细通知了吗？您觉得本次培训安排的合理性怎样？您会积极参与本次培训吗？

D. 事后对培训对象面谈访问问题的清单。例如，能谈一下您对本次培训的整体看法吗？您参加本次培训的目的达到了吗？本次培训哪些方面是您最为满意的？您认为本次培训主要的不足有哪些？您将培训所学应用到工作中了吗？

E. 事前对培训对象相关人员面谈访问问题的清单。例如，您认为您的下属(上司)有哪些不足？您期望您的下属(上司)达到怎样的水平？您的下属(上司)最急需的培训是什么？通过下属(上司)的培训对您的帮助怎样？您认为什么样的培训适合您的下属(上司)？

F. 事后对培训对象相关人员面谈访问问题的清单。例如，能谈一下您的下属(上司)通过培训有哪些变化吗？培训对您的下属(上司)的进步有何帮助？您的下属(上司)是怎样将培训所学应用到工作中的？您的下属(上司)怎样评价本次培训？您的下属(上司)还有什么问题没解决？

G. 事前对培训实施人员面谈访问问题的清单。例如，您在本次培训中的工作明确吗？您对本次培训有什么意见？您应该承担本次培训中的工作吗？您愿意承担本次培训中的工作吗？您有足够的能力和经验来承担此项工作吗？

H. 事后对培训实施人员面谈访问问题的清单。例如，您完成了本次培训承担的工作了吗？您对自己的工作满意吗？您在工作中出现了哪些问题？您对您的伙伴的工作情况怎样看？您的伙伴的工作哪些方面需要改进或奖励？

④ 通过调查问卷收集评估信息。通过调查问卷收集培训效果评估信息主要在培训前、培训中和培训后进行，其中在培训前的评估调查问卷可以通过培训管理人员获得，因为培训项目开展之前培训管理人员要进行培训需求的调查，培训需求调查问卷基本包括了培训前培训效果评估信息的内容。一般需要进行以下调查：培训课程调查、培训组织调查、培训内容及形式调查、培训师调查、培训效果综合调查。为不影响培训项目的正常进行，同时降低评估对象的反感情绪，培训中的评估调查宜简不宜繁，占用的时间应该较短，因此，调查问卷也要重点突出。

(4)培训效果评估内容

企业培训作为一项管理活动，它不仅能提高员工完成一定任务所要求的技能，提高员工的工作绩效，改变员工的行为模式和态度等，而且能提高员工适应知识化、全球化等外部环境和企业内部环境变化的能力。

针对培训效果评估的内容，国内外专家学者进行了广泛而深入的研究。对培训评估进行系统总结的模型占主导地位的仍然是柯克帕特里克(Kirkpatrick)的培训评估模型，其他学者提出的模型主要有：考夫曼(Kaufman)的五层次评估模型，沃尔(Warr)、伯德(Bird)和雷克汉姆(Rackham)等的CIRO评估模型，斯塔弗尔比姆(Stufflebeam D.L.)的CIPP评估模型，菲利普斯(Phillips)的五层次投资回报率评估模型等。

人力资源培训与开发评估模型/框架见表7.4。

表7.4 人力资源培训与开发评估模型/框架一览表

模型/框架	培训评估指标
1. 柯布(Korb)1956	知识与态度、受益及运用程度、绩效记录和主管评语、生产效率、工作满意度和士气

续表

模型/框架	培训评估指标
2. 柯克帕特里克(Kirkpatrick)(1967，1987，1994)	四个层次：学员反应、学习成果、工作行为、经营业绩
3. CIPP(高尔文，1983)	四个层次：情景、投入、过程、产品
4. CIRO(沃尔等人，1970)	四个层次：情景、投入、反应、产出
5. 布林克霍夫(Brinkerhoff)，1987	六个阶段：目标设定、项目策划、项目实施、及时的产出、中间产出或结果、产生的影响和价值
6. 系统方法(布什内尔，1990)Bushnell	四个活动集合：输入、过程、输出、结果
7. 克里格尔、福特和萨拉斯(Clegg，1993)	学习结果的分类框架：将学习结果分为认知、技能和情感三类，提出了测量每一类结果的指标
8. 考夫曼和凯勒(Kauferman，1994)	五个层次：反映、获取、应用、组织产出、社会贡献
9. 霍尔顿(Holton，1996)	五类变量及它们之间的关系：次级影响、动机要素、环境要素、结果、能力要素
10. 菲利普斯(Phillips，1996)	五个层次：反应和行动改进计划、学习、学习成果在工作中的应用、经营业绩、投资回报

① 柯克帕特里克的培训评估模型。

柯克帕特里克的培训评估模型(见表 7.5)，简称柯氏模型，是目前世界上影响最深、应用最广的培训评估模型，它是由国际知名学者威斯康星大学教授柯克帕特里克博士于 1959 年提出的，他提出“反应、学习、行为和结果”评估四阶段在企业实践中被广泛地应用。

表 7.5　柯克帕特里克的培训评估模型

评估层次	内　容	可询问的问题	衡量方法
反应	观察学员的反应	★ 学员喜欢该培训课程吗 ★ 课程对自身有用吗 ★ 对培训师及培训设施等有何意见 ★ 课堂反应是否积极主动	问卷、评估调查表填写、评估访谈
学习	检查学员的学习结果	★ 学员在培训项目中学到了什么 ★ 培训前后，学员在知识、技能等方面有多大程度的提高	评估调查表填写、笔试、绩效考试、案例研究
行为	衡量培训前后的工作表现	★ 学员在学习基础上有无改变行为 ★ 学员在工作中是否用到培训所学的知识、技能	由上级、同事、客户、下属进行绩效考核、测试、观察和绩效记录
结果	衡量公司经营业绩变化	★ 行为改变对组织的影响是否积极 ★ 组织是否因培训而经营得更好	考察事故率、生产率、流动率、士气

第一个阶段是“反应”。它是指在培训项目结束后，需要及时地收集学员对本次培训项目的反馈，可以通过发放满意度调查表的形式，来获得学员对培训的真实感受。如果学员对课程的反馈是消极的，那么就需要分析是课程开发设计的问题、培训方式的问题还是培训师的问题。这一阶段的评估结果并不能得出培训的成效，学员能否通过培训而提高工作效率还不确定，但能够了解学员参与培训的兴趣和热情，以及对培训的渴望程度，这些数据对培训工作来说都是非常宝贵的。同时，学员在对培训进行积极的反馈与评价时，也能够更好地总结他们所学的内容。

第二个阶段是“学习”。在培训结束后，需要确定培训对象的知识水平、技能素质等方面是否得到了提高，工作态度是否得到了转变，是否有所收获，对实际工作是否有所帮助。这一阶段的评估要求企业对员工培训后的知识技能进行测评，来了解员工对本次培训的要点所掌握的程度，通常我们可以通过考试或考察的方式来检验。同时，这一阶段的评估也能够检验是否达成了培训课程设计的目标，可体现出培训师的工作是否是有效的。但在这个阶段，我们仍然无法确定受训人员能否将所学的知识与技能运用到实际的工作中，是否会提高工作效率。

第三个阶段是“行为”。它是指在培训结束后，培训对象发生多大程度上的行为转变。评估可以通过对培训对象进行正式的测评或者非正式的考察来进行。发现并分析培训对象在实际工作中能否运用他们所学的知识与技能，提高工作效率并获得绩效认可。这一阶段的评估数据固然很难获得，但意义重大。只有培训对象能够把所学到的知识和技能应用到实际工作中，才能达到培训的最终目的。

第四个阶段是“结果”。这一阶段的评估所考察的对象不再是培训对象，而是在部门或组织范围内，了解培训给企业组织带来的收益效果，如企业生产力的提高、产品的创新、客户满意度的提高等。基于“结果”的评估是所有阶段难度较大的部分，但是对企业培训效果的评估意义重大。

② 考夫曼的五层次评估模型。

考夫曼(Kaufman)扩展了柯克帕特里克的四层次模型，他认为培训能否成功，培训前的各种资源的获得是至关重要的，因此，他在模型中加上了对资源获得可能性的评估，并将其放在模型的第一个层次上(见表 7.6)。

表 7.6　考夫曼的五层次评估模型

评估层次与项目	内　容
5 社会效益	社会与客户的反应、结果与报偿情况
4 组织效益	对组织的贡献情况
3 应用	组织中的个人与小组的应用情况
2 掌握	个人与小组的掌握情况
1b 反应 1a 可能性	方法、手段和程序的接受情况与效用情况，人力、财力、物力的有效性、可用性和质量

③ 沃尔等的 CIRO 评估模型。

沃尔(Warr)、伯德(Bird)和雷克汉姆(Rackham)等学者于 1970 年开发出了一套被称为 CIRO(Contextual、Input、Reaction、Outcome)的评估模型。

这种方法认为评估必须从情境(contextual)、投入(input)、反应(reaction)和结果(outcome)四个方面进行，所以也是一种四层次的评估方法，起初开发应用于欧洲，是一种非常独特的区分评估过程的方法。

④ 斯塔弗尔比姆的 CIPP 评估模型。

美国学者斯塔弗尔比姆(Stufflebeam,D.L.)1967 年在对泰勒行为目标模式反思的基础上提出了 CIPP 模型(见表 7.7)。CIPP 由四项评估活动的第一个单词的首个字母组成：背景评估(Context evaluation)、输入评估(Input evaluation)、过程评估(Process evaluation)和成果评估(Product evaluation)。这四种评估为决策的不同方面提供信息，所以，CIPP 模型亦称决策导向型评估模型。

表 7.7　斯塔弗尔比姆的 CIPP 评估模型

评 估 层 次	内容
背景评估	主要是了解相关环境，诊断特殊问题，分析培训需求，确定培训需求，鉴别培训机会，制定培训目标等。其中确定培训需求和设定培训目标是主要任务
输入评估	收集培训资源信息，评估培训资源，确定如何有效使用现有资源才能达到培训目标，确定项目规划和设计的总体策略是否需要外部资源的协助
过程评估	主要是培训方案的监督、控制及反馈
成果评估	衡量培训目标达到的程度

CIPP 评估模型为项目、工程、职员、产品、协会和系统评估等都提供了较全面的指导，尤其是那些准备长期开展并希望获得可持续性改进的项目。

⑤ 菲利普斯的五层次投资回报率模型。

菲利普斯(Phillips)，曾任国际绩效改进协会的主席。与柯氏四级评估模型不同，他提出的五级评估模型增加了投资回报率(见表 7.8)，清晰地提出自己的价值主张：为股东创造最大价值。

表 7.8　菲利普斯的五层次投资回报率模型

层　　次	评 估 内 容
反应和既定的活动	评估培训对象对培训项目的反应以及略述事实的明确计划
学习	评估培训对象技能、知识或观念的变化
在工作中的应用	评估培训对象工作行为的变化及对培训资料的确切应用
业务结果	评估培训项目对业务的影响
投资回报率	评估培训结果的货币价值及培训项目的成本

(4)培训效果评估的方法

培训效果评估的方法可分为定性分析法和定量分析法。

① 定性分析法。

定性分析法指评估者在调查研究、了解实际情况的基础之上，根据自己的经验和相关标准，对培训效果做出评价。以定性方法进行评估只是对培训项目的实施效果做出一个方向性的判断，也就是说主要是“好”与“坏”的判断。由于其不能得到数量化结论，故不能对培训效果达到的程度做一个准确表述。

定性分析法的优点在于综合性较强、需要的数据资料少、可以考虑很多因素、评估过程中评估者可以充分发挥自己的经验等，因此定性方法简单、易行，尤其在培训中有些因素不能量化时，进行定性分析就比较适合。如对员工工作态度的变化进行评估，要想全部量化成一系列的指标几乎是不可能的。

定性分析法的缺点主要在于其评估结果受评估者的主观因素、理论水平和实践经验影响较大。不同评估者可能由于工作岗位不同、工作经历不同、掌握的信息不同、理论水平和实践经验的差异及对问题的主观看法不同，往往会对同一问题做出不同的判断。

定性分析法有很多种，如讨论法、观察法、比较法、问卷调查法等。

② 定量分析法。

定量分析法是对培训作用的大小、培训对象行为方式改变的程度及企业收益的多少给出数据解析，通过调查统计分析来发现与阐述行为规律的方法。

根据培训目标要求和培训对象的工作实际，确定评估内容及使用的具体指标，即构成评估方案。培训效果表现形式是多样的，因此一种评估方案的指标形成一个完整的体系，而在评估时进入体系的相关指标是能反映培训效果并被使用的指标。建立评估指标体系时容易出现两种偏差：一种偏差是指标体系列入了不相关的指标，如进行安全意识培训，评估的是员工的缺勤改变情况；另一种偏差是指标体系不完整，如对管理者进行沟通技巧培训，结束后只评估他与其他管理者的沟通技巧改变，忽略了他与下属间的沟通技巧改变。

培训效果评估的指标包括培训对象在工作中行为的改进和企业在培训中获得的成果。行为改进主要是软性指标，如工作习惯、沟通技能、对企业文化的认同感、自我管理能力等。这类指标无法收集直接数据，通常是看问卷调查的结果或主管的主观印象。评估时可将指标划分为几个等级，如优、良、中、合格、不合格，然后给每级一个描述，并与收集到的效果信息进行比较，得出一个等级(水平)结果。

企业在培训中所获得的成果主要是硬性指标，如时间节省、生产率提高、产量增加、废品减少、质量改进、成本节约、利润增加等。

定量分析方法很多，下面介绍几种常用的定量分析方法。

A．成本—收益分析。通过成本—收益分析，计算出培训的投资回报率(IR)是培训效果评估最常见的定量分析方法。培训成本来源包括项目开发或购买成本，培训师工资成本，培训师及培训对象学习材料成本，培训场所、设备成本，培训组织者及辅助员工的工资和福利成本，因培训发生的交通及餐宿成本，培训对象因参加培训而损失的生产量等。若是一次性发生的成本，如项目开发、购买培训设备、修建场所等，可按会计方法进行分摊。培训的实施可能是要降低生产成本或额外成本，或改进产品质量，或者增加生产量，或者增加市场销售。总之，培训收益是企业因培训获得的经营成果的增加量。

考虑培训效果发挥的年限，我们可以用更一般的表达式来计算培训收益：

$$\mathrm{TE}=(E_2-E_1)\times \mathrm{TS}\times T-C$$

其中：TE——培训收益；E_1——培训前每个培训对象一年产出的效益；E_2——培训后每个培训对象一年产出的效益；TS——参加培训的人数；T——培训效益可持续的年限；C——培训成本。

培训的投资回报率是指用于培训的每单位投资所获取的收益，它也可以作为衡量培训成果的一个指标。当然，投资回报率和培训效果是成正比的。我们可以用下列公式表示培训的投资回报率：

$$\mathrm{IR}=(\mathrm{TE}-C)/C\times 100\%$$

其中：IR——投资回报率；TE——培训总收益；C——培训成本。

B．等级加权分析。当培训效果的评估指标由多指标组成时，需要给评估对象建立指标体系，确定各项指标的权重，如每个指标分5级水平，由多名评估人员进行评估，然后根据统计结果进行分析。指标体系的总权重为100%(即1)，如某个指标按其重要程度被赋权15%(即0.15)。将培训效果的评价指标进行加权量化，获得评价结果以后，就可以与培训前的相应评价指标进行对比分析，以此评估培训效果。

某企业培训的成本——收益分析

C．评估的可信度。

按照上面介绍的定量分析方法，对培训对象培训前后各测评一次，便可评估出培训的效果。由于企业的工作是多方面的，工作业绩是多维度的，评估人员的素质(成熟度、统计能力、品德等)也有高有低，因此培训活动是多因多果的。有的经营结果可能不是由于培训而是由于其他因素，如采用新设备产生的；有的行为结果是培训产生的，但却难以衡量，如培训对象的良好表现可促使其他员工努力学习以改善工作的这种辐射作用。为了让评估的结果让人信服，真正对管理者、决策者有借鉴意义，那么评估结果的可信度可采取前面所介绍的评估方案：前测—后测评估方案、后测—对照组评估方案和前测—后测—对照组评估方案，特别是前测—后测—对照组评估方案，能极有效地提高评估结果的可信度。

(5)培训效果评估数据的整理与分析

对收集来的评估信息不仅要归类、登记、建立数据库，还要进行必要的统计分析。在对数据进行分析时，会用到一些统计方法。一般来说，有三种统计方法较为常用，即平均数差异检验、方差分析、相关趋势分析。

① 平均数差异检验。

平均数差异检验指用平均数来检验两组数据之间的差异，如培训对象前、后测验的分数上是否有差异、受训组和对照组在培训后测量分数上是否有差异。

平均数差异检验根据两个组之间的关系，可以分为相关样本和独立样本的差异检验。

通常通过 t 检验来进行测量检验。其公式为：

$$t=\frac{x_d}{\dfrac{s_d}{\sqrt{n-1}}}$$

其中：x_d——两组差异的平均数；s_d——差异的标准差；n——样本数。

在进行检验时，还需要设定置信区间，即设定在多少概率范围内可以接受或拒绝两组数据有无差异的结论，通常称为 α 水平。一般设定 $1-\alpha$ 为 0.95 或 0.99，即结论有 $(1-\alpha)100\%$ 的可信度。参照 t 分布表，就可以做出统计推论。

② 方差分析。

方差分析用于对多个变量组数据的差异进行检验。它与 t 检验法相比，能评估两个以上变量的效应，进行多组数据比较时能较为准确地做出判断，具有更高的统计功效。采用方差分析时，要计算出组内变异和组间变异。

组间变异指由于接受了不同的处理方法，如培训—没有培训，课堂讲授—计算机辅助教学 ——互动等产生的不同小组之间的差异。

组内变异指发生在同一组内部，由个别差异或误差导致的变异。

进行方差分析的目的在于，看看发生的变化到底是由于实施了不同的处理而产生的，还是仅仅由于误差而导致的。具体计算可参考统计学方面的相关书籍。

③ 相关趋势分析。

相关趋势分析指利用相关性来显示培训项目中不同因素和学员业绩表现之间的相互关系。例如，将培训对象在工作岗位上的业绩表现情况与参加培训后的测试成绩进行比较，就可以揭示两者之间的相互关系。如果排除了其他因素的影响，两者之间若存在显著相关，则可以认为培训是有效的。

在培训项目不同阶段收集到的数据往往会在当时的阶段就进行分析，以便为培训项目的调整提供信息。此后，可以继续收集后续跟踪数据，再将它们与最初的数据组合在一起分析，对整个培训项目进行评估。

7.3 培训成果的转化

“1:x”——JS 电力公司员工培训量化评估

(1)培训成果转化的含义

企业培训的目的之一在于促使培训对象持续而有效地将所学的知识和技能运用于工作中。由于培训成果的学习、长时间的维持，以及在工作中的应用不单单是培训活动能够解决的，所以企业必须创造有利的组织氛围，确保培训成果的应用，并防止培训对象回到已经习惯的行为方式上。

有许多学者曾经对培训成果转化有过论述。虽然这些论述在字面上有些差别，但归根结底，培训成果转化所要强调的是以下两方面的内容。

一方面，在什么样的情景和什么样的行为中我们期望培训对象运用他们在培训活动中所获得的知识、技能等。也就是说，培训师要确定三个方面的问题：我们期望培训对象在培训之后必须改变什么行为，培训成果转化发生的频率和情景，培训对象在面对变化的工作情景时能够应用所学内容的程度。

另一方面，我们期望培训对象学习到的知识、技能和态度等能保持多久的时间，以及在工作中哪些因素能够加强知识和技能等的发展。也就是说，行为维持的问题和在转化环境当中新行为的保持问题。

综上所述，培训成果转化，就是指培训对象持续而有效地将其在培训中所获得知识、技能和态度等运用于工作当中，从而使培训结果发挥其最大价值的过程。当人力资源开发成为企业人力资源管理的核心环节时，培训如何转化成业绩就成为关键问题。当个人的知识、技能和态度等的转变与组织的需求紧密地联系在一起时，培训成果转化就成为核心问题。

(2)培训成果转化的层面

成功的培训能提高员工的知识、技能，改善员工的工作态度，在实际工作中要持续有效地进行培训成果转化，不断提高工作绩效以推动企业向前发展。为了分析影响培训转化的因素，首先来分析培训转化的四个层面。

培训转化的第一个层面是模仿应用，即培训对象的工作内容和环境条件与培训时的情况都完全相同时才能将培训学习成果转化。培训转化的效果取决于实际工作内容与环境条件同培训时的情况相似性大小。比如，情景模拟培训在这个层面的转化程度就大。

培训转化的第二个层面是举一反三，即推广。培训对象理解了培训转化的基本方法，掌握了培训目标中要求的最重要的一些特征和一般原则，同时也明确了这些原则的适用范围。在工作环境(如操作设备、工作任务、实际问题)与培训时的环境特征有所差异时，培训对象也能正确应用所学知识、技能等。这个层面的转化效果可通过培训师在培训时示范关键行为、强调基本原则的多种适用场合来提高。

第三个层面的转化是融会贯通，即培训对象在实际工作中遇到的问题或状况完全不同于培训过程的特征时，也能回忆起培训中的学习成果，建立起所学知识、技能与现实应用之间的联系，并恰当地加以应用。

第四个层面的转化是自我管理，即培训对象能积极主动地应用所学知识、技能等解决实际工作中的问题，而且能自我激励去思考培训内容在实际工作中可能的应用。比如，能较为恰当地判断在工作中应用新掌握的技能可能会产生的正面或负面作用；为自己设置应用所学技能的目标；对所学内容的应用实行自我提醒、自我监督：对培训内容的应用加以自我强化，以实现扬长避短、熟能生巧，继而进入创新地应用成果的良性循环。

(3)影响培训成果转化的因素

要成功地完成培训项目，培训对象必须持续有效地将所学知识、技能等应用于工作当中，最好是转化为培训对象的习惯行为，成为其自身素质的一部分，这一过程称为培训成果的转化(其实质是一种学习迁移)。如果培训活动结束后便无人过问培训是否起到了作用，培训对象是否把所学知识、技能等应用到实际工作中，从而改变他们的态度或行为，真正改善工作绩效，那么这个培训项目就是失败的。即使是培训对象无意识地有所运用，但仍可以说这个培训只是走过场，因为结果无人问津。培训转化是培训学习的迁移，培训的目标就是学以致用。因此，培训转化这个环节对于提高培训的有效性至关重要。影响培训成果转化的因素包括培训对象特征、工作氛围等。

① 培训对象特征。

培训对象特征包括培训态度、动机、文化水平及基本技能等。一方面，培训对象的培训态度、动机极大地影响培训学习的效果和培训转化的程度。如某研究所的员工，有的抱着“既然让我去，那么去学学也没什么坏处”的思想，有的希望通过培训获得一个文凭或者证书，将来能因此获得晋升或技术职称的好处，他们都没有思考学过之后有多少成果得到了实际应用。这样的动机对于培训的有效性是一大破坏。另一方面，虽然培训对象主观上积极参加培训学习，但是由于缺乏培训所要求的基本技能，只能进行第一层面的转移，只能照搬照套，情况稍有变化就不能灵活运用，这也影响着培训学习的效果和培训转化的程度。对以上问题，可以采取以下措施解决。

A. 在分析确定培训对象时应有所选择，要求培训对象具备学习培训项目内容所需的基本技能，即认知能力和阅读、写作能力。选择时，可以对候选人采用书面形式进行测试，测试结果不记入员工个人档案，以消除员工对此形成恐惧心理而不愿意参加培训。

B. 要求培训对象做好受训准备，端正学习态度和学习动机。

C. 如有必要，还需就适当的基本技能作自我学习和提高。

D. 明确告知培训后将对学习结果和应用情况考核，而且是有奖有惩并与晋升等待遇挂钩。

E. 如果员工不具备基本技能又不得不参加培训，可以将基本技能指导融进培训计划中。

F. 培训实施前，可将培训设计的一些资料印发给培训对象，让他们事先阅读理解，这样对提高培训的有效性大有好处。

② 工作氛围。

这里的工作氛围指能够影响培训转化的所有工作上的因素，包括管理者支持、同事的支持、企业的学习氛围等。有利于培训转化的工作氛围应该具有以下特征。

A. 受训后员工的工作是按照让他们能够使用新知识、技能和行为等来设计的，这样的工作特点能起到督促或提醒培训对象应用在培训中获得的新知识、技能和行为等的作用。

B. 受训员工的直接主管及其他管理者能与培训对象一起讨论如何将培训成果应用到工作当中，他们对培训对象在工作中使用培训获得的新知识、技能和行为等应该持鼓励、支持的态度，而不是冷嘲热讽或漠不关心。

C. 管理者对刚接受培训就将培训内容应用于工作中的行为加以表扬，以进行正向强化。当员工在应用培训内容出现失误时，管理者不会当众责难，而是个别指出并帮助员工寻找原因和解决方法。

D. 培训对象若在工作中成功地应用了培训内容，而且使用频率或改善绩效达到了某一规定标准，那么他们会得到加薪的机会，并将此记入员工个人档案，作为员工全年绩效考核和晋升的依据。

讨论案例

如何实现教官、员工和企业"多赢"

——国兴物流教官制内训模式实施纪实

2017年7月的一天，国兴物流公司人力资源部经理赵伟正在整理和分析员工培训满意度调查结果时，意外地在公司内部培训官网上收到一份教官辞职申请。提出辞去教官职位的是公司金牌销售员兼二级教官钱强。赵经理看到这份教官辞职申请时十分震惊，甚至不敢相信这是真的。因为自公司实行内部九级教官制以来，自上而下，各个层级的员工都勤奋工作，积极争取成为兼职教官，可以说，成为一名兼职教官在公司是一件很值得自豪的事情。让赵经理疑惑不解的是，即将可以由二级教官晋升为一级教官的钱强为什么在这个节骨眼选择退出呢？是公司教官制出了问题，还是钱强个人出了问题？赵经理百思不得其解。

一、教官制内训模式的由来

(一)公司简介

国兴物流公司(以下简称"国兴物流")是国兴集团的子公司之一，是以化工产品物流为核心业务的公司。经过十多年的积累与积淀，逐渐形成了一个集铁路货运、公路汽运、海上船运、港口储运及电商物流、金融供应链物流、外贸物流、汽车后市场于一体，服务于制造业的现代物流企业。

国兴物流注册资本1.5亿元，下设三个全资子公司，主要服务于石油化工、粮油加工、板材加工、热电煤炭、制浆造纸等制造业。国兴物流的组织结构如图7.6所示。

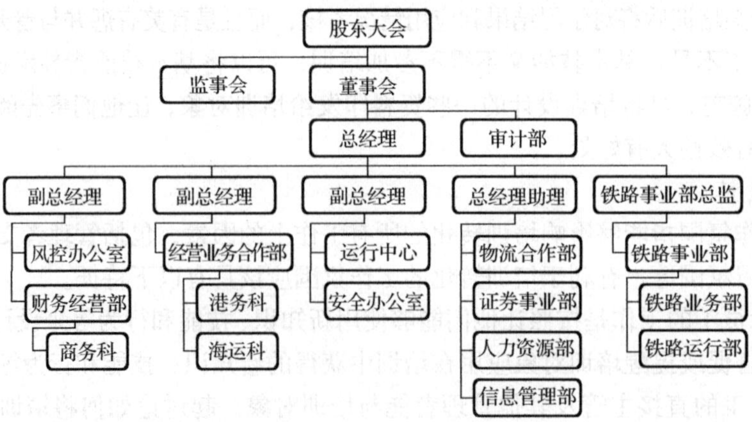

图7.6 国兴物流公司组织结构图

其中，人力资源部负责公司的人力资源招聘、人力资源规划、薪酬管理、绩效管理、劳动关系管理、员工培训等工作。

国兴物流拥有正式员工2000余人，其中运输车司机1000余人，行政及业务人员等1000余人。司机平均学历水平较低，基本均为高中及以下，平均年龄45岁。行政与业务人员中，专科学历与本科学历人数比例大约为1:3，硕士及以上人数极少，男女比例1:2。

（二）培训管理体系

国兴物流的培训管理体系由两部分构成：第一部分是公司中高层培训管理，由集团公司所属的培训中心负责。培训内容重在管理者的能力建设，主要职责是负责沟通校企合作等企业外部培训发展项目，国兴经典企业文化培训与研究，培训教官管理、培训计划制订、教材课件研究等培训教学管理等。第二部分是公司中层以下培训管理，由国兴物流公司负责。培训管理工作主要分为常规培训和创新培训。常规培训主要为新员工培训和暑期实习培训，而创新培训主要是为了培养优秀人才，形成企业管理人才梯度，分为五大关键岗位培训——高级业务经理培训、车队班长培训、商务风控师培训、维修技师和安全员培训。

（三）内部培训管理模式

为了提升教育培训团队职业化、专业化水平，传承国兴员工智慧与经验，国兴物流教育培训管理实行“双线并行，优势传承”的原则，构建了“教育通道”与“九级教官制”双线运行的内训管理模式。

所谓教育通道，是指国兴物流为专职教育培训人员设立的晋升通道，与管理、经营、技术、技工通道并行。专职教育培训人员隶属于人力资源部，专门负责国兴物流的培训计划制订、培训实施与管理、与国兴培训中心的业务沟通与协调等。专职教育培训人员的职称晋升通道自下而上分为初级培训师、副中级培训师、中级培训师、副高级培训师、高级培训师。

所谓九级教官制，是指公司为完成内部五大关键岗位培训，由在内部招募的优秀员工担任教官（内部培训师）进行授课培训的一种教育培训模式，因教官分为九级，故称为“九级教官制”（见图7.7）。

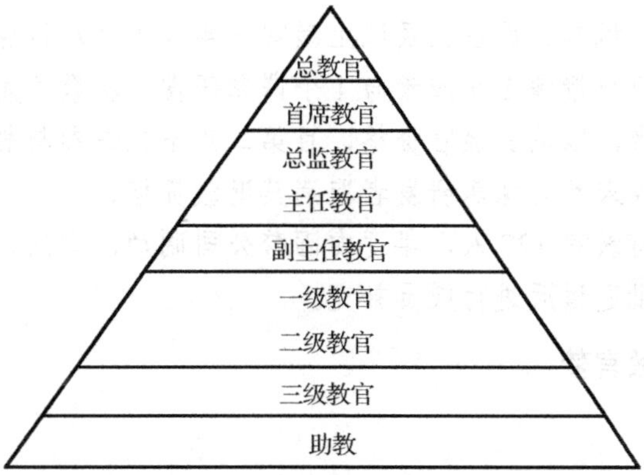

图7.7　国兴物流九级教官制

国兴物流本着“充分利用岗位能手，选拔兼职教官，实现经验传承”的原则，制定了严格的九级教官胜任素质、技能评审与考核标准、培训课时激励标准、年度评优和考核机制等。例如，教官的胜任素质包括基本素质（个人素质、教官素质、企业文化认同），岗位素质（实践经验、理论水平），持续创新能力（兴趣、学习力、创新力）等。九级教官选聘的基本要求如下。

助教：核心员工及以上。

三级教官：工作满 1 年及以上，核心员工、班组及以上。

二级教官：工作满 2 年及以上，班组及以上。

一级教官：工作满 3 年及以上，班组及以上。

副主任教官：工作满 3 年及以上，任一级教官 2 年或其他通道副中级及以上人员。

主任教官：工作满 3 年及以上，任副主任教官 2 年或其他通道中层及以上人员。

总监教官：工作满 5 年及以上，任主任教官 3 年或其他通道高层人员。

首席教官：由总教官任命。

总教官：公司董事长，兼任培训中心校长。

每一级教官的选聘都有明确的专业素质要求，比如一、二、三级教官和助教的基本素质要求是企业文化知识、讲师职业道德知识考核必须达到 85 分以上(满分 100 分)，教官胜任素质要求是情景模拟考察岗位知识掌握度、语言表达能力及现场把控等讲师胜任素质。此外，还有一条选聘教官的要求是申请教官者必须参与“TTT 培训(国际职业培训师标准教程——Training the Trainer to Train 的英文缩写)”或网校培训，培训合格方可上岗。

每一级教官的培训都有课时费，培训课时费标准不同，例如，总教官课时费约为 4000 元，主任教官课时费约为 560～720 元，一级教官课时费约为 240～320 元，助教课时费按照每场次培训人数多少计算，若 11～50 人/场次，课时费为 60 元；51～100 人/场次，课时费为 80 元；101 人及以上/场次，课时费为 100 元。

每年公司要进行优秀教官评选。副主任及以上教官以授课次数(占比 20%)、授课得分(占比 20%)、课题研发(占比 60%)为标准，年度评比奖励前两名：第一名奖励 2000 元，第二名奖励 1500 元。一、二、三级教官以授课次数(占比 40%)、授课得分(占比 20%)、课题研发(占比 40%)为标准，年度评比奖励前两名：第一名奖励 1500 元，第二名奖励 1000 元。年度助教评优以运营次数(占比 40%)、季度排名得分(占比 40%)、课题研发(20%)为标准，年度评比奖励前三名：第一名奖励 1000 元，第二名奖励 800 元，第三名奖励 500 元。

对兼职教官建立考核机制。副主任及以上教官一年至少 2 次授课且参与 1 个课题研发，一、二、三级教官一年至少授课 1 次或参与 1 个课题研发，次数不足者降级。教官一年内未授课或未参与课题研发者，取消其教官资格，且第二年不允许参与教官竞聘。助教一年至少运营 2 次，全年无运营或未参与课题研发者取消其助教资格。

目前，国兴物流共有教官 127 人，年度内因跨公司调动、淘汰、离职等原因造成的成员减少，经教官团团长审批通过后进行成员补充。

二、金牌销售员的教官梦

(一)助教申请

钱强，90 后，刚刚入职一年的时间，却已经是公司有名的金牌销售员了。最近国兴物流开始了新的一轮教官团队成员的选拔，钱强回想起新员工入职培训上人力资源部赵经理对九级教官制的全局规划和落地措施，又想起自己的主管经理通过九级教官通道升职加薪的经历，开始研究如何成为公司的一名兼职教官。

钱强打开培训官网的界面填写助教报名申请表，表格内主要涵盖入职时间、学历、培训经验、参与动机四个方面的内容。钱强抱着试试的心态，点击了确认键。让钱强感到惊讶的是自己通过了初选，收到了复试通知。按照九级教官评审要求，评聘采用“自愿报名—笔试—面试—TTT 培训(网校培训)—上岗”的流程。钱强原本以为要通过一场难度极高的面试或者试讲，却没有想到复试只需参与网校的考试，及格后即可成为一名培训助教，也就是九级教官的入门级。

钱强顺利通过了网校考试，如愿成为一名兼职助教。

(二)渴求被培训

钱强知晓兼职助教的主要职责是为员工开展培训。可是，成为助教后，钱强却不知所措，因为他从未做过培训师，甚至不知道自己能讲什么、如何讲、怎么讲。基于此，钱强一直在等待接受培训的通知，可是，一个月过去了仍然未接到培训通知。于是，钱强有点按捺不住了，便给人力资源部培训专员孙毅打电话。

“小孙，你好，请问我们这些新聘的助教是不是需要接受公司的培训呀？大概什么时候会给我们培训啊？”钱强十分诚恳地询问着。

“哦，新助教呀，其实按照制度来说是应该有的，但是，最近我们部门很忙，而且感觉新助教都是部门骨干，都很优秀，所以就不举办助教培训了。这样吧，明天是周六，上午八点一级教官李东教官有商务礼仪培训，你跟着他的助教走一遍流程就行啦。”

“那怎么行啊！我可是新助教啊，从来没开展过培训，心里没底啊！”钱强非常渴望能参加新助教培训。

此时，电话那头的孙毅略显出一丝不耐烦，对钱强说：“我解释清楚了吧，您还有其他事情吗？”

钱强心里满满的不乐意和失望，但是也只能随声附和：“那好吧，你忙吧，谢谢！”

周六上午，钱强跟着李东教官和他的一名助教安娜来到了商务礼仪课堂。因为不知道具体的培训流程，钱强显得很拘束，只能仔细地看着助教安娜的一举一动。安娜在培训前便下发一张培训评价表，以供学员在培训结束之前对培训效果和教官教学情况进行评价。钱强心里明白，助教的大部分工作应该都是在培训开始之前完成的，在培训中可以学习到的助教经验只能是冰山一角。没有办法，钱强只能在培训课结束后向安娜取经，可是两人都有自己的本职工作，若不是单独凑出时间来，根本没有时间交流。

钱强明白，只能靠自己来了解助教的主要工作职责、要求和流程等。

(三)初战告捷

就在听了李东教官商务礼仪培训不到一周时间，钱强突然收到人力资源部的一封邮件，安排钱强在 10 天后为销售人员开展一次销售技巧的培训。

安排培训，对新任教官来说自然是好事，也是教官的职责，但是十天时间对于一名新教官来说又有点短，毕竟白天还要完成自己的本职工作。钱强想既然想做好兼职教官工作，就必须全力以赴。于是，钱强立即着手准备培训课程的开发。通常，培训课程开发之前需要明确“5W”，即培训的目的(Why)、培训的对象(Who)、培训的内容(What)、培训的时间(When)和培训的地点(Where)。在梳理“5W”过程中，钱强比较模糊的是培训的对象和内容。培训专员在邮件中并没有告知培训的是哪个级别的销售人员，他们目前需要哪些方面的销售技能。带着疑惑，钱强联系上了培训专员孙毅。孙毅不假思索地告诉钱强，培训对象是各个层级的销售人员，至于这些销售人员需要哪些销售技巧，他也不清楚，让钱强自己决定培训内容。

听了孙毅的解释后，钱强有点后悔申请兼职教官的决定。因为不同层级的销售人员，其销售经验自然不同，对销售技巧的需求也自然有所不同。钱强已经意识到以后的路一定会有坎坷，但既然已经决定要做好兼职教官，就必须克服眼前的困难。

由于时间紧急、刻不容缓、钱强深知，开展大规模的销售人员需求调查已无可能，目前能做的只能是找几位不同层级的销售人员聊一聊，看看他们在销售过程中有什么困惑、有什么困难需要解决。白天上班，晚上钱强加班加点，整理访谈搜集到的问题，结合自己的销售实践，直到进行正式培训的当天早上，钱强还在修改培训课件。在培训过程中，钱强根据培训对象的特点，归纳总结出几种通用的销售技巧，又从不同层级分别提炼出各自的销售技巧。

从培训后的意见反馈看，培训对象对钱强的销售技巧培训给予了很高的评价，觉得非常实用，美中不足的是理论基础知识欠缺。人力资源部也对钱强的培训给予肯定，决定在未来的 2 个月内，再安排钱强为其他销售人员开设 2 次销售技巧讲座。

(四)连续晋升

钱强的销售技巧培训好评如潮，不到一年时间，销售技巧培训就成为公司最火爆的培训课程之一，钱强也因此晋升为三级教官。

晋升给了钱强自信与激情。每天工作之余，钱强都把时间花在丰富课程内容、补充销售理论知识上面。不仅每次授课后要求培训学员填写满意度调查问卷，而且他也经常和培训学员沟通，了解其培训需求。由于钱强的销售技巧培训课程非常实用，导致许多员工在休息时间慕名前来旁听。

企业经营环境的不确定性、复杂性、可变性，给销售带来很大的难题。钱强在培训中发现，员工的需求层级越来越高，要求也越来越多，仅仅靠自己积累的那点经验已经难以满足员工日益增长的对销售技巧、沟通技巧等培训的需求。由于自己是兼职，公司并没有安排针对教官的专门培训，也没有时间到社会上去学习高水平培训师的经验，钱强慢慢地开始自己在网校平台上进行自学，以期不断提高自己的专业素养。由于钱强出色的表现，钱强得到了受训员工、企业培训主管部门，乃至企业高层领导的好评，在担任三级教官六个月后，钱强破格晋升为二级教官。

(五)心理失衡

连续晋级对钱强来说不仅没有喜悦，反而压力倍增。压力主要源于三个方面。

一是培训技能提升的压力。由于晋升二级教官，对自己的素质要求有了提高，授课的难度大大增加，自己需要付出更多的努力。钱强自知目前的授课主要靠自己并不丰富的销售经验，自己的理论基础、授课能力有限，课程内容也比较单一，难以满足更高层次的员工培训需求。钱强很渴望能有机会进修、学习，提高自己的培训技能和综合素养，以便自己能组建课程开发团队，提高培训的质量和水平。与此同时，钱强发现，不仅仅是自己有进修、学习的需要，其他教官也有相同的需要。于是，钱强代表几个教官，向人力资源部培训专员孙毅再次反映教官的诉求，希望公司安排教官培训或进修。孙毅却出乎意料的淡然，他平静地回答:“钱强，这个事情我们也在努力解决呢，目前人力资源部门人手不够，这部分的培训如果我们部门不能开展的话，就得外聘培训师对你们进行培训，这又是一笔很大的支出。不过我们经理正在和公司协商解决这个问题，您不用着急，会解决的。”

“会解决的。”钱强知道，自己和其他教官的诉求暂时无法得到解决，只能靠自学去完善和提升自我素养、授课技能。

二是工作和生活出现冲突。由于自己白天忙于销售业务，业余时间几乎全部用于备课、调研等培训准备工作，有时还要牺牲周六、周日时间去听课、授课，根本没有时间照顾家庭，甚至连基本的子女教育都少有问津，这引起了妻子的不满。由于没有尽到家庭责任，夫妻之间常常因此产生矛盾。如何处理好工作与生活之间的关系成为钱强要面对的一个难题。

三是职业发展前景模糊。两年多来，钱强经过不懈努力，从助教一步步地晋升为二级教官，在别人看来，钱强作为一名销售能手，又成为受欢迎的二级教官，可谓光鲜亮丽、前途无量。但钱强自己却高兴不起来，因为精力过多地投入兼职教官工作，原来保持领先的销售业绩逐渐下滑，自己的收入也未增加多少，因为助教和三级、二级教官的课时费比较低，辛辛苦苦备课、授课，每次将近两个小时，只有60～300元不等的培训酬金，付出与获得不成比例。

钱强原本看到公司对于内部教官团队非常重视，期望在为企业培训员工、服务企业的同时，也能够提升自己的业绩，在职业发展上有新的突破。但没想到的是事与愿违，教官的晋级与自己的职业发展似乎没有关联，职业发展的五个通道(管理、经营、技术、技工、教育)各有考核标准，唯独对教官的考核只有培训次数等数量要求，没有明确的绩效考核指标。尤其是许多兼职教官都非常重视自己的本职工作，只是根据人力资源部的安排每年开展少量的培训。培训的内容基本上都是自己本职业务内的工作内容、经验体会，少有开发新的培训课程。

上述诸多问题，影响了钱强的心理和情绪，最终影响到他的本职销售工作。在这样的消极情绪影响下，钱强工作激情降低，这个月的金牌销售员荣誉也被其他员工取代，失望、难过的心情包围着他。

基于此，钱强放弃了还有可能晋升一级教官所带来的荣誉和奖励，通过网络提交辞去兼职教官申请，选择退出教官团队。

在得知金牌销售员兼优秀的二级教官辞去教官职务时，赵经理十分震惊和不解，试图找到钱强进行挽留，也想知道这背后的原因是什么？九级教官制到底哪个环节出现了问题？

赵经理约见了钱强，没有拐弯抹角，直接提出了自己的疑问：“钱强呀，怎么呢，马上就要晋升一级教官了，全公司这次总共就两名额，你很有希望呢，怎么这时候辞去教官职务了呢？”钱强有些心事重重的样子，想说却不敢说，赵经理见状，忙说：“没事，你也直接说吧，我们都是为公司的长远发展着想，你提出的建议我们都会接纳吸收的。”钱强放下了芥蒂，开始述说自己的理由：“赵经理，我最初是被公司的九级教官制吸引而报名成为一名教官的，机制里的选拔、晋升、激励都挺完善的，但是我真正成为教官后，发现这些环节都有漏洞。选拔标准、晋升标准、激励模式、绩效考核机制真正运用了吗？为什么这么多教官提出需要培训教官的课程但还是没有呢？赵经理，我还发现目前极其缺乏课程需求搜集和分析，开设课程、组建教官团队应该都花费了大量的人力、物力，可是培训是否和公司的战略相结合呢？”

钱强一连几个问题直击赵经理的内心，其实赵经理心里都知道这些问题，可是真正开展起来，难度颇大。九级教官制也不过是外表新鲜亮丽罢了。

赵经理和钱强陷入了尴尬的对视，国兴物流的内部培训体系到底该怎么建设呢？

三、教官制实施效果调查

钱强的兼职教官辞职申请，刺激了人力资源部经理赵伟的神经。一向对教官制及其作用和价值抱有信心的赵伟，在了解了钱强提出辞去兼职教官原因之后，决定在国兴物流开展一次针对教官制实施效果的调查。

（一）教官访谈调查

人力资源部经理赵伟委任培训专员孙毅对国兴物流的各级教官开展访谈，希望通过访谈搜集教官制目前存在的问题，以期对症下药。访谈开展了长达半个月，累计访谈人数 17 人，其中总监教官与首席教官 4 人，副主任及主任 4 人，一、二、三级教官 7 人，助教教官 2 人。

在访谈期间，孙毅还特意召开了一次访谈座谈会，赵经理也出席了座谈会。赵经理在各位教官面前十分诚恳地说了一番话："今天邀请在座的各位教官，你们也是公司业务领域的优秀管理者，希望大家畅所欲言，说出大家在担任教官期间所遇到的问题，我们一起探讨和完善这项制度。"

不知何故，赵经理发言后现场一片沉寂，或许教官们有些拘谨。这时，副主任教官，也是电商运营部经理王英率先打破了沉寂。她说："非常感谢赵经理的邀请。我加入教官团队已经 5 年了，5 年的时间也看着九级教官制度在不断成长，但是还是有很多问题一直没有得到解决。第一，5 年的时间里我没有参加过一次对教官的线下培训，虽说有线上的网校课堂，但是课程很久不更新，尤其是对于电商运营这些新型业务领域的课程更是少之又少，没有紧跟行业和时代的潮流。第二，有几次培训都是人力资源部临时通知的，让我感觉有一种被呼之即来挥之即去的感觉，毕竟是给员工培训，又不敢随意对待，但是时间又紧迫，前期的培训准备可想而知不会十分完善了。不太清楚人力资源部有没有对公司一年的培训拟订年度培训计划。这是我的两大疑问。"

王英教官的一席话打开了大家的话匣子。一级教官也是销售部员工的杨涛随即发言："我加入教官团队的初衷是想把自己的销售技巧传授给更多的员工，与此同时也不断提升自己，但是现在教官工作不断地给我带来困扰。我们部门有很多员工也在教官队伍里任职，我们都有一个共同的感受，就是课后员工填写的课堂评价不仅没有帮助我们完善自己，反而在打击我们的自信心，我只知道我自己的培训得分，却不知道自己的培训问题，这些培训问题和改进意见都没有反馈给我们。而 9 分以下还会扣我们的培训薪酬，但是我们也不知道评分标准，不知道从何改进。有时候明明为培训做了充分准备，花费很多时间，但是效果却很不理想，自己也不知道问题出在哪儿，有时真的很烦心。"

在王英教官、杨涛教官发言时，很多教官都频频点头。渐渐地，其他教官也放下顾虑，说起他们在加入教官团队后出现的问题：课程需求不具体，导致备课难度大；目前的激励机制太单一，以物质激励为多，教官制没有与职业发展通道相结合；教官的考核缺乏科学规范的指标体系；对课件的审核流程复杂，需要经过部门经理、高管、人力资源部培训主管审核。但也常常流于形式，出现互相推卸责任、监督不到位的情况，影响课件和课程开发积极性等。

赵经理把每一个问题都仔细记录在册，座谈会开展了整整两个小时，反映的问题也是让他眉头紧锁。最后，赵经理做了总结发言，并向各位教官承诺，要高度重视教官们提出的问题，将会对这些问题对症下药，进一步完善教官制，力争实现教官、员工、企业三方"多赢"。

（二）约见资深老员工

在会议室内，赵经理迎来了老张，老张是从公司成立之初就开始为公司效力的老员工之一，拥有的丰富的业务经验，为企业拉来了不少的单子，可谓是企业的一大功臣。

"老张啊，培训工作是我的职责分工之一，这次找你来就是想了解一下咱们员工对企业培训、教官制的看法，以便为员工提供更好的服务。有什么想法可以随便说，我们都会认真对待的。"赵经理真诚地看着老张，老张犹豫了一下，喝了口水后说道："咱们公司很重视培训这方面的工作，也在不同方面提升了我们员工的能力。我有不少其他公司的朋友也都羡慕咱们的员工能够得到公司提供的各种学习和提升上的便利，可是就是因为这份重视，让员工有点儿喘不过气来呀。”

赵经理摩挲了一下手中的水杯，追问道：“你的意思是说，咱们的培训任务量有点大？”

老张点点头，“对的，目前在工作之外我们面临的培训项目太多了，有培训中心的培训、教官的培训、经理的培训，对我们的时间和精力来说是巨大的考验。而且这些培训还和绩效、晋升挂钩，必须得慎重对待。要我来说，有的培训项目要不就是太难学不会，要不就是太简单根本不用学，甚至还有的和我目前的工作完全没关系，最后只能是为了应付差事才去上这个课。赵经理您也可以去车队走走，听听车队员工的声音。”

赵经理听从了老张的建议，约见了五车队的队长林旗。五车队队长了解了赵经理约见的目的后，直言不讳地说：“赵经理，现在对车队的培训，很多驾驶员还是积极参与的，但是学起来慢。他们的文化程度普遍较低，培训一些专业性的东西，像交通法规之类的能够接受，但是类似企业文化这些接受得就比较慢了，有的时候能够做到，但是就是说不出来。可是公司又需要我们背下来，每个月还有企业文化考核，没考过还需要扣奖金影响升职，我们车队好多员工都在抱怨呢。他们开车本来压力就大，休息时间也少，这样非常影响车队的工作状态。”

听了老张和林旗队长的意见后，赵经理有点意外。按照他以往对培训的认知和理解，培训是企业的一种福利，员工是希望获得培训的，而今看来，并非所有的员工都愿意参加培训。

(三)青年骨干员工座谈

公司正在开展青年骨干员工的培训，这个培训是一次长达七天时间的封闭式训练，培训的内容涵盖方方面面，包括企业文化、商务礼仪、管理知识、业务技术等。赵经理想借此机会和这些经常接受培训的青年骨干员工进行交流，开展一次座谈调查，了解他们的看法。

赵经理刚走到培训室，就碰到了去年被评为优秀青年员工的刘美红，也是本次轮训的队长。刘美红抢先打招呼：“赵经理，您工作这么繁忙，还来看我们培训呀！”赵经理笑了，“我是来取经的。想听听你们这些优秀员工对教官制、培训工作的看法，以便更好地改进培训工作。”明白赵经理来意的刘美红，将所有参加培训的青年骨干员工分成5组，开展了一次关于教官制座谈讨论，写下目前培训工作最突出的五个问题。

赵经理看到每一组都在热烈讨论。他旁听了一个小组成员的发言：“每一次培训都是公司规定的，现在就是陷入了一个尴尬困境，我们接受了这么多的培训，已经不知道自己想学什么了。而公司也从来不搜集我们的需求，也不了解我们想学什么，现在咱们公司提供培训还是挺全的，但是不系统。首先，没有一些文字性材料，内容比较乱。没有系统化的培训资料，每次培训空手来、空手回，培训完后就忘了培训的内容；其次，给我们培训的教官都是在业务上很优秀的员工或者管理层，但是有的教官的表达能力比较差，有时候真的听不懂教官在说什么。”

半小时后，各小组派代表进行总结发言，每个小组都列出了五个问题，但是都几乎不约而同地集中在了教官教学能力不足、课堂效果差、缺乏课件、课程没有及时更新、没有搜集员工的培训需求这五个问题上。

(四)尾声

窗外，雨还在下着，已是晚上九点，国兴物流人力资源部赵经理办公室的灯仍然亮着。

此时的赵经理坐在办公桌前思绪万千，教官制自实施以来，一直在公司内外受到好评，大家几乎都认为教官制是一种高效的内部培训模式，但为什么实施七八年后，却引起诸多不满。本以教官制感到自豪的赵经理此时陷入了深深的思索之中：教官制怎么了？哪些环节出了问题？运作与管理过程中有哪些漏洞？如何构建教官绩效考评体系？如何完善教官培养与管理体系？教官制培训如何实现教官、员工、企业三方“多赢”？

“砰”“砰”“砰”，门卫的敲门声打断了赵经理的思绪。赵经理抬头一看，已是十点多了，该回家了，这一系列问题留待明天研究解决吧。

思考题：

1. 国兴物流建立了怎样的内部培训模式？
2. 国兴物流在教官的选聘、培育、使用、留用上存在哪些问题？
3. 国兴物流应如何构建教官考评指标体系？
4. 国兴物流应如何完善教官培训运作管理？

本章小结

1. 培训体系是组织基于发展战略和培训目标，针对员工的培训与开发而制定的一套动态系统和机制。组织的培训与开发体系可分为总体系与子体系，总体系通常是一个宏观、指导性培训与开发文件，通常包括培训目标、培训对象、培训内容、培训形式、培训师、培训时间、培训地点、培训组织、培训评价及培训经费等。一套完整而系统的培训与开发体系通常由若干子体系构成，具体包括组织学习与发展体系、人力资源发展与职业生涯规划体系、培训需求调查体系、培训课程管理体系、机构与讲师筛选和内部培训师培养体系、培训资格审查体系、培训行政支持体系(培训管理与服务体系)、培训效果评估与跟踪辅导体系、培训预算控制体系，等等。

2. 培训运作流程一般包括四个步骤：培训需求调查阶段、制订培训计划阶段、培训组织与实施阶段、培训效果评估阶段。

3. 培训需求分析包括组织分析、任务分析和人员分析三个层次。

4. 柯克帕特里克的培训评估模型主要从学员反应、学习成果、工作行为、经营业绩四个层面进行培训效果评估。这一评估模型在企业实践中被广泛地应用。除此之外，培训评估模型还有：考夫曼(Kaufman)的五层次评估模型，沃尔(Warr)、伯德(Bird)和雷克汉姆(Rackham)等的CIRO评估模型，斯塔弗尔比姆(Stufflebeam,D.L.)的CIPP评估模型，菲利普斯(Phillips)的五层次投资回报率评估模型，等等。

5. 培训成果转化的四个层面是：模仿应用、举一反三(推广)、融会贯通和自我管理。

第 8 章

培训方式与培训方案

学习目标

1. 了解什么是在职培训与脱产培训；
2. 了解什么是在线培训或网络培训；
3. 熟悉和掌握培训方案的设计原则、内容和方法等；
4. 设计新员工培训方案。

引导案例

通用电气公司的“逆向导师”计划

通用电气公司(GE)是世界上最大的多元化服务性公司，从飞机发动机、发电设备到金融服务，从医疗造影、电视节目到塑料，GE 致力于通过多项技术和服务创造更美好的生活。GE 在全世界 100 多个国家开展业务，在全球拥有员工近 300 000 人。GE 致力于不断创新、发明和再创造，将创意转化为领先的产品和服务。

1999 年，时任 GE CEO 的杰克·韦尔奇让五六百位高层领导与精通网络的二三十岁年轻人结对子，为高层领导者创造一个了解“新时代”的机会，也帮助他们了解年轻领导者将面临的挑战。2011 年，GE 再次意识到了不同代际员工之间存在的隔阂：一方面年轻员工觉得公司没有太多地使用他们已经熟悉的各种社交网络工具，工作方式不够酷，表现手法不够炫，而年长的员工则对年轻人要这些玩意儿做什么表示不理解。

53 岁的 GE 大中华区洋掌门夏智诚并不精通中文，却非常喜欢玩中文微博。他希望通过自己的微博，能让伴随着互联网成长起来的年轻一代更多地了解 GE，但他又不愿意将个人微博交给背后的公关团队打理。2013 年 4 月，他在微博上宣布：自己结识了三位擅长网络社交的“导师”。一有空，他就会向他们请教“如何做好一个微博控”。夏智诚口中的“导师”，其实都是 GE 入职才一年多的 85 后员工。

这是 GE 正在启动的“逆向导师”计划：让高管们提出自己想学习的新知识、新领域，请年轻员工与他们结对、给他们做老师。

“小土豆”想出的计划

钟亦祺是 GE 全球范围内第一批“逆向导师”中的一员。开展“逆向导师”计划，也是由他与其他 20 位同事共同向 GE 全球总裁伊梅尔特当面提出来的。

2011 年秋天，包括钟亦祺在内来自全球的 21 位年轻员工，都被招募到位于美国硅谷的 GE 培训营，目的只有一个，让他们想想，现在公司在人才选拔、培养与留用上，还能做些什么？据说这是伊梅尔特本人的主意。最近几年，这位管理大师深感伴随着互联网成长起来的年轻一代与他们这些生于20世纪50、60年代的高管之间的代沟。

为了从年轻一代身上了解新趋势，以CEO杰夫·伊梅尔特为首的GE管理层发起名为“世界新动向”的项目，从来自全球各集团、10个国家选拔出21位年轻人，汇聚到GE在美国的克劳顿村培训中心，从他们的视角来看GE需要做哪些改变，并将研究成果向全球高管做分享。这21位员工通过报名加推荐的方式产生，他们有一个共同的特征，就是在GE年终“成长型价值观”的考评中，“想象力和勇气”这一项得分很高，对新事物充满浓厚的兴趣，而且年龄都在二三十岁。来自GE中国运输系统，从事研发的钟亦祺有幸入选，那年他正好30岁。

“没有什么领导管我们，我们中也没有谁被指定为队长，就是让我们自己去调研、讨论。如果需要任何物质资源，只要提出来，公司都无条件支持。”钟亦祺说。

3个月时间里，21个年轻人先在硅谷没日没夜地展开各种头脑风暴，又向公司要求去世界各地做实地调研，再集中到硅谷做情况汇报。最初，他们提出了400个建议，做成的PPT能打印成十几本，以至于连他们自己都觉得“实在太多、太杂了”。最后，他们投票选出了4个建议向伊梅尔特当面汇报，项目涉及人才培养、品牌、文化及灵活的福利制度等。

“为了让我们感到放松，伊梅尔特自己坐在中间，让我们21个人围成圈坐在他周围。他不要我们放PPT，就是让我们口头告诉他有什么建议，像聊家常那样谈各种调研中的发现。他听得很认真，有时会点头，还时不时地插话进来，提一些问题做深入探讨，对于重要的内容会立刻询问身边的工作人员落实的情况。随后伊梅尔特便和大家共进晚餐，边吃边聊。我们都是第一次这么近距离地接触公司的大老板，从他的言谈和表情中，能感觉到他很珍视我们这些‘小土豆’的想法。”钟亦琪说。

4个建议全都得到了伊梅尔特的认可。“逆向导师”是其中最早启动的一个计划，钟亦祺他们也因此光荣地成为GE第一批“逆向导师”。

高管们主动要求配对

GE定期组织全球总裁们每年前往美国进行培训。每年总裁们在制定发展目标时，总想着能够多接触一些新鲜的人和事，于是GE把这些年轻人带到了培训现场，让他们从自己的视角来告诉总裁这个世界正在发生哪些变化，年轻人关注的热点是什么。

“你们知道现在年轻人见面后怎么交换名片吗？相互递上一张纸质名片？早就过时啦！”“只要两个人拿着手机扫一下，手机里面的个人名片就能相互交换出去。”

这是第一批“逆向导师”给高管们“上课”时使用的开场白。

21位来自GE全球各地区的高管们放下手中的工作，聚集在硅谷，就是为了听“逆向导师”们讲讲现在年轻人中最流行的酷技术。在听到最新交换名片的方式后，高管们都兴奋地拿起下载好软件的手机相互扫码。有些头发都已花白的总裁兴奋地拿着iPhone扫来扫去，开心得像是回到了童年，迷上了各种新奇的小应用。

“如何通过酷技术，了解年轻人在想什么？”“我们怎么能影响他们的想法？”“用这些酷技术，能帮助我们吸引到人才吗？”听过“逆向导师”讲解的酷技术后，高管们纷纷提出了自己的问题。

通过这次“上课”，在全球推动“逆向导师”的计划得到了高管们的一致认同。高管们都主动要求先给自己至少配对一位“逆向导师”，以便于平时沟通。

与钟亦祺结对的高管是此前曾任 GE 大中华区总裁，现任日本区总裁的罗邦民(MarkNorbom)。由于身在两地，两人会定期开个电话会议。“罗邦民让我教他使用各种新媒体，还会让我对他在脸谱、推特上的内容发表意见。有时一些私事他也会征求我的意见，比如‘给自己十几岁的孩子买什么生日礼物’，看看有哪些新奇的 3G 产品可以让孩子们开心。”钟亦祺说。

保持开放心态最重要

“有一次，日本区业务盈利大增，罗邦民很得意地把财报发到自己的脸谱上，还让我去看。我告诉他，没有人会去关注你个人空间上的公司财报。”钟亦祺说，“罗邦民并不介意这么直接的‘批评’。最近日本区有个业务网站上线，他发短信问我‘你觉得我们那个网站够不够炫？’”

“逆向导师”们都有这种感觉，就是高管们的心态非常开放，愿意真心聆听他们这些年纪轻很多、职位级别低很多的人提出的想法。

夏智诚的三位导师的主要任务是帮助他改进微博的沟通方法，他们的宏大心愿是把夏智诚打造成像李开复那样的青年导师。但是究竟哪些话题可以影响年轻人、怎样影响，都要经过周密的规划，每周都会有一个人负责主要的话题。有了这三位导师，夏智诚会把他想发布的内容提前在微信上和导师们沟通，经过讨论之后再发布到微博上。

1989 年出生的成旭是夏智诚的三个“逆向导师”之一。“夏智诚特别喜欢发新浪微博。以前他总在微博上发英文，我们会告诉他，用英文表达的微博对中国粉丝来说吸引力不够，最起码你要试着用双语表达。以前他在微博上几乎只发与公司有关的内容，我们会告诉他，你那么喜欢旅游、阅读，为什么不让大家看看生活中的你是怎样的。他觉得我们说的有道理，就这样做了。”

“逆向导师”在与高管们的接触中，也受到很多启示。夏智诚的“逆向导师”之一孙星把这个机会当成了双赢的学习过程，一方面可以让高层领导了解年轻人的想法，另一方面她也可以从“学生”那里好好学习职业发展的经验。她说自己有一次在外面见客户遭到拒绝，觉得非常灰心。突然看到夏智诚在微信上说起他的第一份工作是在澳大利亚农场里放牛，第二份工作是挨家挨户地敲门推销畅销书，所以自己觉得很受鼓舞。“一位高管能如此近距离地与我沟通，鼓励我勇敢地敲开下一个门，让我觉得对工作很有信心”。

据悉，“逆向导师”计划在 GE 刚刚启动，目前 GE 各地区都在积极招募更多的年轻导师。

传统的导师制是年长的师傅带年轻的徒弟，但 GE 却反其道而行之，由年轻人担任高层领导者的指导老师。正如孔子所云“三人行必有吾师”。我们可以思考并预见“逆向导师”计划对 GE 可能带来的益处。

8.1 培训方式

8.1.1 在职培训与脱产培训

(1)在职培训及其培训方法

在职培训(On the Job Training，OJT)，指组织为了使员工具备有效完成工作任务所必需的知识、技能和态度等，在工作时间内为员工组织的各类培训。在职培训也叫在岗培训，不脱产培训，在职培训的目的是为了满足员工某一或几个方面的需求而开展的培训，如转岗培训、晋升培训、以改善绩效为目的的培训、岗位资格培训等。在职培训的培训对象主要包括：新员工、骨干员工、基层管理者、中层管理者、高层管理者等。

在职培训有如下优点。①便于组织和管理。在职培训属于内部培训，可根据需要随时组织相关人员开展培训；由于是内部员工，可按照内部规范管理。②培训成本低。在职培训省去了教室租金、设备使用费、交通费等。③可根据培训需求开展培训，或可开展现场演示、实地指导等。④由于培训对象都是内部员工，便于交流与沟通。⑤培训效果可以即时反馈等。

在职培训的主要缺点是培训对象不得不暂时停止职责范围内的工作任务去参加培训，有时会拖延工作任务交付时间或影响工作质量和效率，等等。

在职培训的方法很多，主要有师带徒、导师制、工作轮换、教练、行动学习等。

① 师带徒，又称“学徒制”，是一种传统的在职培训方式。

师带徒起源于传统学徒制，或者说是“手工学徒制”，指的是在一些手工作坊或店铺中由师傅负责将手工艺技术等传授给徒弟。当然，师傅除了传授手工艺技术，还会影响徒弟的为人处世、品行修养等。学徒制是一种高度情境性的学习方式，在实践中得到了广泛推广，其实施领域逐步拓展到机械制造、木工、理发、相声、音乐、绘画等领域。

到了现代社会，传统学徒制被现代师带徒制取代。现代师带徒制是指由企业选拔优秀的领导和管理者、具有丰富经验的技师负责指导一名或几名新员工，帮助其尽快了解并适应环境、职责分工及要求、工艺和技术标准，熟悉工作流程等。

通过上述机制，有效促进新员工的培养与发展，切实提升新员工技能及业务知识，充分发挥部门业务技术骨干人才的“传、帮、带”作用，进一步提高公司人员的稳定性，人员流失得到有效控制。

② 导师制，兴起于高等学校。早在 14 世纪，牛津大学就实行了导师制，为每一名学生配一名指导教师，即导师。导师不仅要指导学生的学习，还要指导学生的生活。近年来，国内各高校研究生教育均实行导师制，部分高校本科生也实行导师制。由于导师制在培养人才方面具有高效、实用等特点，一些企业组织也推行导师制，由企业选拔优秀管理人员和技术人员指导新员工(通常是知识型员工)或后备人才，以便为新员工答疑解惑，使其尽快适应工作要求、为企业组织创造效益和价值，等等。导师制采用的方式通常是一名导师指导一名或几名员工，指导期限通常为半年或一年。考核期满后指导关系便结束，但有的员工由于与导师建立了良好的关系，导师指导期满后仍与导师保持沟通。

师带徒——四个机制不可少

③ 工作轮换，是指让培养对象在约定时间内变换工作岗位，使其获得多个岗位工作经验的在职培训方式。工作轮换有助于培养新员工、年轻管理者或有管理潜能的员工，其优点是丰富员工个人经历，培养其多种岗位工作经验，有利于发现员工长处和短处，增强各部门的合作。其缺点是时间短、缺乏责任感和岗位意识、影响部门效率。岗位轮换不适用于所有员工，通常适用于中高层管理者，目的是提升其管理能力，防止其在一个岗位上工作时间过长而产生腐败、惰性等；对有潜力的管理者，企业的目的是为了考核或选拔管理者、后备人才；适用于新员工，为了考核其能力；基于个人的需要、兴趣、态度和职业偏好提出工作轮换需求的员工，等等。

导师制及其落实

④ 教练技术，就是在教练指导下促进员工释放潜能，通过改善员工心智模式发挥其潜能和提升其效率的管理技术。教练技术实施的结果在于追求员工内心变化和成长，正直且健康，拥有强大能量场等。其作用是有助于员工提升业绩、融洽人际关系、开发领导力，以及实现职业发展目标等。

“教练技术”源于体育，教练指导运动员科学训练、合理分配体能等，使运动员在激烈的竞争中勇夺冠军、获得奖牌。在 20 世纪 80 年代的美国，“教练”被引进企业管理领域。“企业教练技术”应运而生。曾流传着这样一个故事：在 20 世纪 80 年代的美国，有一个网球教练声称，他可以让一个完全不会打网球的人在 20 分钟内学会打球。此事引起了美国 ABC 的兴趣，他们决定派记者去现场采访。网球教练找来一个胖胖的、从未打过网球的女人，他让这个女人不必去管用什么姿势击球，只需把焦点放在网球上，当网球从地面弹起时，先叫一声“打”，然后用球拍击球就行了。果然在短短 20 分钟内，胖女人就学会了自如地击打网球。网球教练解释说：“我并没有教她网球的技巧，我只是帮助她克服了自己不会打球的固有意识。”

这个过程在电视上播放之后，引起了企业管理者的兴趣，他们把那个网球教练请到公司来给经理们讲课。网球教练最初以为会被带到网球场上去，不料却被带到了会议室。在授课过程中，经理们不停地在笔记本上记录着。下课后，网球教练发现经理们的笔记本上找不到和网球有关的字眼，满篇都是企业管理的内容。原来，高层管理者们正在将运动场上的教练方式转移到企业管理上来。于是，一种崭新的管理技术——管理教练诞生了。

管理教练是一个启蒙者、激励者、支持者和守护者。教练技术是管理教练通过方向性和策略性的有效问题，激发员工发掘出自己的潜能，促进员工职业发展目标的实现。

应用教练技术时应指导员工提出计划、策略及引导工作，指出其所不能或没有设想到的情况，对其进行持续的引导和客观意见的反馈。教练必须掌握的主要技能有四个方面：一是聆听的能力；二是发问的能力；三是区分的能力；四是回应的能力。

⑤ 行动学习，是一套完善的培训方法体系，通常让培训对象以小组的方式参与实际工作项目，小组成员集体讨论采取行动来解决实际问题。行动学习把工作课题或实际问题的解决过程作为学习的方式，在行动中学习，在学习中行动。行动学习可采用专题讨论、分散独立解决问题的方式，目的是通过一定时间的学习和培训，培养和提高参与者的分析问题和解决问题的能力、领导能力、决策能力等。行动学习通常适用于解决战略问题、运营问题等，适用对象主要是中高层管理者。

王俊杰将行动学习用一个公式概括：AL=P+Q+R+I，其中 AL（Action Learning），指行动学习；P（Programmed Knowledge），指结构化知识；Q（Questioning Insights），指洞见性问题；R（Critical Reflection），指深刻反思；I（Implementation），指执行应用。

结构化知识是指已经成形的思路和方法，是一个人的心智模式。行动学习基于问题解决，通过对惯有的心智模式进行深刻质疑和反思，打破原有的心智模式，重建更高层面的心智模式，到达另外一个 P，从而实现个人和组织的能力提升。

解决问题的前提是提出具有洞见性的问题。所谓洞见性问题，通常是指具有前瞻性、针对性等的实际问题。透过现象看本质，揭示出隐藏于冰山下的真实问题。这些问题可能之前没有意识到，只有通过不断讨论、分析，才能发现并加以解决。

深刻反思是指对自我心智模式进行深刻反思，促进原有行为的改变。小组成员在解决问题的过程中，按照一定的框架和程序，对自己及其他成员的经验进行质疑，并在行动的基础上不断反思，才能对问题的本质达到更深入的认识，提出富有创造性的解决方案。质疑与反思是行动学习产生创造力的来源。

执行应用是指在质疑、探寻、反思形成新的认知后，要在具体情境中进行应用。行动学习成果必须通过行动的过程才能得到验证，也只有通过行动才能对组织产生实质性的影响。小组成员只有在行动的过程中，才能进一步反思以加深对问题的认识。执行应用是行动学习非常重要的组成部分。

行动学习方法的实施过程通常包括一个核心、六个基本步骤(如图 8.1 所示)：一个核心是质疑反思，六个基本步骤是聚焦问题、组建小组、分析问题、制定方案、行动实施、总结推广。

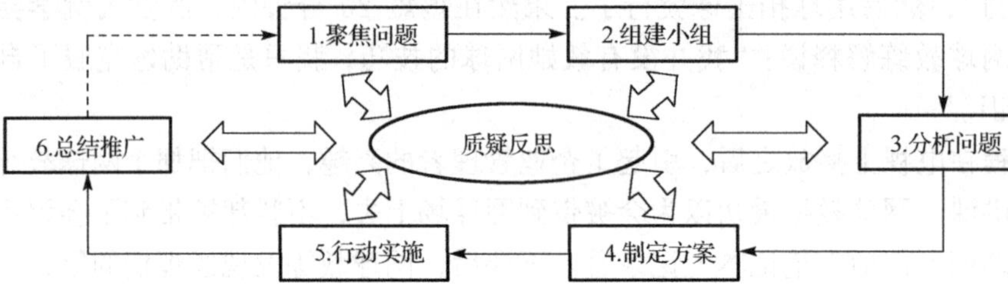

图 8.1　行动学习的实施过程

(2)脱产培训及其培训方法

脱产培训是指经过组织批准或安排，员工离开工作岗位在某一特定时段内参加的各类培训。按照培训时间长度划分，脱产培训可分短期脱产培训和长期脱产培训，或者是分为半脱产培训和全脱产培训；按照培训主体的意愿划分，脱产培训可分为组织安排的脱产培训和个人选择的脱产培训；按照培训的内容看，脱产培训可分一般性培训(知识、技能)和专业性培训。

脱产培训的优点：①培训时间集中，有利于培训对象集中精力参加培训，提高培训的效率；②有利于培训对象系统学习和掌握培训内容；③适用于组织培训紧缺的人才、后备人才，或者为组织培训未来高层次技术人才、管理人才。

但脱产培训也有其缺点，如培训费用较高，因脱产培训需花费一定量的工作时间进而影响日常工作进展等。

半脱产培训是一种比较特殊且常见的培训。所谓半脱产培训，特指培训师在承担自己职责任务的同时，每天或每周抽出一定时间离开岗位参加培训。半脱产培训的方式有很多，如半天工作，半天培训；一天内 7 小时工作，1 小时培训；还有一周 5 天工作，1 天培训或 5 天半工作，半天培训等。有的半脱产培训还要占用一定的业余时间，如 MBA 学历教育通常采用的是边工作边培训学习的方式，既要占用一定的工作时间，又要利用一定的业余时间。其优点是兼顾了工作与培训学习两不误，缺点是培训学习时间难以保证，有时易发生工作与培训学习的时间冲突，既影响工作质量，又影响培训学习效果。

脱产培训由注重“技能”为主向注重“人本”为主过渡。自我启发式教育占脱产培训的主要部分。常用的脱产培训方法主要有讲授法、案例分析法、情景模拟法和行为示范法等。

① 讲授法。讲授法是指培训师通过简明、生动的口头语言，向培训对象系统地传授培训内容的方法。讲授法是在职培训最常用的培训方法。讲授不是一般意义上的信息传递，而应是能激发兴趣、获得共鸣的演讲。讲授的一般流程包括以下三个阶段。

一是构思阶段。从传统意义上看就是备课阶段。这一阶段的主要任务是确定讲授主题、中心思想、风格、结构形式等，其中讲授的主题是关键。主题明确，必将影响演讲效果。讲授的主题应单一，紧紧围绕一个中心，便于理解和记忆。构思阶段实际上是对讲授课程的创意策划，讲授者思考得越细致，逻辑结构越清晰、深刻，中心思想的表达也就越透彻。

二是选择和确定内容和形式的阶段。这一阶段的主要任务是确定讲授内容，拟写教案，确定讲授方式及其准备工作。确定讲授的内容应根据讲授的主题确定。其构成要素包括事物(讲授的事项)、道理(讲授事物本身蕴含的道理)、情感(讲授者由客观事物引发的内在激情)和知识(讲授者的学识、修养)。讲授者要综合协调运用以上四个要素拟写教案。

三是正式讲授阶段。这一阶段的关键是讲授者要有信心，全身心投入其中，通过生动、具体、中肯的语言，辅之以动作、表情，准确地向听众传播信息，才能活灵活现、融会贯通地与听众交流思想和观点，才能抓住听众的心，达到相互沟通的目的和效果。

运用讲授法需要注意以下十个方面的问题。

一是开头和结尾的设计。开头的设计非常重要，旨在吸引听众注意力、激发听众兴趣、争取听众信任。通常可采用的开头形式有开门见山式、名言警句式、展示实物式(道具式)、幽默式、悬念式、新闻式、赞扬式等。结尾是画龙点睛之处，也是强化讲授效果的部分。为了加深听众对讲授主题、内容的理解和记忆，常采取概括、展望、幽默、含蓄等方式伴以热情洋溢的鼓励结尾。结尾的形式通常包括总结式(归纳式)、哲理式、号召式(希望式)、名言警句式、表决心式、祝愿式、首尾呼应式、联想式等。

二是时间和场所。从理论上来说，讲授的时间越短越好，但提出一个观点、愉悦听众等不能只凭一句话，或几句话就能达到目的。心理学研究结果显示，从幼儿、青少年到成年人能够集中精力的时间逐步延长。2 岁的儿童，平均注意力集中的时间为 7 分钟，3 岁为 9 分钟，4 岁为 12 分钟，5 岁为 14 分钟，小学一年级学生为 15 分钟，成人完全集中精力的时间在 20 分钟左右，但由于人的性格、耐力、喜好等不同，成人注意力集中的时间一般在 20～60 分钟。因此，讲授时间一般在 30～60 分钟最为合适，一般不要超过 90 分钟。

讲授的场所大小、空间布局、环境等会影响讲授效果。此外，还要注意讲授地点是在室内还是在室外，因为在室内和室外演讲时，讲授者的声音、动作幅度等都要有所变化和调整。

三是听众对象构成。一方面要了解听众的年龄结构、知识结构、工作性质、经历、教育程度等，还要了解听众的需求。

四是讲授的主题，尤其是核心观点，需要重点突出，可适当重复几次，以加深听众的理解和记忆。

五是着装要得体。培训属于正式沟通，必须穿正装，注意个人的形象。

六是动作的频次、幅度要适宜。这要综合考虑讲授对象的年龄、研究场所及其大小、听众构成、讲授内容等。一般情况下动作不宜过多，幅度不宜过大。

七是要善于运用图、表、视听辅助设备等。由于人的注意力集中时间有限，所以必须采用丰富的图、表，或是录音、录像片段等，生动形象地把讲授的内容展示出来，吸引听众的注意力，也有助于听众的理解。

八是讲授风格。讲授风格通常取决于讲授对象和内容等。企业培训多属于布道或宣讲，需要的是富有亲和力、幽默感、情感和哲理性的朋友式的交流。随意、轻松、幽默、智慧、富有感召力的讲授会比较受欢迎。

九是谦词。无论是开头和结尾，任何谦词都是废话，是不必要的。

十是听众的参与和交流。讲授过程中如果能安排听众参与，在讲授结束前预留一定的时间请听众提问，并现场作答，这是成功培训所不可或缺的。

② 案例分析法。又称个案分析法，起源于哈佛大学，主要应用于培养高级经理和管理精英，目前已被借鉴用于企业管理人员和员工培训。

案例分析法的特点是：真实性和实用性，贴近培训对象工作和生活实际，有助于培训对象解决类似问题；有利于个人独立分析解决问题，可以开发创造性思维；强调集体讨论，有利于培养团队的合作能力。通过使用这种方法对员工进行培训，能快速地增加员工对公司各项业务的了解，培养员工间良好的人际关系，提高员工解决问题的能力，增强公司的凝聚力。

案例分析法的缺点是：每一个案例都是过去发生的事件，因此，受时空环境变化的影响，只能起到参考和借鉴作用；案例的收集和提炼困难，准确合理使用也有难度。

使用案例分析法要注意以下几个问题。

一是案例分析的目的不是学习成功企业案例的经验或是汲取失败企业案例的教训，而是要通过案例分析提高的管理决策能力。毅伟商学院的陈时奋教授有一个很好的比喻：案例分析（教学）就是一个“借尸还魂”的过程，即借助真实的管理案例（“尸”）提高管理能力（“魂”）的过程。

二是案例分析的主角不是教师，而是培训对象。在案例分析之前，培训师要精选案例、将案例发给培训对象、分组、介绍讨论规则等。案例分析中培训对象是学习的中心，培训师是引导者和帮助者。培训师要注意控制时间。

三是一次案例分析不用设计过多的理论和知识点，应聚焦于某一个理论、少量的知识点，否则，难以达到理想的培训效果。

四是培训师在案例分析过程中要有清晰的思路，引导培训对象正确分析案例中存在的问题及提出解决问题的对策。最后，培训师应对案例讨论情况进行点评，指出每一组提出的对策的优缺点、案例分析中存在的主要问题、可行的对策思路，等等。

③ 情景模拟法。情景模拟法是美国心理学家 Hayt-shoyne 等人首先提出的，是一种行为测试手段，也被称为“实地”(Intray) 测试。情景模拟法就是根据培训内容设置实际问题，培训对象通过在培训中的实际操作、演练，以了解处理实际问题的过程并掌握相关技巧的一种培训方法。这种培训方法将培训对象置于面临实际问题的特定情境之中，把授课与演练结合起来，既调动了培训对象的主观能动性和参与意识，活跃了课堂气氛，又有助于引导培训对象将所学理论应用于解决实际问题，锻炼他们的组织、表达和实际操作能力。

情景模拟法的优点：复制复杂情景、生动直观、富有感染力、有可操作性、可以置身其中进行有效训练和调动培训对象的主观能动性，提高其分析问题和解决问题的能力。

情景模拟法的缺点是必须做充分的准备，耗时较长；费用比较高；对培训师和培训对象的专业素质要求都比较高，测评需要高水平专家。

情景模拟法有很多种表现形式，具体包括公文筐测试、无领导小组讨论和管理游戏等。这种方法比较适合高层次的管理人员或特殊的专门人员（如公务员）培训。

使用情景模拟法应注意以下几个方面的问题。

一是要根据培训目标、培训对象等选择合适的情景模拟法。

二是培训前必须做好充分的准备工作，包括情景模拟需要的资料、素材、道具、规则制定、评价指标及评价标准等。

三是培训师必须明确使用情景模拟的意图或目标，事先确定考核的能力点。

四是比较正规的情景模拟测试需要请具有丰富经验的专家担任评委。

④ 行为示范法——通过观摩行为标准样例等形式进行培训。

行为示范法是指给培训对象提供一个演示关键行为的模型(即完成一项任务所必需的一组行为)，然后为他们提供实践这些关键行为的学习方法，这种培训方式即行为示范法。这种培训方法建立在社会学习理论的基础上。

社会学习理论是由美国心理学家 Albert Bandura 于 1952 年提出的。该理论认为人的行为是后天习得的，个人的认知、行为与环境因素三者及其交互作用对人类行为具有重要影响。在观察学习过程中，人们获得了示范活动的象征性表象，并引导适当的操作。整个过程由注意、保持、再现和强化四个阶段构成。注意阶段是观察学习的首要环节，在此过程中，示范者行为本身的特征、观察者本人的认知特征，以及观察者和示范者之间的关系等诸多因素都会影响学习的效果。在观察学习的保持阶段，观察者保持示范者的示范行为。观察学习的第三阶段是观察者把记忆中的符号和表象转换成适当的行为，也就是再现以前所观察到的示范行为。观察者能够再现示范行为之后，需要经过强化才能经常表现出示范行为。

学习是从两方面进行的：其一，观察示范者演示的行为；其二，看到示范者由于使用这些行为而受到强化。行为示范不太适合于知识的传授学习，仅适用于学习某种技能或行为。有研究资料表明，行为示范法比较适用于管理技能及需要程序化、标准化操作的技能培训。

行为示范法一般包括三个步骤：介绍与演示、技能准备与开发、应用计划。每次培训的时间一般以 4 小时左右为宜，主要是围绕人际关系技能的开发，如沟通或指导。每期培训都包括有关关键行为的理论基础的讲解，一盘关于示范演示关键行为的录像带，使用角色扮演的实践机会，对录像中示范的绩效进行的评价和用于说明如何将关键行为应用于工作当中的规划过程。

8.1.2　E-learning 在线培训

(1)在线培训及其特点

在线培训，又称网络培训、E-Learning。从狭义上说，在线培训主要强调结合网络技术来设计、传送、选择、管理与延伸学习，运用现代计算机网络和多媒体技术实行远程网络教育，即强调学习与因特网的结合。因此，美国思科公司将在线培训定义为“利用因特网来促进学习的方式”。从广义上说，在线培训是指借助任何科技手段来进行的学习方式，它突破了传统培训的时空限制，具有覆盖面广、全方位为各类社会成员提供培训服务的优势，称之为“电子化学习”，即 E-Learning。

E-Learning 开设的主体通常有两种类型：一是组织内部开设的培训课程，二是专业培训机构开设的培训课程。组织内部开设的 E-Learning 培训课程通常是组织利用内部网络或局域网，员工通过授权密码登录，根据授课内容要求参与学习和培训。专业培训机构通常提供课程单元，由企业等组织付费购买其提供的 E-Learning 培训服务，员工获得授权后才可以进行网上学习。

E-Learning 在线培训与传统培训相比具有如下特点。

① 灵活性。学员可以灵活选择学习内容、学习进度、学习时间和地点等。通常 E-Learning 在线培训课程种类很多，员工可根据自己的工作需要灵活选择培训内容，并且可以根据自己的知识背景、学习能力等灵活确定学习的进度。传统集中式培训大多需要占用员工工作时间，并且地点是固定的，而 E-Learning 在线学习和培训则可利用网络通信的优势，让员工能在公司里、家中、车上、餐厅等场所随时利用自己的闲暇时间展开学习或培训，节省了时间和成本。

② 开放性。E-Learning 在线培训一方面扩大了培训对象范畴，凡是有学习意愿者皆可申请参与在线培训，改变了传统培训受学习地点、人数限制的弊端。另一方面，E-Learning 在线培训改变了传统培训模式中的以教师为主导的培训模式，取而代之以凭借数字化和多媒体技术使培训对象成为真正意义上的学习主导者。在线培训突破了传统面对面培训授课方式的局限，使得知识和技能可以在任何地方通过网络随时获取。

③ 高效性。E-Learning 培训大大提升了组织整体的培训效能，因为其所涉及的培训内容可以统一规划，覆盖面广泛，受益者众多。加之前面提到的灵活性，使得培训成本大大降低。通过网络平台开展培训，教学信息反馈及时，有助于双向沟通，提高管理的有效性，实现资源共享等。

(2) 建构 E-Learning 环境的关键

建构 E-Learning 环境，实际上就是设计 E-Learning 培训课程所必须具备的条件。根据 Perkins（1991）学习环境五要素的理论，建构 E-Learning 环境的关键主要包括以下五个方面。

一是信息库（Information Banks）的建构。所谓信息库，就是将培训课程相关的理论知识、教学材料、辅助学习资料等通过计算机软件汇编在一起，构成一个培训课程的信息库。这个信息库容量大、内容丰富，学员可以通过授权进入界面，自助查询信息库内容。

二是提供建构工具箱（Construction Kits）。建构工具箱主要用于帮助学员寻找特定信息、完成认知操作、实现某种设想等。实验室设备是最常用的工具箱。计算机扩展了工具箱的种类。学员不仅可以构造实物，还可以利用计算机软件构造虚拟的事物。

三是符号簿（Symbols Pads）。符号簿被用于支持学习者的短时记忆，如记录思路、写下要点、处理方程等。符号簿可以是卡片、练习本及计算机编辑器等。

四是任务情境（Phenomenaria）。任务情境是学习任务呈现给学习者的问题解决情境。任务情境蕴含着等待学员学习的知识和智力操作。任务情境有两种呈现方式：BIG（Byeond the Information Given）方式和 WIG（Without the Information Given）方式。BIG 方式是指直接提供正确结论，让学员参与许多能引发思考的活动，以检验或促使他们加深对信息的理解。WIG 方式与 BIG 方式相反，即不直接提供正确结论，而是鼓励学员自己对现象或问题进行探索和解释。如果出现矛盾，通过学员间或学员和培训师间的讨论和协商来修正错误观念，最终得出正确的结论。BIG 方式实际上就是演绎法，WIG 方式实际上就是归纳法。归纳和演绎都是人类认识世界的有效认知方式。

五是任务管理者（Task Managers）。任务管理者就是学习活动的管理者。可以充当任务管理者的不仅仅是培训师、学员、带有明确指导信息的课本，计算机软件也可以成为任务管理者。

8.1.3 网络培训的其他类型

(1) 多媒体远程培训

多媒体远程培训是指培训主体采用多种媒体手段，利用现代化的技术将声音、图像传递到设在远离培训主体所在地的其他各个培训地点，各地学员通过网络接受远程培训。目前，多媒体远程培训也可以像传统培训一样，学员可随时提出问题，培训师可实时回答。

多媒体远程培训的特点是具有跨地域性、沟通即时性、便捷性和低成本性等。

(2) 慕课 (MOOC)

慕课 (MOOC)，英文直译"大规模开放的在线课程 (Massive Open Online Course)"，是一种"互联网+教育"的产物。MOOC 是 2008 年由加拿大爱德华王子岛大学网络传播与创新主任与国家人文教育技术应用研究院高级研究员联合提出来的。从 2008 年开始，一大批教育工作者，包括来自玛丽华盛顿大学的 Jim Groom 教授以及纽约城市大学约克学院的 Michael Branson Smith 教授都采用了这种课程方式，并且成功地在全球各国大学主办了他们自己的大规模网络开放课程。

国外著名的 MOOC 是 Coursera，它是一个教育平台，是一个免费的大型公开在线课程项目，由美国斯坦福大学两名计算机科学教授创办。该项目旨在同世界顶尖大学和机构合作，向任何人提供可以免费学习的网络公开课程。Coursera 的首批合作院校包括斯坦福大学、密歇根大学、普林斯顿大学、宾夕法尼亚大学等美国名校。Coursera 期待在未来所有人都可以获得世界最高水平教育，希望教育能够改善人们及其家人的生活。

Coursera 课程报名学生来自全球 190 多个国家和地区，拥有将近 500 门来自世界各地大学的课程。

MOOC 课程在中国同样受到了很大关注。中国大学 MOOC 是由网易与高教社携手推出的在线教育平台，承接教育部国家精品开放课程任务，向大众提供中国知名高校的 MOOC 课程。中国大学 MOOC 已经有 210 所高校参与，共计 5000 多门 MOOC 课程。每一个有意愿提升自己的人都可以免费获得更优质的高等教育。

除了大学开办的免费 MOOC 平台，有许多机构也独自或与大学合作开办了众多 MOOC 平台，如哈佛与 MIT (麻省理工学院) 共同出资组建的非营利性组织 edX、以计算机类课程为主的 Udacity、斯坦福大学官方的在线课程平台 Stanford Online、澳洲最大 MOOC 平台 Open2Study、德国的 MOOC 平台 iversity、由我国海峡两岸五大交通大学共同组建的 MOOC 平台 Ewant 及 MOOC 中国、MOOC 网、华文慕课等。

8.1.4 实践培训

(1) 拓展训练

拓展训练 (Outward Development)，又称户外拓展训练 (Outward Bound)。

拓展训练起源于第二次世界大战。当时，盟军在大西洋的船队屡遭纳粹德国潜艇的袭击。袭击造成大部分水手丧生，只有极少数人得以生还。英国的救生专家对生还者进行了统计和分析研究后发现，生还者大多数为中年人，而那些年轻力壮的水手却大多丧生。中年人之所以能够生还，关键原因在于他们具有良好的心理素质，意志坚定，懂得互相支持。研究结论是“成功并非依靠充沛的体能，而是强大的意志力”。基于此，德国人库尔特·汉恩提议，利用一些自然条件和人工设施，让那些年轻的海员做一些具有心理挑战的活动和项目，以训练和提高他们的心理素质。后来，汉恩的好友劳伦斯在 1942 年成立了一所阿德伯威海上训练学校，以年轻海员为训练对象，这是拓展训练最早的一个雏形。

第二次世界大战以后，英国出现了一种名为 Outward Bound 的管理培训，这种训练利用户外活动的形式，模拟真实管理情境，对管理者和企业家进行心理和管理两方面的培训。

拓展训练的培训形式新颖，具有良好的培训效果，所以很快就风靡全球。训练对象也由最初的海员扩大到军人、学生、工商业人员等各类群体。训练目标也由单纯的体能、生存训练扩展到心理训练、人格训练、管理训练等。

我国的拓展训练机构发展迅猛。据北京一拓展师培训中心整理的数据显示，在国内比较正规且形成规模的拓展培训机构已有 328 家，而参与组织拓展训练或“类拓展训练”的机构，包括户外运动俱乐部、管理咨询公司等已超过千余家。

目前，MBA、EMBA、管理人员培训等通常都采用拓展训练的方法。拓展训练的课程主要由陆、海、空三类课程组成。水上课程包括：游泳、跳水、扎筏、划艇等；野外课程包括：远足露营、登山攀岩、野外定向、伞翼滑翔、野外生存技能等；场地课程是在专门的训练场地上，利用各种训练设施，如高架绳网等，开展各种团队组合课程及攀岩、跳越等心理训练活动。

(2)沙盘模拟

沙盘模拟，在国外被称为 Simulation 课程，是模拟企业真实商业环境而开发设计的角色体验的实验平台，具有很强的真实性，因此被称为沙盘模拟、模拟经营、商业模拟等。

沙盘模拟可分为棋盘类沙盘(Board-Based Simulation)或物理沙盘和软件模拟类沙盘(Software Simulation)或电子类沙盘。

沙盘模拟起源于哈佛商学院的 MBA 教学，是集知识性、趣味性与对抗性于一体的管理技能培训课程。20 世纪 90 年代，欧洲、日本等发达国家或地区开始使用沙盘模拟开展培训，21 世纪初引起了中国高校和企业界的重视，由此沙盘模拟被应用于企业内部培训和高校部分课程教学。

以 ERP(企业资源计划)沙盘模拟为例，其沙盘教具主要包括 6 张沙盘盘面，代表 6 个相互竞争的模拟企业。模拟沙盘按照制造企业的职能部门划分了职能中心，包括营销与规划中心、生产中心、物流中心和财务中心，各职能中心涵盖了企业运营的所有关键环节：战略规划、资金筹集、市场营销、产品研发、生产组织、物资采购、设备投资与改造、财务核算与管理等几个部分，并以此为设计主线，把企业运营所处的内外环境抽象为一系列的规则，由培训对象组成六个相互竞争的模拟企业，模拟企业 5～6 年的经营，通过学生参与→沙盘载体→模拟经营→对抗演练→讲师评析→学生感悟等一系列的实验环节，将理论与实践相融合，集角色扮演与岗位体验于一身，使培训对象在分析市场、制定战略、营销策划、组织生产、财务管理等一系列活动中，参悟科学的管理规律，同时也对企业资源的管理过程有一个实际的体验。通过模拟企业的经营，培养团队精神，全面提升管理能力。

万达的员工培训特色

8.2 培训方案

8.2.1 培训方案的类型

彼得·德鲁克认为："知识只有通过有目的、有系统、有组织的学习，才会变成力量。"基于此，组织必须根据自身实际发展的需求，采取各种有效的方式、方法对各类员工进行有目的、有计划、有组织、有层次的培养教育和训练，使之具备完成工作所必需的知识、技能、观念态度和工作行为，以改进他们的工作绩效，从而提高组织整体的工作水平和效率，使组织具备可持续竞争力。

众所周知，培训是一项投入成本高的项目，如果没有开展全面的培训需求分析、制定科学的培训管理制度、设计完善的培训计划方案、培训就不可能有高"产出"，培训目标则难以实现。因此，制定培训方案是人力资源管理的一项常规性工作任务和职能。

从宏观上看，培训方案是指组织的年度培训计划；从微观上看，培训方案是指根据不同的培训对象而制定的具体的培训项目实施计划及行动指南。培训方案通常指的都是微观层面的培训方案。

是否制定培训方案、制定哪些培训方案，主要由组织年度培训计划决定。对于组织来说，最常见的培训方案主要有新员工培训方案、基层和中层管理人员培训方案、高层管理人员培训方案。此外，在比较特殊的情况下，还需要根据年度培训计划来制定全员培训方案、新增项目培训方案、新引进设备培训方案、大型活动培训方案等。

尽管培训对象有所不同，但一份完整的培训方案所包含的内容基本相同。通常一份完整的培训方案主要包括以下几个方面的内容：培训目标、培训对象、培训方法、培训师资、培训内容、培训时间、培训地点、费用预算、效果评估等。

8.2.2 新员工培训及方案设计

(1)新员工培训及其作用

新员工培训又称入职培训、岗前培训等，是指对新员工开展的企业基本情况、企业文化、部门职能、相关制度和政策、行为规范等信息沟通的活动。

新员工培训是组织人力资源管理培训的一个重要组成部分。美国一家咨询公司对全美 12 个行业 991 家公司培训情况调查结果显示，71.2%的公司都会对新员工开展培训。

组织之所以对新员工开展培训，主要基于两方面的需要：一是组织自身发展的需要。组织需要新员工通过培训尽快适应组织环境，接受组织文化，熟悉规章制度和工作岗位要求，为组织发展贡献力量。二是新员工群体的需求。新员工进入一个组织，通常面临着诸多问题和需求，主要有新员工希望尽快融入组织大家庭，成为组织的一员；期望尽快熟悉工作岗位及环境，及早投入工作；希望自己所加入的组织与自己期望的组织一致，包括价值观的一致性、个人—岗位匹配，符合自己的职业兴趣，等等。

新员工培训的作用主要体现在以下几个方面。

① 使新员工尽快了解并理解组织文化。新员工培训是组织社会化的过程之一。在组织管理中，Louis 指出，组织社会化(Organizational Socialization)是使员工了解组织角色和成为一名组织成员所需的价值观、能力和期望行为的过程。可以说，组织社会化是指新员工转变

为合格的组织成员的过程。新员工培训则是员工实现组织社会化的重要途径和方法。

② 使新员工尽快了解组织的战略、目标、基本情况。通过培训，使员工在进入工作状态前对组织的工作、生活环境、企业使命、发展战略、企业中远期目标及企业精神的精华部分有一个比较详细的了解。

③ 帮助新员工转变角色，对自己的职业生涯进行规划。新员工无论是初入职场，还是更换工作，都面临着一个角色转换的问题。通过培训，使员工对自己有更清晰的认知，以便于转变自己的角色，并且基于工作环境、个人职业目标、能力等制定职业生涯规划，以实现自己的职业理想，等等。

④ 帮助新员工了解工作流程、制度、要求等，掌握基本的职业技能，提升职业形象，奠定成长基础。

(2)新员工培训的主要内容

不同的组织基于发展需要，都要对新员工安排不同的培训内容。通常，新员工培训的内容主要包括以下几个方面。

① 公司基本情况及相关制度和政策。具体包括公司的发展历程；公司的组织结构；公司的产品、服务等主营业务；企业文化及其内涵；公司的人力资源管理制度和政策，包括工资构成与计算方法、奖金与津贴、绩效考核方法与系统、晋升制度、员工培训和职业发展的政策等。

组织可以通过放录像、讲故事、看展览等方式，使员工对组织的创业历程、组织文化、经营业绩等有一种直观的感受，提高员工对组织的自豪感、责任感和使命感。

② 部门职能、岗位职责及基本技能。具体包括企业所属各部门的职能、部门目标，与其他职能部门的关系，部门结构及部门内各项工作之间的关系，岗位职责及基本技能要求，工作岗位的职责与权利，工作流程，岗位日常工作需要联络的部门、途径、工具及形式，与岗位、工艺相关的指标及控制方法，安全生产教育等。

在新员工培训中要详细地讲解企业工作流程，特别是涉及员工日常工作中需要知道的部分，如请假程序、报销程序、离职程序、工作流程等。

安全生产教育是新员工培训的重点内容之一。应该加强对新员工消防安全、电力安全、器械安全等教育与培训，提高员工安全防范意识和应急处理能力，以减少安全事故带来的损失。

③ 基本行为规范与礼仪常识。具体包括员工行为手册中规定的各种行为规范、文明礼仪、职业道德等。基本内容包括工作场所与人际交往基本礼仪，如见面礼仪、接打电话礼仪、接待礼仪、着装与化妆等。与工作相关的行为规范、与上下级或同事的沟通方式等，包括上行沟通，如请示与汇报的方式；下行沟通，如指示与命令的方式；平行沟通，如部门之间的联络与协商的方式，以及让新员工理清个人与企业的关系、企业与社会的关系，员工应遵守的社会公德、职业道德、家庭美德等。

以上针对新员工的培训内容，只是新员工应该知晓的最基本的内容。每个企业都应根据组织所处的环境、发展阶段、战略目标等，确定新员工培训的内容。

此外，要达成新员工培训的目标，不仅仅靠培训一种方式，组织的现实环境、规章制度、从领导到普通员工的行为表现等，都会对新员工产生直接的感知和影响。如办公环境是否整洁、办公用品是否齐备、老同事是否热情，都决定了企业能否给予员工一种舒适而亲和的感知，使其能够更快地融入群体之中。一封简短的 Welcome letter，一个专门的接待厅，一次专人的接待与安排，都能给予新员工家的温馨之感，使员工产生家的归属感。入职培训内容设计得是否丰富、合理，是否有针对性、实用性，培训计划是否清晰、简明，培训材料准备得是否充分，组织是否效率高，培训师的授课效果，等等，也是影响新员工对组织印象的一些因素，会影响新员工对组织的第一印象和心理感知。

综上，新员工培训目标的实现，不仅仅在于设计的培训内容，而且要延伸到新员工入职后与新环境接触的各个环节。企业要注重组织文化建设，在每个细节上体现出对员工的尊重和人文关怀，只有这样，才能结合培训，帮助新员工建立对新组织、新工作的归属感和使命感，以实现个人—组织“双赢”的目标。

新员工入职培训方案

讨论案例

网络时代，培训如何实现员工和企业的共同成长

南京港华燃气有限公司(以下简称“南京港华”)，成立于2003年6月30日，是由南京市城建集团和香港中华煤气有限公司投资组建的中外合资企业。公司始终秉承“安全供气、优质服务、以客为尊”的经营宗旨，为客户提供稳定、便捷、环保、优质的管道燃气服务。经过13年的发展，南京港华快速发展壮大，现有员工总数2304人，其中，1322人与南京港华签订劳动合同，922人为子公司所聘用。公司客户总数从最初的36万增至135万；管网长度从当年的900千米，增加至3600多千米；燃气销售量从当年的1亿立方米增至6.8亿立方米。自2010年12月开始，南京港华步入创建“港华福气365”服务品牌历程，并于2014年9月申报成功，荣列《南京市第四批服务品牌名单》榜首。

2017年年初，南京港华董事长发表全员讲话，总结并表扬了公司人力资源部在实施“以客为尊”导向的(简称“客尊”导向)企业内训时，对员工取证、技能提升、人才培养等方面的贡献，然而，董事长提出了质疑：“我们公司培训投入不少，中层管理人员也经常出去学习、交流，大家都学习了、成长了，我们企业成长了多少?”

南京港华的培训由人力资源部(详见图1)负责计划安排和组织实施，公司副总经理田锦根直接分管人力资源部的工作。培训一直是田总的骄傲，在业界也颇有声誉。董事长的发问令田总陷入沉思：是啊，我们如何证明培训实现了员工和企业的共同成长？增长了多少呢？

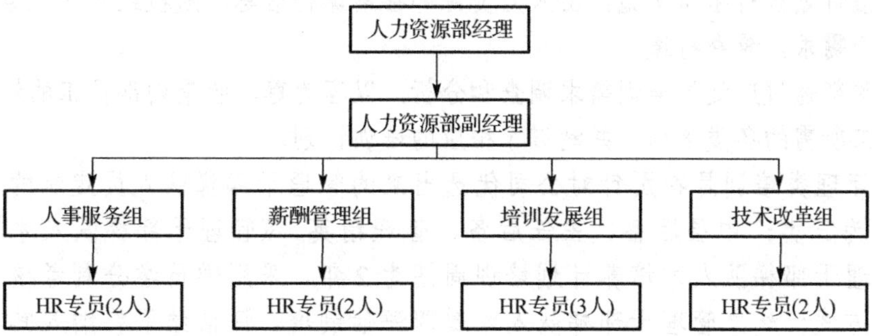

图1　人力资源部组织机构示意图(2017年5月南京港华人力资源部)

一、南京港华“客尊”导向的企业内训特色

(一)理念先行，制度保障

“人才是资本，是港华的核心竞争力”。尊重人才，为其创造一种优质、高效的职业发展环境，是港华集团始终坚持的人才观。南京港华秉承“以客为尊，专业高效”的培训理念和“自我完善，自我超越”的学习观念，于2013年组建南京港华企业大学。该企业大学以“学以致用、持续创新”为校训，以“培育卓越人才，最大限度为员工提供培育发展与技能提高机会”为使命，以“建树优质高效的人力资源梯队，满足公司不同专业、不同层次人力资源的配置需求，推动学习与创新的企业文化建设，倡导员工终身学习、培训与提高”为理念，“致力于关注员工能力与发展，提升员工核心技能，培育公司核心人才，完善以能力为导向的员工培训体系，最大限度来满足员工教育培训需求，优化人力资源的配置结构，有效支撑公司战略发展”。

企业高管一马当先，成为企业大学的领导班子，重点建设培训制度、培训师体系、课程体系，选择培训方式，规范培训计划和统筹培训组织实施。建立《员工教育培训展能管理规定》《内部培训师管理制度》《内部职业资格认证管理办法》《网络学院管理办法》《自己开发课程认证制度》《管理干部梯队人才培养计划》《关于分层教育培训具体实施要求》等培训制度，确保企业内训，一方面，基于员工需求，提高其自身业务技能和综合素质；另一方面，有序、有效地进行，提升员工和企业形象，实现员工和企业的共同成长。内部员工只有体验到“客尊”企业内训，才能向外部客户有效传递“以客为尊”的“优质服务”。

(二)分层培训，分工协作

南京港华“客尊”导向的企业内训，采取分层实施、各层次分工协作模式，人力资源部负责各层次培训的统筹安排和协调保障，为每位员工建立教育培训纸质信息档案和电子信息档案。包括：人力资源部统一组织的一级层次培训、事业部与子公司自行组织的二级层次培训、业务组与作业班组自行组织的三级层次培训、员工自学的四级层次培训。员工培训目标为，人均学时达到10天/年(80学时)。其中：一级层次培训为4天/员工/年(32学时)；二级层次培训为2天/员工/年(16学时)；三级层次培训为2天/员工/年(16学时)；四级层次培训为2天/年(16学时)。

除了员工自学，各层次培训，需要在上年度10月份提交来年培训计划，报送公司人力资源部审批、备案，作为后续培训实施和监督的依据，并由相应事业部与子公司或业务组与作业班，负责按计划自行组织实施，由人力资源部备案课程信息，随机组织课程旁听。

(三)基于需求，量身打造

人力资源部通过广泛的培训需求调查和分析，以客为尊，收集内部员工的培训需求，量身定制了员工所需的各类培训，并制订了相应的培训计划。

其中，管理类培训是特别针对公司优选出来的管理干部梯队人员定制的培训，由高至低依次分为三类：中层后备、主任后备、管理精英。《管理干部梯队人才培养计划》中规定：管理干部梯队人才培养计划培训周期为2年，采用学员学分制考核与导师责任制相结合的方式；建立管理干部梯队人才履职评估制度，评估结果将纳入其岗位履职考核评价档案。

新员工岗前培训分为两个层面，一方面是公司集中培训，另一方面是岗位带徒实践。新

员工入职报到后，由公司人力资源部统一组织，进行为期7天的岗前集中培训，来帮助他们了解公司相关规章制度，快速融入公司的企业文化。集中培训分为理论课程(包含“企业文化”“职场礼仪”“燃气基础知识”“员工薪酬福利”“SQS、TQM、6S”等)、军事拓展及实践课程三部分。为了帮助新员工掌握岗位所需的知识和技能，各部门应自行组织安排岗位带徒实践，由部门岗位业务主任及相关业务骨干亲自帮带，并进行岗位应知应会考核，包括实操技能和理论考试，考核结果提交人力资源部存档。

(四)多方并举，灵活高效

在企业大学“学以致用、持续创新”校训指导下，南京港华针对各层次员工的需求，采取了丰富多彩的培训方式：面授、视听技术、现场指导、导师制、案例研讨、在线学习、高层座谈、观摩等，详见表8.1。

表8.1 南京港华企业内训分类

培训类型	培训层次	培训方式
专业技术类	第二级至第三级层次	面授、视听技术、现场指导、在线学习
管理类	第一级至第二级层次	面授、案例研讨、在线学习、高层座谈、导师制等
岗前	第一级层次	面授、视听技术、观摩、在线学习、导师制

2010年，南京港华成立网络学院，面向业务组主任及以上的管理人员开放。人力资源部负责网络学院的建设、网络培训计划的实施和整体推进工作。人力资源部培训发展组具体负责网络培训课程的需求调研、培训计划的拟订与调整、学员培训情况评估、学员反馈意见收集和整理等管理工作。随着移动学习成为企业增幅最快的培训方式，南京港华也加快了网络学院的普及和完善进程，旨在面向全员全面开放网络学院，让全员享受移动学习的便捷、高效。网络学院学习方式灵活、主动性强、时间弹性大，学员可随时登录南京港华燃气有限公司培训学院(网址为http://njcitygas.cneln.net)，学员登录后在界面输入用户名和密码(每位学员都拥有一个用户名)即可进入教学系统。学员可利用业余时间进行自学，也可在保障完成正常工作的前提下，利用工作时间进行网络课程的学习。学员可以通过计算机、平板电脑或手机，随时随地、随心所欲地学习网络课程。

(五)及时考核，配套激励

南京港华分别从内训师、导师和学员三方面进行企业内训考核和激励。

《内部培训师管理制度》规定，人力资源部统筹负责内部培训师的各项管理工作，包括：内部培训师的推荐、审核确认、认证与管理，以及公司内部课程体系的评审与管理。内部培训师分为初级、中级和高级，内部培训师享有课程开发费与课时费。内训师每次授课后，学员及时填写《内部课程评价表》，针对“讲授内容(60分)、课程材料(10分)、呈现技巧(30分)”三方面评价，作为内训师考核和奖励的依据。公司从物质和精神两方面激励内训师。物质激励方面：针对学员评分和内训师级别，给予相应报酬，级别越高，课时报酬越高；评分越高、报酬越高。精神激励方面：建立荣誉体系，提供发展机会。截至2017年4月，公司内训师人数达到57人，其中，高级内训师3人，中级内训师17人，初级内训师37人；公司内部课程开发数量达到53门，其中，通用类课程18门，技术类课程35门。

《管理干部梯队人才培养计划》要求，“从培训纪律、个人综合表现、项目执行情况三方面，对管理干部梯队人才(管理类学员)进行考核”，每年年终公布其学分情况。整个培养计划结束后，管理干部梯队人才的个人学分在80分及以上者方可授予结业证书；同时，依据得分综合排名评选出优秀学员三名，给予物质和精神双重奖励。人力资源部从课程学习、课题研讨、年终履职总结、工作论文等方面，为梯队人才提供学习资源、锻炼机会和展示平台。结合课堂培训效果、网络学院学习、交流论坛、履职报告、毕业论文、个人成长计划等，对梯队学员进行综合考核，并形成梯队人才学分积分表，促进他们更好地成长。《管理干部梯队人才培养计划》中规定，管理干部梯队的人才培养，包括项目历练、管理论文指导、绩效面谈三项内容。整个培养计划结束后，根据每位导师培养工作推进情况，评选最佳导师，给予物质和精神方面的激励。

《员工教育培训展能管理规定》明确了各类学员考核和奖励的措施，包括：特殊工种取证与复审培训、高层次学历教育、专业技术职称、职业资格与执业资格等方面的考核与奖励。

二、校企合作：提前把关“准员工”成长

(一)校企合作项目：城建中专2011级燃气班简介

随着一线技能人员的老龄化，秉承为公司培养后备技能人才，尤其是综合素质高、应用能力强、实用型人才的目的，2011年南京港华与南京市城建中专达成校企合作办学协议，拟共同培养50名城市燃气应用专业五年期大专生。公司人力资源部专门成立项目组，负责推进城建中专2011级燃气班(简称“港华班”)项目，整个项目进程详见表8.2。

表8.2“城建中专2011级燃气班”校企合作项目进度一览表

时　间	项目名称	项目内容
2011.9	中专入学	招收“城市燃气应用专业(3+2制)”学生86人，大多数学生系1996年出生
2011.9—2013.7	中专学习	全部取得安装维修工(四级)国家职业资格证书
2013.10	成人大专考试	学生通过全国成人高考，考取江苏经贸职业技术学院(成教院)供热通风与空调技术(燃气方向)专业
2013.7—2013.11	港华班成立	综合学生成绩、全国成人高考成绩、中专期间成绩、在校行为规范四方面内容，择优录取50人(男女生比例4:1)
2013.11—2015.6	大专学习	取得管道工国家职业资格证书
2015.9—2016.7	实习与考核	第一阶段：3部门9岗位轮岗，进行毕业设计阶段实习；通过理论及实操考核，从50人选拔出43人。 第二阶段：5部门9岗位定岗，进行岗前阶段实习；通过理论及实操考核，从43人中优选42人进入公司
2016.8	大专毕业	获得大专文凭
2016.9	面试入职	42名港华班新员工签订劳动合同，正式成为港华人

(二)校企合作项目：城建中专2011级燃气班大事记

(1)2013年：选拔、开班

2013年7月，人力资源部组织完成毕业综合测试、职场情商测试、结构化面试三项选拔，结合学生全国成人高考、中专期间成绩、在校行为规范，最终从86人中择优录取50人(男女生比例4：1)，并于2013年11月成立港华班。为确保整个选拔过程的公开、公平、公正，公司项目组与城建中专共召开7次会议，协商选拔事项，最终顺利完成选拔，无一人投诉。

2013 年 11 月 5 日，港华班开学典礼在城建中专锁金村校区举行。公司总经理刘彦芳、人力资源总监田锦根、城建中专管冰校长，出席开学典礼，并发表讲话；省劳模杨盛松作为公司优秀员工代表，作了“做最好的自己”主题演讲，受到一致好评。

(2)2014 年：建师资、编课程、定目标

公司每年推荐 2～3 名内训师作为专业老师参与港华班授课。2014 年，完成《燃气法规》《燃气具安装维修》《燃气燃烧与应用》《管道工程》《燃气客户服务实务》《城镇燃气储存与输配》等教材的研发与编写工作，该批教材成为公司新员工上岗的培训教材。公司项目组与城建中专共召开了 4 次会议，主要商讨课程设计方案、导师安排、学生心理诉求等方面的内容，确保培养方案的实用与合理。结合学生专业和就业需求，确定目标为：在中专期间，取得维修安装工(四级)国家职业技能鉴定证书；在大专期间，考取管道工国家职业资格证书。

(3)2015 年：参与活动、轮岗实习

2015 年 5 月，港华班参与了公司客户服务部在金尧花园小区举办的“幸福母亲，平安厨房——暨东方独家平台上线启动仪式”和“爱的味道我做主，我给妈妈做道菜”活动。公司党委副书记李自强先生亲临现场，对港华班的积极参与给予了肯定。

2015 年 9—12 月，港华班首先参加为期三天的集中培训，然后被分配到了 3 个部门的 9 个岗位，开始为期 4 个月的轮岗实习，并进行实操考核。

(4)2016 年：选拔、实习、入职

2016 年 1 月，人力资源部组织港华班完成理论考核及面试两项选拔，结合学生 2015 年 9—12 月实操考核成绩、导师评价、工作表现，最终从 50 人中择优录取 43 人。

2016 年 3 月 1 日，人力资源部组织召开港华班岗前实习启动大会，标志着岗前实习工作正式开始。通过第一阶段(毕业设计阶段)的选拔考核，2016 年 3—8 月，安排 43 名实习生到 5 个部门的 9 个岗位，进行第二个阶段的岗前实习和培训。

2016 年 4 月，人力资源部分别组织气源保障部、管网运行部、客户服务部、客户账务部、采购仓务部、热线中心，召开实习生座谈会，了解港华班实习生的岗位培训效果及工作进展。2016 年 7 月，气源保障部、管网运行部、客户服务部、采购仓务部、热线中心分别对实习生进行理论及实操考核。除 1 人因未通过实操考核退出实习外，其余 42 人均通过理论及实操考核。

2016 年 9 月 1 日上午，人力资源部在公司五楼会议室，组织召开港华班入职动员会。42 名港华班新员工签订了劳动合同，正式成为港华人，全部上岗。

三、管理人才培养：港华成长的发动机

自 2010 年 10 月开始，南京港华启动管理人才培养计划，旨在建立人才培养资源库，探讨新时代背景下人才培养的重点，为公司各岗位储备后备人才。管理人才的选拔，采用部门推荐及自主报名的方式，从年龄、学历、职级、历年评核表现等多方面进行筛选。人力资源部从课程学习、课题研讨、年终履职总结、工作论文等方面，为梯队人才提供学习资源、锻炼机会和展示平台。结合课堂培训效果、网络学院学习、交流论坛、履职报告、毕业论文、个人成长计划等多个方面，对管理梯队学员进行综合考核，并形成梯队人才学分积分表，促进他们更好地成长。

截至 2016 年 11 月，管理人才培养项目推行三期，合计培养 160 名管理梯队人才。

2010 年 10 月至 2012 年 7 月：首批管理人才培养项目培养了 42 名管理梯队人才。

2012 年 8 月至 2014 年 7 月：第二轮管理干部梯队培养。在项目筹备期间，人力资源部从各事业部、子公司筛选出梯队人才 57 人，分为中层/主任后备班(34 人)、管理精英班(23 人)，分别实施培养。

2014 年 11 月至 2016 年 11 月：第三批管理人才培养。按照中层后备班(19 人)、主任后备班(22 人)、管理精英班(20 人)，分类专业化培养。

每期培养都包含专项培训和案例分享。专项培训：人均完成 63 学时，8 门课程的学习；案例分享：以学员所遇到的现实问题为案例，结合培训所学管理工具，分别在管理精英、主任后备、中层后备梯队中各开展一次课题研究，并提出解决方案或对策建议。

四、在线学习：如何通过知识分享，实现成长

(一)港华网络学院

网络时代，在线学习因经济、便捷、共享、高效等优势，成为许多企业的重要学习形式。成立于 2010 年的港华网络学院(网址为http://njcitygas.cneln.net)，以每年约 2 万元的成本外购网络课程，惠及全员，有效推动公司学习型组织的建设。《南京港华燃气有限公司网络学院管理办法(2011 年修订版)》中规定，港华网络学院的自助教学系统，有课前自评、在线学习、在线考试三项功能。

课前自评：主要测评学员对该课程的理解程度，帮助学员更有针对性地参与学习。

在线学习：学员通过网络培训系统，可以查看课程基本情况、观看讲师视频和查看课程讲义。学员必须看完课程的所有视频，才标志着该课程在线学习完成。在线考试：学员每完成一门课程的学习，必须进行课程学习效果的测试，并积极配合人力资源部完成培训评估、反馈和各项改进工作。每完成一门课程的在线学习，有两次考试机会，如第一次考试不及格，只能有一次补考机会，补考通过只能获得该课程学分的一半，如两次考试都未通过，则无法获得学分。在线考试即考即查。

人力资源部负责网络学院培训效果的评估与管理，例如：定期查看学员的学习信息，对学习效果、测验成绩进行统计。学员的年度总学分、在线考试成绩等数据，都是各业务管理系统员工年度评核的重要参考依据。公司每年度根据学员必修及选修课程完成率、年度学分、在线考试成绩等进行综合排序，评选出的优秀学员将获得 1000 元至 2000 元不等的奖励或相应外出培训机会，培训奖励费用从教育培训费用中列支核算。

2017 年，网络学院拟使用学习地图。学习地图分为新员工—新晋主任—新晋中层三个层次，每个层次均须完成相应的课程学习，才能晋升到高一层次学习。

(二)港华集团在线学习平台

2016 年，港华集团开发在线学习平台，并发布有关在线学习规定。在线学习平台主要侧重于技术类、职能类及企业文化类培训课程的学习，而网络学院侧重于素质及企业管理类课程。集团在线学习平台目前在调试期，课程视频加载速度过慢。

双轨在线学习平台，如何实现资源合理优化配置，并基于员工学习需求，实现知识分享与共同成长？

五、培训总结与困惑

目前，南京港华人力资源部在职人员 15 名。企业内训主要由培训发展组负责，每年需要约 90 万元的培训费(不足全员工资总额的 1%)，取证培训约占 30%。

2016 年 1 月至 11 月，南京港华全年共有 12 043 人次参加培训和学习，学时数总计达 50 799 小时。公司范围内燃管处、质监局上岗证培训持证率为 100%，港华集团资质证培训持证率为 77.52%，港华集团人均学时数为 35.40，2016 年全年能达到或超额完成公司四大目标的两项指标的考核。培训发展组共组织实施人力资源统筹类培训合计 38 类 69 期培训课程，包括技术类培训课程 19 类 31 期，共 545 人次，计 4057 个学时；非技术培训课程 19 类 38 期，共 1210 人次，计 7125 学时。各事业部、子公司，共有 23 个部门开展二、三级分层培训，合计 9864 人次，32 901 学时，分层培训的课程数为 44 门。

2017 年伊始，人力资源部周经理、熊经理以及培训组翁主任，越来越感叹培训的责任重大。《江苏省住房城乡建设厅关于开展燃气经营企业从业人员专业培训考核的通知》规定，自 2017 年起，统一开展全省燃气企业从业人员专业培训考核工作，考核对象包括：企业主要负责人，安全生产管理人员，运行、维护和抢修人员。设立《专业基础知识》和《专业管理实务》两个科目，采取全省统一组织培训、统一题库、统一考试方式，每季度组织一次，每 5 年复核的方式进行培训考核。那些经验丰富的老技工，也要面临文化考试难过关、取证难等问题。

根据《消防法》及港华集团对风险审核的要求，公司必须每三年为一轮，组织全员进行消防安全培训，每年的十个月之内，轮次培训，一次三小时进行全员消防培训。如何组织安排这种全员培训，是公司需要解决的问题。

熊经理和翁主任商量：今年我们培训的主要目的就是借力在线学习浪潮，通过创新企业内训，解决“董事长之问”，实现员工与企业共同成长。

(本案例由南京林业大学经济管理学院的陈益民撰写，并经作者同意转发)

思考题：

1. 南京港华是如何基于需求实施员工培训的？
2. 南京港华的企业内训，可能面临哪些方面的问题？如何有效解决？
3. 校企合作(“港华班”)的经验及其借鉴作用是什么？
4. 南京港华的在线学习可能面临什么问题？如何有效解决？
5. 网络时代，如何通过在线培训实现员工与企业共同成长？

本章小结

1. 在职培训(On the Job Training，OJT)，指组织为了使员工具备有效完成工作任务所必需的知识、技能和态度等，在工作时间对员工进行的各类培训。在职培训的方法很多，主要有师带徒、导师制、工作轮换、教练、行动学习等。

2. 脱产培训是指经过组织批准或安排，员工在某一特定时段内离开工作岗位去参加的各类培训。常用的脱产培训方法主要有讲授法、案例分析法、情景模拟法和行为示范法等。

3. E-Learning在线培训主要强调结合网络技术来设计、传送、选择、管理与延伸学习，运用现代计算机网络和多媒体技术实行远程网络教育，即强调学习与互联网的结合。

4. 多媒体远程培训是指培训主体结合多种媒体手段，利用现代化的技术将声音、图像传递到设在远离培训主体所在地的其他各个培训地点，让各地学员通过网络接受远程培训。

5. 慕课(MOOC)，英文直译为“大规模开放的在线课程(Massive Open Online Course)”，是一种“互联网+教育”的产物。

6. 从宏观上看，培训方案是指组织的年度培训计划；从微观上看，培训方案是指根据不同的培训对象而制定的具体的培训项目实施计划及行动指南。

第9章

管理人员培训与领导力开发

学习目标

1. 了解管理人员需具备的管理技能和培训与开发重点；
2. 掌握管理人员培训方案的制定；
3. 熟悉和掌握领导力开发的内容和领导力开发方案制定。

引导案例

摩托罗拉的CAMP人才培养项目

企业要想获得成功，必须拥有适合自己的战略，拥有满足战略实施要求的各类流程，拥有制定流程与实施流程的人才。从这个意义上讲，决定企业成败的关键因素就是人才。

一、将人才培养专门化

摩托罗拉自成立之初就清醒地认识到人才的重要性，并始终如一地将人才的开发作为公司运营的重要工作之一。早在20世纪70年代，为了应对当时的挑战，摩托罗拉公司明确地将人才的培训与培养提上了议程。为了配合企业科技领先战略，企业成立了摩托罗拉科技中心，将专业与复合型人才的培养结合起来。20世纪80年代，摩托罗拉加快了人才培养的步伐，也加大了人才培养的力度，使人才的培养专门化，并成立了摩托罗拉大学，这是最早成立的企业大学之一。20世纪90年代，随着胜任力模型的理念与实践不断深入人心，摩托罗拉为了更好、更有效地培养人才，在总部成立了资质能力中心，专门研究适合摩托罗拉战略与业务发展的核心胜任力模型，并建立了相应的评价体系。当历史的脚步迈入21世纪的时候，摩托罗拉公司也面临着战略调整的新挑战。为了更有效地提高复合型人才在某些特定专业方面的素质，摩托罗拉大学重新整合了自己的资源，设立了五大学院专门从事人才培养的研究和建设工作。

摩托罗拉从20世纪90年代至今，人才培养实践可分为三个阶段：第一阶段是1997年以前，第二阶段是1998—2005年，第三阶段为2005年以后。其人才培养主要围绕“核心领导力模型”和“CAMP项目”展开。

在第一阶段，为了有效地摸索出适合中国特色的人才培养体系，摩托罗拉高层领导经过多方面的调研、标杆学习与讨论，逐步形成摩托罗拉(中国)人才培养的核心领导力胜任模型。此时的领导力胜任模型的主要内容包括战略性思考、人才培养、人力资源与财务、团队建设与团队领导、业务开发、项目管理、企业文化与商业道德等。

CAMP(China Accelarated Management Program)是摩托罗拉管理人才加速培养项目的英

文缩写，此项目的设计目的就是要为具有高潜能素质的中国员工提供更多的职业发展机会，以便他们能够在当前和未来的业务部门承担更为重要的职责。

CAMP 项目第一阶段的内容主要包括四大类别：课堂教学、实践性学习、岗位轮调、辅导与指导。课堂教学分为三个阶段，总课时量为四个星期；实践性学习要求学员在本职岗位上与经理人员、下属共同完成一个实际的业务项目；岗位轮调要求学员在不同的国家完成不同的工作；辅导与指导贯穿于人才培养项目的整个过程，主要当事人就是被培养的管理人员与他的直接经理，或者岗位轮调过程中负责对该员工进行监管与考核的经理人。

在第二阶段，摩托罗拉的人才培养根据企业运营的环境变化和战略调整做出了不断的创新，以满足企业新市场、新业务发展的需要。调整后的能力模型简称为 4E+1E 的领导者胜任力模型。该模型将摩托罗拉领导人的核心胜任力分为五大范畴：眼力(Envision)、魅力(Energize)、魄力(Edge)、执行力(Execution)、约束力(Ethics)。

根据摩托罗拉全球领导力模型的变化，并结合摩托罗拉(中国)人才培养的实际需求，公司对原有的领导人才培养项目进行了调整。修改与调整后的 CAMP 中层管理人才培养项目侧重于中高级管理人员在企业扮演的四大角色所必须掌握的知识和技能。这四大角色分别是业务的规划者、过程的管理者、员工的开发者、关系的营造者。

二、全新的领导人才胜任力模型

2005 年以后，摩托罗拉的人才培养仍然坚持从战略出发，根据战略调整核心能力模型，根据能力模型来调整培养项目和计划的系统方法。在这一阶段，公司的战略与企业文化内容都做了相应的调整。

摩托罗拉公司为了应对新的竞争环境，提出了“无缝移动”战略。

公司整体战略的调整使得公司的文化与价值观也发生了相应的变化。摩托罗拉在坚持“操守完美”与“对人保持不变的尊重”这两个核心理念的基础上，进一步明确了摩托罗拉企业文化的 5 大价值观：客户导向、鼓励创新、提升业绩、坚持原则、一个摩托罗拉。

摩托罗拉(中国)电子有限公司根据总公司的战略，以及相应的领导人才胜任力模型的变化，重新设置了适合摩托罗拉(中国)电子有限公司实际情况的人才培养项目。

本胜任力模型将领导人才的核心胜任力分为基础能力(领导人才都应该具备的能力)和高级能力(主要针对高层领导人才的需要和特点)。基础能力主要针对初级和中级领导人才。在这个层次上，公司对初级领导人才和中级领导人才在能力方面的要求和侧重点都不一样。例如，对于中级领导人才来讲，除了具备初级领导人才应该具备的核心能力之外，更要培养以客户为中心的思想和能力，提高变革管理的能力。高级能力侧重培训战略规划与顶层设计能力、决策管理能力、洞察力、创造能力等。

初级领导人才的培养，注重知识和操作技能方面的培训，对于中层领导人才的培养就应加大学习量，以及实践环节和业务模拟环节。而高层领导人才培养，主要以自学和辅导及业务模拟、案例分析、成功经验的分享为主，以便他们反复训练培养自身的高级能力。

有效的 CAMP 项目

为了应对全球电子与电信领域的飞速变化，摩托罗拉(中国)决定进一步深化领导人才培养计划，以便为摩托罗拉培养更多胜任未来业务挑战的领导人才。中层管理人才培养项目

CAMP 就是以能力模型为基础的领导人才培养项目中的一个重要组成部分。该项目为中层领导人才提供了众多的机会，以便他们学习和运用最先进的管理理念。

宗旨：这一阶段 CAMP 项目实施的宗旨是使培养对象能在主要领导力与管理技能方面有明显的提高，并且将学习和掌握的技能与实践经验带回工作岗位，传授给同事与下属，以便为各部门和整个摩托罗拉的业务发展做出更大的贡献。

该项目专门为摩托罗拉的中层领导人才所设计，并且以总部领导人才培养的胜任力模型为基础。学员所掌握的知识与技能将有助于他们在团队中发挥更大的作用，使团队的力量得到不断壮大。项目的实施过程还将有助于学员不断强化关系营造、相互合作及互相分享的能力。

目标：当 CAMP 项目发展到第三个阶段的时候，既保留了原有项目中大量的项目目标，同时也增加了一些新的内容，项目结束后，学员将能够有以下提高。

① 确定他们能够掌握核心的基本技能。

② 展示出激励能力、团队建设与团队领导的技能。

③ 运用有效的指导、辅导和教练技能来培养自己的下属。

④ 清晰人力资源、财务等职能部门的核心政策及运用工具，并且在自己的工作中灵活运用。

⑤ 根据摩托罗拉新的领导人才胜任力模型要求，需要培养和强化领导力理念、胜任能力及与之相适应的领导与管理行为。

⑥ 更好地了解摩托罗拉的客户、产品与技术。

⑦ 进一步明确摩托罗拉在电子通信领域所面临的机遇与挑战。

⑧ 以积极的态度向成功的经理人学习。

⑨ 框架与课程设置。首先，为了保证摩托罗拉(中国)人才培养的总体目标与总部的规划相一致，项目框架的设置参考了总部所确定的领导人才核心胜任力模型的内容，并结合中国的具体情况，增加了丰富的内容，以满足中国市场的要求，使得人才培养的项目更为有效；其次，在重新对中层领导人才培养项目进行定位的时候，明确说明了 CAMP 应该以培养团队管理思想与团队管理能力为核心。

非课堂教学活动。非课堂教学活动在人才培养的过程中起着非常重要的作用。在摩托罗拉人才培养项目实施的过程中，正是由于实施了这些“非课堂教学活动”，才摆脱了传统人才培养过程中单一的课堂教学方式，使得整个培养的过程丰富多彩，环环紧扣，从而提高了培养对象的兴趣及项目的效果。

评价工具。项目的效果需要一定的方法来进行测评，评价工具的具体操作在不同阶段有不同的内容。在 CAMP 项目第三阶段，评价工具主要有五种：课后一级评估、事前 360 度评估、事后 360 度评估、课堂观察与意见反馈、优秀学员与优秀导师评选。

第一，课后一级评估。一级评估是对所有课程都适用的最基本的评估工具。为了保证项目的质量，要针对每个课程和环节实施一级评估，来测量每个教学活动在设计、讲授等方面的优点和缺点，以便及时改进和提高。

第二，事前 360 度评估。所谓事前评估就是根据最新的领导人才胜任力模型，建立 360 度评价的工具。评价的意见来自培养对象、培养对象的直接经理、培养对象的下属和同事。除了为每位学员提供一份简明扼要的评估结果报告外，项目管理人员还要对每位评估对象作简要的意见反馈，并要求他们与自己的经理人员进行沟通，以便得到他们的帮助、辅导与指导。

第三，事后360度评估。所谓事后评估就是利用事前360度评估的工具和内容，在项目结束以后的3～6个月内对培训对象再次进行评估。评价的意见仍然来自培养对象、培养对象的直接经理、培养对象的下属和同事。事后评估的目的就是要督促培养对象在实际工作中有意识地去运用所学的知识和技能去强化某些必要的行为与做事方式。

第四，课堂观察与意见反馈。这是一种特殊的评价工具。它的优点是让培养对象时刻提醒自己，在培养项目实施的整个过程中，自己都处于他人的评价之中。同时，也要求自己随时留意他人的行为表现，学习他人的长处。

第五，优秀学员与优秀导师评选。评选活动本身就是对学员综合情况，以及导师辅导情况进行评价的一个过程。被评为优秀学员和优秀导师的员工都会得到公司颁发的“优秀学员奖牌”和“优秀导师奖牌”，以表彰他们在整个项目实施过程中做出的突出贡献。

评价的目的在于了解培养对象在各个方面的真实情况，以及培训项目本身的效果。让被评价的人了解到他人对自己的看法，同时了解自己在参加整个培养项目过程中所取得的成绩和需要努力改进的地方，使得培养对象的努力具有明确的方向性，取得事半功倍的效果。

9.1 管理人员培训

管理人员培训或管理者培训是针对管理人员管理能力、综合素质提升而组织与实施的一整套培训与开发计划与管理过程的总称。

德鲁克写道：“管理者是事业的最基本的、最稀有的、最昂贵的，而且是最易消逝的资源……”以企业为例，其管理者可分为高层管理者、中层管理者和基层管理者三大类。高层管理者是企业的掌舵人，他们应该具有广阔的视野，能系统地把握当今全球的社会、政治、经济形势；具有洞察力，能洞察企业内外部各种影响因素；要有全局的战略眼光，能对企业的战略目标和方针进行创造性的规划、决策和控制。中层管理者是指企业各级职能部门管理人员，他们承担着企业日常经营活动中的各种职能工作的具体计划、组织领导和控制工作，是企业的中坚力量。中层管理者处于企业组织架构的中层位置，在决策层与执行层中间具有桥梁作用，是企业中重要的中枢系统。基层管理者是指在企业生产、销售等经营活动一线执行管理职能的直接管理人员，包括在生产一线中起监督、指导作用的监工和领班等。他们与一线操作员工最接近，其管理水平直接影响到企业员工的积极性和对企业的忠诚度，进而影响企业绩效。

一个组织的生存发展、兴衰存亡在很大程度上取决于高层管理者的英明决策，中层管理者的管理技能、管理水平和基层管理者的执行力、沟通力等。高层管理者是否拥有管理智慧，能否审时度势，把握环境的变化，抓住机遇，有胆略地进行风险决策，对于一个组织来说可谓性命攸关。一个组织的良好效益，离不开严格的、符合组织发展需求和环境的管理制度。一个组织的业绩在很大程度上依靠组织中层管理者及各部门间的协调和配合。中层管理者能否承上启下，把一个组织中各方面力量集中到实现统一的目标上来，有效沟通、分工协作，对一个组织目标的实现起着至关重要的作用。同样，基层管理者常年工作在管理和服务的第一线，能否充分调动员工的积极性和创造性，有效地执行，对一个组织绩效的提升起着直接的影响。由此可见，建设一支高素质的管理者队伍，对组织的可持续发展至关重要。

(1)管理人员的技能组合

哈佛商学院的 Kang 教授认为，不同层次的管理人员所应具有的技能要求是不同的，他研究出各级管理人员能力的最优化组合，如表 9.1 所示。

表 9.1　不同层次管理人员在能力上的侧重要求

高层管理人员	专业技能 17.9%	人文技能 39.4%	理念技能 42.7%
中层管理人员	专业技能 22.8%	人文技能 42.4%	理念技能 34.8%
基层管理人员	专业技能 50.3%	人文技能 37.7%	理念技能 12.0%

其中，专业技能是指对生产产品或提供服务的特定知识、程序和工具的理解和掌握；人文技能是指在组织中建立融洽人际关系并作为群体中的一员有效工作的能力；理念技能是指从整体把握组织目标、洞察组织与环境的相互关系的能力。对于高层管理人员而言，理念技能是最重要的，占到其能力构成的 42.7%；对中层管理人员而言，人文技能是最重要的，占到其能力构成的 42.4%；对于基层管理人员而言，专业技能是最重要的，占到其能力构成的 50.3%。要提高企业各层管理人员的能力必须注意这种层次性特点。

表 9.2 则表明了高层、中层、基层管理人员所应具备的能力的差别。

表 9.2　不同层次管理人员所应具备的能力组合

高层管理人员	洞察能力、决策能力、创造能力、统筹能力、批判能力
中层管理人员	判断能力、领导能力、协调能力、沟通能力、专业能力
基层管理人员	专业能力、计划能力、指导能力、沟通能力、理解能力

(2)管理人员管理技能解析

表 9.2 显示，不同层级的管理人员应具备的能力既有所不同，又有相互交叉。诚然，这些管理技能随着时代的发展、环境的变迁，其内涵会有所变化，管理技能也会有所增减或调整。上述管理技能及其组合只是在现实条件下对各级管理人员的最基本要求。

以中层管理人员为例，其基本管理技能包括以下 12 个方面：决策管理、时间观念、授权的技巧、沟通的技巧、目标管理、绩效评估、激励的技巧、应变能力、驾驭能力、会议管理、对个体和对团队的领导。

下面对中层管理人员应具备的基本技能加以阐释。

① 决策管理。或称决策管理能力，是管理者为了实现特定的目标，基于所拥有的独特信息和经验，运用有效的工具、技巧和方法，分析影响目标实现的因素，并选择和做出决定的能力。决策管理能力主要包括开放的问题提炼能力，即以开放的态度，准确和迅速地提炼出解决问题的各种方案的能力；准确的预测能力，即在不确定环境下对事物发展规律或趋势做出预测的能力；准确的决断能力，即能从众多的决策方案中选取满意方案的能力，以及危急时刻或紧要关头当机立断的决断能力。

② 时间观念。或称时间管理，是指管理者在日常事务中坚持并有目标地应用可靠的工作技巧，引导并安排管理个人的生活，合理有效地利用可以支配的时间。时间管理的目的是将时间投入与管理者的目标相关的工作，达到“三效”，即效果、效率、效能。效果是确定的期

待结果；效率是用最小的代价或花费所获得的结果；效能是用最小的代价或花费，获得最佳的期待结果。

③ 授权技巧。授权是在管理者职权范围内根据工作内容、性质等有选择的部分授权，而不是将自己的所有职权全部分授给下属。管理者首先要明确不能授权的事项、可以授权的事项范围，了解被授权人的成熟度、能力等，灵活选择授权方式和方法。

④ 沟通技巧。或称沟通能力或沟通技能，沟通是指管理者为了既定目标，与交际对象之间交流信息、思想和情感的过程。沟通技巧就是指管理者在对沟通目标、沟通客体、沟通主体、沟通信息、沟通渠道和沟通环境进行系统分析之后，使信息在主客体之间有效传递，并使双方的沟通目标有效达成的各种方式方法、手段、策略等。

⑤ 目标管理。是指管理者通过目标对下级进行管理。首先要明确组织目标，必须对其进行有效分解，转变成各个部门目标，部门目标再分解成个人目标。管理者根据确定的部门目标和个人目标完成情况对下级进行考核、评价和奖惩。

⑥ 绩效评估。或称绩效评价、绩效考核等，绩效评估是一种通过系统的、科学的方法、原理来评定和测量员工的工作行为和工作业绩的一种方法。绩效评估是绩效管理的一个核心环节，绩效评估的结果不仅影响到员工的薪酬福利、职务升降，而且也会影响到组织的凝聚力、组织绩效及组织目标的实现等。绩效评估的方法主要有关键绩效指标法、目标管理法、平衡计分法等。

⑦ 激励的技巧。激励就是激发工作动机，鼓励工作热情。激励的目的是激发员工的工作动机和热情，充分发挥其主观能动性，提高工作绩效等。激励是管理的基本职能之一，也是管理者的一项重要任务。有效的激励必须从员工的需要出发，综合运用各种激励方法如感情激励、物质激励、目标激励等，满足员工的需要，激发工作动机，实现组织目标。

⑧ 应变能力。应变能力是指管理者在动态环境下成功和敏捷地调整工作计划、方法和组织结构来达到组织目标的实现。简单地说，应变能力就是应付情况突然变化的能力。管理者面对意外事件的发生，能否迅速地做出反应，并寻求合适的方法，使事件得以妥善解决，主要取决于其事前的预测和应对措施。高超的应变能力其实都来源于有准备的应变、经验的积累和灵活的策略调整等。

⑨ 驾驭能力。驾驭能力是指管理者基于对组织环境不确定性、复杂性和可变性的认知，通过预测和监测环境，有效地驾驭局势，掌控局面，采取有效措施使得组织顺利生存与发展，甚至在竞争中增加竞争优势。驾驭能力也泛指自我管理控制能力、对下属管理控制能力、对全局或局部的管理控制能力，或指对每一个具体事物的管理控制能力，如对文字和知识的驾驭能力等。

⑩ 会议管理。会议是一种常见的沟通方式，会议管理是指管理者掌握和利用会议沟通的技巧，对会议的进程进行有效的管理与控制，以提高会议的效率和效益。开会是必要的沟通，掌握会议沟通技巧是管理者的一项基本功。

⑪ 对个体的领导。对个体的领导是指自我管理能力，包括自我价值观的确立、职业发展规划、自我控制、自我激励、自我监督、自我协调等。

⑫ 对团队的领导。对团队的领导是指团队领导或管理能力，包括创建团队文化、建立团队制度和规范、明确团队成员角色分工、协调解决团队矛盾和冲突、有效引导和激励团队成员共同实现团队目标等能力。

高层管理人员应具备的基本管理技能主要有洞察能力、决策能力、创造能力、统筹能力、批判能力等。

① 洞察能力。洞察能力是指个人在复杂环境下深入事物或问题的能力，是人通过表面现象精确判断出背后本质的能力。在今天这样一个充满易变性(Volatility)、不确定性(Uncertainty)、复杂性(Complexity)以及模糊性(Ambiguity)的VUCA时代，必然要求管理者，尤其是高层管理者具备更高的敏捷性，掌握和分析系统全面的信息，并能够在复杂环境下理清思路，从现象看本质，选择正确的前进方向。

② 决策能力。与中层管理者决策管理能力不同的是，高层决策能力主要聚焦于针对组织宏观决策包括组织发展战略决策、发展模式决策、投资决策等所应具备的能力。而中层管理者决策管理能力主要聚焦于针对组织微观决策所应具备的能力。

③ 创造能力。或称创新能力、创造力，是指创造前所未有事物的能力。高层管理者的创造能力或创新能力主要聚焦于组织战略创新、组织文化创新、组织结构创新、组织发展模式创新、产品创新、技术创新和服务创新等。通过对组织要素资源进行有效的内在变革，从而提高其内在素质、驱动组织获得更多的与同行业竞争者的差异性的能力，并获得可持续竞争优势。

④ 统筹能力。或称统筹规划能力，整合能力等，是指组织洞察事物、工作谋划、整合协调和创造性思维等方面的能力。高层管理者必须具备总揽全局、统筹规划、协调发展、兼顾各方的能力，能够注重工作主次、轻重缓急，有计划地合理安排优先次序。统筹能力一般包括总揽大局的能力、协调各方的能力、快速筹划的能力、科学计划的能力、组织实施的能力等。

⑤ 批判能力。或称批判性思维能力，是指自觉监控自己的认知活动、态度和行为，分析和评估自己的推论性判断，以质疑、证实、确认或校正自己的推理或结果。具有批判能力的高层管理者善于自我审查、自我反省和自我校正。

(3)管理人员培训方案

管理人员培训方案设计与制定要根据组织规模、人员多少等来确定。一般情况下，规模小、人数少的企业等组织制定一套管理人员培训方案，而规模较大、人数较多的企业等组织，一般要将管理人员培训分为三个层级，即制定高层管理者、中层管理者和基层管理者培训方案。也可以根据三个层级管理者在某一方面管理技能和领导能力等的需要制定某一具体内容或专题、专门项目的培训方案，如基层班组长执行力培训方案、中层管理者团队建设培训方案、高层管理者领导力培训方案等。

下面，分别介绍一下制定基层管理者、中层管理者和高层管理者培训方案的要点。

基层管理者培训方案设计的要点包括培训指导思想或基本原则、培训对象、培训主要内容、培训时间与地点、培训管理部门、培训预算、培训考核与评估等。

① 指导思想或基本原则。指导思想和基本原则可以根据实际需要进行选择，既可以全选，也可以任选其一。培训指导思想主要围绕组织发展战略和组织发展要求、基层管理者的现状及需求，以及新形势下提出的新要求等，提出培训应遵循的依据、培训要求和培训目的等。培训基本原则是指培训所依据的基本准则。培训基本原则可根据培训重点内容、培训对象、培训过程及管理要求、培训效果等提出几项基本准则，要求培训接受者、培训管理者等在培训实施过程中严格遵守，以确保培训目标的达成。

② 培训对象。基层管理者通常是指企业的班组长、业务主管(经理)，或机关事业单位的科级以下干部。每一次培训都要根据培训计划、培训内容等确定基层管理者参加的范围。

③ 培训的主要内容。基层管理者是组织的细胞，也是组织的根基。基层管理者通常是组织管理者占据的数量最多，管理的对象是全部一线员工，因此其作用不言而喻。基层管理者的培训内容因组织性质、经营业务范围、所处发展阶段不同、需求不同等而有所不同。通常，基层管理者培训分为技能类培训和管理类培训。机关不同的行业、不同性质组织对于技能培训的要求是不一样的，但管理类培训是相通的。

以企业班组长为例，往往都具备一定的工作技能，但欠缺的往往是管理能力。现代管理之父德鲁克指出管理的三大模块是：自我管理、工作管理、团队管理。基于此，班组长培训的主要内容包括：自我角色定位、时间管理、自我职业生涯管理、工作目标管理、制度管理、生产管理、现场管理、技术管理、设备管理、工具管理、信息管理、物流管理、成本管理、安全管理、质量管理、效率管理，团队管理能力、执行力、协调能力、分析问题解决问题能力、交际能力、沟通能力、激励与授权技巧、应变与控制能力、创新能力等。

④ 培训时间与地点。根据培训计划、不同时期业务繁忙情况以及培训人数、就近原则等确定培训时间、地点等。

⑤ 培训管理部门。明确培训的管理部门、协助部门，做好与培训相关的培训计划制定，培训实施过程中的相关服务，培训结束前或后的考核与评估等工作。

⑥ 培训预算。根据培训计划、培训规模等列出培训各项费用，报请培训主管部门负责人及主管领导审批。审批通过后严格按照培训预算支出相关费用。

⑦ 培训考核与评估。为了确保培训质量，培训内容结束后要进行培训效果考核。考核方式可采用考试、撰写作业或论文、现场测试、案例分析等。培训评估可根据测量培训效果的相关指标进行测量。通过考核与评估了解培训的实际效果、存在的问题，提出未来改进的方向和内容、措施等。

中高层管理者培训方案设计与基层管理者培训方案设计在包含的基本要素方面是相同的，即培训指导思想或基本原则、培训对象、培训主要内容、培训时间与地点、培训管理部门、培训预算、培训考核与评估等，但每一个培训要素的设计要点则大不相同。

企业的中层管理者处于企业组织架构中的中层位置，在决策层与执行层中间具有桥梁作用，是企业重要的中枢系统。中层管理者将决定着企业能否健康持续发展。

M 公司中层管理人员年度培训方案

9.2 领导力开发

(1)何谓领导力

“一只绵羊带领的一群狮子却敌不过一头狮子带领的一群绵羊。”这句堪称经典的名言一针见血地点出了领导力对团队和组织发展的关键作用。

领导力可分为个体领导力和组织领导力。一般情况下，提及领导力指的多是个体领导力。

所谓领导力，是指组织的领导在确立组织的发展方向与绩效期望、引导和管理组织全体成员及其相关方实现目标的过程中，所发挥的能力和影响力。《卓越绩效评价准则》(GB/T 19580—2004)参照国外质量奖评价准则、结合我国质量管理的实际情况和需要，把“领导”“领导力”列为评价要求的第一部分。并将“领导力”界定为组织的领导在确立组织的发展方向与绩效期望、引导和管理组织全体成员及其相关方实现目标的过程中，所发挥的能力和影响力。也有学者认为个人领导力就是每个领导者要实现最佳绩效所需要的能力、技巧及态度。

领导力的作用主要体现在以下几个方面：

① 领导力是一种重要的生产力，它决定着企业生产和管理质量、效率和效益；

② 领导力是一种整合力，是一种黏合剂和推动力，它决定着企业资源的有机整合、关系的和谐、价值观的统一、目标的实现，领导力有助于提高企业的凝聚力、向心力；

③ 领导力是一种引导力，方向力，它决定着企业的发展方向、员工的行为取向。

拥有强大的领导力就意味着企业拥有强大的动力、合力，充满生机和活力。领导力不仅仅是领导的方法和技能，也不仅仅适用于领导者，它是我们每个人，尤其是管理者应该具备和实践的一种优雅而精妙的艺术。

组织领导力通常是指组织在其本行业或社会中拥有的领导地位、引领行业和社会发展的能力或力量。寇家伦认为组织领导力是根据企业等组织战略规划与目标，建立适应未来竞争需要的领导者和后备人才队伍，激发领导者潜质并使其潜质转化为实际绩效的水平，使企业持续具备实现企业战略目标所需要的领导能力。组织的领导作用就是其“领导力”所产生的效率和结果最终在组织绩效上的体现。

(2)领导力开发

据权威部门的调查，领导力缺失是一个全球性问题，其中中国是缺乏领导力人才比例较高的国家之一。在调查中发现，中国有 47%的被调查企业认为他们缺乏领导力人才，并且有 60%以上的企业认为，无接班人可培养，或有接班人可培养，但不知如何培养。

寇家伦将领导力匮乏的现实表现归结为以下几点：①面对日渐庞大的业务和团队，管理者力不从心；②企业未来发展的管理人才严重缺乏；③企业现任管理者领导技能严重匮乏；④管理团队在战略目标实现过程中效率低下；⑤新晋升的管理者得不到管理能力训练等。

由此可见，领导力开发是中国面临的十分严峻的、亟待解决的现实问题。

领导力开发又称领导力提升，其目标是提升组织和个人领导力，即根据组织战略规划与目标，为组织创建可持续竞争优势而储备领导人才及领导队伍，开发或提升现有领导者的领导技能等。对任何处于激烈竞争环境下的企业或其他组织来说，领导力开发都是其构建核心竞争力的必然选择，也是其创建可持续竞争优势，确保可持续发展的领导人才储备保障。

为此，许多世界知名企业都高度重视领导力开发。例如，摩托罗拉公司针对高层管理者及领导人设计了专门的领导力培养计划，并提出了“4E+1E”的领导力模型，也就是高层领导团队应主要培养的五种能力：眼力、魅力、魄力、能力和约束力。其中，约束力又称自律能力，处于领导能力的中心。

领导力开发对于企业等组织而言是一项巨大的投资，投资谁、投资多少、投资效果等都是企业家们重视的问题。因此，领导力开发的对象是那些具有投资价值的人，包括高层管理者、中层管理者，以及其他能为企业等组织创造杰出业绩的人。

美国陆军领导力手册

(3) 中高层管理者的领导力提升方案设计

在企业培训与开发实践中，领导力提升通常主要针对高层管理者和中层管理者。一些大中型企业，由于高层管理者数量相对较多，可以将高层管理者与中层管理者领导力提升方案分开设计。尽管高层管理者和中层管理者的领导能力要求有所不同，但大多数企业考虑到人数及成本等因素，通常统一设计领导力提升方案。

下面介绍某中型企业中高层管理者领导力提升方案设计的思路及主要内容。

① 指导思想。

领导力开发必须直接与公司愿景和发展战略相联结，必须以企业文化、企业变革、可持续竞争力等内容为主导，能够加深中高层管理者对公司战略、企业文化、可持续竞争力的理解，提高其执行公司战略、统一价值观与经营理念、打造核心竞争力的能力，为企业可持续发展提供领军人才。

② 领导力提升方案设计流程(见图 9.1)。

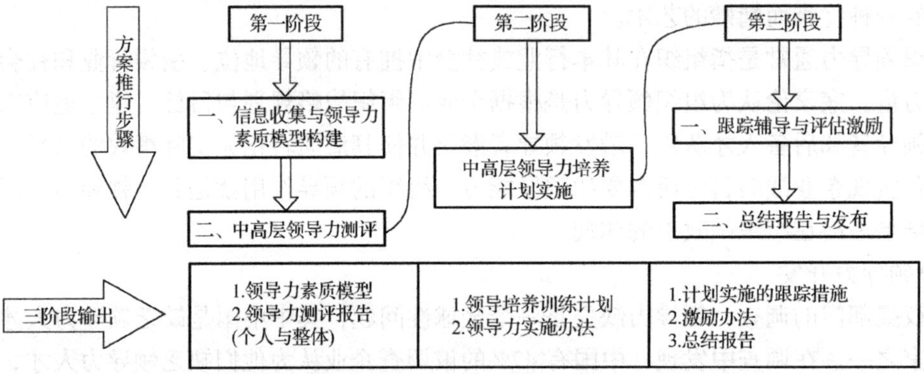

图 9.1　领导力提升方案设计流程图

③ 中高层领导力培训方案实施步骤。

步骤一：第一阶段之建模与测评。

A. 信息收集与领导力素质模型构建：构建符合组织战略需要的中高层干部胜任特征模型(见图 9.2)。根据企业的发展战略和组织核心能力建设的要求，明确企业对中高层管理人员的能力要求，建立科学系统的管理人员能力评价标准；根据建立的管理人员评价标准，对现有中、高层管理人员进行能力测评，盘点现有管理队伍的能力现状，识别重点提升领域；根据重点能力提升领域，设计和实施中高层管理人员能力发展项目，对现有管理人员进行系统性的管理能力提升；以终为始，从提升经营业绩的目标出发，采取积极务实的培养手段，确保发展项目实施效果。

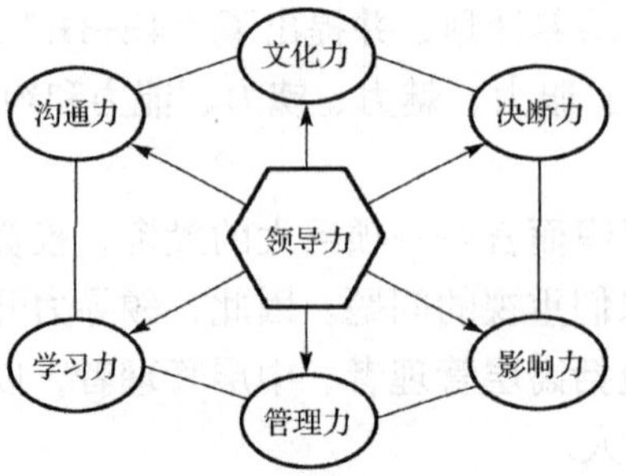

图 9.2　领导力素质模型

B．中高层领导能力测评：首先是找出差距，识别需求；其次是测评工具设计准备(测评方式和工具包括行为访谈、心理测试、性格测试、智商和情商测试、领导风格测试、360 度测试、情景模拟测试等)；再次是测评结果与报告反馈(测评结果分为个人优势点、有待提升点和潜在问题点等，将测评结果反馈给个人，由个人进行自我总结，提出领导力提升要求，并由人力资源部门将个人领导力提升要求进行汇总)；最后是确定培训的主体内容：领导力认知；领导魅力；领导力之术——管理技能等。

步骤二：第二阶段之培养项目计划实施。

培训 1：领导力认知

培训目的：旨在使培训对象懂得领导的本质含义，在心理上，真正实现管理者向领导者的过渡，了解作为一名合格的领导者应具备的素质和能力。

主讲老师：张弛，领导力、执行力训练专家。

培训时间：6 月 19 日～6 月 20 日。

培训对象：企业中高层管理人员。

培训方式：案例体验+实战方法+录像观赏+角色扮演+提问互动+分组讨论+精彩点评。

培训内容：领导的本质和领导者的角色认知；领导力及其提升等。

培训 2：领导力之道——领袖魅力。

培训目的：加强领导者个人领袖魅力，做魅力型领导者。

主讲老师：王大力，心理学博士、人力资源管理专家。

培训时间：8 月 19 日～8 月 20 日。

培训对象：企业中高层管理人员。

培训方式：案例体验+实战方法+录像观赏+角色扮演+提问互动+分组讨论。

培训内容：影响领导魅力的关键因素；魅力型领导及其领导力等。

培训 3：领导力之术—管理技能。

培训目的：进一步提升中层管理者的管理水平，纠正管理行为中的误区与错误。

主讲老师：李强教授，管理学博士、管理咨询公司顾问。

培训时间：10 月 19 日～10 月 20 日。

培训对象：企业中高层管理人员。

培训方式：课堂讲授+案例讨论+情景模拟等。

培训内容：有效授权、决策管理、危机管理、目标计划管理、有效沟通、执行控制、团队建设、激励技巧等。

步骤三：第三阶段之辅导、激励与成果发布。

A．跟踪辅导与评估激励。

一方面，跟踪辅导(每阶段培训完成后进行，由相关专家进行指导)。利用柯氏四层次培训评估模型开展评估：反应评估(课堂问卷调查)、知识评估(试题测验)、行为评估(360 度行为意识变化调查)和业绩评估(生产率、品质合格率、部门人员流失率等)。

另一方面，评估与激励。针对笔试测验、提案改善、业绩调查和行为调查等评估结果，设立三个学员奖励等级，即合格学员奖、优秀学员奖、杰出学员奖，再根据知识测验标准、行为改善标准、业绩提高标准和奖励标准等，评选出三个层级的获奖者名单，最后再从所有学员中评选出最佳先进学员奖(见图 9.3)。

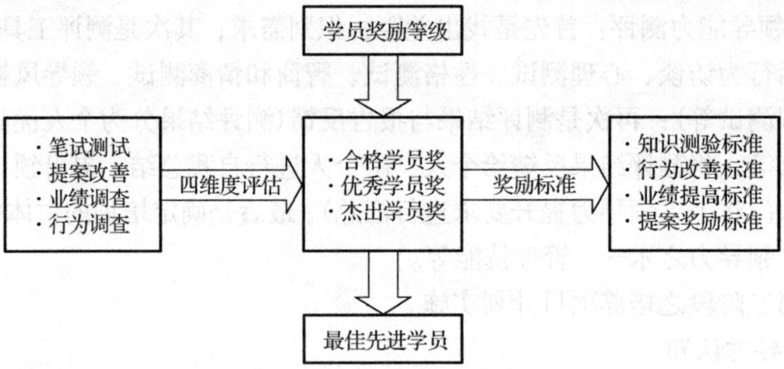

图 9.3　领导力提升评估与激励流程图

B．总结报告与发布。

一方面，领导力建设总结与规划：通过与各部门面谈或研讨，对领导力项目进行总结评价并对公司领导力发展做出规划。领导力提升总结报告的主要内容包括：中高层能力测评和潜力识别，中高层管理人才盘点，中高层管理岗位胜任素质模型，继任者管理梯队，后续培养和调动配置。在此基础上制定干部储备计划或继任者计划，主要内容包括未来中高层人才选拔指标或标准，后续人才开发计划，奖励策略参考等。规划的目标是为公司培养能够有效管理自我、管理团队、管理管理者和管理整个公司的高素质中高层管理或领导人才。

另一方面，评估结果发布：将评估结果提交给企业管理决策部门。

④ 方案实施进度推移图。

领导力提升方案实施进度见图 9.4。

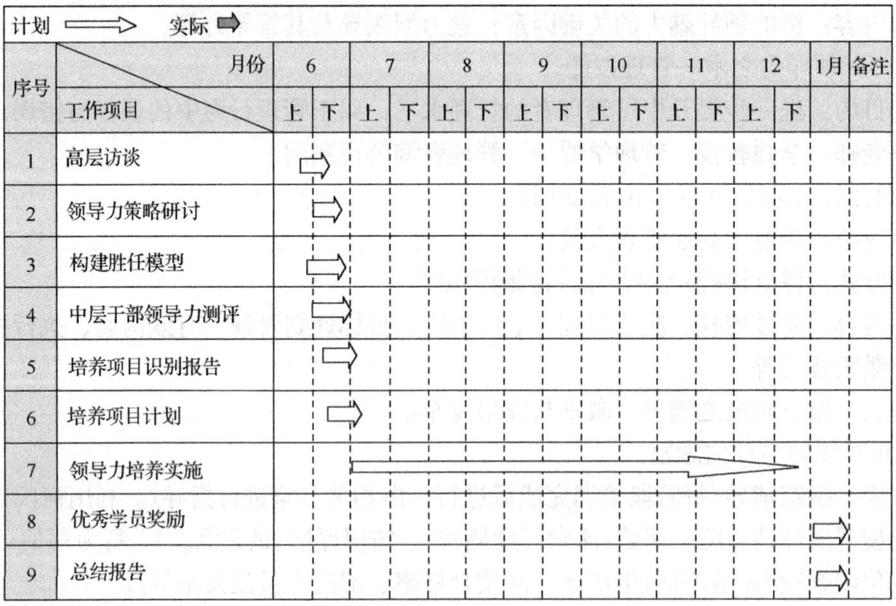

图 9.4　领导力提升方案实施进度推移图

⑤ 方案推行费用预算。

领导力提升方案推行费用预算见表 9.3。

表 9.3　领导力提升方案推行费用预算图

序号	实施项目	推行日期														金额
		6 月		7 月		8 月		9 月		10 月		11 月		12 月		
		预算	实际	预算	实际	预算	实际	预算	实际	预算	实际	预算	实际	预算	实际	
1	高层访谈	0.1 万														0.1 万
2	领导力策略研讨	0.5 万														0.5 万
3	构建胜任模型															无
4	中高层干部领导力测评			0.1 万												0.1 万
5	培养项目识别报告															无
6	培养项目计划															无
7	领导力培养实施					4 万				2 万				3 万		9 万
8	优秀学员奖励													2 万		2 万
9	总结报告															无
总结		0.6 万		0.1 万		4 万				2 万				5 万		11.7 万

讨论案例

21 世纪的领导力

宝洁的企业大学：无处不在的学院

很难想象，一家已经 170 多岁的老公司，每年还能吸引无数年轻名校生的青睐，人才流失率一直维持在不到行业平均水平的一半。即便是那些离开的人，也大多对这所商界的“黄埔军校”心存感激与怀念。他们都以曾在这所学校学习过而倍感自豪，并自发为之建立了一个闻名业界的校友会。

它并不是牛津、剑桥，也不是耶鲁、哈佛，它只是一所企业的大学。它的名字叫宝洁学院。在“宝洁校友会”长长的名单中，不乏微软的史蒂夫·鲍尔默、易趣的梅格·惠特曼、波音的吉姆·麦克纳尼、通用电气的杰夫·伊梅尔特、联合利华的保罗·波尔曼这些大名鼎鼎的商业领袖。“宝洁校友”在商界的威名，甚至让猎头公司直接把分公司开进了宝洁所在的写字楼。

宝洁总部，很有学院的派头。

一、宝洁大学

宝洁大学下设四类学院：总部 GM 学院、总部职能学院、大区宝洁学院和大区职能学院。其中，前三类宝洁学院是正式的组织，有正式的编制和专职工作人员，但也是一个虚拟学院，学院的讲师分散在各个职能部门，学院主要扮演组织者和协调者的角色。

总部 GM 学院。GM 学院设在宝洁全球总部美国的辛辛那提市，作为宝洁的总经理学院，其培训对象是各国总经理级及拟提升为总经理的员工，为其授课的也大都是宝洁总部的总裁级高管。

总部职能学院。主要为高级专业人员提供技术和专业培训，由全球总部的职能部门组织实施。各大区职能部门的 PE（工艺工程）学院主要针对新入职的技术人员，对于已经工作了 7～8 年，对基本工艺已经非常熟悉的技术人员，则需要进行更有创造性的提升培训，这项工作就由宝洁总部职能部门发起的 Technical Engineering School（高级工程学院，简称 TE 学院）负责培训。

大区宝洁学院。设在大区人力资源部内，由人力资源部副总监负责运作，下设 4－5 名培训协调员，主要负责 M 系列 1-3 职位层次的培训和新员工公共部分的培训。宝洁学院的定位非常清晰，只负责新员工培训中的公共部分和公共管理技能的部分培训。以中国宝洁学院为例，共有 20 多门公共课程，包括领导力、沟通技能、创新、项目管理、高效会议、团队建设、公文写作等。

大区职能学院。与宝洁学院不同，职能学院则是高度灵活的非正式组织，大部分人员都是兼职，而且学院的名称每年都可能发生变化。

二、人才工厂

“太牛了！先是一位美国盲人分享攀登珠穆朗玛的经历，然后是画家给学员们画像，做成一面形态各异的人物墙，还有就是 HR 跟着自己的顾客去商场 shopping……每次都有一个鲜明的主题，精彩极了！”说这些话时，陆国坤眉飞色舞。

陆国坤是宝洁大中华区的人力资源副总监。尽管已是有着 15 年人力资源工作经验的高管，但这种寓教于乐的培训课程还是让他大开眼界。

那是去年在宝洁总部进行的一次例行培训。作为宝洁内部最高级别的培训项目，总经理学院（GM college）专门负责培训那些总经理级别或拟提升为总经理的员工。这个师资高端、耗资巨大的项目以主题鲜明的奇特课程著称。

“对总经理级的高管是会专门配备教练的。”陆国坤所经历的，宝洁总经理学院的培训，分为两个板块，除了每个季度各个大区的总经理都会到辛辛那提的总部开会，由总部的副总裁甚至 CEO 讲课以外，还有一个板块需要总经理们和自己的 HR 一起参加。令陆国坤印象深刻的美国之行，便是他以“总经理教练”的身份去的。

为了做好“教练”的工作，陆国坤也要参加专门的培训。“前阵子我就去马尼拉参加了四天培训，专门教你作为总经理的教练，如何去培训你的总经理，怎么帮助他制定计划，参加他的会议，怎么跟同事交流等。”

这不过是宝洁庞大的培训体系中很小的一部分。作为一家业务遍及全球 80 个国家和地区，拥有超过 13 万名雇员的巨无霸企业，宝洁的内部人才培养项目就像它旗下的 300 多个品牌一样繁多与复杂。也正是这个神奇的体系，打造了商界“黄埔军校”的传奇。

在整个体系中，培训机制是非常重要的组成部分，也是宝洁口碑最好的制度之一，它涵盖了宝洁从实习生到总经理的所有员工，自迈进宝洁大门的那一天起，培训的项目将会贯穿他们直到退休的整个职业生涯。在不同的职业阶段，在不同的部门岗位，都有相对应的培训项目——就仿佛一条制造人才的流水线，在个人成长的不同环节为你定制不同的部件和养料。

三、无处不在的学院

正式成立于 1992 年的宝洁学院（P&G college），是一个有正式编制和专职工作人员的实体部门，其宗旨是将公司高级经理的经验及理念传授给其他年轻的员工，每年大约有 4000 名员工在宝洁学院接受培训。

作为宝洁大中华区人力资源部副总监，除了参与金字塔尖的 GM 学院培训，陆国坤主要的工作之一就是领导中国的大区宝洁学院。这个设在人力资源部内的组织由他挂帅，下辖 4

名左右的培训协调员。这些协调员每人负责内容相近的几门课程，相当于这些课程的项目经理，负责发掘讲师、更新讲师、培训教材更新、培训申请注册、课程评估等整个培训的过程。从教学能力的角度看，宝洁学院又是一所虚拟学院。因为学院的老师是分散在各职能部门间的主管，学院主要扮演组织者和协调者的角色，按照课程的需求邀请资深的高级经理人来讲课。在中国宝洁学院，有20多门公共课程，大致分为领导力、基本管理沟通技巧和通用管理技巧三类。就像大学里的公共课一样，它们教给员工的是“通识能力”。

“其实大区宝洁学院的职能定位很清晰，我们做的主要是像《高效工作的7个习惯》这类对所有人都适用的课程。”陆国坤解释，大区宝洁学院只负责新员工培训中的公共部分和公共管理技能的部分培训，不会包揽一切。不管是美国总部还是各大区，更专业的技能培训都由总部和各大区的职能学院来具体承担。

与有正式编制和专职工作人员的宝洁学院不同，各职能学院是高度灵活的非正式组织，学院的名称每年都可能发生变化。除了生产部和销售部等大的部门设立专职培训经理和培训管理员外，其他部门的培训经理和培训协调员都是兼职的。这些专职或兼职的培训经理就是职能学院的“院长”，需要为本部门的同事设计最符合部门特色的专业课程，请来最合适的讲师授课。

“我们部门现在就有个三级经理在做‘Bring Outside In’课程，每次一个话题，请其他跨国公司、咨询公司、公关公司的高层来讲课，很受欢迎”。对外事务部高级经理张群翔说，在强调内部传承的宝洁，这种外部讲师授课的形式并不多见，“也仅仅因为我们部门是窗口，才会这样”。

就跟传统大学里按学科划分的学院一样，依据各自的特色需求，不同部门的职能学院建立起的培训内容和体系常常会截然不同，只不过比传统大学的课程更贴近企业的需要。在客户关系发展部(CBD)，一名新进的管理培训生将得到一整年 52 个星期的岗上培训。如果你进的是核心生意渠道(CBC)，这一年中得到的则是销售技巧的集中培训，并会与分销商的销售代表一起进行各种规模的顾客覆盖和运营。

无论是哪一个职能学院，按级别培训的思路和大区宝洁学院都是一样的。宝洁大中华区通常的员工级别从1级到6级，一个正式员工从1级经理开始，每往上升一级都要经历对应的培训课程。据陆国坤介绍，级别不同，课程的内容和难度也不同。而像市场部，对应不同级别员工的职能学院干脆直接冠名为“助理品牌经理学院”“品牌经理学院”和“总监、副总监学院”。

四、精彩在课外

在宝洁，五花八门的培训还不止于此。

“一些经验分享和公司发展是无关的，这个外面人可能很难理解”。张群翔说，一些诸如“女性关心女性”“People Help People”“双职工的相互支持”看上去就跟绩效考核没多大关系，但这种培训会减轻员工的心理压力，让人更开心，这也体现了宝洁培训的另外一个理念——文化的影响。

企业文化始终是宝洁最看重的一项培养内容。在宝洁的办公楼里，PVP(宗旨、价值观和原则)的标志和内容随处可见，甚至印在所有员工的门卡上。这些宝洁文化中最基本也最核心的内容并不像很多企业的标语那样仅仅是个形式，而是真正成了流淌其中的血液，并结出了硕果。

硕果之一，就是被宝洁人骄傲地视为核心竞争力的“内部提升制”。

从宝洁全球建立之日起，两位创始人花了约30年的时间来研究解决员工流动性和忠诚度的问题。最终，他们找到了内部提升法。“内部选拔”的用人制度被写进了PVP，在一百多年的漫长岁月中，从未改变过。

在宝洁看来，和员工签订的雇佣合同就像一纸婚书，相互之间应该尽快进入角色，进行身份的认同。新人从加入公司的第一天起，就要按照“早期责任”制度要求，迅速进入状态，承担起真正的责任。宝洁相信，这会让新人获得宝贵的实践经验，有助于他们更快地成长。

“公司不会一脚把你踢进大海，他会给你游泳圈，还会有教练在一旁指导你，让你从不会游到游得很好”，宝洁大中华区市场部、设计部和品牌运营部人力资源经理左佳评价说。2006年，刚进公司第二年的左佳就被派到了香港开拓招聘市场。在不长的时间内，她从一个不会说粤语，不懂香港文化，没有独立负责单元经验的新手，成长为管理着100名员工，600名美容顾问的职业经理人，左佳认为正是公司的在职培训为自己打开了成功之门。

虽然有着庞大的课堂培训体系，但宝洁人依然坚持自己的观点：每天的经营活动都是学习和培训的源泉，在职训练才是最好的培训。

“每个星期老板都会问我工作上的困难，帮助我从什么都不懂到慢慢适应直到独当一面，做出一些成绩”。左佳说的是宝洁在职培训中最著名的“直接经理制”。这是一个由顶头上司担任直接经理人的制度。左佳的老板陆国坤不但要定期一对一地指导她的工作，还要以直接经理人的身份参与制定左佳的个人发展规划(Work and Development Plan，WDP)。

双方沟通后共同完成的WDP是做年终总结和来年计划的依据。在WDP里，左佳可以清楚地看到经理对自己的评价，理清自己的长处和不足。在下一年的工作中，不管是参加更有针对性的各种培训项目，还是提出晋升的申请，乃至明确长期职业发展途径，都会被写进WDP。反过来，下属发展的好坏也直接成为考核老板一年工作成果的重要指标。在每一位经理的年度总结中，有一项特定的内容必须要填写：“请列出在过去一年中你对公司组织的贡献”。如果想升职，带出优秀的下属是基本前提，因为这项工作会足足占去你年度绩效评价的50%!

有时，由于直接经理人是员工所在部门的直接领导，一对一的对话可能因关系双方的敏感话题而沟通不力。此时就轮到“导师制”出场了。就像大学中导师制的双向选择一样，师徒式关系的确立，需要导师和学生双方的同意和认可。然后，一位任职其他部门，没有利害关系的前辈将成为职场新人的师傅。他是愿意在宝洁广州总部楼下的星巴克里边喝咖啡边听你倾诉困惑的好伙伴，更是一位以自身的经验提点苦恼的年轻人的好老师。

近年来，一个被称为“宝洁大学”的项目正在中国的大学校园流行。不管是课堂讲座、经历分享及学生导师的形式，还是公司知识学院、部门知识学院、管理知识学院的一系列课程，都让人看到了宝洁学院的影子。不同之处只在于它针对的目标为宝洁的潜在员工——知名高校的大学生们。对想进外企的中国大学生来说，不管是网上申请、PST解难能力测试、TOEIC英语能力测评还是面试时的“宝洁八问”，都是耳熟能详的经典流程。

如今，这个借鉴了内向型宝洁学院课程与架构的项目看起来想要做得更多。在宝洁这个培养了无数商业领袖的大学里，除了宝洁学院这所“研究生院”，他们又创造出了一所新的“本科院校”，来发掘更多的人才。

宝洁人从未忘记前董事长理查德·杜普利的那句名言：“如果你把我们的资金、厂房及品牌留下，把我们的人带走，我们的公司会垮掉；如果你拿走我们的资金、厂房及品牌，而留下我们的人，十年内我们将重建一切。”

思考题：

1. 宝洁公司为什么要建立数量众多的宝洁学院？
2. 宝洁学院的职能是如何划分的？有何意义？
3. 宝洁学院在人才培训和开发方面有哪些值得借鉴的经验？

本章小结

1. 管理人员培训是指针对管理人员管理能力、综合素质提升而组织与实施的一整套培训与开发计划与管理流程的总称。管理人员培训通常划分为高层管理者培训、中层管理者培训与基层管理者培训。

2. 对不同层级管理者要求所具备的能力有所不同，因此，培训与开发的内容也有所区别。

3. 各层级管理者培训方案设计的基本要素基本相同，包括培训指导思想或基本原则、培训对象、培训主要内容、培训时间与地点、培训管理部门、培训预算、培训考核与评估等。但每一个培训要素的设计要点则大不相同。

4. 领导力是指组织的领导在确立组织的发展方向与绩效期望、引导和管理组织全体成员及其相关方实现目标的过程中，所发挥的能力和影响力。领导力可分为个体领导力和组织领导力。

5. 领导力开发又称领导力提升，其目标是提升组织和个人领导力，即根据组织战略规划与目标，为组织创建可持续竞争优势而储备领导人才及领导队伍，开发或提升现有领导者的领导技能等。

参考文献

[1] [美]R・韦恩・蒙迪, 罗伯特・M・诺埃. 人力资源管理(第六版). 葛新权，等译. 北京：经济管理出版社，1998.

[2] [美]罗伯特・L・马希斯. 人力资源管理教程. 李小平，译. 北京：机械工业出版社，1999.

[3] [美]乔治・T・米尔科维奇. 人力资源管理. 成得礼，译. 北京：中国人民大学出版社，2001.

[4] [加]西蒙・多伦. 人力资源管理. 董克用，等译. 北京：中国劳动社会保障出版社，2002.

[5] [美]爱德华・拉齐尔. 人事管理经济学. 刘晴，译. 北京：北京大学出版社，2000.

[6] 曹亚克，王博，白晓鸽. 人力资源规划、招聘及测评实务. 北京：中国纺织出版社，2004.

[7] 商敏. 现代企业人才招募分析. 商业研究，2004(10): 142-144.

[8] 吴志明. 员工招聘与选拔实务手册. 北京：机械工业出版社，2006.

[9] 马建民，张在旭，司江伟. 我国企业人力资源管理现状调查与分析. 中国人力资源开发，2004(6):91-94.

[10] 仲理峰，时勘. 胜任特征研究的新进展. 南开管理评论，2003. 6(2): 4-8.

[11] McClelland D C. Testing for competence rather than for intelligence. American Psychologist, 1973, 28(1): 1-14.

[12] Spencer L M, Competence at work. John Wiley & Sons, Inc,1993.

[13] Page C. Wilson M. . Management competencies in new Zealand: on the inside looking in[M]. Wellington: Ministry of Commerce, 1994.

[14] Mansfield. Building competency models: approaches for HR professionals. Human Resource Management, 1996, 36(1): 7-18.

[15] Mirabile. Everything you wanted to know about competency modeling. Journal of Training and Development, 1997, 51 (8): 73-77.

[16] Catherine Hackney. Three models for portfolio evaluation of principals. School Administration, 1999, 5: 36-37.

[17] Sandberg. Jorgen understanding human competence at word. An interpretative Approach Academy of Management Journal, 2000, 43(1): 9-17.

[18] 王重鸣，陈明科. 管理胜任力特征分析：结构方程模型检验. 心理科学，2002, 25(5): 513-516.

[19] 彭剑锋. 人力资源管理概论. 上海：复旦大学出版社，2003.

[20] 赵曙明，杜娟. 企业经营者胜任力及测评理论研究. 外国经济与管理. 2007, 29(1): 114-117.

[21] 邱丘，报喜. “3+2”，胜任素质的特征与滞障——陈为博士演讲整理. 管理@人，2010, 10: 46-48.

[22] Edwards J R. 4 Person - Environment Fit in Organizations: An Assessment of Theoretical Progress [J]. The Academy of Management Annals, 2008, 2(1): 167-230.

[23] Jansen K J, Kristof-Brown A. Toward a multidimensional theory of person-environment fit. Journal of Managerial issues, 2006,18(2):193-213.
[24] Kristof A L. Person - organization fit: an integrative review of its conceptualizations, measurement, and implications. Personnel psychology, 1996, 49(1): 1-49.
[25] Werbel J D, Johnson D J. The use of person - group fit for employment selection: A missing link in person - environment fit. Human Resource Management, 2001, 40(3): 227-240.
[26] Parsons F. Choosing a vocation. Houghton Mifflin, 1909.
[27] Macmillan I C. Strategy formulation : political concepts. St. Paul:West Pubishing 1978.
[28] 郭文臣. 个人-组织契合——双赢目标的实现过程. 北京：科学出版社，2018. 3
[29] 王旺青. 企业人力资源规划中的供求预测. 商业文化(学术版)，2007, 7:73-74.
[30] 赵涧. 浅论人力资源预测与规划. 经营管理者，2011, 7:164.
[31] 李书文. 浅析几种常用的工作分析方法. 晋东南师范专科学校报，2003, 6:87-88.
[32] 张莉洁. 工作分析——企业人力资源工作的基石. 中国人力资源开发，2002, 10:43-45.
[33] 智道. 极致招聘：人才是引出来的. 北京：电子工业出版社，2017.
[34] 李旭旦，吴文艳. 员工招聘与甄选. 上海：华东理工大学出版社，2014.
[35] 张一弛，张正堂. 人力资源管理教程. 北京：北京大学出版社，2010.
[36] 魏红. 内部招聘与企业人力资源优化探析. 中国外资，2011(19):208.
[37] 曾国平，孙灵. 关于企业内部招聘的分析研究. 现代管理科学，2007(06): 75-76.
[38] 万希. 组织的内部招聘和外部招聘. 交通企业管理. 2006(12): 38-39.
[39] 陈启要. 提高内部招聘有效性的分析. 新西部(下半月)，2008(03): 66-67.
[40] 安鸿章. 现代企业人力资源管理. 北京：中国劳动社会保障出版社，2003.
[41] 楼旭明，段兴民. 工作轮换的价值. 企业管理，2004(09): 90-92.
[42] 刘博，金融融. 企业招聘渠道选择与招聘有效性分析. 中国管理信息化，2016, 19(21): 102-104.
[43] 周永庆，吴礼勇. 管理就是带团队：干将就要招得来、用得好、留得住. 北京：金城出版社，2018.
[44] 陈士春. 企业人才招聘策略研究. 中国外资，2012(04): 260.
[45] 弓秀云. 世界 500 强与我国企业招聘策略的比较. 中国流通经济，2011, 25(07): 111-114.
[46] 李志畴. 招聘寻聘管理实务. 北京: 清华大学出版社，2016.
[47] 孟宝，陶泽华. 企业传统招聘策略的不足与战略性招聘的实施. 四川理工学院学报(社会科学版)，2011, 26(01): 88-91.
[48] 张宏亮，罗晓甜，朱鹏，何波. 到底该选谁？——招聘 C 集团公司人力资源经理助理的困惑，中国管理案例共享中心案例库，2014.
[49] 企业人员招聘的基本标准和关键标准, https://wenku. baidu. com/view/5c93b7e9f8c75fbfc77db292. html, 2012.
[50] 杨斌. 新员工招聘甄选方法. 中外企业家，2015 (2X): 140.
[51] 商业评论网: 招聘别忘记向“内”看, http://www. ebusinessreview. cn/articledetail-696. html,2009.
[52] 闫浩. 关于企业对大学生人才招聘标准的研究. 商，2015(22):38-38.
[53] 中国人力资源开发网：为啥企业总在招聘时付出沉重代价？，http://www. chinahrd. net/blog/398/1136089/397555. html, 2017.